Mário de Andrade
Rodrigo M. F. de Andrade

Correspondência anotada

Meu caro Mario

Não sei se V.
[...]nel Bandeira fez 5
19 do mês passado.
[...] [partir?] de que se
[...] a attenção para
[...] pôde muito bem
[...]tão. Mas tive i[...]
[...] numero de amig[os]
delle para elab[orar]
[...] de homenagem
[...]memorando, se[u] [...]
centenario de seu n[a...]

Meu caro Rodr[igo]
di seu profeto d[e]
os meus conheci[mentos]
mo. Aliás, preci[so]
preciso que eu ll[e]
la a lealdade que
to ao Capanema,
Tudo não passa
o. Vocês ajudem
os possíveis a a[...]
ntiva, façam e
lade, modifiqu[em]
ente acomode[m]
ção que fiz e
ta muitos ci[...]
que não as conh[eço]
Turrão meu

●●--●

Mário de Andrade
Rodrigo M. F. de Andrade

Correspondência anotada

notas
Clara de Andrade Alvim
Lélia Coelho Frota

organização
Maria de Andrade

todavia

Nota da organizadora,
por Maria de Andrade 11

Apresentação,
por Clara de Andrade Alvim 23

Mário de Andrade:
uma vocação de escritor público,
por Lélia Coelho Frota 41

Correspondência anotada 71

Apêndice
Anteprojeto de criação do Serviço
do Patrimônio Artístico Nacional,
por Mário de Andrade 405
Carta de Heloísa Alberto Torres a
Rodrigo M. F. de Andrade 427
Decreto-Lei n. 25, de 30 de novembro de 1937 433
Primeiro relatório de Mário de Andrade para o Sphan 443
Segundo relatório de Mário de Andrade para o Sphan 471

Agradecimentos 493
Créditos dos ensaios fotográficos 494
Créditos das imagens 499
Índice remissivo 503

Nota da organizadora

Maria de Andrade

Este livro tem como ponto de partida o esforço de Lélia Coelho Frota, que publicou, em 1985, *Cartas de trabalho*, a recolha das cartas remetidas por Mário de Andrade a Rodrigo M. F. de Andrade entre 1936 e 1945, período em que trabalharam juntos no Serviço do Patrimônio Histórico e Artístico Nacional (Sphan) — desde a fundação do órgão até o ano de falecimento de Mário.

Na presente edição, além de reunir às cartas de Mário o lado da correspondência de autoria de Rodrigo M. F. de Andrade, incorporamos cartas inéditas e anteriores ao período do Sphan, arquivadas por Mário de Andrade desde 1928.

À anotação da missiva feita por Clara de Andrade Alvim especialmente para esta edição, adicionamos notas advindas da edição de Lélia Coelho Frota, redigidas para as cartas de Mário de Andrade, identificando-as pelas iniciais LCF. Estas, quando reposicionadas em cartas de Rodrigo, tiveram o deslocamento indicado, fazendo-se assim a referência à publicação original.

A iconografia deste livro foi organizada em dois ambientes: um de registro documental, que acompanha as cartas, e outro artístico, composto de ensaios fotográficos que refletem a grandeza do patrimônio nacional e da ação dos autores. De igual peso é o Apêndice, organizado com documentos de importância central para os debates entretidos nas cartas.

Quanto aos critérios adotados na transcrição das cartas, padronizamos os cabeçalhos e atualizamos a ortografia pela norma vigente, respeitando-se, porém, determinadas idiossincrasias linguísticas dos autores. Conservamos a pontuação original, sempre que a clareza da expressão não foi prejudicada, assim como estrangeirismos, brasileirismos e a oscilação de alguns padrões de grafia. Mantivemos ainda as abreviações típicas da escrita epistolar, que também comporta lacunas sintáticas e formas que escapam às normas gramaticais.

Apresentação

Clara de Andrade Alvim

Esta correspondência entre Rodrigo M. F. de Andrade e Mário de Andrade tem o interesse de nos deixar penetrar em diálogos que revelam um trabalho de extrema importância e pertinência para o país e contém um sentido de exemplaridade que permanece até os dias de hoje. Ao mesmo tempo, constitui uma conversa de todo dia, às vezes íntima, entre duas personalidades da cultura brasileira, que permite entrever as circunstâncias do tempo político, social e cultural — o do governo de Getúlio Vargas, o da Segunda Guerra Mundial e, ainda, o do Modernismo — na vida, nas atividades e no pensamento dos dois intelectuais que se escreveram entre 1928 e 1945. Acrescente-se: as conversas são vivas, retratam a maneira de ser dos interlocutores e — sendo eles quem foram — mostram-se muitas vezes engraçadas, umas; um pouco tristes, outras. Nunca aborrecidas.

Iniciando-se por um preâmbulo que vai de 1928 a 1934, e que consiste na breve troca de cartas entre Mário e Rodrigo enquanto este ainda era jornalista e editor de *O Jornal*, a correspondência se divide em dois nítidos períodos: 1934-8 e 1941-5. O primeiro, concentrado na questão do Patrimônio Histórico e Artístico Nacional, é aquele em que os correspondentes se ocupam principalmente da identificação dos bens a serem tombados; da instituição e desenvolvimento das iniciativas básicas nesse sentido, assim como da formação de técnicos que se opusessem à superficialidade e ao amadorismo dos trabalhos e publicações que, então, se faziam sobre a história e a arte brasileiras.

Página ao lado:
Da esq. para a dir.: Candido Portinari, Antônio Bento,
Mário de Andrade e Rodrigo M. F. de Andrade, em exposição
de Candido Portinari no Palace Hotel, Rio de Janeiro, 1936.

Nesse primeiro momento das cartas, as preocupações preponderantes divergem — embora não se oponham — no que concerne à natureza dos bens a serem identificados e preservados: as de Mário tratam mais de referir iniciativas voltadas para as manifestações da cultura popular, enquanto as de Rodrigo expressam o esforço para a criação de um arcabouço legal destinado à salvaguarda dos bens móveis e imóveis que, por sua antiguidade ou valor pecuniário, reclamavam urgência de tombamento.

No correr dos anos de 1936 a 1939, é a atuação do Departamento Municipal de Cultura, dirigido por Mário de Andrade,[i] o assunto que mais ocupa as cartas dele a Rodrigo; e, paralelamente, a narrativa das peripécias para constituir as bases de um trabalho regional de identificação e registro das edificações que poderiam integrar-se no conceito de patrimônio nacional.

Mário, que havia lançado a base para o futuro Serviço do Patrimônio Histórico e Artístico Nacional, concebendo, a pedido do ministro Gustavo Capanema, o anteprojeto do que viria a ser o Iphan, optara pelo posto de diretor do Departamento de Cultura de São Paulo; e Rodrigo — então jornalista e advogado — havia aceitado o convite para encarregar-se da direção do Serviço. Mário, entretanto, não abandona seu interesse pela questão do Patrimônio e, a convite de Rodrigo, torna-se — a par de seu posto de diretor do Departamento de Cultura de São Paulo — o "assistente técnico" responsável pelos trabalhos do Sphan na região dos estados de São Paulo e Paraná (então designada Sexta Região).

Os dois, intelectuais e escritores modernistas, têm inúmeros amigos em comum, personagens nesta correspondência. Os mais referidos são Manuel Bandeira, Sérgio Buarque de Holanda, Alcântara Machado, Prudente de Morais Neto (Prudentinho, o Pru, muito consultado e muito silente nessas cartas), Pedro Nava, Augusto Meyer — que vem a se tornar, também, funcionário do Sphan — e Carlos Drummond de Andrade, nesses anos, chefe de gabinete do ministro Gustavo Capanema, com quem tanto Rodrigo como Mário tinham relação próxima, mas cautelosa.

O pano de fundo desse primeiro período em que estamos dividindo a correspondência é ainda o da repercussão da Revolução de 1930 e ascensão de Vargas ao poder. E o de triste memória — principalmente para os paulistas e para Mário de Andrade e família — da Revolução Constitucionalista

---

[i] Lélia Coelho Frota descreve a atuação do Departamento Municipal de Cultura de São Paulo em uma nota alentada de seu prefácio ao *cartas de trabalho*, reproduzido neste livro na p. 41.

de São Paulo, em 1932, derrotada com violência pelas forças do Governo Central e de outros estados, como Minas e Rio Grande do Sul. Apesar de vencida, a Revolução teve suas principais reivindicações atendidas: foi indicado um interventor paulista para São Paulo, posteriormente instituído governador, Armando de Sales Oliveira, que realizou uma gestão que podemos chamar de esclarecida, quando se instituiu, entre outras iniciativas afins, o Departamento Municipal de Cultura. E, mais importante: organizou-se uma comissão, composta de representantes dos estados e das principais classes do país, destinada a elaborar o anteprojeto da Constituição que foi entregue, para discussão e deliberações, à Assembleia Constituinte. É um momento de efervescência política em que alguns intelectuais, como foi o caso de Alcântara Machado, deixam de lado a literatura para se elegerem deputados e se entregarem aos trabalhos da composição da Constituição de 1934. Após oito meses de debate, a nova Constituição é promulgada em 16 de julho de 1934. Ali estava estabelecido que a primeira eleição a se realizar se faria por meio do voto indireto dos membros da Assembleia Constituinte; as seguintes, pelo voto direto. Assim, Getúlio Vargas foi eleito pelo período de quatro anos a partir de 1934.

Nos anos posteriores à promulgação da Constituição — que são aqueles em que se situa o primeiro período da correspondência entre Rodrigo e Mário — aconteceram perturbações políticas causadas pelos representantes das correntes ideológicas opostas: a dos comunistas e a dos integralistas. O levante comunista iniciado em 1935, que pretendia retirar Vargas do poder, foi abafado e deu lugar a uma intensa e seguida perseguição ao comunismo, que se estendeu a todas as manifestações contrárias ao governo. Em 1937, apresentou-se o problema das eleições presidenciais. Getúlio, porém, tinha outros planos: alega, então, em vista dos dissídios partidários e do perigo comunista, estar a nação sob a contingência de uma guerra civil. Em 10 de novembro de 1937, manda dissolver o Congresso e delibera outorgar outra Constituição ao país. Francisco Campos é nomeado ministro da Justiça e Negócios Interiores e elabora uma nova Constituição, caracterizada pelo fortalecimento da centralização administrativa e de inspiração fascista; o mandato presidencial seria prorrogado até a realização do plebiscito destinado a aprovar a Constituição. Começava assim o período do Estado Novo, que determina — além das mudanças drásticas no âmbito nacional — alterações profundas na vida profissional e pessoal de Mário de Andrade, que é destituído de seu

Datiloscrito do artigo 148 da Constituição de 1934 e manuscrito do artigo 134 da Constituição de 1937.

CONSTITUIÇÃO DA REPÚBLICA DOS ESTADOS UNIDOS DO BRASIL

1934

CAPITULO II

Da Educação e da Cultura

Art. 148. Cabe à União, aos Estados e aos Municípios favorecer e animar o desenvolvimento das sciencias, das artes, das letras e da cultura em geral, proteger os objectos de interêsse historico e o patrimônio artístico do paiz, bem como prestar assistencia ao trabalhador intellectual.

cargo de diretor do Departamento Municipal de Cultura e parte, de mudança, para o Rio de Janeiro. As cartas do mês de junho de 1938 anunciam o estado de desesperança em que ele se encontra e a necessidade interior, premente, de deixar São Paulo. É então que localizamos o final do primeiro período da correspondência.

No ano de 1936, início do que Rodrigo chamou "a confusão destes primeiros tempos", encontramos o diálogo que firmou o entendimento entre os dois intelectuais amigos que repartem as atribuições do trabalho a ser realizado por cada um para a preservação do patrimônio histórico e artístico do país. Entre a exposição de motivos apresentada pelo ministro Gustavo Capanema ao presidente Vargas para a criação do Serviço — o Sphan — e o decreto-lei n. 25, de novembro de 1937, em que se apoiariam, efetivamente, o tombamento, a eventual restauração e a proteção dos bens móveis e imóveis considerados patrimônio nacional, longos meses de "labuta" vão se desenrolar.

Os dois defensores de um espírito público em que não tivesse vez a vaidade ou a propaganda pessoal, de uma entrega quase incondicional ao

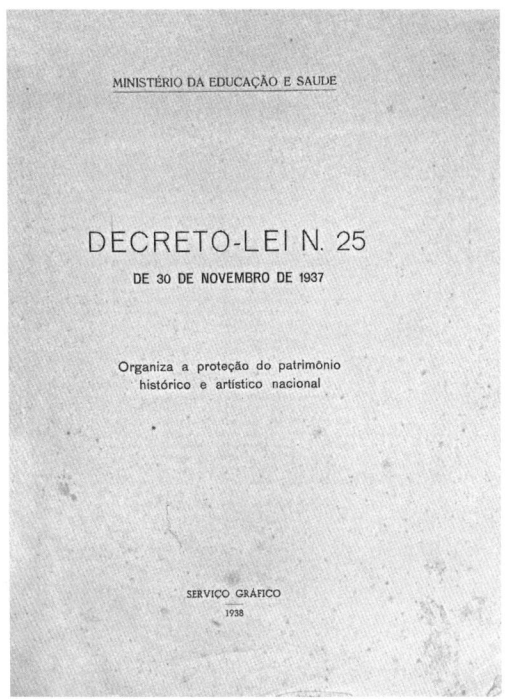

Capa do projeto do decreto-lei n. 25 para o Sphan.

trabalho e de um aprendizado, entre seus colaboradores, que os preparasse para pesquisas e iniciativas contrapostas à superficialidade que imperava na época, defrontaram-se, logo de início, com as "almas de aposentados" dos funcionários públicos com quem tinham de lidar, com a "preguiça mineral das leis", com a "madraçaria de deputados" que deixavam escapar erros de português nos textos legislativos e com a lentidão — desanimadora para Rodrigo — das providências do próprio ministro Capanema, a quem cabia a responsabilidade básica da criação do Serviço.

O espírito quixotesco que animava um e outro esbarrava de frente com a complicação dos regulamentos burocráticos. Os esforços despendidos e medidas tomadas para superar os obstáculos que se interpunham a seus objetivos não deixam de ser engraçados. Esses efeitos começam a se fazer sentir quando Rodrigo, astuciosamente, mas com a evidente complacência de Mário, decide fazer do criador do anteprojeto do Sphan seu principal auxiliar, embora Mário já houvesse optado pelo Departamento de Cultura do município de São Paulo. As ginásticas imaginadas, em termos de procedimentos administrativos, para conseguir o intento são acrobáticas. Se, por um lado, vemos Rodrigo satisfeitíssimo com o sucesso de sua iniciativa, por outro, nos deparamos com Mário, empregado como auxiliar técnico (de terceira classe — esclarece Rodrigo, mais tarde), com o salário de um conto e quinhentos. Deste, deveria deduzir um tanto devido à taxa a ser descontada e, assim, dividir as tarefas da Sexta Região do Sphan com as responsabilidades exaustivas de seu cargo de diretor do Departamento de Cultura.

Não será demais lembrar que, na época, o salário de Rodrigo era de dois contos de réis. Há um quase silêncio, nessa correspondência, quanto ao que ele exigia de si para dar cabo do que considerava imprescindível: conseguir identificar e documentar os bens móveis e imóveis, nas regiões do Brasil, a serem tombados antes da assinatura do decreto que ratificaria, legalmente, que tais bens — sob a proteção do Estado — não poderiam mais ser objeto de nenhuma interferência sem a devida autorização do Sphan. Paralelamente, havia a preocupação em formar pesquisadores na história da arte no Brasil e, para tanto, criar estímulos como exposições, cursos e o mais importante: a edição da *Revista* e das Publicações do Sphan.

O acerto de Rodrigo na persistente escolha do auxiliar ideal para atingir aqueles objetivos fica muito claro nas narrativas de aventuras e proezas, instigadas pelo diretor, realizadas e historiadas, nessas cartas, pelo assistente técnico. Com efeito, Mário se irmanava a Rodrigo nos mesmos interesses, aos quais acrescentava, com muita insistência e convicção, a importância do conhecimento, da documentação e da divulgação séria e respeitosa da cultura popular.[i] A "assustadora carta" de Rodrigo, de 5 de junho de 1937, é exemplo da absurda complexidade dos procedimentos burocráticos pedidos a Mário para a prestação de contas. Mas, sobretudo, do tamanho do esforço a ele solicitado, em meio às responsabilidades do Departamento de Cultura, para redigir artigo a tempo de sair na primeira edição da *Revista*, não deixando, entretanto, de conseguir colaborações da parte dos seus auxiliares.

Mário protesta, porém atende. Rodrigo, contrito, mas pronto a reincidir, declara que o artigo saiu uma coisa ótima, de primeira ordem.

---

[i] Questão de que Lélia Coelho Frota trata, em seu prefácio, com o maior conhecimento de causa.

As viagens de Mário através de estradas sacolejantes em busca de edificações de interesse, por vezes acompanhado de Paulo Duarte e a mulher, e outras, com auxiliares e fotógrafo, são exaustivas, mas, sem dúvida, fonte de prazer pelas descobertas, pelas oportunidades que dão ao viajante de "fotar" (além da obrigação de documentar, fotar, como ele diz, é quase uma obsessão). E, ainda, pelo pretexto que oferecem ao escritor de narrar. Nesse sentido, é imperdível a carta de Mário a Rodrigo de 1º de novembro de 1937, contando sobre a expedição a Bertioga e o "mal terrível que é botar um chapéu em cima da cama". Divertido, também, é o diálogo meio surrealista que os dois travam sobre a existência e a busca por um pretenso Van Dyck, o que faz Mário dar pulos para encontrar — e não encontra — nem o quadro, nem o crítico de arte que publicou a notícia (cartas de 24 e 27 de setembro de 1937).

Os sucessos, por outro lado, são muitos e compensadores. Cabe, por exemplo, chamar a atenção para a descoberta de Mário — reportada na carta de 28 de novembro de 1937 — da importância e do especial interesse da pintura eclesiástica de Itu e das duas obras que ele considerou magistrais — as da pintura do teto da matriz e da Igreja do Carmo; alguns anos depois, na volta da sua estadia no Rio de Janeiro, esse vai ser o tema da pesquisa e da monografia que escreveu sobre o pintor, o padre Jesuíno, e que foi reproduzida na série Publicações do Sphan. De fato, a colaboração de Mário para o cumprimento dos objetivos traçados por Rodrigo para esses primeiros tempos do Sphan no que tangia à Sexta Região foi admirável: "[...] exatamente aquilo de que o Serviço precisava: um inventário preliminar tão completo quanto se podia pretender da arquitetura de interesse histórico existente em São Paulo, com os esclarecimentos vivos e precisos de que eu necessitava" (carta de Rodrigo, de 9 de novembro de 1937).

A alusão à literatura nessa correspondência — essencialmente de trabalho — entre dois escritores é natural. Surge com força, já referimos, como um preâmbulo, nas cartas iniciais do primeiro período, naquelas datadas de 1928 a 1934. Aí, embora predominantemente jornalista, já entrevemos Rodrigo exercendo sua vocação de atuar como incentivador do interesse já existente dos modernistas pela história e pelas artes coloniais brasileiras, oferecendo oportunidades e possibilitando encontros, capazes de criar modificações importantes para a nossa cultura — nos campos da arquitetura, das artes plásticas e do urbanismo.

Utilizando-se da intermediação prestigiosa de Mário, Rodrigo pede a colaboração de escritores amigos para uma edição especial de *O Jornal*, que pretendia lançar, sobre Minas. O tom, ainda livre das preocupações do futuro trabalho, é ameno e muito rodriguiano na ironia continuada e na busca da palavra exata, traços que Antonio Candido identificou e sabia imitar com muita graça. Notícias sobre os amigos Alcântara Machado, Ribeiro Couto, Sérgio Buarque de Holanda e outros são trocadas; e, aproximando-se a data do cinquentenário de Manuel Bandeira, Rodrigo se propõe a organizar um livro de homenagem dos admiradores ao poeta.

A colaboração de Mário em tal obra era imprescindível. Começa, então, um raro episódio, nessa correspondência, em que se desenrola um quase choque entre os dois amigos: primeiramente saudado com alegria por Mário, o compromisso de escrever um artigo para figurar na homenagem logo se transforma em tormento, em vista do curto prazo relacionado com a data do aniversário de Bandeira. A quantidade e a complexidade dos outros compromissos de trabalho no Departamento de Cultura e as atividades de professor e crítico se interpõem ao desejo de escrever algo capaz de expressar sua compreensão profunda da obra do poeta e grande amigo. Várias cartas explicam, discutem e decidem a questão.[i] Rodrigo, entretanto, volta obsessivamente a lamentar a ausência do artigo de Mário, que reclama, zangado: "Desta vez, sua carta foi antes desagradável" (7 de agosto de 1936).

Tratando de literatura em meio às complicações iniciais do trabalho, Rodrigo fala de sua admiração por *Macunaíma*, agradece o envio e comenta os livros *Remate de males* e *Contos de Belazarte*. Ao final de uma longa carta em que responde às questões de Mário sobre as então presentes condições institucionais em que se situava o trabalho do Sphan, Rodrigo anuncia que lhe está remetendo o volume de contos *Velórios*, que acaba de publicar, "vagamente suspeitando de tratar-se de uma coisa pau" (25 de setembro de 1936).

Entre o envio do livro e o correspondente comentário, Mário expede duas cartas falando de assuntos diversos e pedindo mais um exemplar em que poderia rabiscar as observações que fossem ocorrendo — do que desiste ao

---

i Cartas de Rodrigo, 2 de maio de 1936; Mário, 4 de maio de 1936; Rodrigo, 9 de maio de 1936; Mário, 14 de maio de 1936; Rodrigo, 3 de junho de 1936; Mário, 22 de julho de 1936; Rodrigo, 1º de agosto de 1936; e Mário, 7 de agosto de 1936.

Retrato de Manuel Bandeira jovem, guardado no arquivo pessoal de Rodrigo.

saber que a edição fora muito limitada. E, em 4 de outubro de 1936, acrescenta, a uma carta anterior (provavelmente a de 30 de setembro de 1936, em que Mário pede a Rodrigo mais um exemplar de *Velórios*), a "notinha" em que desenvolve o seu comentário crítico a *Velórios*. Do livro, Mário comenta principalmente o conto mais extenso, "O nortista", que, segundo Sérgio Buarque de Holanda, constituiria mais "uma novela ou um romance abreviado".[i] E, na sua leitura, a simpatia recai sobre o nortista, personagem que dá nome ao conto, com quem, claramente, se identifica, ao passo que

---

[i] Sérgio Buarque de Holanda, "Em torno de velórios". In: Rodrigo M. F. de Andrade, *Velórios*. São Paulo: Cosac Naify, 2004, p. 137.

se enraivece e xinga o personagem médico, que conta a história. Daí, sem querer distinguir o inventado do real, é um passo para dirigir ao autor sua crítica, ao mesmo tempo que a reveste de admiração. É muito interessante e complexa sua observação de que Rodrigo, Prudente e Marques Rebelo são escritores que não contemplam a vida como realidade, mas como fotografia dessa realidade. Distanciando-se da imparcialidade que, a seu ver, caracterizaria o personagem narrador e o autor, Mário toma partido. Escorrega, na sua crítica, da literatura para a vida e se situa em oposição aos amigos intelectuais citados, por seu compromisso — ainda que na ficção — com os inferiorizados (como os do Norte pelos do Sul) e não compreendidos. Não obstante, expressa sua grande admiração pelo livro.

Em sua resposta, Rodrigo desacredita um tanto dos elogios e absorve os reparos negativos de Mário, cujos termos ele não comenta. É provável que tenha se sentido tocado pela crítica, porque não se fala mais nisso — nem um nem outro dos dois.

Durante 1937 e 1938, anos de atividade febril tanto no Departamento de Cultura quanto na Sexta Região do Sphan, Mário encontra tempo para escrever artigos e, ainda, manter colaboração com instituições congêneres em outros países. Apesar da trabalheira, decide realizar o projeto de publicar suas *Poesias escolhidas*. Submete, por intermédio de Rodrigo, o volume à opinião de Manuel Bandeira, de Prudente de Morais e do próprio Rodrigo. O assunto aparece e reaparece nas cartas de 23 de maio de 1938 e de 13 de junho de 1938 e não é mais tratado nesse primeiro período, para só ressurgir no próximo, quando, no final da carta de 11 de novembro de 1941, Mário se refere ao projeto de enviar o seu livro (que, afinal, se intitulou *Poesias* e ficaria pronto dali a vinte dias) ao amigo Afonso Arinos. É de interesse recolher a opinião que expressa sobre o próprio livro, um tanto ressentido com o silêncio dos colegas do Sphan que, com a exceção de Rodrigo, deixaram de acusar o recebimento do volume. À falta de comentários alheios, afirma ele que existe, na arte, uma necessidade de comunicação; diz que seu livro "é inquietante, isso é". E fala na cambulhada de interesses e intenções com que desfigura a naturalidade de sua poesia (27 de fevereiro de 1942).

Ainda em 1937, a cinco dias do golpe que instaurou o regime do Estado Novo no Brasil, no fim de uma carta de comentários leves sobre o trabalho, Mário expressa seu mau pressentimento: "A política está me assombrando. E ensombrando" (5 de novembro de 1937).

O decreto-lei que tornava oficiais as iniciativas do Sphan iria, finalmente, entrar em vigor,[i] e os dois aplicados funcionários públicos continuam levando adiante suas atividades com afinco; mas não tardou muito para que a tendência de centralização do poder federal se manifestasse fortemente, inclusive na multiplicação de regulamentações administrativas. A liberalidade anterior dos governantes paulistas, que, ao invés de provocar malandragens e o mau uso da coisa pública, permitira, pelo contrário, redobrar o trabalho, via-se substituída por regras que cegamente ignoravam o bom resultado anterior. Mário devolve o seu posto de assistente técnico do Sphan às mãos de Rodrigo, por não mais poder acumular cargos, e opta pelo de dirigente do Departamento Cultural. Propõe continuar trabalhando "sem remuneração de espécie alguma" (1º de dezembro de 1937) até que se encontre seu substituto. Rodrigo, inconformado e em profundo abatimento, incorpora a proposta; visivelmente, não se conforma com ninguém mais, senão Mário, para representar o Sphan em São Paulo.

O trabalho de Mário sob a direção de Rodrigo, na Sexta Regional do Sphan, prossegue por algum tempo dentro daquela situação um tanto absurda, até que a substituição de Fábio Prado, prefeito de São Paulo, que sempre compreendera e facilitara as iniciativas de trabalho do diretor do Departamento de Cultura, abriu o caminho para interferências dos novos dirigentes, as mais desastrosas. A notícia de que iriam acabar com a Discoteca — a menina dos olhos de Mário, que a criara, e que, sob a direção de Oneyda Alvarenga, prosperara e ganhara prestígio internacional — leva-o ao desespero. Lembrando-se da oferta de Augusto Meyer de lhe arranjar um posto no Instituto do Livro, no Rio, ele entrega os pontos: "Faço o ato de desespero: se o lugar ainda estiver vago, fujo praí, viro carioca da gema, e vou comer vitamina XPTO na Copacabana" (9 de junho de 1938).

Rodrigo — o amigo certo nas horas certas — não falta. Quatro dias depois, responde: "[...] providenciei imediatamente junto ao Meyer e ao Carlos Drummond sobre o assunto de sua transferência para cá".

A estadia de Mário de Andrade no Rio corresponde a uma interrupção entre as cartas de trabalho, fora uma ou duas em que Rodrigo lhe dirige convites oficiais, como Sr. Diretor ou Sr. Professor, e que dizem respeito

---

[i] Em 25 de novembro daquele mesmo ano.

ao breve período em que ele ocupou o posto de diretor do Instituto de Artes, na Universidade do Distrito Federal (então Rio de Janeiro).

No regresso a São Paulo, no começo do ano de 1941, vai se iniciar o segundo e último período da correspondência.

O sentimento que envolve a frase de abertura da primeira carta que Mário escreve a Rodrigo, de afeto e gratidão, vai perdurar, indicando maior aproximação entre os dois e um cuidado "verdadeiramente amigo" de Rodrigo em relação à saúde física e moral de Mário.

A carta, longuíssima, o que não é estranhável em se tratando de Mário, se inicia por um quase hino de felicidade e paz na volta a casa e continua com a expressão de sua determinação de tomar as providências para "pôr um bocado de ordem objetiva no meu ser". Há uma explosão de alegria em retomar o trabalho e no propósito de desenvolver as atribuições que lhe foram designadas na volta às atividades da Sexta Região do Sphan. Nesse momento, os objetivos parecem ainda não estar bem determinados, e ele sugere pesquisar e fichar, nos arquivos pertinentes, artistas e artesãos coloniais paulistas, assim como a bibliografia de interesse, no mesmo sentido. Evidencia-se, então, um dos lados fundamentais que compõem a personalidade do Mário de Andrade e que se demonstra nessa correspondência: a do pesquisador.

Na carta de 13 de maio de 1941, vê-se uma capacidade de leitura e de decifração de inventários e testamentos dos séculos XVII e XVIII e respectivo fichamento — em todas as suas possibilidades — verdadeiramente prodigiosa; tal é o conhecimento de causa, que Mário dispõe em forma de indagação a Rodrigo: prefere dessa forma ou de outra? A resposta, concisa, soa como a de quem não quer ensinar padre-nosso a vigário, e Rodrigo conclui: "Aliás, você não é homem a quem se devam transmitir instruções. Por sua conta você fará sempre muito melhor do que me seria possível sugerir" (16 de maio de 1941).

Quando julga finalizados os difíceis "destrinçamentos" dos documentos vetustos, exclama com o maior prazer: "Agora vou me atirar ao frei Jesuíno". E, ao resolver um problema difícil na pesquisa: "bebi sozinho, sozinhíssimo à saúde do Sphan. Um porre-mãe" (27 de outubro de 1941).

Por outro lado, ao longo de toda essa correspondência, mas, principalmente, nesse último período, não têm conta os episódios de doença de Mário. E não apenas a quantidade, mas a especificidade de cada caso: colite, úlcera, dores de cabeça, gripes, amígdalas inflamadas. Carlos Drummond fez uma lista de vinte páginas de referências do amigo às doenças.[i] As queixas e reclamações contra os médicos, os quais ele não deixa de consultar e a quem, a princípio, obedece, poderiam talvez constituir avisos ou pedidos de socorro aos amigos a quem participava os excessos de esforço praticados continuamente, a ponto de os períodos de repouso no sítio do tio-primo deixarem de fazer efeito. Ou, mais provavelmente, a afirmação de sua vontade de, a todo custo, não cessar nunca de produzir intelectualmente.

Durante a longa e intensa elaboração da monografia sobre o padre Jesuíno do Monte Carmelo, percebemos uma entrega apaixonada ao objeto de pesquisa. O personagem principal, conforme se deixe menos ou mais perceber pelo pesquisador, é chamado, nas cartas, "meu terrível *Padre Jesuíno*" (17 de março de 1942); "esse peralta do padre Jesuíno" (7 de janeiro de 1942); "'meu' Jesuíno" (27 de fevereiro de 1942); "nosso ínclito padre" (3 de dezembro de 1942); "meu maldito Jesuíno" (2 de março de 1942). Mário fala a Rodrigo da quarta versão ("nalgumas coisas quinta!") do estudo meticuloso dos doze quadros de Jesuíno na Matriz de Itu e dá contas de seu disciplinado regime de trabalho que, evidentemente, não disciplina o interesse e a emoção que prevalecem. Quando está prestes a finalizar a monografia (esse dia chegaria?), há sempre um temor em Mário de não terminar: "[...] fui dormir, pedindo a minha madrinha do Carmo que me protegesse em meu trabalho sphânico do dia seguinte" (4 de agosto de 1944).

Há que se prestar especial atenção ao relatório do mês de janeiro de 1943 enviado ao diretor do Sphan, já anunciando o final da monografia, só faltando a redação definitiva. Além do interesse dos comentários gerais e argumentação, ele contém a tese que Mário defende e que afirma ter resultado das descobertas da pesquisa tanto da vida do padre Jesuíno como do cuidadoso estudo de sua obra pictórica, em que encontra e diz ter comprovado, incontestavelmente, um valor plástico e um valor psicológico.

Esses decorrem do "mulatismo revoltado do artista, um verdadeiro 'complexo de inferioridade' convertido em afirmação orgulhosa do eu, provado em manifestações curiosíssimas". Apesar do trabalho do frei e da dedicação

---

[i] "Apêndice 2". In: Silviano Santiago (Pref. e notas) e Lélia Coelho Frota (Org. e pesquisa), *Carlos & Mário: Correspondência de Carlos Drummond de Andrade e Mário de Andrade*. Rio de Janeiro: Bem-Te-Vi, 2002.

de quase toda a sua vida, segundo o pesquisador, a Ordem Terceira dos carmelitanos, que sempre fora "a nata das duas nobrezas de sangue e de dinheiro na Capitania", não admitira, senão quase no fim da vida do padre Jesuíno, a possibilidade de a ela pertencer. Essa possibilidade — ficamos sabendo ao ler a própria monografia — não se tornou nunca realidade, e a suposição de Mário é de que seja essa decepção — que se acrescenta a outras muitas — a razão mais importante pela qual o artista vai se compensar, incluindo "africanismos" no céu ariano do teto das igrejas ituanas.

Na monografia, diz-se que, embora admirável e constituindo uma contribuição originalíssima dentro da pintura colonial brasileira, dentro do barroco, a obra de Jesuíno representa uma realidade cultural inferior, a de um culto sem ter aprendido o suficiente, o culto sem cultura.

A tese incluída na passagem citada do Relatório, desenvolvida noutras da correspondência do último período e, também, evidentemente, na própria monografia, que veio a constituir o n. 14 das Publicações do Sphan, reúne-se à do ensaio, "O Aleijadinho", publicado por Mário em 1935 no livro *As artes plásticas no Brasil* e que, originalmente, era intitulado "O Aleijadinho e sua posição nacional".[i]

Como o Aleijadinho, frei Jesuíno do Monte Carmelo também viveu no período em que, na perspectiva cultural e artística erudita — europeia e colonial —, dominava o barroco. No ensaio citado, Mário observa que, na segunda metade do século XVIII, é muito forte a influência que a colônia começa a exercer sobre a metrópole e, enumerando uma grande série de exemplos nas artes plásticas e na música que vêm comprovar sua afirmação, diz que os artistas novos da colônia deformam, sem sistematização, a lição ultramarina do barroco. E afirma: "[...] entre esses artistas brilha o mulato muito".[ii] Na maioria, acrescenta, provinham da classe servil numerosa e livre. Não tinham nenhuma espécie de educação, nem meios para se ocuparem permanentemente. Haviam, pois, que encontrar ou inventar formas de compensar ou preencher esse vácuo. Em suma: tanto na genialidade das obras de arquitetura e de escultura do Aleijadinho, como no talento e na originalidade da pintura do padre Jesuíno do Monte Carmelo, ambos filhos de negras (uma escrava, a outra forra) e pais brancos — exemplos da

---

i "O Aleijadinho". In: Mário de Andrade, *Aspectos das artes plásticas no Brasil*. São Paulo: Martins, 1965.
ii Ibid., p. 17.

mestiçagem brasileira no tempo colonial —, Mário constata o surgimento de uma autoimposição, uma autoafirmação que teria se sobreposto às injunções opressoras da metrópole branca e corresponderia a um impulso de independência cultural.

Será de interesse lembrar que a tese e as reflexões referidas dizem respeito às preocupações modernistas de volta às raízes da nacionalidade e, nesse sentido, mais particularmente, da posição sempre interessada do ponto de vista social do pensamento de Mário de Andrade.

Outra carta que se distingue por originar questão importante nesse último período da correspondência é a que Mário dirige a Rodrigo como juiz de suas querelas com o Saia — Luís Saia, engenheiro, anteriormente seu auxiliar quando era o assistente técnico, e agora o dirigente da Sexta Região do Sphan e seu muito amigo; trata-se de a redação do trabalho ter, ou não, natureza literária e quanto à biografia do padre Jesuíno estar, ou não, correspondendo às características de uma produção científica — como seria de esperar pelas exigências de um estudo a ser publicado na *Revista* do Serviço. O que é interessante destacar nessa questão — que aparentemente não se resolve tão cedo porque reaparece em outros momentos da correspondência — é que Mário já a solucionou intimamente e expõe sua convicção na frase: "Por mim, confirmaria o meu trabalho".

Em sua resposta, Rodrigo também confirma, e plenamente, a forma — "adequada e excelente" — adotada por Mário na escrita dessa primeira parte da monografia.

Se, às vezes, retorna o receio, em Mário, de que os leitores de sua monografia sejam "tomados de sentimento de literatice" (27 de fevereiro de 1942), na maioria das oportunidades, nas cartas, ele revela a segurança e a felicidade de ser e se sentir escritor e poeta e de não se ver nunca destituído dessa condição. Em 4 de agosto de 1944, diz: "É, sinto a redação definitiva que apenas carece de pequeninas correções, clarezas de expressão, sonoridades e ritmos literários (que este 'poeta' é incapaz de desleixar) e é só". Na carta de 20 de dezembro de 1944: "Francamente não estou disposto a abrir mão de minha linguagem, embora a tenha feito a mais discreta que pude... sentir".

Rodrigo não tem dúvidas a respeito da qualidade, da conveniência e do poder da literatura de Mário a serviço de relatar a biografia de Jesuíno e de descrever e caracterizar a obra do artista ituano; e o expressa — por sua vez — com a segurança e tranquilidade que lhe permitem o seu vasto conhecimento da história da arte e, na sua própria expressão em outra ocasião, seu grande tirocínio na crítica literária: "Não foi só a biografia do artista que me pareceu obra indiscutivelmente magistral e uma das coisas mais notáveis de sua prosa. Foi também a crítica da obra de Jesuíno, elaborada com uma sagacidade e uma força construtiva que, até agora, no Brasil, ninguém aplicou ainda a assunto de arte plástica" (12 de fevereiro de 1945).

Ao inverso de Mário, são inúmeras as vezes em que, nessa correspondência, Rodrigo nega a sua condição de escritor; entretanto, em meio à trabalheira na Repartição, como chamavam o escritório central do Sphan, sobretudo nos fins de semana, ele escreveu muitos dos textos introdutórios aos mais notáveis estudos sobre os bens patrimoniais — sua história e caracterização. De sua própria autoria são os livros *Monumentos históricos e arqueológicos*, *Rio Branco e Gastão da Cunha* e *Artistas coloniais*; e, entre outros, o importante artigo "Apontamentos para a história da arte no Brasil: A pintura mineira anterior a 1750". Ainda há que lembrar que histórias de *Velórios* se acham incluídas nas coletâneas dos melhores contos brasileiros.

Com maior parcimônia do que seu amigo, Rodrigo se queixa da dificuldade de escrever "sobre qualquer assunto que não se enquadre nas fórmulas da redação oficial", mas a negação quanto a ser escritor e capaz como crítico de arte retorna a todo momento. Veja-se como, depois de ler a versão final da monografia enviada por Mário e expressar ao interlocutor seu agrado e admiração pelo texto, Rodrigo se encolhe (forma que empregava muito) e se desautoriza: "Minha impressão, porém, tem o gravíssimo defeito de ser excessivamente leiga" (12 de dezembro de 1945).

O fato é que era escritor, sim. E competente crítico de arte.

Principalmente, acima de suas conveniências pessoais, Rodrigo incentivava a produção e o desenvolvimento das capacidades dos que o rodeavam e dos que, de longe, ofereciam possibilidades de juntar-se a ele no empenho de dar conhecimento e proteção ao patrimônio nacional. Nesse sentido, são muito significativos e comoventes — trata-se de uma das últimas cartas que escreve antes de morrer — os termos com que Mário expressa sua determinação de dedicar ao amigo a monografia sobre o padre Jesuíno (10 de fevereiro de 1945):

"Eu não é que deva esse livro a você, devo, mas eu queria que você sentisse no simples 'A Rodrigo M. F. de Andrade', um sabor muito esclarecido e escolhido, e sendo de amizade verdadeira."

Referências bibliográficas

ANDRADE, Mário de. *Poesias*. São Paulo: Martins, 1941.

_____. *Aspectos da literatura brasileira*. Rio de Janeiro: Americ-Edit, 1943.

_____. *Padre Jesuíno do Monte Carmelo*. Publicação n. 14 do Serviço do Patrimônio Histórico e Artístico Nacional. Rio de Janeiro: Ministério da Educação e Saúde, 1945.

_____. *Obras completas de Mário de Andrade*, XII. *Aspectos das artes plásticas no Brasil*. São Paulo: Martins, 1965.

_____. *Mário de Andrade: cartas de trabalho: Correspondência com Rodrigo Melo Franco de Andrade, 1936-1945*. Brasília: Secretaria do Patrimônio Histórico e Artístico Nacional; Fundação Nacional Pró-Memória, 1981.

_____. *O turista aprendiz*. Edição de texto apurado, anotada e acrescida de documentos por Telê Ancona Lopez e Tatiana Longo Figueiredo; Leandro Raniero Fernandes, colaborador. Brasília: Iphan, 2015.

ANDRADE, Rodrigo Melo Franco de. "Apontamentos para a história da arte no Brasil: A pintura mineira anterior a 1750". *O Estado de S. Paulo*, São Paulo, p. 6, 30 jul. 1947.

_____. *Brasil: Monumentos históricos e arqueológicos*. Cidade do México: Instituto Panamericano de Geografia e História, 1952.

_____. *Artistas coloniais*. MEC, Serviço de Documentação, 1958. (Os Cadernos de Cultura).

_____. *Rodrigo e seus tempos: Coletânea de textos sobre artes e letras*. Rio de Janeiro: Ministério da Cultura, Fundação Nacional Pró-Memória, 1986.

_____. *Rodrigo e o Sphan: Coletânea de textos sobre patrimônio Cultural*. Rio de Janeiro: Ministério da Cultura, Fundação Nacional Pró-Memória, 1987.

_____. *Velórios*. São Paulo: Cosac Naify, 2004.

_____. *A lição de Rodrigo*. Org. de Amigos da Dphan. Recife: Escola de Artes da UFPE, 1969.

_____ et al. *Homenagem a Manuel Bandeira: Poemas, estudos críticos, depoimentos e impressões*. Rio de Janeiro: Cegraf — Centro Gráfico do Senado Federal, para o Ministério da Cultura nas Comemorações do Centenário do Nascimento do poeta Manuel Bandeira, 1936.

CASTRO, Sonia Rabello de; GONÇALVES, João Tadeu; LOPES, Evandro da Rocha (Orgs.). *Coletânea de leis sobre preservação do patrimônio*. Rio de Janeiro: Iphan, 2006.

CPDOC. *A Revolução de 1930 e seus antecedentes*. Coletânea de fotografias organizada pelo Centro de Pesquisa e Documentação de História Contemporânea do Brasil. Rio de Janeiro: Fundação Getúlio Vargas; Nova Fronteira, 1980.

FAUSTO, Boris. *História do Brasil*. 2. ed. São Paulo: Fundação do Desenvolvimento da Educação, 1995.

FONSECA, Maria Cecília Londres. *O patrimônio em processo: Trajetória da política federal de preservação no Brasil*. Rio de Janeiro: UFRJ; Iphan, 1997.

HOLANDA, Sérgio Buarque de. "Em torno de velórios". In: ANDRADE, Rodrigo M. F. de. *Velórios*. São Paulo: Cosac Naify, 2004.

LANARI, Raul Amaro de Oliveira. *O patrimônio por escrito: A política editorial do Serviço do Patrimônio Histórico e Artístico Nacional durante o Estado Novo (1937-1946)*. Belo Horizonte: Universidade Federal de Minas Gerais, 2010.

LIMA, Priscila Luciene Santos de; FREIRE NETO, Lourenço de Miranda. "A Era Vargas e um breve ensaio histórico de suas fases". *Percurso*, v. 3, n. 30, pp. 1-18, dez. 2019. Disponível em: <revista.unicuritiba.edu.br/index.php/percurso/article/view/3610>. Acesso em: 4 fev. 2022.

MÁRIO DE ANDRADE: *Cartas do modernismo*. Catálogo, Curadoria de Denise Mattar. Museu Correios, Brasília, 31 de outubro de 2014 a 4 de janeiro de 2015. IEB; Correios; Ministério da Cultura, 2014.

MORAES, Marco Antonio de (Org., intr. e notas). *Correspondência: Mário de Andrade & Manuel Bandeira*. São Paulo: Edusp; IEB-USP, 2000.

SANTIAGO, Silviano (Pref. e notas); FROTA, Lélia Coelho (Org. e pesquisa). *Carlos & Mário: Correspondência completa entre Carlos Drummond de Andrade (inédita) e Mário de Andrade*. Rio de Janeiro: Bem-Te-Vi, 2002.

SANTOS, Mariza Veloso Motta. *O tecido do tempo: O patrimônio cultural no Brasil e a Academia Sphan: A relação entre modernismo e barroco*. Brasília: Editora Universidade de Brasília, 2018.

SILVA, Hélio. *1937. Todos os golpes se parecem: O ciclo de Vargas*. Rio de Janeiro: Civilização Brasileira, 1970. v. IX.

Mário de Andrade:
uma vocação de escritor público[i]

Lélia Coelho Frota

De 1936 a 1945, ano de sua morte, Mário de Andrade manteve com Rodrigo Melo Franco de Andrade correspondência regular, que ficou arquivada na Secretaria do Patrimônio Histórico e Artístico Nacional.

Razão principal destas cartas, que corre paralela à sólida amizade que ligava Mário e Rodrigo, dois intelectuais que maior responsabilidade demonstraram neste país pela dupla função de escritor e de homem público que exerceram: a organização e a estabilização de um serviço destinado a proteger e estimular a manutenção e a divulgação dos bens culturais brasileiros.

Como Mário de Andrade tinha por princípio fazer circular o seu conhecimento múltiplo pelas diversas áreas do saber em que atuou, a sua participação nos programas institucionais espelhará também a sua própria concepção de cultura.

Em 1936, já diretor do Departamento de Cultura da Municipalidade de São Paulo, ele realiza, a pedido do então ministro da Educação e Saúde, Gustavo Capanema, um anteprojeto que serviu de base à criação, no ano seguinte, do Serviço do Patrimônio Histórico e Artístico Nacional, de que Rodrigo será, até 1967, o primeiro diretor. Mário, como veremos, estará entranhadamente ligado à vida desta instituição pelo resto da sua vida, e até mesmo depois de morto, pois beneficiou o Sphan em seu testamento com o sítio de Santo Antônio em São Roque — capela, casa-grande e entorno.

Depois de redigir o anteprojeto que aqui reproduzimos, ele trabalhou de 1937 a 1938 como Assistente Técnico da Sexta Região Administrativa do

[i] Originalmente publicado como prefácio ao livro *Mário de Andrade: cartas de trabalho: Correspondência com Rodrigo Melo Franco de Andrade, 1936-1945*. Org. de Lélia Coelho Frota. Brasília: Secretaria do Patrimônio Histórico e Artístico Nacional; Fundação Pró-Memória, 1981, pp. 21-37.

novo órgão. Em 1938, como consequência da política imposta pelo Estado Novo, é obrigado a deixar a diretoria do Departamento Municipal de Cultura de São Paulo, transferindo-se para o Rio, onde continua ligado ao Sphan.

Ao voltar para São Paulo, em 1941, permanece como colaborador do Serviço, incumbido por Rodrigo de realizar leitura e fichamento sistemático de Testamentos e Inventários existentes naquele estado, para registro de nomes de artistas que ali houvessem trabalhado no período colonial. Como segunda tarefa, veio Mário encarregado de escrever monografia sobre o padre Jesuíno do Monte Carmelo, pintor setecentista e do início do oitocentos na região paulista de Itu, trabalho a que se dedicou, como se verá, até o ano de sua morte, e que constituiu, postumamente, o volume 14 das Publicações do Sphan.

Poder-se-á reconhecer aqui, em processamento, um dos objetivos fundamentais do Movimento Modernista — a atualização da inteligência brasileira. Objetivo só atingido através da atuação de intelectuais como Mário e Rodrigo, que se empenharam em estruturar os meios que pudessem atender à coletivização do saber, num país onde este era discriminado entre "culto" e "popular". Tanto mais culto quanto mais alienígena, e tanto mais popular quanto "canhestro", "ingênuo", "rude", "imperfeito" e "pitoresco".

Em carta dirigida a Paulo Duarte, datada de 1937, Mário de Andrade explicita a sua posição:

> Há que forçar um maior entendimento mútuo, um maior nivelamento geral da cultura que, sem destruir a elite, a torne mais acessível a todos, e em consequência lhe dê uma validade verdadeiramente funcional. Está claro que o nivelamento não poderá consistir em cortar o tope ensolarado das elites, mas em provocar com atividade o erguimento das partes que estão na sombra, pondo-as em condições de receber mais luz. Tarefa que compete aos governos.[i]

Observamos também neste enunciado uma reflexão que já procura a conciliação entre o "universalismo pragmático" do primeiro momento do Modernismo, que ampliou com instigação as inovações provenientes de fora do Brasil, e uma segunda fase de "nacionalismo pragmático", etapas

---

[i] In: Paulo Duarte, *Mário de Andrade por ele mesmo*. São Paulo: Hucitec; SCCT-CEC, 1977, p. 153 [São Paulo: Todavia, 2022, p. 246].

exemplarmente ilustradas por Gilda de Mello e Souza em ensaio sobre pintores da vanguarda modernista.[i]

Essa busca de conciliação circulará sempre pelas vertentes da personalidade do multiplicado autor de *Macunaíma*. A perscrutação infatigável através da "neblina vasta" que, para Mário, constituía o Brasil perdura até seus últimos textos, a duplicar, entre outras, a tensão entre o popular e o culto. Entre o éthos europeu cristalizado na figura definida do avô, presidente de Goiás, e a descaracterização do herói tapanhumas, impasse agudamente localizado por Gilda de Mello e Souza,[ii] que descobre no autor a "aspiração de mitigar a dor dos irreconciliáveis".

Tinha Mário de Andrade percebido que o entendimento do Brasil não poderia ser dado, naquele particular momento histórico, através de generalizações. Tanto que, em seus prefácios a *Macunaíma*, reage à ideia de que este possua caráter emblemático, de síntese de um caráter nacional brasileiro. Mário inclina-se antes ao exame das diversidades existentes em nossa terra, através de levantamentos monográficos, que gradualmente fossem formando um corpo coerente de referência, sem privilegiar entre o popular e o culto.

E é esta visão a um tempo abrangente e vertical que irá informar a sua conceituação para um Serviço do Patrimônio Artístico Nacional — Span —, assim como a linha de atuação imprimida ao Departamento Municipal de Cultura em São Paulo, que dirigiu praticamente em sistema de livre colegiado com Paulo Duarte, Sérgio Milliet e Rubens Borba de Moraes. A existência do Departamento Municipal de Cultura da Prefeitura de São Paulo, criado durante a gestão de Fábio Prado, diretamente assessorado por Paulo Duarte, já corresponderia, portanto, àquele momento de "rotinização do Modernismo", explicado por Antonio Candido como a fase "onde, superada a estética tradicional", "surge a tentativa consciente de arrancar a cultura dos grupos privilegiados para transformá-la em fator de humanização da maioria, através de instituições planejadas".[iii]

É conhecida a preocupação de Mário de Andrade em tornar útil a sua produção intelectual, desde a publicação de *Há uma gota de sangue em cada poema*, de 1917, até a famosa conferência sobre "O Movimento Modernista"

---

[i] Gilda de Mello e Souza, "Vanguarda e nacionalismo", introdução ao catálogo *O Modernismo*. São Paulo: Museu Lasar Segall, 1975.
[ii] Id., "O avô presidente". In: *Exercícios de leitura*. São Paulo: Duas Cidades, 1980, p. 106.
[iii] Antonio Candido, Prefácio. In: Paulo Duarte, *Mário de Andrade por ele mesmo*, op. cit., p. XIV [p. 11].

proferida no Rio de Janeiro em 1942. Nesta, depois de definir a liberdade de pesquisa estética, que "lida com formas, com a técnica e as representações da beleza", ele diz que "a atualização da inteligência artística brasileira é mais que isso, pois a arte é muito mais larga e complexa", "tem uma funcionalidade imediata social", "é uma profissão e uma força interessada da vida".[i]

Isto não chega a classificar a sua literatura, vista em conjunto, como "de compromisso", conforme observa finamente Cavalcanti Proença, embora seja uma sua marca "o princípio do reconhecimento de uma verdade pelos resultados úteis".[ii] "Falaríamos com mais propriedade", acrescenta Proença, "em literatura como filosofia, em que há muito do conceito de Gide, isto é, o de que, em verdade, existe no homem uma propriedade para superar-se, não para atingir determinado objetivo, mas para enriquecimento do ser em si mesmo, coisa que vem a constituir objetivo único."[iii]

Da permanência dessa postura em Mário dão testemunho cartas tão recuadas como as de 1924 e 1925, escritas a Carlos Drummond de Andrade. Sublinha ele em 1925: "Você deve ter reparado que esta carta vem sempre falando no sentido prático de vida e não de arte".[iv] Quando já afirmava no ano anterior: "Eu tanto aprecio uma boa caminhada a pé até o alto da Lapa como uma tocata de Bach e ponho tanto entusiasmo e carinho ao escrever um dístico que vai figurar nas paredes dum bailarico e morrer no lixo depois como um romance a que darei a impassível eternidade da impressão".[v] Na carta de 27 de fevereiro de 1942 da correspondência com Rodrigo, a interação entre vida e obra é reiterada com nitidez. Falando na próxima ida ao Rio para pronunciar a conferência sobre o Movimento Modernista, Mário alude à sua "preconcebida e jamais abandonada atitude de dar a toda a minha [sua] obra esse dinamismo e essa transitoriedade de um combate em vida".

Essa prática existencial é ratificada pela escritora Oneyda Alvarenga, dedicadíssima colaboradora e amiga de Mário. Observa Oneyda que, embora

---

[i] Mário de Andrade, "O Movimento Modernista". In: *Aspectos da literatura brasileira*. São Paulo: Martins, 1974, pp. 242 e 252.
[ii] Manuel Cavalcanti Proença, "Mário de Andrade ficcionista". In: *Depoimentos 2: Mário de Andrade*. Publicação periódica para debate de arquitetura do Grêmio da Faculdade de Arquitetura e Urbanismo. São Paulo: Centro de Estudos Brasileiros, 1966, p. 144.
[iii] Ibid.
[iv] Mário de Andrade, "Cartas de Mário de Andrade a Drummond", *José*, Rio de Janeiro, n. 7, p. 31, jan. 1977.
[v] Id., "Cartas de Mário de Andrade a Drummond", *José*, Rio de Janeiro, n. 4, p. 39, out. 1976.

Mário houvesse chegado à certeza de que o dever do artista era ser útil à sociedade, nem por isso a obra de arte, para ele, deveria descurar de suas exigências específicas, que não poderiam "ser traídas sem prejuízo do fim visado".[i] Oneyda afirma que foi na crítica de arte e na literatura que Mário "revelou plenamente sua concepção didática do papel do escritor e do artista", certeza para ele unida à ideia expressa em carta de 1940 de que "a compreensão estética é verdadeiramente um ato de amor, um ato de *charitas* no sentido católico da palavra, da efusão do ser todo".

A própria e copiosíssima correspondência que Mário manteve tanto com os companheiros de geração como com desconhecidos principiantes, que lhe escreviam ao longo dos anos sem nunca deixar de receber atenção generosa e exigente, tinha para ele a utilidade dupla da troca de experiência e da fixação da memória. Desde que as cartas possuíssem, como dito a Paulo Duarte, "alguma coisa mais nuclear e objetiva que arroubos sentimentais sobre o espírito do tempo".[ii]

Carlos Drummond de Andrade resumiu a essência da incessante comunicação mantida por Mário com seus contemporâneos traduzindo-a com justiça nesta afirmação: "Mário era apaixonado e lúcido em tudo, e suas cartas mais íntimas dão a medida de sua grandeza, importância social e incomparável vocação de escritor público".[iii]

A ambientação da vida funcional de Mário de Andrade no período de consolidação do Modernismo coloca-nos, especialmente no seu caso, diante da questão da linguagem. É ainda com ele que concordaremos em que "o modernismo promoveu uma reacomodação nova da linguagem escrita à falada",[iv] coisa mais que patente não só nestas cartas do Sphan, como nas páginas dos jornais e de praticamente tudo que é editado hoje no Brasil, por meio impresso ou outras mídias envolvendo a palavra. A "sintaxização" e a "patrialização" do nosso português literário, como dizia Mário, não derivaram nele de um trabalho normativo. Conforme deixa bem claro em carta a Manuel Bandeira, os seus "pronomes e brasileirismos" saíam

---

i Oneyda Alvarenga, *Mário de Andrade, um pouco*. Rio de Janeiro: José Olympio; SCET-CEC, 1974, pp. 46-7.
ii In: Paulo Duarte, *Mário de Andrade por ele mesmo*, op. cit., p. 332 [p. 508].
iii Carlos Drummond de Andrade, "Livros: Novidades". *Correio da Manhã*, 12 out. 1958.
iv Mário de Andrade, "Modernismo". In: *O empalhador de passarinho*. São Paulo: Martins, 1955, p. 189.

então "como água que brota sem nenhuma preocupação mais. A não ser a preocupação de *escrever desacintosamente*".[i]

No estabelecimento do texto desta correspondência,[ii] pautamo-nos exatamente pela mesma intenção: a de mantê-lo desacintoso, corrente. Para tanto, atualizamos a ortografia sempre que isso não implicasse o desvirtuamento da identidade do falar marioandradino. Assim, mantivemos *milhor*, *pra*, *pro*, em vez de alterá-los para *melhor*, *para*, *para o*. Respeitamos rigorosamente os brasileirismos, a sintaxe e as intervenções neológicas que constituíram a fisionomia mesma do seu discurso, a sua maneira intransferível e simbólica de ser Mário de Andrade.

Os anos rápidos

No seu extraordinário *Mário de Andrade por ele mesmo*, que reúne as cartas que trocou com o autor de *Macunaíma*, Paulo Duarte faz concomitantemente uma minuciosa e apaixonante descrição do que foi o Departamento de Cultura da Municipalidade de São Paulo, de 1933 a 1938.

O que prefigurou para o Sphan como conceito no anteprojeto, e depois nas formas de ação da sua assistência técnica a esse Serviço, Mário atualizou em maior escala na direção do Departamento de Cultura. Convidado por Paulo Duarte para assumir essa tarefa, Mário, conforme atesta Rubens Borba de Moraes, "fez um grande sacrifício abandonando tudo para se consagrar ao cargo. Com as aulas, uma colaboração aqui, um artiguinho acolá, Mário fazia muito mais dinheiro que o ordenado que lhe ofereceu a prefeitura para dirigir o Departamento de Cultura".[iii] Retomando Paulo Duarte: "No Departamento de Cultura, desenvolvia-se uma atividade de formigueiro, que continua, naqueles anos rápidos de 1935 a 1938".[iv] Anos rápidos, depreendemos, não só pela exígua duração, como pela completa absorção daqueles que se entregaram fundamente ao trabalho ali. Que também tenham sido rápidos para Mário de Andrade, é suficiente acompanhar a sua dissertação, assoberbada

---

[i] In: Manuel Bandeira (Org.), *Cartas a Manuel Bandeira*. Rio de Janeiro: Organização Simões, 1958, p. 220.
[ii] A autora refere-se a padrões empregados no livro *Cartas de trabalho* e mantidos nesta edição. [N. E.]
[iii] Rubens Borba de Moraes, *Lembrança de Mário de Andrade: 7 cartas*. São Paulo: Digital Gráfica, 1979, p. 17.
[iv] In: Paulo Duarte, *Mário de Andrade por ele mesmo*, op. cit., p. 33 [p. 67].

mas pletórica, das atividades do Departamento de Cultura nas cartas a Rodrigo de 4 de maio de 1936, 22 de julho de 1936, 29 de julho de 1936, 7 de agosto de 1936, 22 de abril de 1937, 23 de maio de 1937, 21 de janeiro de 1938, 26 de janeiro de 1938, 23 de maio de 1938, 14 de maio de 1938.

Foi por isso que, ao referirmos o subsídio dado por Mário à estruturação do que se tornou, em 1937, o Serviço do Patrimônio Histórico e Artístico Nacional, conferimos tanta ênfase ao que constituiu a sua prática administrativa no Departamento de Cultura da Municipalidade de São Paulo. Esses trabalhos foram contemporâneos na vida de Mário, e é importante assinalar que a concepção abrangente que norteou a criação dos dois novos órgãos evidencia um nítido consenso em torno de um conceito de cultura e de sociedade, que emana em linha reta da reavaliação modernista. "O Modernismo foi um toque de alarme. Todos acordaram e viram perfeitamente a aurora no ar", lembrava Mário em 1940.

Em ambos os serviços públicos, repito, nota-se o objetivo de envolver todo o universo da produção cultural. No anteprojeto para o Sphan, Mário denomina de "obras de arte patrimoniais a arte arqueológica, a arte ameríndia, a arte popular, a arte histórica, a arte erudita nacional, a arte erudita estrangeira, as artes aplicadas nacionais, as artes aplicadas estrangeiras". O seu interesse de polígrafo pelo universo total da cultura formara-se no espírito do Modernismo, que aprofundou na realidade brasileira a observação da terra iniciada pela geração dos românticos.

Essa "descoberta do Brasil", de que são marcos as suas *viagens etnográficas* de 1927, 1928 e 1929, precedidas pelas de 1919 e 1924 a Minas Gerais, constituem experiência básica para a sua reverificação da inteligência nacional. Conhecedor seguro das manifestações musicais populares regionais mais importantes do país, Mário também acompanhava atentamente as representações da cultura material procedentes de diversos contextos sociais brasileiros, de economia pré-industrial.

Em seu ensaio de 1942 para o *Manual bibliográfico de estudos brasileiros*, o *Handbook of Brazilian Studies* referido nas cartas desse ano a Rodrigo, Mário de Andrade insiste "numa conceituação nova de Folclore para os povos de civilização e cultura recentemente importada e histórica", "conceituação nova que tem que ser científica"[i] para acabar com as especulações do amadorismo. Mais categoricamente, afirma ainda o autor destas cartas:

---

[i] Mário de Andrade, "Folclore". In: Rubens Borba de Moraes e William Berrien (Orgs.), *Manual bibliográfico de estudos brasileiros*. Rio de Janeiro: Gráfica Editora Souza, 1949, p. 298.

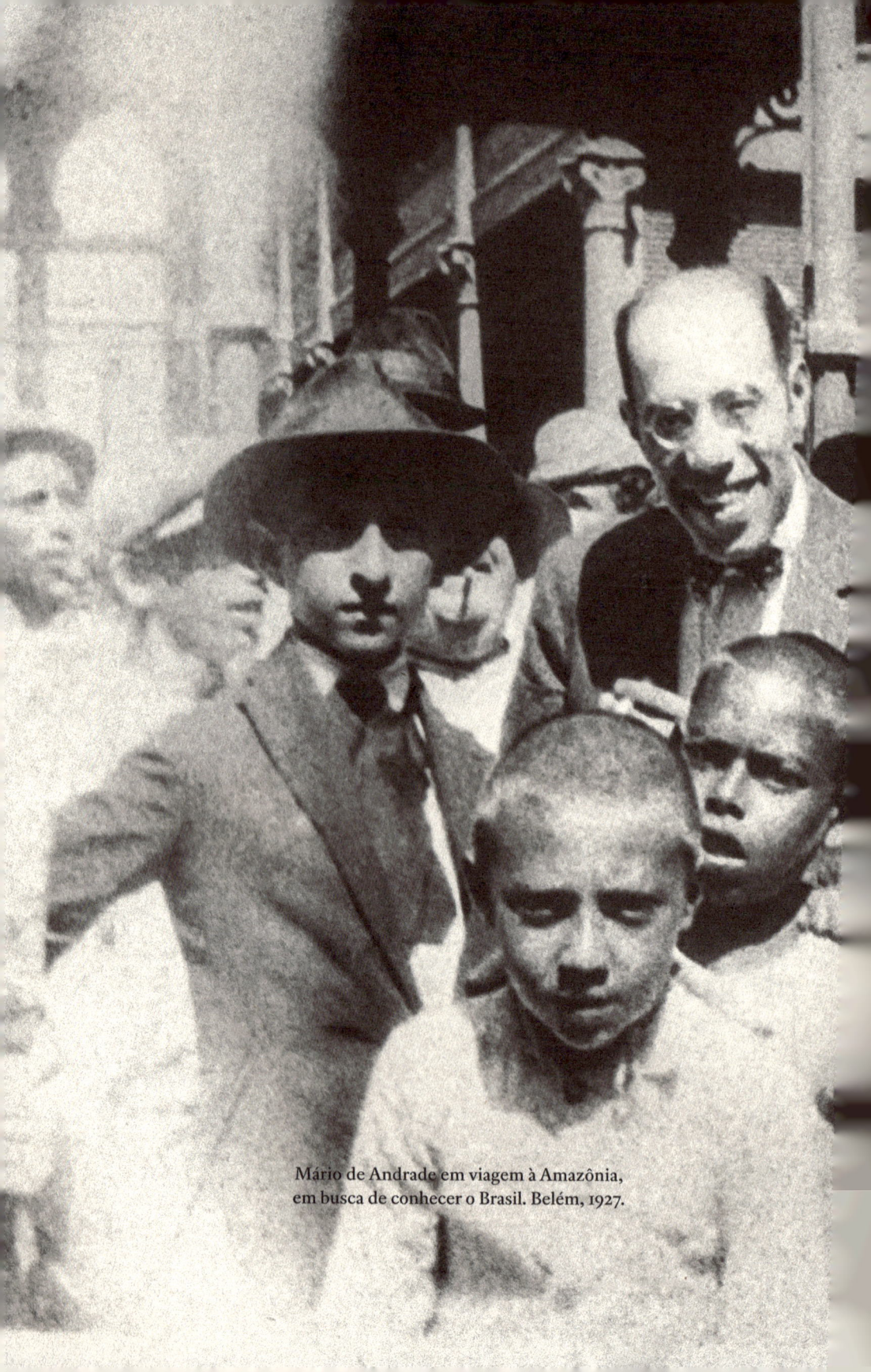

Mário de Andrade em viagem à Amazônia,
em busca de conhecer o Brasil. Belém, 1927.

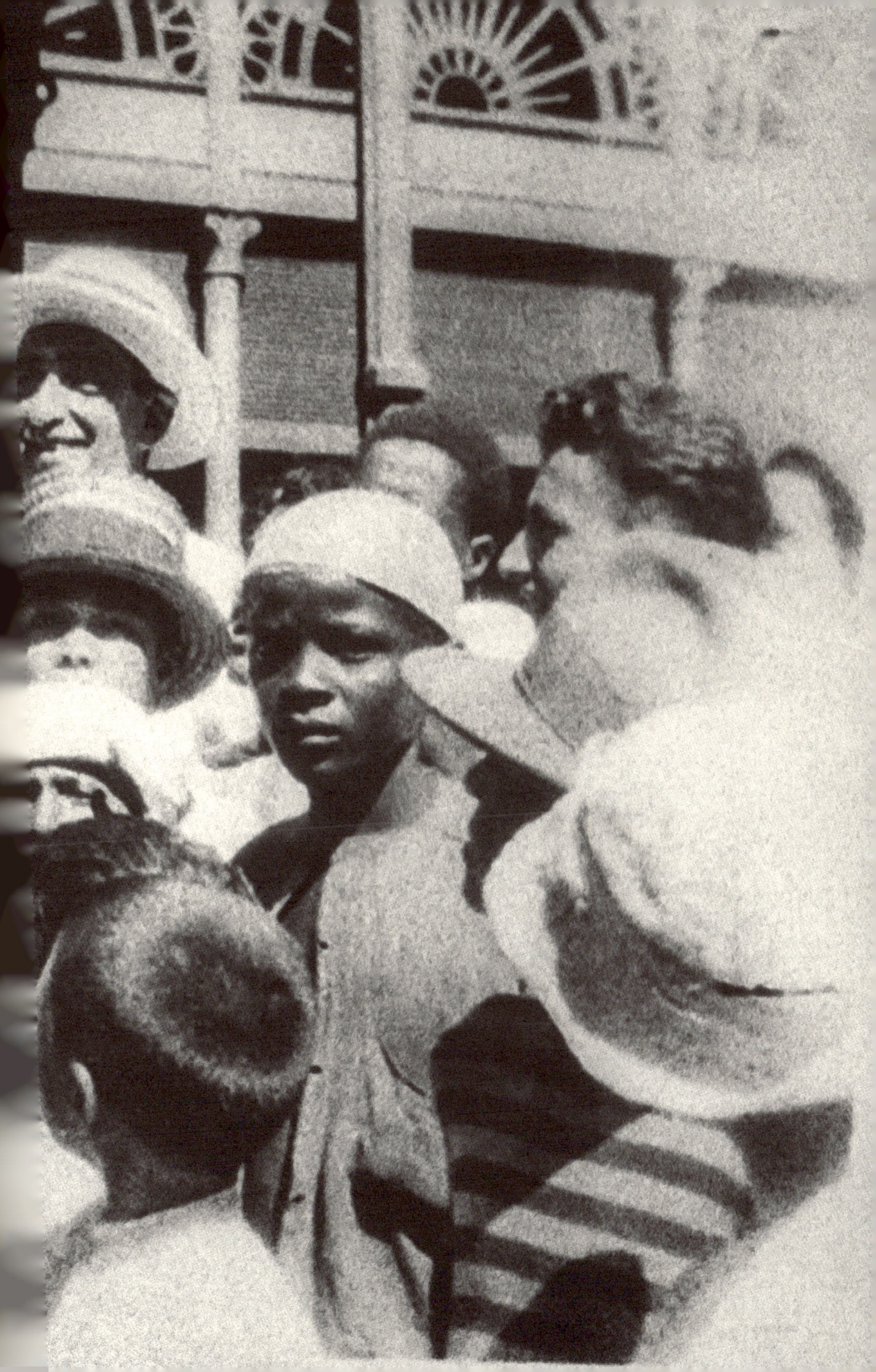

> [...] o Folclore no Brasil ainda não é verdadeiramente concebido como um processo de conhecimento. [...] Na verdade este "folclore" que conta em livros e revistas ou canta no rádio e no disco as anedotas, os costumes, curiosos, as superstições pueris, as músicas e os poemas tradicionais do povo, mais se assemelha a um processo de superiorização das classes burguesas. Ainda não é a procura do conhecimento, a utilidade de uma interpretação legítima e um anseio de simpatia humana.[i]

Para embasar a tendência nova, "muito mais energicamente científica", Mário fez com que o Departamento de Cultura, em 1936, abrisse matrícula para um Curso de Folclore, regido durante um ano pela professora Dina Lévi-Strauss, que fora assistente no Musée de L'Homme, em Paris. Esse curso, esclarece Mário,

> organizado sob bases eminentemente práticas, teve como intenção principal formar folcloristas para trabalhos de campo. Com efeito, o que nos prejudica muito em nossos museus, é que suas coleções, por vezes preciosas como documentação etnográfica, foram muito mal recolhidas, de maneira antiquada, deficiente e amadorística, não raro inspirada no detestável critério da beleza ou da raridade do documento. Contra isso quis reagir o Departamento de Cultura de São Paulo, como já o estava fazendo para a Etnografia o Museu Nacional, desde Roquette Pinto. E com efeito, com os alunos desse curso de Folclore, fundou-se em dezembro desse ano a Sociedade de Etnografia e Folclore, que foi a primeira organização coletiva, desse gênero, criada no Brasil.[ii]

Os membros da Sociedade realizaram inúmeras investigações científicas, de que resultaram monografias, e a entidade chegou a editar sete números de um Boletim, que continha uma seção fixa sobre metodologia da pesquisa, escrita pela professora Dina Lévi-Strauss, e resumia ainda as comunicações e conferências feitas nas reuniões mensais da Sociedade. Entre essas comunicações, menciona Mário a de Claude Lévi-Strauss sobre bonecas dos índios

---

[i] Ibid., p. 286.
[ii] Ibid., p. 290.

carajá, a do professor Dalmo Belfort de Matos sobre religiões de influência negra em São Paulo, e a de Leão Machado sobre a vida popular de Itápolis.[i]

Idêntica preocupação, esclarece Mário nesse mesmo ensaio, norteava a atividade do recém-criado Sphan, que na sua revista vinha "publicando comunicações que tendem a alargar as nossas pesquisas folclóricas para o campo da estrutura social e da cultura material", como as de Salomão de Vasconcelos sobre ofícios mecânicos em Vila Rica no século XVIII e de Raimundo Lopes sobre a pesca no Maranhão.

Vemos portanto que o Sphan e o Departamento de Cultura permaneciam indissociáveis na formulação das políticas culturais do cofundador de ambas as instituições. Assim, é natural encontrarmos as cartas a Rodrigo permeadas de notícias sobre as atividades que o Departamento estimulava através da Sociedade de Etnografia e Folclore. Na sua carta de 22 de janeiro de 1938, vemos que Mário pede a Rodrigo apresentação para Luís Saia, chefe da missão de pesquisas folclóricas enviada ao Nordeste para gravação e filmagem de músicas, danças, costumes, e que recolheu importante coleção de ex-votos, mais tarde analisada por aquele pesquisador na publicação *Escultura popular brasileira* (1944). É também durante a sua direção do Departamento que Mário promove filmagens de índios mato-grossenses (bororo e kadiweu) realizadas nada menos que por Claude e Dina Lévi-Strauss (ver cartas de 4 de maio de 1936 e 29 de julho de 1936).

Tais atividades eram desenvolvidas com o espírito de formar especialistas com sólida experiência de metodologia da pesquisa, sob a orientação dos mestres chamados da Europa para a fundação da Universidade de São Paulo. Esse aperfeiçoamento dos pesquisadores destinava-se a convergir, sem dúvida alguma, para os trabalhos de investigação sociológica em curso no Departamento de Cultura àquela época, envolvendo densamente a cidade de São Paulo. Apresentados os primeiros resultados da ação cultural do Departamento num Congresso de População na França, em 1937, estes receberam elogios de cientistas como Marcel Mauss e outros especialistas do seu porte. Paulo Duarte assinala que os congressistas declararam ser a primeira vez que se apresentava num laboratório de investigações sociológicas uma cidade *"au microscope"*.[ii]

---

[i] Ibid., p. 291.
[ii] Paulo Duarte, *Mário de Andrade por ele mesmo*, op. cit., p. 60 [p. 69].

O interesse de Mário de Andrade pelo passado artístico do Brasil, também constante dos estatutos do Departamento de Cultura (ver carta de 6 de abril de 1937), data de 1919, quando, antes mesmo de integrar a "caravana paulista" de 1924, ele vai sozinho a Minas Gerais. Parecem ser dois os seus objetivos: o primeiro é conhecer o grande poeta Alphonsus de Guimaraens, que vive no esquecimento, na arquiepiscopal cidade de Mariana. Em texto de 1940, Mário faz referência ao fato de que, antes do Modernismo, não houvera qualquer espécie de maior repercussão, na coletividade nacional, de "um interessantíssimo movimento, de base simbolista, que se processara no país, contendo alguns dos nossos maiores poetas".[i] O outro propósito da viagem de Mário de Andrade a Minas foi certamente a observação da arquitetura, escultura e pintura coloniais do ciclo do ouro. O seu ensaio "Arte religiosa no Brasil em Minas Gerais", publicado em 1920 na *Revista do Brasil* e assinado M. Morais de Andrade, dá notícia dessas manifestações em Mariana, São João del-Rei, Congonhas do Campo e Ouro Preto. Mário repara, precursoramente, que "na arquitetura religiosa de Minas a orientação barroca — que é o amor da linha curva, dos elementos contorcidos e inesperados — passa da decoração para o próprio plano do edifício. Aí os elementos decorativos não residem só na decoração posterior, mas também no risco e projeção das fachadas, no perfil das colunas, na forma das naves".[ii]

É nessa mesma viagem que Mário tem um contato profundo com a obra do Aleijadinho, sobre a qual escreveria mais tarde um ensaio extraordinário (1928), inserindo Antônio Francisco Lisboa numa perspectiva histórica de óptica novíssima e essencial para a compreensão dos fenômenos nativistas. "Antônio Francisco Lisboa é o único artista brasileiro que eu considero genial, em toda eficácia do termo", escreve Mário ainda em 1920. "Se em São Francisco deixou a sua obra mais perfeita, em Congonhas do Campo está a obra mais grandiosa. [...] Congonhas do Campo é o maior museu de escultura que existe no Brasil." Essas afirmações, que hoje nos parecem triviais, foram feitas por um rapaz de 27 anos, que por livre e espontânea vontade se decidira "correr as estradas de ferro inomináveis" de então, para ver perfilarem-se de perto, "num mutismo sem desdém", as cidades do ciclo do

---

[i] Mário de Andrade, "Modernismo". In: *O empalhador de passarinho*, op. cit., p. 136.
[ii] Id., "Arte religiosa no Brasil em Minas Gerais". *Revista do Brasil*, São Paulo, n. 54, pp. 102-11, jun. 1920.

Igreja do Carmo de São João del-Rei. Registro do olhar de Mário de Andrade sobre o Barroco na mítica viagem de 1924 a Minas Gerais.

ouro, numa época em que o barroco era visto como bizarria, aqui como no exterior, sem foro de maior legitimidade na história da arte.

A reivindicação das representações de vanguarda e a recuperação do passado artístico do país são portanto simultâneas e coerentes na busca modernista de estabilização de uma consciência crítica nacional. Prova disso são os textos, datados do mesmo ano — 1928 —, sobre o Aleijadinho e sobre o projeto para o novo Palácio do Governo do estado de São Paulo, de autoria de Flávio de Carvalho, o único, segundo Mário,[i] a honrar o concurso em que se inscrevera.

Deixou Mário de Andrade delineado, nas fotos que tirou e guardou no seu arquivo, todo um perfil do patrimônio cultural brasileiro, a que não

---

[i] Id., "O Palácio do Governo", In: M. R. Batista, T. P. A. Lopez, Y. S. de Lima. *Brasil: 1º tempo modernista — 1917/29*. São Paulo: IEB-USP, 1972, pp. 24-5.

faltou o registro da paisagem.[i] E onde ficou ainda assinalada a tensão entre a economia pré-industrial, e os bens culturais que dela procedem, e o processo industrial, tensão que aflora amargamente em *Macunaíma*. E que não se desassemelha daquela que preside hoje a tarefa de preservação e revitalização dos bens patrimoniais a que se aplica a Sphan, num esforço de conciliar a continuidade e a diversidade das nossas expressões culturais com o desenvolvimento social.

Mário de Andrade iniciou em 1936 a sua longa colaboração com o Serviço do Patrimônio. A sua presença como indivíduo agente é aqui mais identificável, naturalmente, do que no organismo do Departamento, onde ele também influía com intervenções pessoais, porém mais limitadas, no concerto administrativo, por força mesmo da sua função de diretor. O engenheirando Luís Saia passa a auxiliá-lo, no Sphan, no recenseamento dos principais monumentos paulistas cogitados para tombamento, e que serão apontados nos dois relatórios de 1937, incluídos aqui. Para o "intenso serviço de fotografação" vem "um alamão", chamado de São Carlos (ver carta de 7 de setembro de 1937), Herman Hugo Graeser, dito Germano, que prestou extensa colaboração aos serviços do Patrimônio em São Paulo.

Em fins de semana saía Mário de Andrade do Departamento de Cultura para as aventuras ao ar livre do levantamento dos bens culturais paulistas. A sua carta de 1º de novembro de 1937 dá bem a ideia do entusiasmo e das vicissitudes experimentadas pelos três pesquisadores — Mário, Juanita e Paulo Duarte — para localizar o forte da Bertioga e um possível convento fronteiro de São João. A carta de 25 de junho de 1937 diz de um assistente técnico voltando extasiado do interior do estado, afirmando estar em Ubatuba "a casa particular mais linda do Brasil", mas "doente de em dois dias fazer mais de 300 quilômetros, estradas incríveis e duas noites sem dormir".

Prossegue a crônica destes tempos heroicos do Sphan na carta de 14 de setembro de 1937, noticiando sobre os trabalhos de fotografia feitos nas pesquisas de campo. Mário viaja por Voturuna, Parnaíba, São Miguel. A sua habitual exigência para consigo mesmo faz com que se autocritique por não ter "fotado" a igreja de Parnaíba: "Feia ou bonita, acho que se deveria

---

i O acervo de Mário de Andrade encontra-se no Instituto de Estudos Brasileiros (IEB-USP) e foi utilizado em parte para compor um caderno de imagens na abertura do livro *Cartas de trabalho*. Aqui reproduzimos apenas uma fotografia das viagens de Mário que compunham aquele caderno e suprimimos a passagem em que Lélia Coelho Frota elenca suas imagens. [N. E.]

fotar qualquer fachada de igreja que se pretenda por qualquer motivo tombar" (ver carta de 14 de setembro de 1937). Enfim, são estes os "calvarinhos" próprios da atividade do assistente técnico, que percebemos, não obstante, francamente absorto no inventário dos bens de valor histórico e artístico do seu estado, com o "prazer quase físico do descobrimento" do seu último bilhete a Rodrigo.

No entanto, em janeiro de 1938 Mário é premido a optar exclusivamente pelo cargo de diretor do Departamento de Cultura, indicando o nome de Paulo Duarte para substituí-lo. Nas cartas de 5 e 23 de maio do mesmo ano já vai se prefigurando o tom angustiante dos anos longos, prestes a iniciar-se: "As desilusões têm sido penosas, companheiro, e os sofrimentos. As modificações por enquanto não têm sido grandes, pelo menos não destruíram por completo o organismo fundamental do Departamento. Mas cada coisinha que cortam me dói de passar a noite acordado".

As últimas cartas de 1938 já são as das despedidas da cidade de São Paulo, depois de afastado do cargo que exercera trabalhosamente, com a felicidade de entrega total que era a sua marca de agir sobre as coisas. A partir do final desse mesmo ano, com a transferência de Mário para o Rio, Luís Saia era nomeado Chefe do Quarto Distrito do Sphan.

Os anos longos

Às formas diversas de experiência coletiva vivenciadas por Mário de Andrade através do Movimento Modernista e do Departamento Municipal de Cultura, sucede-se agora um percurso mais individual, permeado de reflexão isolada, de questionamentos, de dúvidas, de doença. Um denominador comum permanece: o trabalho intelectual intenso.

Transferindo-se para o Rio de Janeiro, Mário continua a prestar colaboração ao Sphan. Leciona filosofia e história da arte na recém-criada Universidade do Distrito Federal, onde foi também diretor do Instituto de Artes. Em 1939, informa a Paulo Duarte estar como consultor técnico do Instituto do Livro, incumbido de elaborar anteprojeto para a Enciclopédia Brasileira e para o Dicionário da Língua Nacional, "e depois ficar como auxiliar dessas empreitadas quando começarem".[i]

---

i In: Paulo Duarte, *Mário de Andrade por ele mesmo*, op. cit., p. 182 [p. 290].

Medularmente paulistano, sob o choque do seu afastamento do Departamento e da subsequente desarticulação deste, Mário de Andrade não se ambientou no Rio. É só consultar as suas cartas a Paulo Duarte,[i] Sérgio Milliet[ii] e Rubens Borba de Moraes,[iii] para termos a medida do seu despaisamento na Guanabara de então. Em 1941 não nos surpreende ver Mário de volta a São Paulo, retomando a correspondência com Rodrigo.

É ainda o trabalho no Sphan que contribui para alicerçar o retorno de Mário. A carta de 7 de março de 1941 é um flagrante do próprio momento da chegada, em que ele se ocupa em dar ordem à casa, aos papéis, à pessoa, e demonstra estar estimulado pelas novas incumbências: "Só agora a paz principia reinando em mim, e uma vontade voluptuosa de trabalho". A 14 de abril Mário já está oficialmente designado para servir no Quarto Distrito do Sphan.

Das duas incumbências dadas por Rodrigo a Mário no Rio — "destrinçar em fichas Inventários e Testamentos, e fazer uma monografia sobre o padre Jesuíno do Monte Carmelo" (ver carta de 22 de outubro de 1941) —, foi com certeza a segunda a que mais profundamente o absorveu. E que resultou, como apontará o próprio Rodrigo, em prefácio não assinado à publicação póstuma de *Padre Jesuíno*, "no único estudo de Mário em grandes proporções nos domínios da arte colonial brasileira", sendo também "o seu último e mais meditado livro".[iv] Meditação a que não foram poupados os excessos de rigor mais capilar, seja na fase do levantamento do corpus da obra de Jesuíno, seja nas sucessivas redações a que o texto de análise crítica se viu submetido, conforme se poderá acompanhar nesta correspondência da Sphan, de 1941 a 1945.

Um longo e largo debruçar-se de Mário sobre o seu biografado, como ele músico e como ele de vário engenho — pintor, "talvez um pouco entalhador, e ainda arquiteto improvisado" —,[v] faz com que diga, em carta de 7 de março de 1942: "Você compreende; de tanto estudar e ver Jesuíno, acabei amando Jesuíno, e desconfio que estou treslendo um bocado. As coisas dele me arrebatam e preciso adquirir mais equilíbrio".

---

i Ibid., p. 6 [p. 27].
ii Ibid., p. 338 [p. 517].
iii Rubens Borba de Moraes, *Lembrança de Mário de Andrade: 7 cartas*. São Paulo, 1979, p. 23.
iv Rodrigo Melo Franco de Andrade, Prefácio (não assinado). In: Mário de Andrade, *Padre Jesuíno do Monte Carmelo*. Publicação n. 14 do Serviço do Patrimônio Histórico e Artístico Nacional. Rio de Janeiro, 1945, p. III.
v Mário de Andrade, *Padre Jesuíno do Monte Carmelo*, op. cit., p. 47.

Paulo Duarte e Mário de Andrade, Rio de Janeiro, *c.* 1930.

A extraordinária compleição intelectual de Mário de Andrade, de permanente movimento entre o lógico e o intuitivo, que ele exacerbava e apurava pela alternada negação das conclusões que atingia, encontra-se aqui perfeitamente configurada.

Não constitui novidade na sua obra, por isso mesmo, o reescrever consecutivo de textos. Telê Porto Ancona Lopez, que vem empreendendo o levantamento sistemático da obra marioandradina, dela fazendo análise crítica de grande categoria, atesta sobre a maneira de trabalhar do autor de *Padre Jesuíno*. Diz ela em introdução a *O turista aprendiz*: "Já mencionamos aqui que as mudanças e as transformações nos projetos são uma constante ao longo da produção do nosso escritor". E acrescenta que, em Mário, muitas vezes uma redação que parece definitiva é apenas paradefinitiva.[i]

Com a saúde seriamente abalada, Mário vai para Araraquara, descansar, como de tantas outras vezes, na chácara do "tio" Pio, Pio Lourenço Corrêa, na realidade seu primo e amigo muito próximo, onde certamente mais meditará e discutirá Jesuíno. Pelo relatório mensal de 2 de fevereiro de 1943, vemos que falta "apenas pôr em redação definitiva" o seu escrito, e que Araraquara, desta vez, valera menos a Mário. Ele passa quase o tempo todo deitado, na semiobscuridade, e ainda assim trabalha duas horas por dia. Sua atividade, no decorrer de 1944, é inteiramente centrada na redação das interpretações críticas sobre o material da pesquisa.

Em 10 de fevereiro de 1945, Rodrigo já está de posse dos originais do *Padre Jesuíno*, certamente aproveitando o ensejo de uma viagem sua a São Paulo, a fim de participar do Congresso Nacional de Escritores, para arrebatá-los ao escrupuloso autor. Era então intenção explícita de Mário dedicar a nova monografia a Rodrigo, como atesta a carta de 10 de fevereiro de 1945.

A excessiva modéstia e a postura desejadamente impessoal no desempenho de funções públicas de Rodrigo levaram-no a suprimir a dedicatória. O seu dom singularíssimo para o exercício da amizade, no entanto, revela-se no prefácio não assinado, em que, como funcionário do Sphan, comenta a monografia de Mário com a imparcialidade e a erudição a que a mesma fazia jus. Respondendo no prefácio a uma das maiores inquietações

---

[i] Telê Porto Ancona Lopez, "Prefácio para *O turista aprendiz*". In: Mário de Andrade, *O turista aprendiz*. Estabelecimento de texto, intr. e notas de Telê Porto Ancona Lopez. São Paulo: Duas Cidades; Secretaria da Cultura, Ciência e Tecnologia do Estado de São Paulo, 1976, p. 31.

do amigo inesperadamente morto, que dizia respeito à fisionomia possivelmente "literária" do ensaio sobre Jesuíno, Rodrigo emite juízo de meridiano bom senso: "Forma e substância fundem-se, aí, num texto profundamente honesto, a exprimir como é possível utilizar um exato aparelho crítico em obra que satisfaça ao gosto literário e valha, por si mesmo, como coisa de arte".[i] A probidade intelectual de Rodrigo leva-o ainda, "como preito à memória do seu meticuloso autor, e com esse exclusivo propósito", a consignar "uns poucos tópicos em que ele poderia deter-se, para mais aprimorar, em última demão, o seu ensaio".[ii]

Os restantes pontos de relevo no bloco da correspondência que vai de 1941 a 1945 são as apreciações sobre os estudos de folclore no Brasil, a que já fizemos referência, e os comentários sobre o sítio de Santo Antônio, no município de São Roque.

A primeira notícia que Mário nos dá do sítio de Santo Antônio data dos anos rápidos, quando era o assistente técnico da Sexta Região do Sphan. O sítio fora descoberto por Washington Luís e revisitado por Paulo Duarte e João Batista de Campos Aguirre nas pequenas excursões a que Mário faz referência na carta de 27 de setembro de 1936. Tomando conhecimento, por meio destes, da capela de Santo Antônio, então quase ruína, Mário faz dela acurada descrição e análise, em artigo para o primeiro número da *Revista do Sphan*.[iii] Tratar-se-á do artigo a que ele alude em carta de 29 de junho de 1937, em que identifica também o autor do artigo "histórico", "meu outro auxiliar" no Departamento de Cultura, Nuto Sant'Anna, que efetivamente assina na revista o texto "A Igreja dos Remédios".

Não foi efêmero o encantamento de Mário pela capela de Santo Antônio, com o seu belo alpendre associado à fachada de peças de madeira. Sete anos mais tarde, em 1944, ele comunica a Paulo Duarte: "Vou comprar o sítio de Santo Antônio, do bandeirante capitão Fernão Paes de Barros, com a capela e tudo. Segunda-feira vou lá para resolver detalhes da compra. Compro, doo uma parte com capela e casa-grande ao Brasil, que entrará na posse da doação na minha morte".[iv] Três meses mais tarde ele participa a Rodrigo

---

[i] Rodrigo Melo Franco de Andrade, Prefácio (não assinado). In: Mário de Andrade, *Padre Jesuíno do Monte Carmelo*, op. cit., p. IV.
[ii] Ibid.
[iii] "A capela de Santo Antônio". *Revista do Serviço do Patrimônio Histórico e Artístico Nacional*. Rio de Janeiro, n. 1, pp. 119-25, 1937.
[iv] In: Paulo Duarte, *Mário de Andrade por ele mesmo*, op. cit., p. 281 [p. 435].

(ver carta de 14 de fevereiro de 1944) que acaba de passar a escritura da compra do sítio de Santo Antônio. Ratifica a sua intenção de doar o sítio ao Serviço, impondo apenas duas condições: o usufruto em vida e a posterior destinação do imóvel para um repouso de artistas brasileiros.

Foi efetivamente cumprida a vontade do escritor pela sua família, doando-se ao Sphan "a capela de Santo Antônio com sua paisagem", conforme determinado por ele, numa previsão dos preceitos para facultar a boa visibilidade dos monumentos, adotados pela Unesco anos mais tarde. Foi acrescentado um entorno de 10 800 m² à capela, no Sétimo Tabelionato de Notas da capital de São Paulo, a 18 de setembro de 1962.

Convém chamar ainda a atenção, a propósito desta capela, para a atualíssima política de preservação e revitalização de bens culturais que visa a dar uso conveniente ao monumento tombado, única garantia para a sua efetiva conservação, igualmente prescrita, neste caso, por Mário.

A forma pela qual Mário de Andrade se aproximou desse bem cultural, que redescobriu com seus amigos, que foi o primeiro a divulgar em extenso artigo, que fez tombar, que adquiriu para melhor preservar e que finalmente doou à coletividade, depois de determinar não só o restauro dos monumentos arquitetônicos dele constantes como também a manutenção da sua moldura, sem esquecer o fecho essencial do seu uso, é a própria imagem daquele *amor do todo* que lhe descobriu Manuel Bandeira (ver carta de 10 de fevereiro de 1945). Que Mário aí define modestamente, em autocrítica a que não falta humor, como "uma incapacidade para escolher". Porque escolher, acrescentamos, seria privilegiar, dar por acabado, perder "o prazer quase físico do descobrimento", que Mário nos legou como livre lição de vida.

Referências bibliográficas

ALVARENGA, Oneyda. *Mário de Andrade, um pouco*. Rio de Janeiro: José Olympio; SCET--CEC, 1974.
ANDRADE, Carlos Drummond de. "Livros: Novidades". *Correio da Manhã*, 12 out. 1958.
ANDRADE, Mário de. "Arte religiosa no Brasil em Minas Gerais". *Revista do Brasil*, São Paulo, n. 54, pp. 102-11, jun. 1920.
_____. "Uma entrevista com o sr. Mário de Andrade, diretor do Departamento de Cultura". *O Estado de S. Paulo*, 1 fev. 1936.
_____. "A capela de Santo Antônio". *Revista do Serviço do Patrimônio Histórico e Artístico Nacional*. Rio de Janeiro, MES, Sphan, n. 1, 1937.

ANDRADE, Mário de. *Padre Jesuíno do Monte Carmelo*. Publicação n. 14 do Serviço do Patrimônio Histórico e Artístico Nacional. Rio de Janeiro, 1945.

_____. "Folclore", In: MORAES, Rubens Borba; BERRIEN, William (Orgs.). *Manual bibliográfico de estudos brasileiros*. Rio de Janeiro: Gráfica Editora Souza, 1949.

_____. "Modernismo". In: *O empalhador de passarinho*. São Paulo: Martins, 1955. (Obras Completas, v. XX).

_____. *Cartas a Manuel Bandeira*. Org. de Manuel Bandeira. Rio de Janeiro: Organização Simões, 1958.

_____. "O Aleijadinho e a sua posição nacional". In: *Depoimentos 2: Mário de Andrade*. Publicação periódica para debate de arquitetura do Grêmio da Faculdade de Arquitetura e Urbanismo. São Paulo: Centro de Estudos Brasileiros, 1966.

_____. "O Palácio do Governo", In: *Brasil: 1º tempo modernista — 1917/29*. Documentação, pesquisa, sel. e planejamento de Marta Rossetti Batista, Telê Porto Ancona Lopez e Yone Soares de Lima. São Paulo: IEB-USP, 1972.

_____. *O turista aprendiz*. Estabelecimento de texto, intr. e notas de Telê Porto Ancona Lopez. São Paulo: Duas Cidades; Secretaria da Cultura, Ciência e Tecnologia do Estado de São Paulo, 1976.

_____. "Cartas de Mário de Andrade a Drummond". *José*, Rio de Janeiro, n. 4, out. 1976.

_____. "Cartas de Mário de Andrade a Drummond". *José*, Rio de Janeiro, n. 7, jan. 1977.

_____. "O Movimento Modernista". In: *Aspectos da literatura brasileira*. São Paulo: Martins, 1974.

ANDRADE, Rodrigo Melo Franco de. Pref. (não assinado). In: ANDRADE, Mário de. *Padre Jesuíno do Monte Carmelo*. Publicação n. 14 do Serviço do Patrimônio Histórico e Artístico Nacional. Rio de Janeiro, 1945.

CANDIDO, Antonio. Prefácio. In: DUARTE, Paulo. *Mário de Andrade por ele mesmo*: Correspondência entre Paulo Duarte e Mário de Andrade. São Paulo: Hucitec; SCCT-CEC, 1977 [São Paulo: Todavia, 2022].

DUARTE, Paulo. Onze artigos consecutivos sobre o Departamento Municipal de Cultura de São Paulo, publicados em *O Estado de S. Paulo* de 11 mar. 1947 a 22 mar. 1947.

_____. *Mário de Andrade por ele mesmo*. São Paulo: Hucitec; SCCT-CEC, 1977 (São Paulo: Todavia, 2022).

GUIMARAENS FILHO, Alphonsus de. *Itinerários: Cartas a Alphonsus de Guimaraens Filho de Mário de Andrade e Manuel Bandeira*. São Paulo: Duas Cidades, 1974.

LOPEZ, Telê Porto Ancona. Prefácio. In: ANDRADE, Mário de. *O turista aprendiz*. São Paulo: Duas Cidades; SCCT, 1976.

MELLO E SOUZA, Gilda de. "Vanguarda e nacionalismo". Intr. ao catálogo *O Modernismo*. São Paulo: Museu Lasar Segall, 1975.

_____. "O avô presidente". In: *Exercícios de leitura*. São Paulo: Duas Cidades, 1980.

MORAES, Rubens Borba de. *Lembrança de Mário de Andrade*: 7 cartas. São Paulo: Digital Gráfica, 1979.

PROENÇA, M. Cavalcanti. "Mário de Andrade ficcionista". In: *Depoimentos 2: Mário de Andrade*. Publicação periódica para debate de arquitetura do Grêmio da Faculdade de Arquitetura e Urbanismo. São Paulo: Centro de Estudos Brasileiros, 1966.

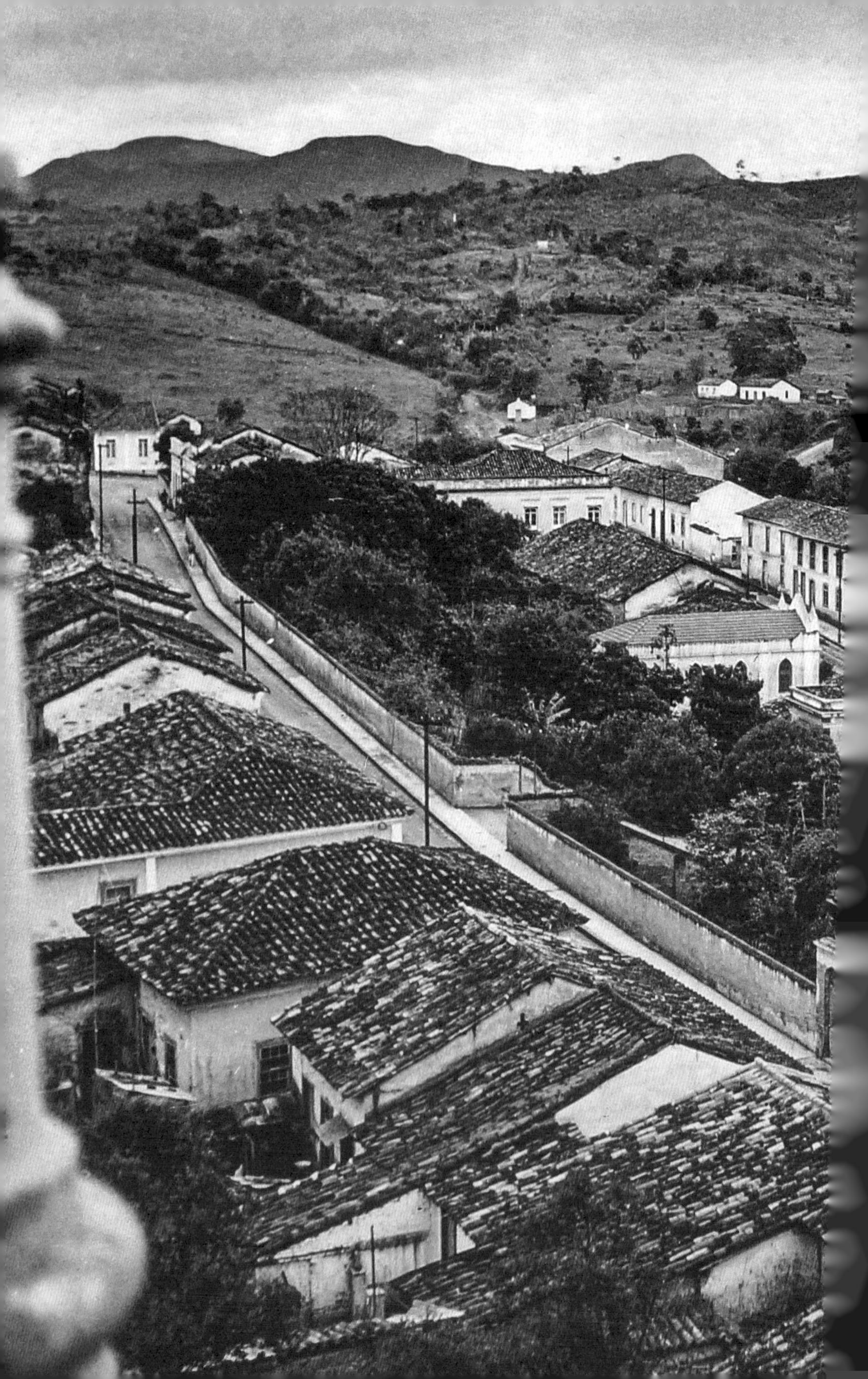

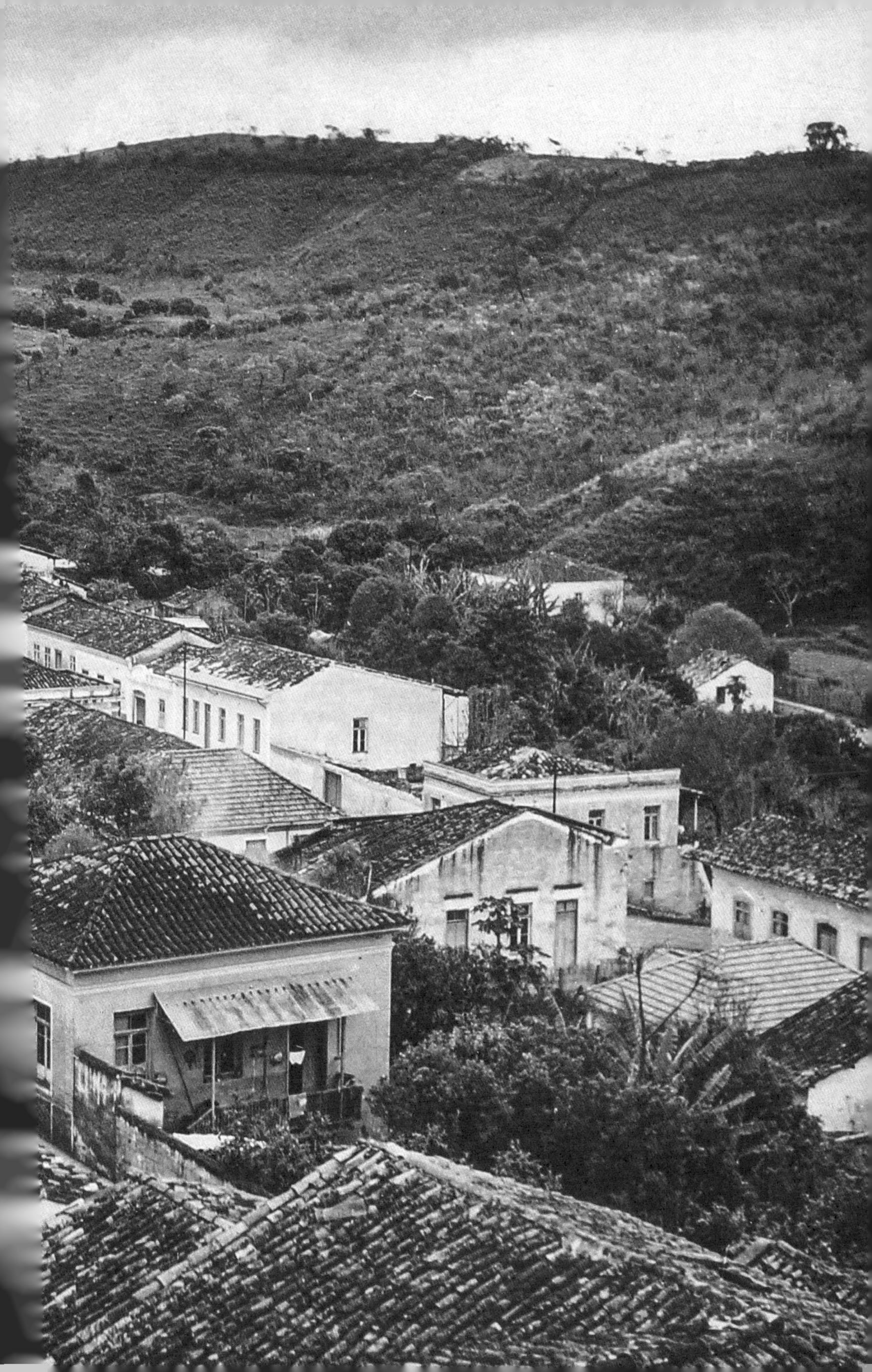

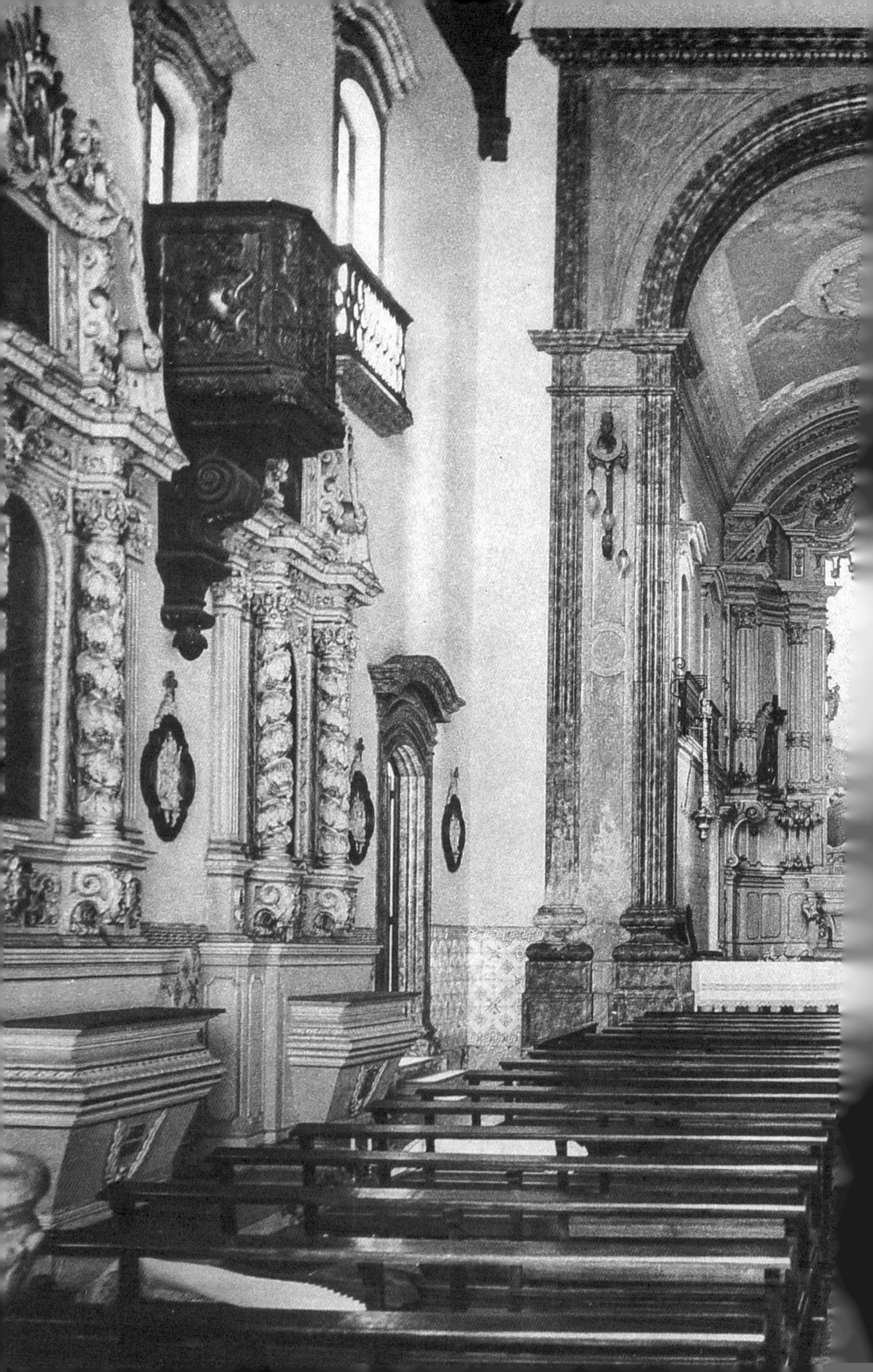

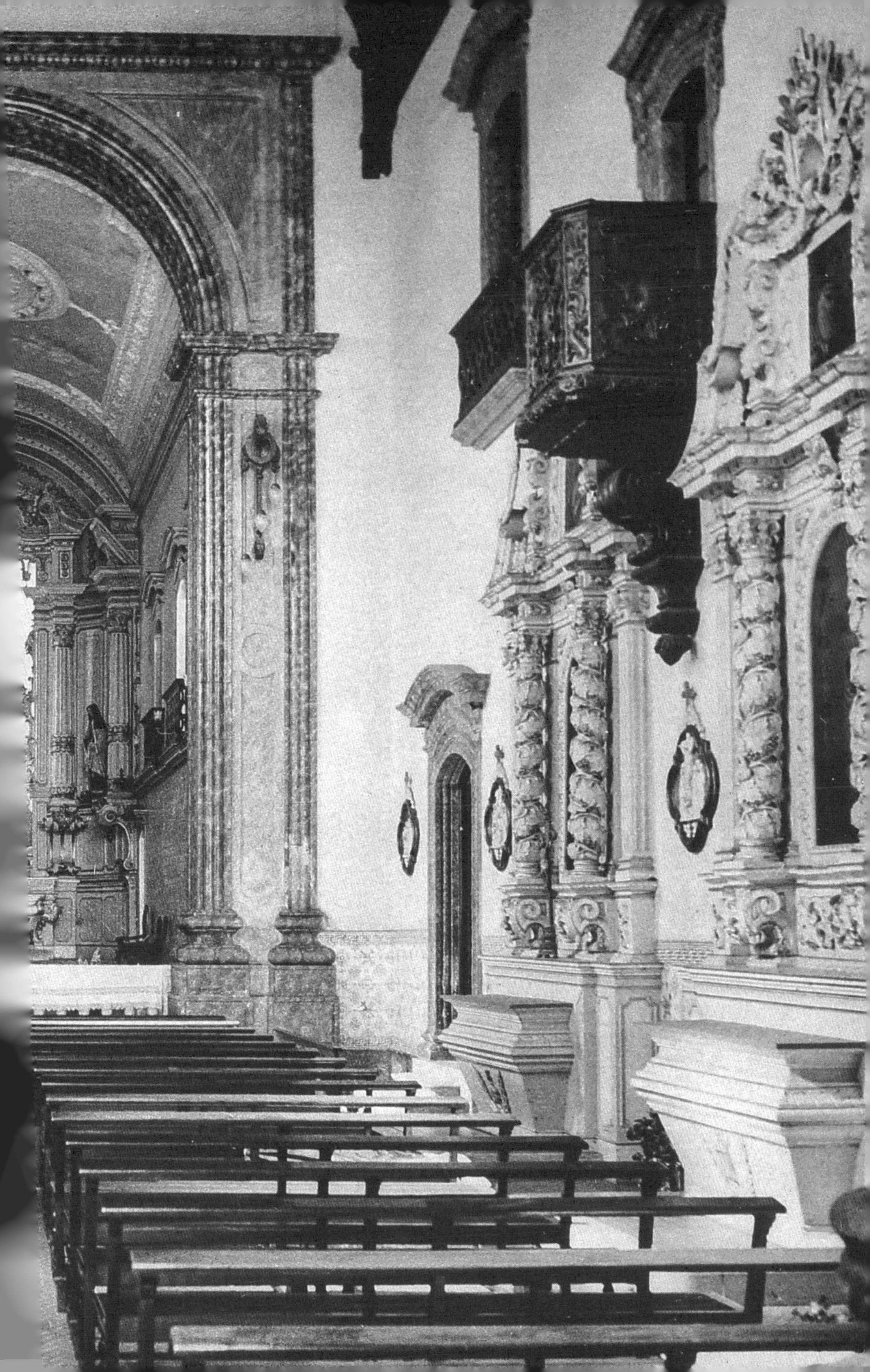

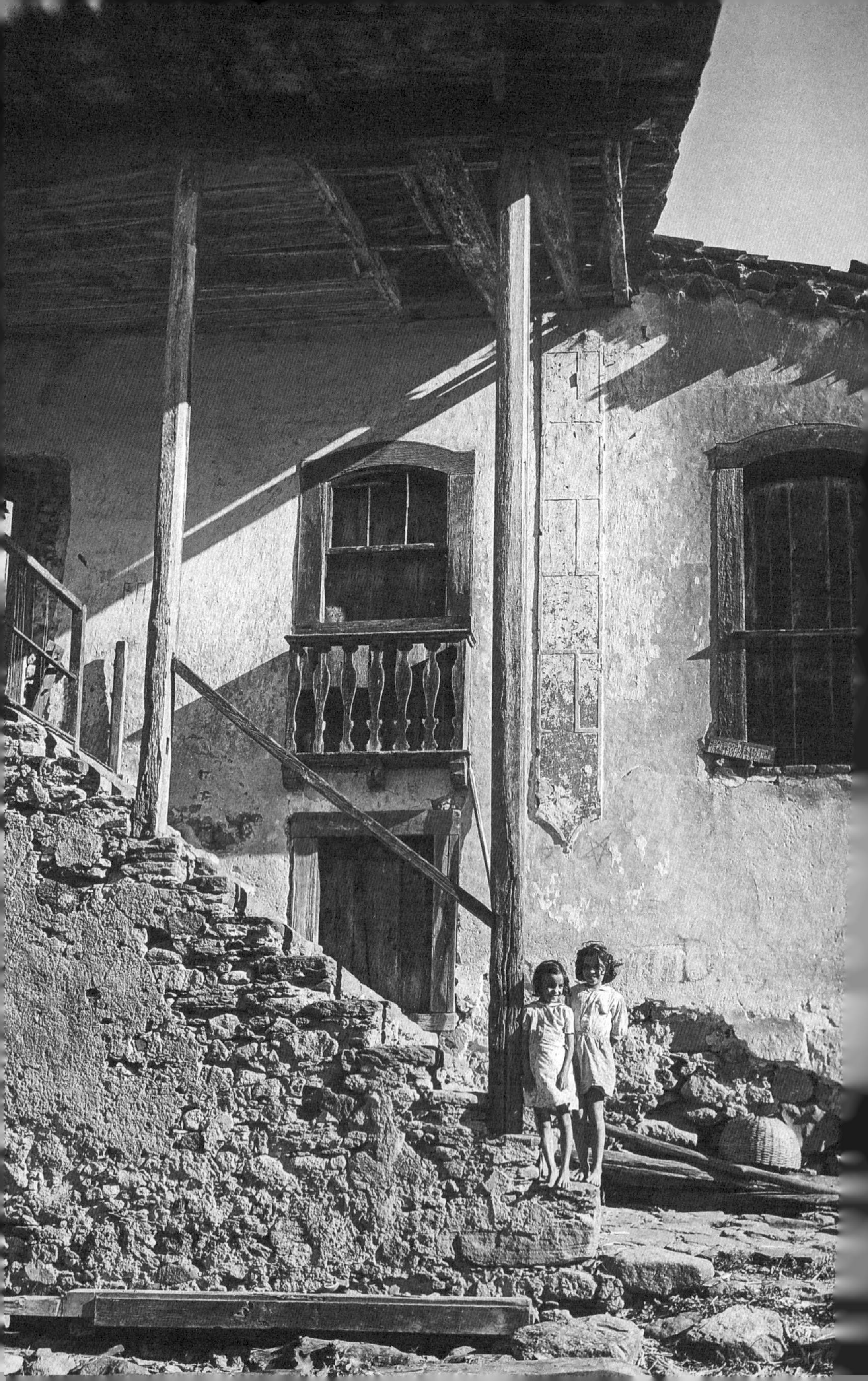

S. Benedicto

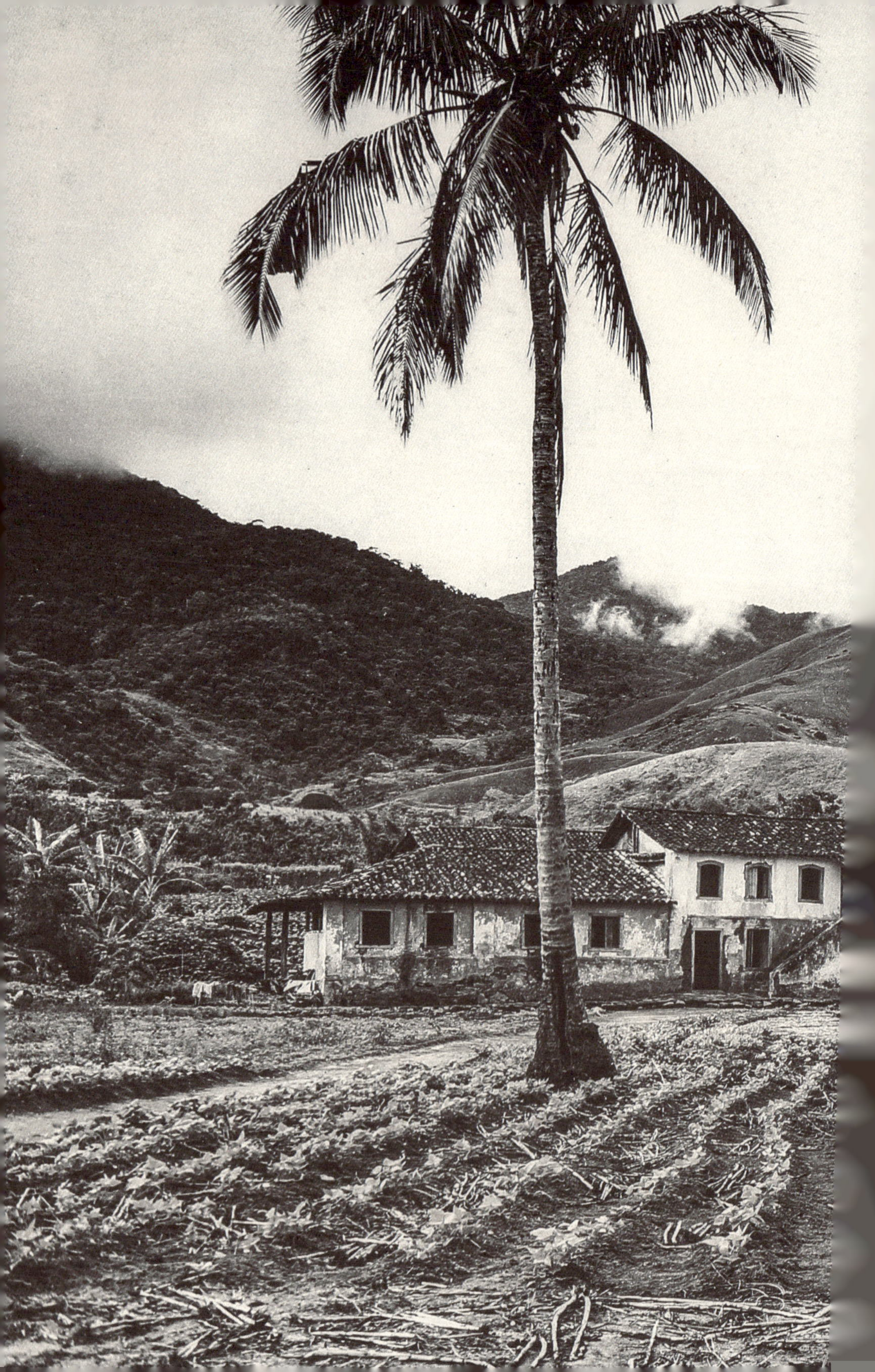

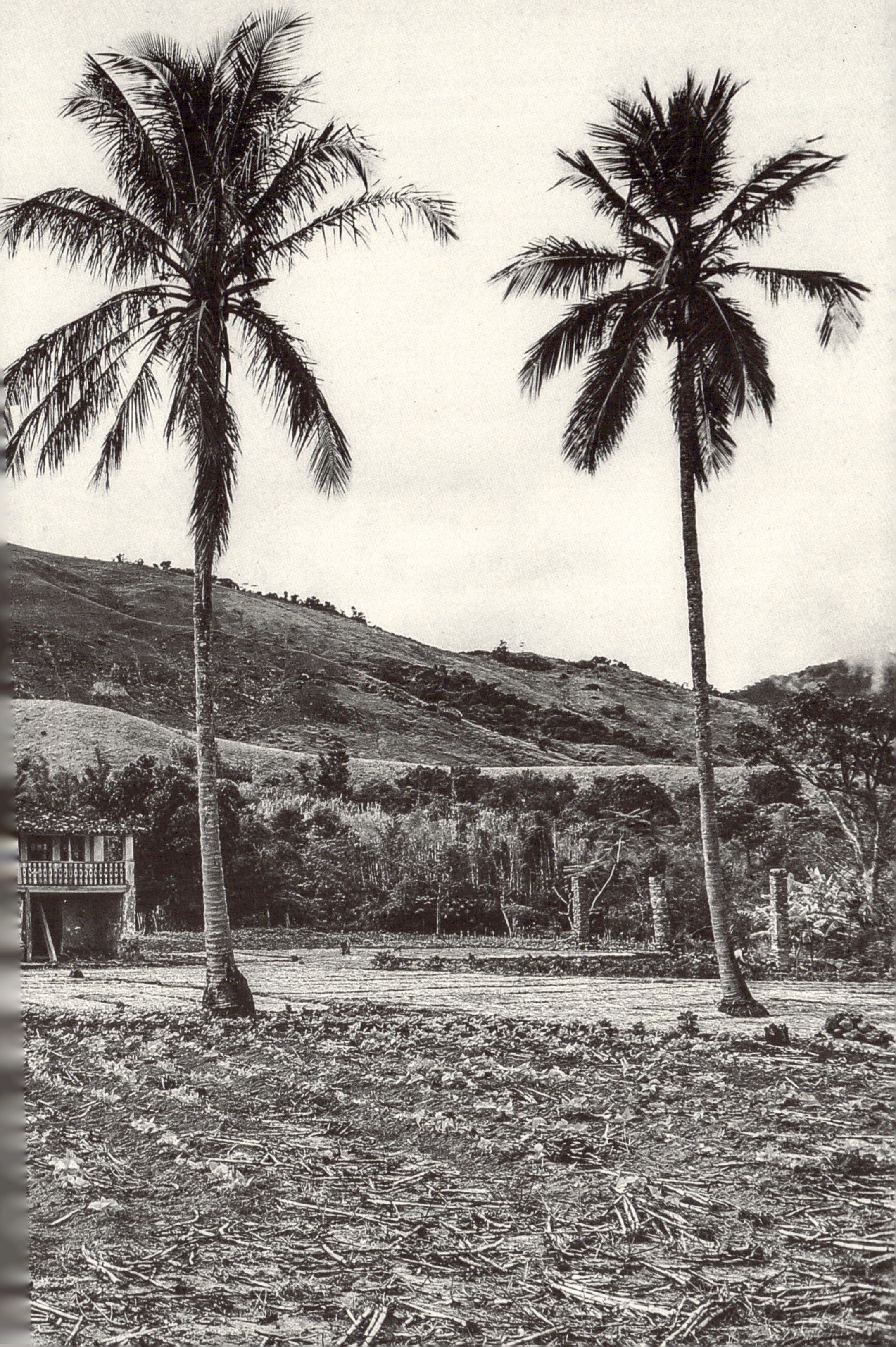

Rio
11-10-192_

Prefeitura
de
S. Paulo

Correspondência anotada

Rio
11-10-1928

Mario,

Vão ahi as photographias das obras do Aleijadinho para V. escolher as que devem illustrar seu ar-tigo. Inclui uma da igreja das Mercês de Cima, cujo portico me parece ter sido orçado por elle tambem. V. dirá si foi mesmo ou não.

Até agora ainda não tracei um plano preciso do numero especial do Jornal dedicado ao Estado de Minas

Rio de Janeiro, 11 de outubro de 1928

Mário,

vão aí as fotografias das obras do Aleijadinho para V. escolher as que devem ilustrar seu artigo.[i] Incluí uma da igreja das Mercês de Cima, cujo pórtico me parece ter sido ornado por ele também. V. dirá se foi mesmo ou não.

Até agora ainda não tracei um plano preciso do número especial do *Jornal* dedicado ao estado de Minas.[ii] Tenho ideia de que há um artigo interessante a fazer sobre os mineiros em São Paulo, desde os que vão se meter em política, como o Bernardino de Campos, ou plantar café, como os Junqueira, até os trabalhadores de enxada que batem à procura dos salários altos. Quem poderia escrever isso aí?

Faço questão da colaboração do Couto de Barros[iii] e do Alcântara.[iv] Estou

---

[i] Rodrigo se refere ao artigo "Aleijadinho — posição histórica", encomendado por ele para Mário, para a edição especial de *O Jornal*, sobre Minas Gerais, publicado em 1929. Há outros textos de Mário de Andrade sobre Aleijadinho. Os primeiros datam de 1920, publicados na *Revista do Brasil*. Após a publicação deste "Aleijadinho — posição histórica", em *O Jornal* (1929), Mário de Andrade retoma o assunto em crônica de 30 de maio de 1930, publicada originalmente no *Diário Nacional* e republicada no livro *Táxi e crônicas no Diário Nacional* (Org. de Telê Ancona Lopez, 1976, pp. 205-7). O artigo de 1929 seria republicado com alterações sob o título "O Aleijadinho e sua posição nacional", em *O Aleijadinho e Álvares de Azevedo* (1935), e republicado em *Aspectos das artes plásticas no Brasil* (1965).

[ii] Sobre as atividades de Rodrigo em *O Jornal*, narra Terezinha Marinho: "Quando Assis Chateaubriand comprou o *Jornal*, pouco tempo depois Rodrigo passou a trabalhar nesse diário. Aí exerceu a profissão de jornalista e firmou-se como tal, chegando a diretor-presidente no período 1928-1930. Assinava a seção Boletim Internacional e o rodapé de crítica literária, além de escrever artigos sobre assuntos vários" ("Notícia biográfica". In: *Rodrigo e seus tempos: Coletânea de textos sobre artes e letras*. Rio de Janeiro: Ministério da Cultura, Fundação Nacional Pró-Memória, 1986, p. 18).

[iii] Modernista de primeira hora, Antonio Carlos Couto de Barros (1896-1966), de família tradicional paulista, foi advogado, escritor, jornalista e professor. Ajudou a planejar as primeiras manifestações da Semana de Arte Moderna, de que também participou. Colaborou nas publicações literárias da época e, com amigos, fundou e dirigiu as principais revistas do Modernismo, como *Klaxon*, *Terra Roxa e Outras Terras*, e a *Revista Nova*. Atuou no planejamento estratégico da Revolução de 1932 e, em 1933, esteve entre os criadores da Escola de Sociologia de São Paulo, onde foi um dos professores na cadeira de História.

[iv] Antonio de Alcântara Machado (1901-35) foi advogado, escritor, jornalista e político. Uma das figuras mais importantes de nosso Modernismo, morreu prematuramente, em consequência de uma cirurgia de apendicite malsucedida. Muito querido por Rodrigo, sua morte inesperada provocou no amigo um pesar nunca superado. Exerceu atividade intensa como político: pertenceu ao Partido Republicano Paulista e, mudando-se para o Rio, como deputado federal integrou a Chapa Única, que convocou o Congresso Constituinte de que resultou a promulgação da

assuntando o que hei de pedir a eles.[i] E o Oswaldo,[ii] que andou com V. por tudo quanto é cidade considerável de Minas?

O Manuel[iii] jantou hoje aqui e devia fabricar comigo um esquema do número do jornal. Mas ficamos conversando à toa e ele foi-se embora sem nada ficar assentado.

Constituição de 1934. Dirigiu e colaborou com as mais importantes revistas modernistas. Teve sua obra de estreia, *Pathé Baby* (1925), apresentada por Oswald de Andrade. Na edição fac-similar de *Pathé Baby* (1982), de Cecilia de Lara, encontram-se textos críticos de Sérgio Buarque de Holanda, Mário de Andrade, Rodrigo M. F. de Andrade e Brito Broca. Mário de Andrade destaca o interesse de *Brás, Bexiga e Barra Funda* (1927), o segundo livro de A. Machado, reverberar a luta e a fusão étnica dos imigrantes não só de São Paulo, mas de outras terras. Alcântara escreveu ainda o livro de contos *Laranja da China* (1928) e deixou um romance inacabado, *Mana Maria*, e um volume póstumo, *Cavaquinho e saxofone* (1940), reunião de crônicas e artigos jornalísticos.

i Rodrigo exerceu papel importante na integração da tradição brasileira à constituição de nosso modernismo. Se aqui o vemos editor "assuntando" — matutando, considerando — qual a matéria dos escritos a serem pedidos, ele parece não ter dúvidas sobre a escolha dos autores: seguramente, modernistas.

ii Rodrigo se refere ao autor das *Memórias sentimentais de João Miramar* e de *Serafim Ponte Grande* pelo nome com que, então, era mais conhecido entre os intelectuais: o abrasileirado Oswaldo. Não será demais lembrar a constante hesitação entre as formas com que o nome de Oswald de Andrade é usado, com predomínio da versão inglesa — com a tônica na primeira sílaba: Ôswald. Antonio Candido comenta que ele se divertia com a suposição de que teria alterado seu nome por excentricidade modernista e que mais acharia graça caso soubesse que agora é chamado de Ôswald. O nome do autor do "Manifesto Antropofágico", conta Antonio Candido, se explica pelo encantamento em que ficou a mãe do escritor, quando leu o romance de Madame de Staël em que a heroína morre de amores por Oswald (pronunciado à francesa com a tônica na última sílaba), escocês romântico. Ver "Oswaldo, Oswáld, Ôswald". In: Antonio Candido, *Recortes*. São Paulo: Companhia das Letras, 1993. No livro *Recortes*, Antonio Candido reproduz seu artigo original, escrito para a *Folha de S.Paulo*, em 21 de março de 1982.

iii Rodrigo se refere ao poeta Manuel Bandeira, reconhecidamente seu maior amigo: "Como melhor precisar/ Esta palavra Amizade?/ Nomeando o amigo exemplar:/ Rodrigo M. F. de Andrade". Esses versos de circunstância, brincalhões, dão ideia da amizade profunda e inalterável, feita também da convivência dos jantares de quinta-feira, na casa de Rodrigo, em que Manuel tinha lugar marcado. E dos dias de descanso que passavam juntos no sítio de um parente de Graciema, mulher de Rodrigo. Essas temporadas mereceram o longo e engraçadíssimo "Rondó do atribulado do Tribobó", em que o poeta dá uma demonstração da fantástica mestria de seu estro, adotando o ritmo da prosa em seu poema, que versifica a narrativa da minúcia cotidiana da família, no sítio. Ali, pelo que descreve o poema, os dias eram muito aprazíveis, "Mas era um calor danado!". Este é o estribilho do rondó, que testemunha a proximidade do poeta com a família e a vida de Rodrigo e pode, também, ser apreciado — como os primeiros versos citados — no *Mafuá do malungo*. Tribobó era um lugarejo, hoje bairro de São Gonçalo, cidade próxima a Niterói. No *Itinerário de Pasárgada*, Manuel reitera: "Minha irmã e Rodrigo foram as duas pessoas que conheci mais dotadas do gênio da amizade".

Manuel Bandeira e Rodrigo, Rio de Janeiro, c. 1928.

Já estou com saudade de São Paulo. Chegando aí depois de onze anos, tive a impressão de quem sai da província e dá pela primeira vez na capital, no grande centro. O bairrismo de Inah[i] exultou com isso, ao que me disse o Manuel.

Ver *Mafuá do malungo: Versos de circunstância*. Nova ed. aum. Rio de Janeiro: Livraria São José, 1955. E *Itinerário de Pasárgada*. 3. ed. Rio de Janeiro: Editora do Autor, 1966.
i Esposa de Prudente de Morais, seu amigo.

O escritor Alcântara Machado, 1924, e o escritor e colecionador Yan de Almeida Prado.

Em todo caso, não escrevo essas coisas em jornal como queria o Chateaubriand,[i] porque podem pensar que eu também, mineiro do centro,[ii] estou preparando terreno para aderir à candidatura do Júlio Pres-

[i] Francisco de Assis Chateaubriand Bandeira de Melo (1892-1968), também conhecido como Chateaubriand ou simplesmente Chatô, foi jornalista, advogado e um dos maiores empresários das comunicações do Brasil, proprietário dos Diários Associados, um conglomerado de mídias composto de 28 jornais, dezesseis estações de rádio, cinco revistas e uma agência telegráfica. Iniciou sua carreira como jornalista escrevendo para diversos periódicos nacionais e internacionais. Trabalhou como advogado entre 1921 e 1924, quando assumiu a direção de *O Jornal*, órgão líder dos Diários Associados, do qual Rodrigo quatro anos mais tarde se tornaria o diretor-presidente. Lutou como soldado na Revolução de 1930 e tomou parte na Revolução Constitucionalista de São Paulo em 1932. Chateaubriand foi organizador do Masp e membro da ABL, eleito em 1954. [N. E.]

[ii] Mineiros do centro são os da região central do estado, mineiros de Belo Horizonte e cercanias, que se consideram os autênticos, os mais mineiros. Há um anedotário sobre o ser mineiro que, em suma, seria o ser disfarçado, enviesado, sonso e, afinal, no julgamento de Rodrigo — irônico e um tanto cruel —, interesseiro. Passado tanto tempo, convém lembrar que, na data dessa carta — 1928 —, estávamos no final da prática da política do "café com leite", que ora dava vez a um presidente mineiro, ora a um oriundo de São Paulo. E que, eleito, o paulista Júlio Prestes não chegou a tomar posse, dada a vitória da Revolução de 1930 e a chegada de Getúlio Vargas ao poder. Finalmente, convém também esclarecer que Rolim Teles era um rico fazendeiro paulista de quem, no dizer de Rodrigo, certos mineiros tiravam vantagem.

tes. Na verdade, os outros começam assim mesmo, dizendo que São Paulo é isso e aquilo e acabam pedindo dinheiro ao Rolim Teles. Seguro morreu de velho.

Diga, por favor, ao Yan de Almeida Prado[i] que pode mandar o trabalho logo que esteja pronto, porque não quero perder tempo de iniciar a composição do número.[ii]
Um abraço do
Rodrigo
Rua Bulhões de Carvalho, 132
Copacabana

Rio de Janeiro, 7 de novembro de 1928

Mário,
os originais para o número do *Jornal* dedicado a Minas podem chegar às minhas mãos até a segunda quinzena de dezembro, porque a publicação só se fará depois do Natal. Assim, se V. achar que a pressa é que torna ruim seu trabalho, escreva a coisa sossegado: não precisa correr.

Mas o que me parece é que V. chama de ruim toda crítica que não apresenta um ou muitos pontos de vista inteiramente novos. Se seu pessimismo a respeito do trabalho sobre o Aleijadinho decorrer desse conceito rigorista, só disso — deixe de escrúpulos e mande logo o artigo. Se, entretanto,

---

i João Fernando de Almeida Prado (1898-1991), escritor, historiador e bibliófilo. [LCF; nota deslocada pela edição] Colaborou em diversos periódicos, como as revistas modernistas *Klaxon*, *Antropofagia* e *Ariel*, no *Diário da Noite* e no *Correio da Manhã*. Colecionador de livros e de arte, doou sua brasiliana, com cerca de 30 mil volumes, para o IEB-USP, iniciando a atual coleção do instituto.
ii Já desde 1926, quando assumiu o comando da *Revista do Brasil*, então adquirida por Assis Chateaubriand, Rodrigo se achava engajado na luta travada pelos artistas revolucionários a quem procurava dar voz nos meios de comunicação da capital. Importante lembrar que, nesse tempo, no Rio de Janeiro ainda imperava o espírito conservador que admirava o neocolonial como arquitetura e, em matéria de literatura, permanecia passadista, opondo-se ferreamente à proposta revolucionária dos modernistas. Rodrigo exerce desde então o papel de um discreto instigador da produção dos artistas modernistas, em um processo que se desenvolve desde que assumiu uma posição de maior comando em *O Jornal* e prossegue durante o período em que foi diretor do Serviço do Patrimônio Histórico e Artístico Nacional, tornado depois instituto — o Iphan.

O JORNAL

EDIÇÃO DE 108 PAGINAS — QUATRO SECÇÕES

EDIÇÃO ESPECIAL CONSAGRADA A MINAS GERAES

OURO PRETO

BELLO HORIZONTE

Minas, onde por ultimo se acolheria a liberdade, quando mais guarida não achasse em nosso querido Brasil.
CARLOS DE LAET

Se existe uma terra, que possa algum dia prescindir do resto do mundo, é certamente a Provincia de Minas.
AUGUSTO DE SAINT-HIL

V. estiver achando que a coisa sai "matada" pela pressa, durma na pontaria por mais um mês ou um mês e meio.

Lembranças aos amigos daí. A V. um abraço afetuoso
do Rodrigo
Rua Buenos Aires, 85 (3º andar)

Rio de Janeiro, 31 de maio de 1929

Mário.

Desculpe a demora com que lhe devolvo a vista do Campo de São Francisco em São João del-Rei.

Infelizmente, o Bandeira pintor[i] não pôde aproveitá-la: fez tanta coisa de Sabará, Ouro Preto e Mariana, que sacrificou São João e Congonhas. Limitou-se a três desenhos apenas destas duas últimas cidades.

De qualquer maneira, as ilustrações de seu artigo ficaram muito boas, depois de armadas na página. Você verá, aliás, dentro em breve o número de Minas, que já está pronto. Remeterei logo que sair um exemplar a V.

Um abraço do
Rodrigo M. F. de Andrade

---

[i] Manoel Bandeira (1900-64) foi um artista plástico, aquarelista, desenhista, ilustrador e pintor. Pernambucano, desenvolveu intensa relação com a produção gráfica de seu estado. Publicou desenhos em diversos periódicos, como *Diário da Manhã*, *Jornal do Commercio* e *Diário de Pernambuco* — para o qual ilustraria a edição comemorativa do centenário do jornal —, e assinou diversas capas de revistas. Para *O Jornal* ilustrou, a convite de Rodrigo, as edições comemorativas de Minas Gerais e Pernambuco. Entre muitas instituições públicas com as quais colaborou estavam o Patrimônio Histórico e Artístico do estado e o Arquivo Público do estado. Assinou importantes capas de livros de autores modernistas, entre eles *Poemas escolhidos*, de Jorge de Lima, *Sobrados e mocambos* e *Nordeste*, de Gilberto Freyre, e *Crônicas da província do Brasil*, do poeta, amigo e homônimo Manuel Bandeira, que afirmou sobre o pintor: "O seu traço é forte, áspero, duro. Todavia, em toda essa força a poesia reponta sempre e uma certa ternura bem cariciosa. Poesia e ternura fortes — eis as características dos desenhos de Manoel Bandeira. E foram essas qualidades que o tornaram intérprete por excelência dos velhos aspectos da arquitetura colonial — velhas ruas, velhas casas, velhas pedras" (Manuel Bandeira, *Crônicas da província do Brasil*. Rio de Janeiro: Civilização Brasileira, 1937).

ALEIJADINHO

POSIÇÃO HISTORICA
MARIO DE ANDRADE

A escopturaria é finalidade, o tempo em que mais ou menos de 1756 a 1828 a bateu a portada do mais valeroso por verdade nacional. É' até que Antonio Francisco Lisboa, o Aleijadinho (1738-1814).

A Colonia dera por dois séculos certas expressões grandiosas. A guerra holandeza, o bandeirismo, a conquista de Matto, a igreja e o advento de D. Francisco da Asia. Não se discute o fundamento poderosamente nacional desses fenomenos, que tem sido convenientemente por ser o afirmamos brasileiros menos como visto em Gregorio de Mattos. Desta medíocre, satírico Alvarenga, o que fiz faltado já se escreveu total de termo; em Mario. A significação individual dos dois é ter rara. Tinha cultivo e fe de todos, era de tom todos e estes menos conversado que jamais não veste muita bem o que queria.

Todos esses fenomenos pordém são esporadicos, secciodados geograficamente, sociologicamente. São frutos das capitanias não dos frutos da Colonia. Não resultam da coletividade colonial. Sintomas destes principios nunca começaram com frequencia não há seguinte metade do seculo XVIII no discreto, como a posição democratica e centralisadora da cidade do Rio de Janeiro, com a preponderancia de Minas, com a influencia do nexo colonial na Metropole, com a imposição dos mestiços.

E' só então que o Rio de Janeiro toma impressão socialmente a centralisar pelo depois brota de maneira tão muita logica. O Rio de Janeiro é a base homogenea que atravessa a burocracia nacional. Não correspondendo a nenhuma centralidade economica, a nenhuma precisão essencial na industrial do paiz, quando to afirmando da Colonia também da posição criadora, o Rio de Janeiro surge em representar a sua chocarra da capital da Colonia e da Nação independente.

A existencialidade da Capitania das Minas do real. No fato brevemente desagradavel da incomudicação não representa o que destruía no Rio de Janeiro. A identificação coletiva da medida do Brasil e colonial, no Ricci Imperio. No "Triumpho", no "Cartas Chilenas", na "Martins de Deos" estão à espera da fecundação europea, no selha seculo do "S.-José-Pranto". De Cunha Alves e do sentimento africandído.

A espontaneidade mineira da era fenomeno mais concreto. Joaquim da Rocha, que por 1728 tomba a escola de pintura bahiana, providentíssimo e sinteto. E seitamente sem ditamente o Mestre Valentim (morto em 1813) puxando no Rio de Janeiro.

E' muito forte a influencia humana que a Colonia principalmente sabre a Metrople. O Judeu revolucionario portuguez com os descaques diz: nos livros da Europa se cruzava a saúde que un S. Paulino daquella época não têm burla que desse. Os livros de turmangas faram feros em Portugal trabalho e muito contados ("Oecidentetto Portuguez", Cesar das Neves e Quadrinho de Campos). A Atenas então tom de láti e se igualava de ouro Maria, com ban obrigava em vigor monto de gravar postal, sahiam na medicina, Saudo Caldas fabricada de novo escenários e alguns meses delícadas sem se rebellou e servia, o sacerdote da igreja medidora que certos capellas. Os vertos estrangeiros que não lima ("Voyage o a Portugal", II vol.) bem reparou que a cantiga brasileira recenta mais que a portuga, por entretente "mais variedade e uma alegre tão franca e harem como a nação originaria dela".

A IMPOSIÇÃO DO MESTIÇO

Mas a prova mais importante de que havia um novo agrupo da raça brasileira está na imposição da mestiço, que jamais não foi tão forte como nesse periodo. A Colonia, por fôrça das circunstancias unicamente, tinha sido servida sobretudo os entusiasmando com algumas realisações artisticas. Era principalmente os arquitetores aos... acontecia. Dahi, Pernambuco apareceu cheio de igrejas lusitanas e alguns até bons. Minas tambem lá inaugurava um composição curvo-erudita lusitana nos motivos de Vila Rica, Mariana, Sabará, mais ou menos na década de 1720 a 1749. Morrer Coello, um baralho mais bordado, gravar casi tomando grandes, um fervo fino bastante enchadas abordando a consciencia mestiça nascente. De todos êssas exemplos principaas a nascer na Colonia artistas novos que desviamemo sem ormentalisação passivel, mas com evidente a lesão ultramarina. E é entre esses homens belítos e moedes muito...

Senão Caldas e Mestre Valentim com os mulatos. Leandro Joaquim da mesma epoca é dos mulhores também. O filho d o mestiço tipando. O padre José Maurício (1767-1813) é mulatismo e "o mais natural dos nossos musicos coloniais". Horaif tambem ainda aquelle Joaquim Manuel politico, cavalgado que Dr. Freycinet, virtuose sob cujos desficados no fila de Janeiro, as oposias de Marocos Portugal). Um Quiro Prelo co musicos representamos tradicões no toritorro... O Aleijadinho é mais outro mulato. Biodiverno jú sem querer confronto como os de aqui competentes, as imposição...

QUAES OS VERDADEIROS MULATOS

Que o mulato eram fecundos não tem duvida que olha. Mas foi fora: "mulato" no pensar no sentimento, na arrogância, na violência o brasilicismo não se destaca disso como os bons do Brasil... Em S. Paulo, agora, os escrevem o creem quem vivrem entre Pinheiros, os filhos de Elias Fante, o também uns unicos muito entre branco, todos a mais variantes mínimo.

E' ridículo que certos fáceis...

Portico da igreja de S. Francisco de Assis, em Ouro Preto (Escultura do Aleijadinho)

Lavatorio da Sacristia da Igreja do Carmo, em Ouro Preto (Escultura do Aleijadinho)

Portico da igreja de N. S. das Mercês (do Cima), em Ouro Preto, entroncamento atribuído ao Aleijadinho

Pulpito de Jesus, da igreja de S. Francisco de Assis, em Ouro Preto (Escultura do Aleijadinho)

... dinheiro, e nacionalidade incipiente não formavam em parte menor, da emitter que a representasse. A propria igreja e convento de São Francisco se acaba em 1756. É o Chafaz da cavidade cedo no então de Nossa Manuel Inacio da Costa, se nasce cabeça outra escola, eu mulato. Nasce dos anos depois mais ou menos o cavalheiro e noscinelismo do Rolo de José, nada outro cedo em 1949. Quando em pintores, é de depois de 1779 que aparecem. O José Teofilo de Jesus, amigo dos composições tem espiritíssima, com destacadas formas com o prepararam une que quicro, criados poetas das pinturas, ocorre em 1847. É quanto a Antonio Joaquim Franco Velasco, nasceu em 1784 para morrer em 1833. João Velasco, as obras do é escola, ouro, quadro portel no Bahia. Pelo que conheço dele um ele agora no pintar muito forte, uma espécie de Delacroix antecipado. José de Saudosa com cem abiliçadas cá mais dos raça dos escadando o sentido de clara-cscuro.

Em Minas o ouro quasi só se ocupava os de fabricar. O propriedade do de diamantista destafaria de todo de luz absurdos o a Europa. Fulgor hispícios fora o dos treos geneticos, também do mulatos, no o disparaceros como ressaltantes um dos elementos da raça brasileira.

Que bem me importa Que falem do mim, Eu gosto do negro Mesmo sendo

Com' mae. É tiravam ... é...

...

MALEITAS NACIONAL

O mulatar era invento. Todo o fornecimento do dia. A propria fundação das terras de nascença em Minas. O do Rio da Janeiro, a fasta, era apenas uma intriga feita por gente forte entre cavalgada, clericalismo bustitando. O que tinha forte, bem estúvel poder bastar, iranismo, porém era uma vida mas discutindo frugurídias declaro -se ajuda dena encabalha picando alunos pretenciosos, nascendo as nobilíssimos do motinho clandestino dos Accoria que daqui em ser pintor ou os cita... da misticícia do Varna, firma outra dos encaixes entorno o aspecto do malaletar-se pesquisar, é assim deferir como mais gracioso, com mais imponível faltos do fina, logo-se-sitificar nem mais próxima no rasto que é claro afirma definidora do fraguete. Claudiano se escolho na concepção consideradíssimo. Comendador Bruno de Morata Africano ou S. Feliz de Bel..., que manifestamente excitada da rainhas e devotos. O Luiz da Monte tem... Diariamente do Lisboa, em 1754 de sua possível... Moniz Borreto, com figuras... entusiasmo indianípias; até ressava numa forma incomodada, mas num importância sobremaneiro, moitas verdadeiras... Eraídeseu escrevidos pelo seguinte entes imaginários, nascidos o outro plutomsdo o vezeiro, dos oreu imperialista do Amanduí, tampa Bar Jacobin Barbeta do Aleijado do Olivolo, com espacial abertura até como o rosto carinhoso. Apreciada midordinária demião os almos desta mato, antiguidade nunca se nascendo modo estão no sul, criollioda Gomes e outras mesmo tão como se daqui os desempenho ilustre os matagar dos amos. Na verdade intentava-se mais qual por tão longe a caminhada na região-pátria, é ele...

Aleijadinho

POSIÇÃO SO...
ALEI...

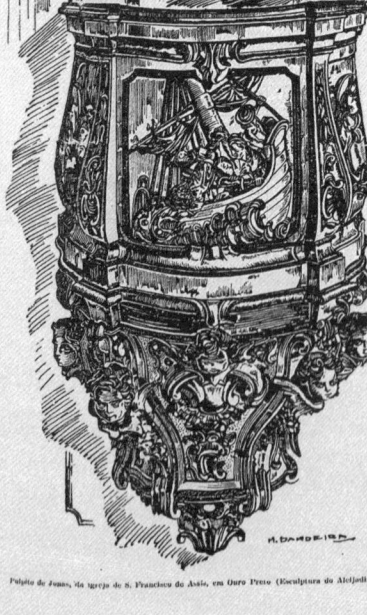

Antonio Francisco Lisboa...

Sérgio Buarque de Holanda em Berlim, quando era
correspondente dos Diários Associados, 1930.

Rio de Janeiro, 24 de setembro [de 1930]

Mário.

Muito obrigado pelas *Modinhas imperiais*[i] que recebi ontem. Hoje mesmo mandei fazer a nota sobre o aparecimento dessa mala nova incorporada à sua bagagem respeitável.

---

[i] Esse trabalho, que teve continuidade através de importante pesquisa orientada pelo Departamento de Cultura do Município de São Paulo, então dirigido por Mário de Andrade, reúne quinze modinhas de salão brasileiras do tempo do Império para canto e piano, seguidas por um lundu para piano-forte. A partir da pesquisa e análise que faz da evolução desse gênero musical ao longo dos séculos XVIII e XIX até os fins do romantismo, Mário afirma a origem europeia erudita das modinhas, sua popularidade e sua emigração dos salões burgueses para as serestas populares. Diz, ainda, que as nossas, diferentemente das portuguesas, "conseguem vencer o eruditismo que as dominaria e o deformam de maneira adorável". O livro é dedicado ao amigo e compositor Villa-Lobos, e não por acaso, porque, com o ânimo pedagógico que o caracteriza, no prefácio, o autor sugere que compositores e cantores se inspirassem no que as modinhas tinham "de bonito, de curioso e de brasileiro" (Mário de Andrade, *Modinhas imperiais. Ramilhete de quinze preciosas modinhas de salão brasileiras, do tempo do Império, para canto e piano, seguidas por um delicado Lundu para piano-forte: cuidadosamente escolhidas, prefaciadas, anotadas, e dedicadas ao seu*

Mas ainda não li o prefácio, nem as notas, porque tenho estado, desde anteontem, numa labuta tremenda para arrazoar uma ação complicada contra a União. Ultimamente não tenho feito outra coisa senão trabalho forense. Há meses que não escrevo uma linha para O *Jornal*. Espero, entretanto, que a burrice decorrente do trato das coisas jurídicas não me impeça de entender o que V. escreveu sobre as Modinhas do tempo do Império e que deve ser notável.

Tenho uma carta recente do Sérgio, que quer dar o fora do Reich.[i] Mas é preciso lhe arranjar passagem de volta e isso anda difícil.

Abraço reconhecido do
Rodrigo

Rio de Janeiro, 3 de janeiro de 1931

Meu caro Mário.

Estou atolado até as orelhas nos negócios públicos, sem conseguir desembaraçar um braço sequer, para acenar com saudade aos amigos. Por isso mesmo, quando algum destes se lembra espontaneamente de mim, meu reconhecimento é sem limites.

---

ilustre e genial amigo, o maestro Heitor Villa-Lobos, por Mário de Andrade. São Paulo: Casa Chiarato, L. G. Miranda Editora, 1930).

i Na publicação decorrente do 3º Colóquio Uerj, dedicada a Sérgio Buarque de Holanda, em sua "Exposição", Francisco Iglésias faz uma rápida narrativa das circunstâncias que motivaram a ida para a Alemanha e o período em que o historiador e escritor viveu e trabalhou naquele país: por volta de 1927, em uma temporada no Rio, ele atua intensamente na imprensa, como articulista ou jornalista, como redator-tradutor na agência Havas e na United Press e, mais tarde, como redator-chefe da Associated Press. Acrescenta o expositor que essa atividade valerá a Sérgio a viagem para Berlim, como correspondente dos Diários Associados. Lá, ele convive com a experiência da República de Weimar rica do ângulo político e, mais ainda, como explosão de criatividade na literatura, no teatro, na filosofia e na arquitetura. Ver Francisco Iglésias, "Sérgio Buarque de Holanda, historiador". *3º Colóquio Uerj: Sérgio Buarque de Holanda* (Rio de Janeiro: Imago, 1992). A irônica referência de Rodrigo à rapidez com que o amigo quer retirar-se de uma Alemanha que pretende tornar-se "Reich" — Império —, negando e destruindo toda a excepcional experiência anterior, indica a prematura percepção, por parte dos intelectuais brasileiros, da crescente dominação do nazismo naquele país.

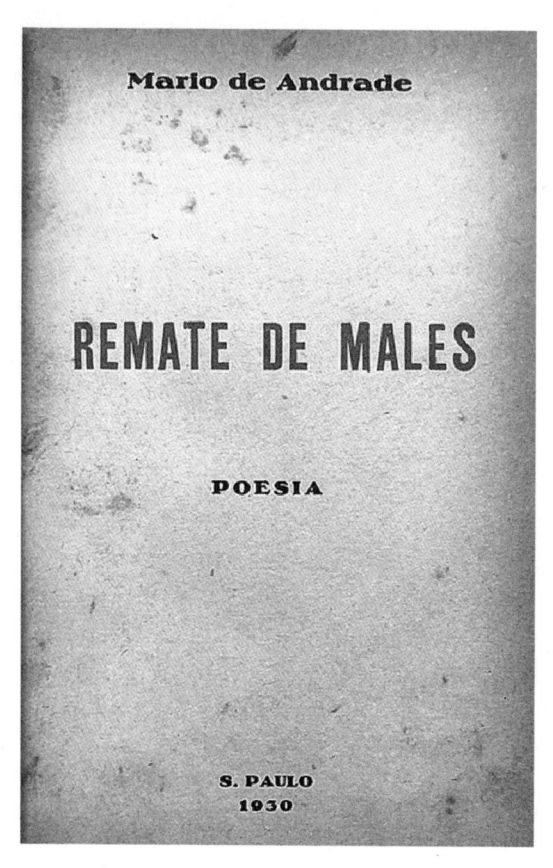

Capa da 1. ed. de *Remate de males*, 1930.

    Aliás, ainda que minha situação fosse menos penosa, o presente que V. mandou não me daria alegria menor: o *Remate de males*[i] é dos livros mais bonitos que V. tem publicado e, sem dúvida nenhuma, aquele em que a sua poesia produz, pela primeira vez, o efeito repousante de plenitude e de serenidade que eu lhe reclamava inconscientemente há muito tempo.

---

i *Remate de males* é um dos livros do modernismo que guarda as suas circunstâncias mas ultrapassa o seu tempo e nos chega instigante e contemporâneo. Ressoa as pesquisas e as experiências pessoais de Mário nas viagens que empreendeu ao Norte e ao Nordeste em 1927, 1928 e 1929. Alfredo Bosi aponta no livro a revivescência, em registro moderno, dos mitos indígenas, africanos e sertanejos em geral, lembrando que a transfiguração da arte primitiva está no coração de obras-primas da cultura europeia moderna. Ver Alfredo Bosi, *História concisa da literatura brasileira*. 43. ed. São Paulo: Cultrix, 2006.

Para dizer a verdade, mal tive tempo de ler os poemas todos do *Remate de males*. Mas ainda ontem de noite conversei longamente com o Manuel a respeito deles, perguntando-lhe se não tinha a impressão de que V. já principiava a se achar.

Receba, com os amigos paulistas, um abraço afetuoso de ano-bom do seu reconhecido

Rodrigo M. F. de Andrade

Rio de Janeiro, 5 de fevereiro de 1931

Exmo. Sr. Mário de Andrade,

De ordem do Sr. Ministro da Educação e Saúde Pública, tenho a honra de convidá-lo a prestar o seu valioso concurso à elaboração da reforma do Instituto Nacional de Música,[i] empreendida neste momento por iniciativa do Governo Provisório.

Remeto inclusa uma passagem, por conta deste Ministério, para o seu transporte dessa cidade a esta capital, válida também para a viagem de regresso.

Atenciosos cumprimentos.

Rodrigo M. F. de Andrade,

Diretor do Gabinete.[ii]

---

[i] Existe uma carta de Mário de Andrade, de 1931, a Carlos Drummond de Andrade que corresponde ao convite feito por Rodrigo em nome do então ministro Francisco Campos. Nela, Mário de Andrade atesta haver confeccionado um relatório dirigido ao ministro da Educação e Saúde, expondo a reforma total do Instituto Nacional de Música e ainda a organização de programas de dois de seus novos cursos — então chamados "cadeiras". Vale recordar que o antigo Conservatório de Música dos tempos imperiais, depois da Proclamação da República, passou a se chamar Instituto Nacional de Música. Em 1934, o Instituto foi incorporado à Universidade do Rio de Janeiro e, em 1937, passou a se chamar Escola de Música. Ver Simon Schwartzman, Helena Maria Bousquet Bomeny e Vanda Maria Ribeiro Costa (Orgs.), *Tempos de Capanema*. Ed. revista. São Paulo: Paz e Terra, 1985; e, *Carlos & Mário*, op. cit.

[ii] Nesse ano e durante cinco meses, convidado por Francisco Campos — primeiro ministro da Educação e Saúde —, Rodrigo exerceu o cargo de chefe de gabinete. Nesse cargo, indicou o arquiteto Lucio Costa para diretor da Escola Nacional de Belas Artes.

Rio de Janeiro, 17 de maio de 1934

Meu caro Mário.

Demorei muito a lhe agradecer a remessa de seu admirável *Belazarte*, por uma porção de motivos: trabalho excessivo, sobressaltos de toda ordem e vontade de lhe escrever longamente. Isso, a princípio. Depois, tive de sair do Rio por quase um mês. Finalmente, os desgostos e o luto[i] de que V. terá tido notícia.

Peço-lhe, portanto, que me releve a falta e creia que todo esse tempo desejei dizer a V. quanto lhe fiquei reconhecido por se ter lembrado de me mandar um exemplar de seu livro. Ele é dos melhores que V. tem publicado e dos que mais profundamente me impressionaram. Embora sua leitura tenha sido para mim deprimente — talvez pela circunstância de eu a ter feito num período de funda depressão moral —, ele me parece um dos marcos mais notáveis de sua produção.

O terceiro conto — aliás dos que têm maior importância e maior valor literário — me causou uma sensação intensa de mal-estar. Achei a emoção que ele comunica inteiramente aveadada, assim como, afinal, a narrativa inteira.[ii] Transmiti logo essa impressão ao Prudente,[iii] que me disse ter sentido a mesma coisa, acrescentando que a tinha mandado contar a V.

---

i Há dois acontecimentos, em 1934, que poderiam explicar o luto referido: a morte prematura de Sylvia Amélia de Melo Franco (1904-34), chamada Amelinha, prima-irmã de Rodrigo e filha do tio, Afrânio de Melo Franco. Este perdera a esposa na Gripe Espanhola, e Amelinha tomou o lugar da mãe, encarregando-se da criação dos irmãos mais moços, muito chegados a Rodrigo, órfão de pai desde os três anos de idade. E, ainda, a morte de outro tio por parte da mãe: Armínio de Melo Franco, que apoiou a criação de Vera, a irmã mais moça de Rodrigo.
ii O terceiro conto — "Túmulo, túmulo, túmulo" — dessa primeira edição de 1934 a que se refere Rodrigo foi incluído como número V no reagrupamento decidido por Mário para a segunda edição de 1934, em que, também, o título do livro muda de *Belazarte* para *Contos de Belazarte*. Interessante observar que a impressão causada a Rodrigo pela leitura do conto e transmitida nos mesmos termos ao amigo Prudente de Morais — "sensação de mal-estar" e "emoção aveadada" — tem conotação absolutamente positiva e assim foi entendida pelo interlocutor. É o que podemos constatar na carta de 24 de maio de 1934 de Mário a Manuel Bandeira: "Anteontem só é que recebi uma aliás deliciosa carta de Rodrigo que me sossegou bem". Mário se refere, então, à resposta de Rodrigo ao envio do livro e à opinião relatada. Ver Marcos Antonio de Moraes (Org., intr. e notas), *Correspondência Mário de Andrade & Manuel Bandeira*. São Paulo: Edusp; IEB, 2000, p. 578. A primeira edição do livro *Belazarte* pode ser consultada no acervo online da Casa Guilherme de Almeida, disponível em: <drive.google.com/file/d/0B9aBj8Bah0dfM0dwbFAzQXd0TXM/view?resourcekey=0-NUAbhskpNfXAktyZkjNkvw>. Acesso em: 2 mar. 2023.
iii O jornalista Prudente de Morais, neto, que, com Sérgio Buarque de Holanda, lançou e dirigiu a revista *Estética*. Aparece frequentemente nesta correspondência como Prudente,

Capa da 1. ed. de *Belazarte*, 1934.

Mas o certo é que o livro é dos de que eu mais tenho gostado dentre todos os que V. publicou. Não tem aquela maestria literária do *Macunaíma*, que me encheu de assombro, sendo, porém, composto com um talento talvez mais admirável ainda de prosador de ficção.

Entretanto esta carta não visa dizer a V. o que penso do *Belazarte*, porque, além de tudo, isso não teria interesse nenhum. Seu objetivo é agradecer-lhe afetuosamente pela atenção que tem comigo e pedir-lhe que me desculpe a demora com que venho comunicar a V. meu reconhecimento.

Tenho estado muito raramente com o Alcântara, que vive ocupado com a bancada da Chapa Única, enquanto eu preso ao escritório de advocacia. Mas tenho sempre notícias dele e costumo avistar a Lolita na praia, quando passo para a cidade.[i]

Prudentinho, Pru, Neto. [LCF; nota deslocada pela edição] Autor de ensaios, contos e poemas, sem livro publicado. [CA]
i Apelido de Maria Emília, mulher de Alcântara Machado.

Retrato de Lolita Alcântara Machado por Candido Portinari.

O Manuel Bandeira jantou hoje aqui conosco. Anda incomodado com uma sucessão de furúnculos na cabeça e nos ouvidos. Apesar disso e das perturbações no fígado, está bem-disposto e operoso: tem feito várias traduções de livros alemães, ingleses e franceses por encomenda de Ribeiro Couto.

O Prudente trabalha de sociedade comigo em várias questões forenses. Mas a atividade de advogado não o tem impedido de, uma vez ou outra, como antigamente, escrever as coisas dele. Não conheço, entretanto, os dois últimos contos que acabou.

Quanto ao seu ex-confrade Sérgio Buarque de Holanda, é hoje um dos mundanos mais requisitados da Capital Federal. Em vez de citar os filósofos alemães, conta agora uma porção de histórias das frequentadoras da Lallet, do Lido[i] e do O.R. Está inteiramente de namoro. Não obstante, parece

---

[i] A Confeitaria Lallet era situada no largo da Carioca e anunciava reunir em seus salões a alta sociedade carioca. O Lido foi um restaurante conhecido por reunir intelectuais e artistas, e

Rodrigo com o primeiro filho no colo, Rodrigo Luís, *c.* 1934.

que tem quatro capítulos prontos de um ensaio que a gente não consegue apurar ao certo sobre o que versará.

Quando é que V. pretende passar novamente alguns dias aqui? Como vai de saúde? Em quanta coisa estará V. atualmente ocupado?

Um abraço do
amigo e admirador
Rodrigo M. F. de Andrade
Rua Bulhões de Carvalho, 181
Copacabana

---

que levava o nome da praça onde se encontrava, a praça do Lido, em Copacabana. A sigla "O.R." não foi decifrada pela edição. [N. E.]

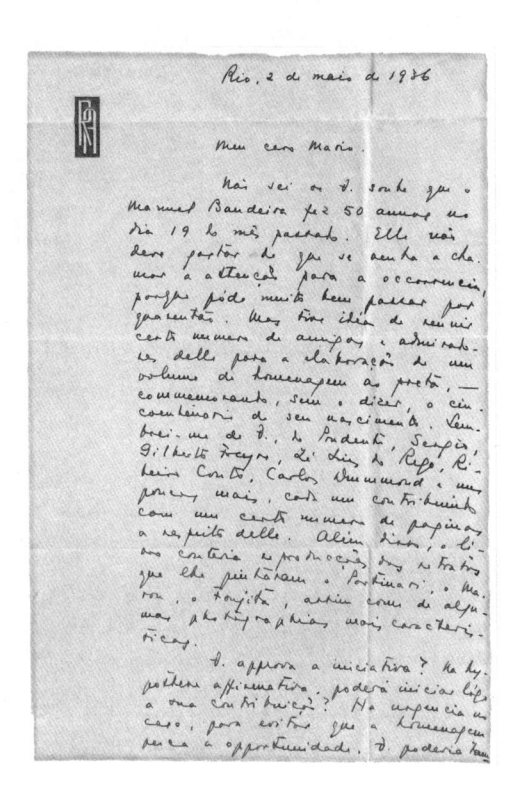

Rio de Janeiro, 2 de maio de 1936

Meu caro Mário.

Não sei se V. soube que o Manuel Bandeira fez 50 anos no dia 19 do mês passado. Ele não deve gostar de que se venha a chamar a atenção para a ocorrência, porque pode muito bem passar por quarentão. Mas tive ideia de reunir certo número de amigos e admiradores dele para a elaboração de um volume de homenagem ao poeta — comemorando, sem o dizer, o cinquentenário de seu nascimento.[i] Lembrei-me de V., do Prudente, Sérgio,

---

[i] O livro *Homenagem a Manuel Bandeira* assinalou, em 1936, o cinquentenário do poeta. Trinta e três dos seus amigos financiaram a edição, dedicando-lhe poemas, estudos e comentários. [LCF; nota deslocada pela edição] O livro teve uma segunda edição em 1986, como parte das comemorações do centenário do poeta, morto em 1968. Entre outros importantes textos de homenagem a Bandeira estão os poemas "Rito do irmão pequeno", de Mário de Andrade, e, de Carlos Drummond de Andrade, "Ode no cinquentenário do poeta brasileiro". Ver *Homenagem a Manuel Bandeira*. Rio de Janeiro: 1936; Brasília: 1968. Impresso pelo Centro Gráfico do Senado para o Ministério da Cultura.

Manuel Bandeira retratado em óleo de Frederico Maron.

Gilberto Freyre, Zé Lins do Rego, Ribeiro Couto, Carlos Drummond e uns poucos mais, cada um contribuindo com um certo número de páginas a respeito dele. Além disso, o livro conteria reproduções dos retratos que lhe pintaram o Portinari, o Maron,[i] o Foujita,[ii] assim como de algumas fotografias mais características.

---

[i] Frederico Maron (1887-1944), pintor alemão radicado no Brasil. A convite de Manuel Bandeira, participou do famoso Salão Nacional de Belas Artes, de 1931, com diversas telas. Teve parte de sua produção perdida na Alemanha durante a Segunda Guerra, após remeter dezenas de quadros para uma exposição em Berlim. [N. E.]

[ii] Tsugouharu Foujita (1886-1968), pintor modernista japonês que se projetou na cena parisiense do início do século XX, ao lado de nomes como Picasso, Modigliani e Matisse. Teve como modelo a Kiki de Montparnasse, retratada em telas de enorme sucesso no início dos anos 1920. Viveu por cerca de um ano no Brasil, entre 1931 e 1932, hospedado na casa do amigo Candido Portinari, que o desenhou dormindo. Como tema de sua pintura no Brasil, elegeu os meninos negros e a cultura do cotidiano da cidade. Conheceu artistas brasileiros modernistas, caricaturou, entre outros, Manuel Bandeira e retratou e foi retratado por Ismael Nery. Expôs no Rio de Janeiro e em São Paulo. Viajou a América Latina e o mundo expondo em dezenas de países. Viveu o fim de sua vida na França. [N. E.]

HOMENAGEM
A
MANUEL BANDEIRA

RIO DE JANEIRO
1936

Capa da publicação em homenagem ao cinquentenário do poeta Manuel Bandeira.

V. aprova a iniciativa? Na hipótese afirmativa, poderá iniciar logo a sua contribuição? Há urgência no caso, para evitar que a homenagem perca a oportunidade. V. poderia também falar sobre o assunto ao Couto de Barros? O concurso dele será imprescindível.

Temos guardado a maior reserva possível em torno do projeto, a fim de que o Manuel não tenha notícia dele.

***

Gostaria muito de conversar longamente com V. sobre o serviço do patrimônio artístico nacional. Em verdade, V. seria o único homem capaz de realizar convenientemente a tarefa que incumbe ao diretor daquele serviço. Mas, uma vez que seu desejo é de permanecer em São Paulo à frente do departamento que lhe confiaram, aceitei o encargo contando sobretudo com o seu conselho e a sua censura, além da cooperação de algumas outras pessoas idôneas a que recorrerei.

Não tenho tempo agora para lhe dar conhecimento das dificuldades que vou encontrando, antes mesmo de dar início a qualquer trabalho. Espero lhe escrever detidamente em outra ocasião. Por ora, quero lhe adiantar apenas que nossa amiga D. Heloísa Alberto Torres[i] está impugnando com a maior veemência a ideia do museu arqueológico e etnográfico, embora tenha ressalvado comigo a grande admiração que nutre por V. Ela ficou de formular por escrito as suas objeções por estes dias e eu me aprontarei a transmiti-las a V.

Peço-lhe que me responda sem demora.
Abraço afetuoso do
amigo e admirador
Rodrigo M. F. de Andrade

---

i A antropóloga Heloísa Alberto Torres, levada à direção do Museu Nacional no início da administração Gustavo Capanema, e nessa qualidade membro nato do Conselho Consultivo do Sphan. Exerceu ainda, por vários anos, a presidência do Conselho Nacional de Proteção aos Índios e do International Council of Museums (Icom). Em carta de 9 de maio de 1936, comenta ela as sugestões de Mário de Andrade, divergindo da proposta de redistribuição das áreas do Museu Nacional, e justificando o seu ponto de vista pela interdisciplinaridade de pesquisa vigente entre o campo das ciências naturais e o das ciências humanas. [LCF] Mário propunha a conversão do Museu Nacional em um Museu Arqueológico e Etnográfico, retirando-se dele a parte de História Natural, que, por sua vez, iria integrar um museu próprio, anexo ao Jardim Botânico. Importa lembrar que, no momento desta carta, Rodrigo não havia sido nomeado oficialmente diretor do Sphan e que o documento orientador do Serviço — até a sua substituição — era, ainda, o anteprojeto de Mário. Ver a carta de Heloísa Alberto Torres no Apêndice desta edição, p. 427.

Prefeitura do Município de S. Paulo

DEPARTAMENTO DE CULTURA E RECREAÇÃO

São Paulo, 24 de março de 1935.

Exmo.Sr.Dr. Gustavo Capanema,
D.D. Ministro da Educação.

  O Departamento Municipal de Cultura, de São Paulo, tem a grata satisfação de apresentar as sugestões solicitadas verbalmente a êste Departamento por V.Excia., sobre a organização dum serviço de fixação e defesa do patrimonio artistico nacional. Em anexo a este oficio seguem um memorial de 18 páginas e um gráfico.

  Na esperança de bem ter cumprido os desejos de V.Excia., o Departamento de Cultura apresenta ao sr. Ministro da Educação, os seus protestos de devotamento sincero.

         Mario de Andrade
         Diretor.

Carta que acompanhou o envio do anteprojeto do Sphan, de autoria de Mário de Andrade, para o ministro Gustavo Capanema.

PREFEITURA DO MUNICIPIO DE S.PAULO

DEPARTAMENTO DE CULTURA E DE RECREAÇÃO

Serviço do Patrimônio Artístico Nacional

CAP. I

Finalidade : - O Serviço do Patrimônio Artístico Nacional, tem por objetivo determinar, organizar, conservar, defender, e propagar o patrimônio artístico nacional.

Ao S.P.A.N. compete :

I - determinar e organizar o tombamento geral do patrimônio artístico nacional;

II - sugerir a quem de direito as medidas necessárias para conservação, defesa e enriquecimento do patrimônio artístico nacional;

III - determinar e superintender o serviço de conservação e de restauração de obras pertencentes ao patrimônio artístico nacional;

IV - sugerir a quem de direito, bem como determinar dentro de sua alçada, a aquisição de obras para enriquecimento do patrimônio artístico nacional;

V - fazer os serviços de publicidade necessários para propagação e conhecimento do patrimônio artístico nacional.

CAP. II

Determinações preliminares

Patrimônio Artístico Nacional

Definição : - Entende-se por Patrimônio Artístico Nacional todas as obras de arte pura ou de arte aplicada, popular ou erudita, nacional ou estrangeira, pertencentes aos poderes públicos, a organismos sociais e a particulares nacionais, a particulares estrangeiros, residentes no Brasil.

Primeira página do anteprojeto do Sphan, de autoria de Mário de Andrade, para o ministro Gustavo Capanema.

São Paulo, 4 de maio de 1936

Meu caro Rodrigo.

Fiquei contentíssimo com a sua nomeação.[i] Tenho a certeza de que você fará... o que puder, *hélas!* nesta burocracia! Os homens foram feitos pra trabalhar, e as leis pra ordenar e facilitar os trabalhos. Mas os homens sonham e praticam a aposentadoria, são todos almas de aposentados. E quando a gente quer trabalhar tropeça a cada passo ou esbarra definitivamente na preguiça mineral das leis, é horrível. Sei disso por mim, por uma penosíssima experiência dum ano, feita na terra brasileira onde mais eficientemente se trabalha, dizem.

Sou absolutamente contrário à homenagem ao Manuel este ano. Questão de egoísmo. Não poderei compreender, não se compreende uma homenagem ao Manuel sem minha colaboração. E esta não poderia vir tão já. Veja: pra este mês de maio, afora os trabalhos do Departamento[ii] que desde

---

[i] Nomeação de Rodrigo M. F. de Andrade para a direção do Serviço do Patrimônio Histórico e Artístico Nacional. [LCF] Essa nomeação corresponde a um começo de trabalho que foi conduzido por Rodrigo com muita precaução — como se nota pelas observações relativas ao Museu Nacional. Isso porque as medidas iniciais a serem tomadas não teriam, ainda, o respaldo da lei, que só foi editada em novembro de 1937, um ano e meio após esta nomeação.
[ii] Primeira referência, nestas cartas, ao Departamento Municipal de Cultura de São Paulo. É fácil imaginar o que terá representado para um homem cujo pensamento se centrou no papel do escritor, do intelectual, face à coletividade, a possibilidade de atuação através de um Departamento de Cultura com o apoio direto de administradores que eram nada menos que o governador do estado e o prefeito da cidade de São Paulo: Armando de Sales Oliveira e Fábio Prado. E integrando uma equipe composta de figuras do porte de Paulo Duarte, Sérgio Milliet, Rubens Borba de Moraes. Para Mário, era o momento ótimo de pôr em prática a busca de um terceiro termo, que ajustasse as desigualdades culturais entre os diversos segmentos da sociedade. Relata Paulo Duarte (*Mário de Andrade por ele mesmo*, op. cit., p. 51 [p. 95]) que Fábio Prado e Armando de Sales Oliveira aprovaram, em 1935, o plano que ele lhes apresentara para a criação de um Departamento de Cultura da Municipalidade. O primeiro anteprojeto, redigido por Mário de Andrade e Paulo Duarte, foi enriquecido por sugestões e críticas de Plínio Barreto, Anhaia Melo, Júlio de Mesquita Filho, F. E. Fonseca Teles, Antônio de Almeida Prado, Cantídio de Moura Campos, Fernando de Azevedo. Diz Paulo Duarte ter sido a contribuição de Fernando de Azevedo "a mais completa" e "a melhor estruturada", e por isso "passou-se para esta tudo quanto havia de bom, a nosso ver, nas outras" (Ibid., p. 52). Que envolviam também a participação de intelectuais do grupo de Paulo Duarte e Mário de Andrade, como Sérgio Milliet, Rubens Borba de Moraes, Antônio de Alcântara Machado, Antônio Carlos Couto de Barros, Henrique da Rocha Lima e outros. Entrevista de Mário a *O Estado de S. Paulo*, de 21 de fevereiro de 1936, resume várias diretrizes do novo Departamento: ausência de intervenção política nos cargos técnicos; sistematização oficial de um organismo cultural

Mário em casa, com busto de autoria de Figueira, *c.* 1936.

junho do ano passado me impedem todo e qualquer trabalho ou mesmo leitura pra mim mesmo, tenho:

I. Conferência de paraninfo de diplomandos do Conservatório, no dia 18;

II. Conferência sobre "Terapêutica musical", na Associação Paulista de Medicina, dia 24;

não propriamente didático ou pedagógico, voltado para os sistemas culturais livres; criação, na capital, de um corpo auxiliar da Universidade de São Paulo; prioridade de atendimento ao moço e à criança. Segundo Paulo Duarte (Ibid., pp. 37-121), o Departamento Municipal de Cultura, de implantação gradual, estruturava-se em cinco divisões: a de Expansão Cultural, chefiada também por Mário de Andrade, em obediência ao regulamento do novo órgão, responsável pelos serviços de teatros e cinemas, radioescola e bibliotecas; a de Educação e Recreio, chefiada por Nicanor Miranda, a que estavam afetos os parques infantis e o estádio, os campos de atletismo e as piscinas; a de Documentação Histórica e Social, chefiada por Sérgio Milliet, subdividida em Documentação Histórica, a cargo de Nuto Sant'Anna, e Documentação Social e Estatísticas Municipais, a cargo de Bruno Rudolfer, prematuramente falecido; a Divisão de Bibliotecas, chefiada por Rubens Borba de Moraes, envolvendo a Biblioteca Pública Municipal, as bibliotecas infantis, as bibliotecas circulantes e as bibliotecas populares. A última divisão, de Turismo e Divertimentos Públicos, não chegou a funcionar devido ao esfacelamento do Departamento em 1938. [LCF]

III. Artigo de tese sobre as "Orientações do Dep. de Cultura", para a *Revista Acadêmica*, a sair aqui, dia 10;

IV. Artigo geral sobre o Departamento de Cultura e sua ação para o livro do Cinquentenário da Imigração Italiana, até o fim do mês;

V. Estudo sobre Carlos Gomes para a *Revista Brasileira de Música*, da Universidade Federal, até fim do mês;

VI. Artigo sobre Carlos Gomes para Campinas, até fim do mês!!!

E pra junho tenho a conferência sobre A moda caipira, pro Curso de Etnografia que instituí no Departamento. E a conferência sobre a posição nacional de Carlos Gomes, pro ciclo de conferências aí do Ministério da Educação! É absurdo, Rodrigo, como estou trabalhando, não sei como aguento.

Ora como fazer um estudo digno do Manuel nestas condições? Por outro lado um livro pra ele sem mim é francamente penoso pra mim. Se você não tem o preconceito das datas, façamos o livro pro ano que vem. Toda a gente trabalhará melhor, guarda-se o segredo apenas entre os colaboradores e ficarei feliz. Me responda pra meu sossego. Talvez em junho passe uns dias aí no Rio.

Um abraço do
Mário

Rio de Janeiro, 9 de maio de 1936

Meu caro Mário.

Seria realmente inadmissível a publicação de um livro de homenagem ao Manuel sem sua colaboração. Foi o que entenderam todos os amigos aos quais submeti as ponderações contidas em sua carta. Todos eles, porém, acreditam que V. talvez possa escrever o que lhe pedimos dentro de uns dois ou três meses, desde que se tenha desobrigado daqueles compromissos que assumiu até junho próximo. Por isso mesmo apelam para V. por meu intermédio, no sentido de tornar possível a publicação do volume ainda este ano.

Em verdade, embora nenhum de nós tenha propriamente o preconceito das datas, ficaria inoportuna a comemoração do cinquentenário do nascimento do Manuel em 1937, quando ele transcorreu em 1936. Além disso, as contribuições de todos os demais colaboradores foram solicitadas com recomendação insistente de certa urgência, de sorte que um homem ocupado e de pouca saúde,

Heloísa Alberto Torres, diretora do Museu Nacional.

como, por exemplo, o Sousa da Silveira,[i] poderia estranhar a protelação muito longa da homenagem. De outra parte, se tomarmos a iniciativa de comunicar aos interessados que já não haverá nenhuma urgência na entrega dos seus originais, correremos o risco de vê-los se descuidarem completamente de escrever o que lhes pedimos, fazendo assim fracassar nosso projeto.

Seja, porém, como for, o certo é que o livro não sairá absolutamente sem sua colaboração. Se, pois, lhe for de fato materialmente impossível escrever este ano a parte que lhe compete, ficará a homenagem adiada até que V. possa mandar a contribuição desejada, ou, então, cancelado o nosso projeto, conforme as circunstâncias.

Sobre o serviço do patrimônio histórico e artístico pretendo lhe mandar mais tarde uma carta longa, assim que tiver vencido a confusão

---

[i] Álvaro Ferdinando Sousa da Silveira (1883-1967) foi importante filólogo, autor de estudos etimológicos e, entre outras obras, do indispensável *Lições de português*. Colega de Manuel Bandeira nos bancos escolares do Colégio Pedro II, vizinhos de rua e da casa de Machado de Assis, no Rio, ele narra essas e outras lembranças da infância e da formação do poeta em um dos capítulos da *Homenagem a Manuel Bandeira*, organizada por Rodrigo em 1936. Bandeira relembra também esses tempos, em seu *Itinerário de Pasárgada*.

Carta de Heloísa Alberto Torres a Rodrigo, de 9 de maio de 1936.

destes primeiros tempos.[i] Por ora, quero dizer apenas, em aditamento ao que lhe escrevi da última vez, que Dona Heloísa Torres já se manifestou menos radicalmente contrária à parte de seu projeto relativa ao museu

[i] Nesses "primeiros tempos", Rodrigo lidava com dificuldades de caráter prático como a contratação do pessoal auxiliar e a realização das primeiras providências necessárias ao trabalho com a mínima verba disponível. Por outro lado, eram necessários estudos para as formas de absorção das instituições e medidas federais preexistentes que visavam parcialmente à proteção dos monumentos e bens patrimoniais; igualmente obrigatórias eram as complexas tratativas com os respectivos responsáveis.

A par do enfrentamento dos diversos projetos de lei e decretos envolvendo as questões de patrimônio, e ainda não oficialmente criado o Sphan, Rodrigo já punha, também, mãos à obra para o melhor conhecimento de especialistas em quem se apoiar para a identificação do patrimônio histórico e artístico dos estados mais ricos a esse respeito — como dá mostras a carta a Mário de 3 de junho de 1936.

de arqueologia e etnografia, depois de ler o trabalho que V. elaborou para o Capanema[i] e também talvez depois de ter ouvido sobre o assunto o Roquette-Pinto.[ii] Estou à espera das notas que ela ficou de me apresentar.
Um abraço do
amigo e admirador
Rodrigo M. F. de Andrade

São Paulo, 14 de maio de 1936

Rodrigo

Respondo aceitando a proposta, não sem bastante melancolia. Mas sempre ficamos entendidos que dia 15 de agosto você terá nas mãos o meu escrito sobre o Manuel. Vocês não vão mais ou menos distribuir o assunto pra que não haja falha e triplicidade ou mais de mesmo assunto?

Quanto à melancolia ela deriva apenas de fazer o ridículo de vocês esperarem só por mim e ter a certeza de que escreverei uma merda. Pertenço a um outro mundo realmente agora, não sinto poesia, não leio poesia, os homens como indivíduos até parece que não os amo mais. É certo que não os

---

i O ministro da Educação e Saúde Pública de 1934 a 1945, Gustavo Capanema. [LCF]

ii Edgar Roquette-Pinto (1884-1954), a quem Heloísa Alberto Torres sucedeu na diretoria do Museu Nacional, tendo sido, provavelmente, seu mentor nos primeiros tempos de gestão, foi um daqueles intelectuais brilhantes surgidos nas primeiras décadas do século XX. Médico-legista, antropólogo, professor, escritor e considerado o pai da radiodifusão no Brasil, foi um eloquente opositor às causas da eugenia e do racismo advogadas por muitos de seus confrades brasileiros e europeus. Ingressou muito jovem, através de concurso público, no Museu Nacional, onde exerceu papel fundamental — inclusive para o desenvolvimento da antropologia no Brasil. Levado por seu ideal de encontrar os melhores instrumentos para a educação do povo brasileiro e estimulado pelas realizações norte-americanas no campo da radiofonia, Roquette-Pinto conseguiu armar uma ligação precária nos picos de morros do Rio de Janeiro, como o do Corcovado, e realizar uma transmissão radiofônica que alcançou três estados brasileiros. Com o apoio da Academia de Ciências, fundou a Rádio Sociedade, que, mais tarde, obteve o apoio do ministro Capanema do Governo Vargas, sendo adquirida pelo Ministério da Educação e Saúde. Foi o início da Rádio MEC. Igualmente pioneiro no empenho para o emprego do cinema no ensino e na pesquisa científica, Roquette-Pinto formou a importante filmoteca do Museu Nacional e foi o criador e primeiro diretor do Instituto Nacional de Cinema Educativo (Ince). Ver Rita de Cássia Melo Santos, "Um antropólogo no museu: Edgar Roquette-Pinto e o exercício da antropologia no Brasil nas primeiras décadas do século XX". *Horizontes Antropológicos* [online], v. 25, n. 53, pp. 283-315, 2019. Disponível em: <doi.org/10.1590/S0104-71832019000100011>. Acesso em: 25 out. 2021.

Mário no divã em sua casa, com tela de Tarsila do Amaral na parede, c. 1935.

compreendo. Não estou exagerando não. Mas vou fazer um esforço danado e vamos a ver o que sai.
    Com um abraço
    do
    Mário

Rio de Janeiro, 3 de junho de 1936

Meu caro Mário.
    Fiquei satisfeitão com sua promessa categórica de mandar no dia 15 de agosto o trabalho que lhe pedi para o livro de homenagem ao Manuel.

Sem V. a iniciativa fracassaria completamente e apesar das coisas que V. alega no sentido de comprovar sua indisposição atual para se ocupar de indivíduos e de obras individuais, estou certo de que sua colaboração terá o maior interesse.

Mas não foi apenas para acusar o recebimento de sua carta que lhe escrevo outra vez e sim para consultá-lo sobre o seguinte:

Para fazer uma ideia geral do patrimônio histórico e artístico existente nos estados mais ricos a esse respeito — antes de serem constituídas as comissões regionais de tombamento previstas no seu plano, — lembrei-me de recorrer aos préstimos dos amigos de Minas, Bahia, Pernambuco, S. Paulo etc., para lhes solicitar uma relação aproximada e singela do que eles acharem que mereça ser preservado nas suas proximidades. À vista desses elementos, fixar-se-ia depois um critério seguro e definitivo para iniciar-se o tombamento efetivo.

Nesse sentido já tomei algumas providências, mas em relação a S. Paulo quero pedir a V. o favor de me indicar a pessoa capaz de levantar esse cadastro sumário, assim como de me dar ideia da bibliografia existente a respeito.

Tenho lido referências a trabalhos do Ricardo Severo sobre arquitetura colonial. Ele terá tratado particularmente do que existe em S. Paulo? E o Wasth Rodrigues:[i] haverá coisas interessantes feitas por ele no tocante a monumentos históricos e artísticos paulistas?

Sabendo quanto V. anda castigado pelo trabalho, tenho escrúpulo de incomodá-lo com essas consultas, mas não tenho outro remédio.

V. recebeu a cópia da carta de D. Heloísa que lhe mandei?[ii] Desculpe e receba um abraço apertado do
Am⁰ e Ad⁰r
Rodrigo M. F. de Andrade

---

[i] José Wasth Rodrigues (1891-1957), pintor, desenhista, historiador e professor. Integrou o grupo de modernistas que criou o Departamento de Cultura de São Paulo, instituição ligada ao Sphan (cf. Paulo Duarte, *Mário de Andrade por ele mesmo*, op. cit., p. 49 [p. 92]). Estudioso da história artística do período colonial, tornou-se ilustrador de diversas capas de livros, como *Urupês*, de Monteiro Lobato, *Uniformes do Exército brasileiro 1720-1922*, de Gustavo Barroso, *Brasões e bandeiras do Brasil*, de Clóvis Ribeiro, e *Vida e morte do bandeirante*, de Alcântara Machado. Publicou os estudos *Documentário arquitetônico relativo à antiga construção civil no Brasil* (1945), *Mobiliário do Brasil antigo* e *Evolução de cadeiras luso-brasileiras* (1958). Foi também um dos membros fundadores da Sociedade Pró-Arte Moderna (Spam). [N. E.]
[ii] A carta enviada por Heloísa Alberto Torres em 9 de maio de 1936 para Rodrigo.

São Paulo, 22 de julho de 1936

Rodrigo.
 Estou cada vez numa aflição mais medonha. "A fatalidade me persegue" como no samba. Não sei se você já soube que neste entremeio de tempo caí gravemente doente, tive que abandonar tudo e só faz pouco recomecei meus trabalhos. Recomecei mal, o traumatismo da doença foi de fato enorme, e qualquer trabalho me deixa extremamente fatigado. E ao mesmo tempo surgiram trabalhos novos e urgentes, dos quais três pelo menos são enormes. Saiu a lei definitiva criando o Departamento de Cultura e em dois meses tenho que entregar ao prefeito, definitivamente redigido, a lei nova do Regulamento. É um livro. E eis que acabo de receber o comunicado pra elaborar o projeto completo de orçamento pro exercício de 1937, coisa que tenho de entregar até fins do mês que vem, à comissão organizadora. E todas as verbas pedidas, com justificação, explicação, citações europeias, que você sabe são de enorme influência sobre o espírito nacional. Coisa sem citação europeia não fica provada pra Brasileiro. Bem, e pra coroar tudo isso acabo de receber da Editorial Labor a incumbência de escrever o artigo e os verbetes sobre folclore musical brasileiro pro novo *Dicionário de la música* que essa casa está editando. Tudo devendo estar em Barcelona a 1º de outubro próximo. Podia recusar, mas devia recusar? Você, tenho a certeza que reconhece a obrigação moral em que estava de aceitar, tinha que aceitar e aceitei.
 Estou lhe contando tudo isto porque o caso do estudo sobre Manuel Bandeira me está deixando cada vez mais desesperado. Desejava é que você surgisse aqui de supetão, que você havia de encontrar sobre minha mesa uma pasta com o título "Manuel Bandeira" e dentro umas cinco ou seis folhas de notas. Reli essas notas ontem. Juro pra você: é porcaria, é detestável, é tão mesquinho, tão indigno do Manuel, já não digo indigno de mim, que positivamente desisto disso, vamos fazer uma coisa. Mando a vocês organizadores da homenagem uma carta apenas, me desculpando por não mandar em tempo o estudo pedido, e mando dedicado ao Manuel um poema pra ser publicado no livro. Será a minha homenagem essa dedicatória. Ao mesmo tempo que faço questão absoluta de colaborar na parte material do livro: mandem dizer qual a minha quota que enviarei o dinheiro imediatamente. Vocês publicarão carta e versos. Ficará assim provada a admiração enorme que tenho pelo Manuel na carta, e a homenagem será lírica. Dos poucos

versos inéditos que tenho, considero o "Rito do irmão pequeno" a coisa melhor. Mandarei isso e mandarei também o "Girassol da madrugada" pra vocês escolherem.[i] Mande dizer logo se vocês aceitam esta solução: lhe dou minha palavra de honra que não poderei no momento escrever qualquer coisa que valha sobre o Manuel, não tenho nem saúde, nem pensamento nem tempo pra isso.

Não recebi a cópia da carta da Heloísa Alberto Torres, e confesso que tenho enorme curiosidade de saber as razões dela. Mande outra. Quanto ao tombamento do patrimônio artístico e histórico paulista, não sei se o Capanema deu a você as sugestões que ajuntei ao plano. Envio aqui uma cópia pra você. Lá indico também alguns nomes paulistas. De resto o patrimônio paulista é muito pequeno, mas ajudarei você no que tiver nas minhas mãos. Acho que o Wasth Rodrigues está indicado, embora ele conheça mais Minas que São Paulo. Existe aqui em São Paulo uma Sociedade dos Amigos da Cidade que talvez possa servir de auxílio, principalmente para tombamento das obras pertencentes a particulares. Qualquer dia destes, mando a você uma série de indicações tiradas do meu fichário. Vou mandar tudo, pedir pro meu secretário[ii] copiar tudo, sem controle meu. Você se servirá do que for útil. Não faço eu mesmo a seleção porque isso me tomaria muito tempo.

Mas não pense nunca em me tomar tempo perguntando o que precisar: estou inteiramente às ordens e disposto a ajudar o mais que puder.

---

[i] "O rito do irmão pequeno" e "Girassol da madrugada" dão título às duas grandes séries de poemas em que se subdivide o *Livro azul*. Na edição de *Poesias completas* (São Paulo: Martins, 1955), prevista por Mário, vemos que finalmente ficou dedicado a Manuel Bandeira "O rito do irmão pequeno". [LCF]

[ii] José Bento Faria Ferraz, secretário de Mário de Andrade até a morte deste, em 1945. A partir de 1937, funcionário da Discoteca Pública Municipal. Com a morte de Mário, transferiu-se para Ribeirão Preto, onde foi secretário da Faculdade de Medicina. [LCF; nota deslocada pela edição] A ele Mário se referia, brincando, como "Meu ilustre secretário", mas era grande a sua dependência, no sentido prático das coisas, do Zé Bento. Em nota da correspondência de Mário com Carlos Drummond, Silviano Santiago reproduz uma história cômica narrada por Mário da Silva Brito, em que fica patente não só a importância do secretário na ordenação dos livros nas estantes do escritor, como o quanto ele era essencial para o descarte de situações incômodas para o chefe. Mário dedicou-lhe poemas e um legado, em seu testamento. Tudo isso explica muito bem o alívio com que, em carta a Rodrigo alguns anos posterior a esta (7 de março de 1941), Mário diz que o Zé Bento — entre permanecer no trabalho do Departamento de Cultura a que Mário não mais pertencia e a Sexta Região do Sphan — se resolvera pelo Serviço: ficaria, assim, mais próximo do chefe e amigo e pronto para ajudar. Ver *Carlos & Mário*, op. cit., p. 484, nota 9.

O estudo do Ricardo Severo sobre Arquitetura colonial saiu na *Revista do Brasil*, 1917, número de abril. Há um número da *Ilustração Brasileira*, dedicado à arquitetura em São Paulo, com um artigo do Yan[i] sobre casas do tempo do Império, talvez possa interessar. Ricardo Severo tem também dois opúsculos: *A arte tradicional no Brasil* e *A arte tradicional no Brasil: A casa e o templo*. E até breve com um abraço.

Mário

São Paulo, 29 de julho de 1936

Meu caro Rodrigo

Li seu projeto de lei que achei, pelos meus conhecimentos apenas, ótimo.[ii] Aliás, preliminarmente é preciso que eu lhe diga com toda a lealdade que dado o anteprojeto ao Capanema, eu bem sabia que tudo não passava de anteprojeto. Vocês ajudem com todas as luzes possíveis a organização definitiva, façam e desfaçam à vontade, modifiquem e principalmente acomodem as circunstâncias, o que fiz e não tomou em conta muitas circunstâncias porque não as conhecia. Não sou nem turrão nem vaidoso de me ver criador de coisas perfeitas. Assim não tema jamais me magoar por mudanças ou acomodações feitas no meu anteprojeto.

O caso por exemplo do museu etnográfico é típico. Dou toda a razão a d. Heloísa... em última instância. O que fiz foi teoria e acho bom como teoria. Sustentarei minha tese em qualquer tempo. Um Museu Etnográfico deve estar separado dum museu de história natural. Se um organismo e se os burocratas desse organismo forem, não digo perfeitos, mas apenas bem-intencionados e eficientes, um museu de história natural não recusará nunca sua colaboração eficaz a outro de etnografia que a pedir. Mas sucede *hélas* que a qualquer pedido de colaboração, os nossos organismos ficam enciumados, ou não colaboram ou colaboram de má vontade. Hoje

---

i Sobre Yan de Almeida Prado ver nota i, p. 77, carta de 11 de outubro de 1928.
ii O decreto-lei n. 25, de 30 de novembro de 1937, transcrito no Apêndice desta edição, p. 433. É importante enfatizar o bom acolhimento de Mário ao projeto de lei que absorvia — em seus próprios termos — o anteprojeto que ele elaborara para a proteção do Patrimônio; e, ainda, o tácito reconhecimento de que, por sua natureza de anteprojeto, este não contava, efetivamente, com os elementos jurídicos necessários ao cumprimento amplo, complexo e duradouro de seus objetivos últimos.

Decreto-Lei n°........

Dispõe sobre o tombamento em conjunto de cidades ou áreas urbanas, para os efeitos do Decreto-lei n° 25, de 30 de novembro de 19..

O Presidente da República, usando da atribuição que lhe confere o art. 180 da Constituição da República, decreta:

Art. 1° — O tombamento em conjunto de cidades-monumentos ou de áreas urbanas de excepcional interesse histórico ou artístico no seu conjunto, para os efeitos do Decreto-lei n° 25, de 30 de novembro de 1937, será feito por um só ato, relativo ao conjunto determinado.

§ 1° — Ao processo dos tombamentos referidos neste artigo aplicar-se-á o disposto no art. 9° do Decreto-lei n° 25 quanto ao tombamento dos bens pertencentes ao Estado ou aos Municípios, efetuando-se mediante simples notificação às Prefeituras locais.

§ 2° — A notificação expedida pelo S.P.H.A.N. conterá a delimitação da área urbana que constituir o conjunto urbanístico tombado.

Art. 2° — Uma vez recebida a notificação de tombamento em conjunto da cidade ou de uma área urbana determinada, não poderão os poderes municipais executar ou conceder licença para a execução de obras de qualquer natureza, na área compreendida nos efeitos do tombamento, sem prévia autorização do S.P.H.A.N., sob pena de responderem as autoridades que infringirem este dispositivo pelas consequências civis e penais do atentado, além da obrigação para o Município de custear as obras necessárias à reposição dos bens prejudicados no estado anterior.

Art. 3° — A notificação dos tombamentos de conjuntos urbanísticos ou arquitetônicos feita às Prefeituras locais, di-

Manuscrito do decreto-lei n. 25, em desenvolvimento.

sei disso com terrível melancolia. Entre nós: no início do meu Departamento me veio a ideia de ajuntar no Brasil cópias de todas as músicas de índios brasileiros existentes em museus e arquivos estrangeiros. Há certamente deles na Alemanha e parece que nos Estados Unidos também. Com virgindade e abundância de coração, oferecí colaboração ao Museu Nacional, propondo-lhe ficar com as glórias da iniciativa, tanto mais que tinha mais completas e federais credenciais pra conseguir o desejado. Até hoje nada se fez, mais de um ano já passou e a própria d. Heloísa, que respeito e admiro enormemente, não achou tempo pra escrever um ofício a Berlim, iniciando as negociações. Ela tem perfeitas razões em saber que a colaboração entre organismos diversos é ineficaz...

Concordo pois inteiramente com as razões técnicas que ela dá como início da carta. Com o resto da carta não posso de forma alguma concordar. Imaginar mesmo em ponto de dúvida que eu penso que um museu é apenas colecionar objetos, só não é ofensa porque não tenho vontade de ficar ofendido. Achar que o Span[i] é sentimental, pra se defender de não querer reorganizar o Museu Nacional, não pode provir da verdadeira Heloísa Alberto Torres. O Span é um organismo de todo em todo cultural com forte base econômica. Achar isso sentimental é desvirtuar a própria essencialidade da coisa. Mais outro argumento curioso:

---

i A sigla Span, de que fala Mário, corresponde ao Serviço do Patrimônio Artístico Nacional proposto em seu anteprojeto concebido a pedido do ministro Capanema e que foi tomado como importante referência para a concepção da substância do Serviço do Patrimônio Histórico e Artístico Nacional (Sphan). Este, levado adiante por Rodrigo, adotou outras siglas a partir das diversas mudanças institucionais que se deram ao longo de sua história:

1936 (18 de abril) — Criação do Serviço do Patrimônio Histórico e Artístico Nacional, em caráter provisório;

1937 (13 de janeiro) — Lei n. 378 institui a fundação do Sphan como órgão oficial de preservação do patrimônio histórico e artístico brasileiro;

1937 (30 de novembro) — Decreto-lei n. 25 regulamenta as atividades do Sphan;

1946 — O Sphan tem o seu nome alterado para Departamento do Patrimônio Histórico e Artístico Nacional (Dphan);

1970 — O Dphan é transformado em Instituto do Patrimônio Histórico e Artístico Nacional (Iphan);

1979 — O Iphan é dividido em Sphan (Secretaria), na condição de órgão normativo, e na Fundação Nacional Pró-Memória (FNPM), como órgão executivo;

1990 — A Sphan e a FNPM são extintas, dando lugar ao Instituto Brasileiro do Patrimônio Cultural (IBPC);

1994 (6 de dezembro) — Medida Provisória n. 752 transforma o IBPC em Instituto do Patrimônio Histórico e Artístico Nacional (Iphan).

D. Heloísa ao entender Etnografia, pelas suas próprias especializações, só pensa em "etnografia ameríndia", ao passo que eu, pelas minhas especializações, entendo principalmente *"etnografia popular"*. Se não me engano, no meu trabalho mostrei que a etnografia ameríndia podia estar ajuntada à arqueologia. E tudo isso não fará um desgraçado mal que fique no Museu de História Natural que é o M. Nacional. Mas a Etnografia do *nosso* povo brasileiro tem creio que só uma sala no M. Nacional, e essa é a parte pra mim mais importante, os Ameríndios pertencendo principalmente à ciência pura, e o povo brasileiro em seus costumes e usanças e tradições folclóricas pertencendo à própria vida imediata, ativa e intrínseca do Brasil. Não dei, nem me cabia dar, a organização interna e detalhada de cada museu, mas imagine um museu etnográfico fornecendo modelos de decoração, processos de fazer rendas, chapéus de palha etc. músicas e danças etc., generalizando, entradicionalizando, protegendo contra o progresso mortífero etc. Não é só expor (a coisa me está doendo...) mas agir.[i] Minha biblioteca infantil tem um coral que está cantando a Nau Catarineta com músicas nordestinas; minha Discoteca está gravando Carlos Gomes, e filmou danças populares de Mogi das Cruzes. Minha Documentação Social está com filmes tirados especialmente entre índios de Mato Grosso, pra nós. Minha divisão de

---

[i] Mário está argumentando em relação a objeções feitas por Heloísa a seu anteprojeto para o Serviço do Patrimônio Artístico Nacional, o Span. Para ele, ainda que em um museu, elementos referentes à etnografia do povo brasileiro não podem ser objeto unicamente de contemplação estética e interesse científico que mais convidem a uma posição passiva. Mário enfatiza que um museu de etnografia popular devia menos expor que agir. E oferece o exemplo das pesquisas e ações promovidas pelo Departamento de Cultura Municipal, que ele dirige e orienta. Cabe lembrar que essas mesmas ideias muito inspiraram Aloísio Magalhães para a criação e o prosseguimento, em diversas etapas (até integrar-se no Iphan), do Centro Nacional de Referência Cultural (CNRC). Criado na década de 1970, o CNRC se preocupava essencialmente em realizar pesquisas e atuações visando a encontrar indicadores para a orientação de um desenvolvimento do país baseado em nossa identidade cultural. No rastro das ideias de Mário de Andrade, enfatizava a importância da identificação, proteção e estímulo às diversas formas do fazer popular em vista de sua integração nas políticas tecnológica e econômica. Hoje, é o Iphan a instituição que leva adiante o registro de alguns desses fazeres enquanto Bens Culturais de Natureza Imaterial, assim como a implementação de ações para sua valorização, conforme o estabelecido pelo decreto 3551/2000. Ver Joaquim Falcão, "A política cultural de Aloísio Magalhães" (1985). In: *Bens culturais do Brasil: Um desenho projetivo para a nação*. Rio de Janeiro: Bazar do Tempo, 2017, pp. 23-34.

Expansão Cultural está com um curso prático de etnografia, ensinando como se colhe documentos.

E assim é. E cansei. Um abraço do
Mário
Rodrigo
Você poderá me informar como era o nome todo daquele Bretas, seu parente, que escreveu a biografia do Aleijadinho?

Rio de Janeiro, 1º de agosto de 1936

Mário.

O nome de meu bisavô, que escreveu em 1858 sobre o Aleijadinho, era *Rodrigo José Ferreira Bretas*.[i]

Achei procedente tudo quanto V. me escreveu a respeito da carta de "Dona Heloísa". Sucedeu até que alguns dos seus argumentos já tinham sido invocados por mim, quando discuti com ela a questão. Mas eu estava muito incapaz naquele dia e oprimido por uma dificuldade de expressão maior ainda que a do costume. Fui reduzido com facilidade, embora tivesse saído ainda convencido das vantagens que resultariam da adoção do ponto de vista que V. sustentou. Como, porém, me pareceu impraticável organizar um museu de arqueologia,

---

i Rodrigo José Ferreira Bretas foi encarregado pelo governo provincial de buscar subsídios de história regional para a *Revista do Instituto Histórico e Geográfico* daquela época. Bretas descobriu, então, nos arquivos de Mariana, a preciosa "Memória", de 1790, do vereador Joaquim José da Silva sobre a evolução das artes plásticas em Minas Gerais. Aí se enfatizavam a superioridade da obra de Antônio Francisco Lisboa, fatos da formação do artista e de sua própria enfermidade. Possivelmente inspirado por essa "Memória", Bretas dá, então, continuidade às buscas de testemunhas contemporâneas do artista e de documentos que constituem a base de seu livro, *Traços biográficos*. A publicação, de 1858, é até hoje o documento fidedigno que nos dá notícia e primeiras comprovações das circunstâncias da vida do Aleijadinho e das obras por ele executadas. José Ferreira Bretas foi, ainda, inventor de uma máquina de tear, louvada por engenheiros franceses, e de um estudo que trata *Das faculdades e origem das ideias do espírito humano*, editado em Ouro Preto, em 1849. Já a monografia *Traços biográficos* foi originalmente publicada no *Correio Oficial de Minas*, sob o título "Traços biográficos relativos ao finado Antônio Francisco Lisboa", e posteriormente reeditada sob o título "O Aleijadinho, esboço biográfico" na *Revista do Arquivo Público Mineiro*. Ouro Preto: Imprensa Oficial de Minas Gerais, ano 1, v. 1, pp. 161-74, 1896. Atualmente, o estudo de Rodrigo José Ferreira Bretas encontra-se digitalizado e acessível no Arquivo Público Mineiro. Disponível em: <www.siaapm.cultura.mg.gov.br/acervo/rapm_pdf/1037.pdf>. Acesso em: 2 mar. 2023. Ver Cássio Lanari, "Informação biográfica". In: *Rodrigo José Ferreira Bretas, biógrafo do Aleijadinho*. Belo Horizonte: Centro de Estudos Mineiros, 1968; e *Rodrigo e seus tempos*, op. cit., pp. 300-7.

etnografia e arte popular com a oposição intransigente de todo o pessoal do Museu Nacional, tive de me conformar com a inclusão apenas de um dispositivo no projeto prevendo para o futuro a realização do empreendimento, a fim de contar assim com a cooperação de Dona Heloísa, quer para o tombamento do material reunido na Quinta da Boa Vista, quer para o tombamento geral.

De resto, confesso a V. que fiquei intimidado diante da responsabilidade de desmembrar do museu existente as coleções que nos interessavam. Aquilo, tal como está organizado, tem sempre produzido alguma coisa de apreciável. É uma instituição centenária que merece ser tratada com uma consideração especial. Se a gente insistisse em reformá-la agora de acordo com seu projeto, seria tido, por Dona Heloísa e pelos especialistas mais capazes de lá, como inimigo. Com que elementos poderíamos contar para suprir a falta de cooperação do pessoal melhor do Museu Nacional? Pelo menos, graças ao adiamento da reforma, captamos as boas disposições da própria Dona Heloísa, cuja colaboração é preciosa. Mais para adiante, veremos o que será possível conseguir naquele sentido.

Aqui — seu Mário —, não há senão a gente se conformar com o *pis-aller*. Falta dinheiro para tudo e falta igualmente interesse ativo dos dirigentes. Imagine V. que até agora não tenho sequer verba para remunerar a comissão central de tombamento. Por isso mesmo estou tomando alturas: caso me compenetre da impossibilidade de aparelhar decentemente este serviço, direi com franqueza ao Capanema que é melhor desistir de tudo, ou então chamar o José Marianno para fazer o que ele pretendia e que custará muito pouco — a tal "Inspetoria de Monumentos Públicos de Arte".[i]

Ainda não pude me consolar de V. não escrever uma grande coisa para o livro de homenagem a Manuel. Se eu pudesse adivinhar seu impedimento,

---

[i] Nesse momento de desânimo, Rodrigo diz que apelaria até para a colaboração de José Marianno Filho — seu opositor e reconhecido patrono do neocolonial na arquitetura brasileira, figura que teve grande prestígio no Rio de Janeiro, principalmente nos dez primeiros anos do século XX até o início dos anos 20, quando entrou em polêmica com os modernistas. Originalmente médico, ele foi interessado nas artes e crescentemente envolvido com o intuito nacionalista de orientar os arquitetos brasileiros a estudarem e adotarem "a forma correta do neocolonial", opondo-se ao ecletismo e à influência francesa. Antecedeu Lucio Costa — com quem discutiu com grande violência pelos jornais — na direção da Escola de Belas Artes, de onde se retira, dada a intensa oposição por parte dos demais professores. Ver Tiago Costa Bernardi, *A arquitetura colonial e "as sábias lições" de José Marianno Filho*. Monografia apresentada para a obtenção de Licenciatura em História pela Universidade Federal Rural do Rio de Janeiro — Instituto Multidisciplinar, Nova Iguaçu, 2014.

teria renunciado à ideia. Mas, apesar de sua trabalheira desenfreada, de sua impugnação, de sua doença e de tudo, fiquei contando até a última com uma contribuição que imaginei que V. não deixaria de dar. Ainda agora, tenho às vezes a esperança absurda de V. achar umas horas propícias para o trabalho desejado. Será mesmo inteira e absoluta impossível?

Não sei se V. terá falado, como lhe pedi, ao Couto de Barros para colaborar também. Se não falou, veja, por favor, se obtém alguma coisa dele.

Um abraço do
Rodrigo

São Paulo, 7 de agosto de 1936

Rodrigo
Desta vez sua carta foi antes desagradável. Esse caso da homenagem ao Manuel e eu não escrever sobre ele o que devo me deixa uma espécie de remorso besta, de inveja, de emulação em que, temo, deve entrar muito de vaidade. Mas acabo me lembrando agreste que não sou o único que tem a pretensão de compreender "como ninguém" Manuel Bandeira. Ora sua carta veio mexer a faca na ferida. Não faça mais isso, que não posso mesmo. Já não basta carregar com o desagrado constante dessa lembrança numa vida positivamente miserável de espírito. Não leio nada, não estudo nada, o trabalho não rende, esta carta? Estou escrevendo com o fone no ouvido, entre discussões horríveis orçamentárias que dilaceram meu coração. Pronto: outro telefonema!!! Você não acreditará? Comecei esta carta creio que não eram 13 horas. Estava ao mesmo tempo colhendo os dados das Divisões do Departamento só sobre verbas de iniciativas novas. O último telefonema era o da última divisão, a de Turismo e Divertimentos Públicos, cujo "Turismo" fiz tudo, fiz o impossível pra que não fosse grudada ao Departamento meu, mas ao da Fazenda, se o queriam mesmo criar. Ora eu queria e quero equilibrar as verbas de iniciativas das diversas Divisões, e só a construção da Biblioteca me vai pesar com 2 mil contos no orçamento! Principiou a briga, veio o Sérgio Milliet[i] me ajudar.

---

i Sérgio Milliet dirigia à época a Divisão de Documentação Histórica e Social do Departamento Municipal de Cultura. [LCF] Foi escritor, pintor, poeta, crítico de arte e sociólogo. Morou tempos na Suíça e, também, na França. Por isso tinha grande proficiência em francês e se tornou o tradutor dos livros dos viajantes franceses — Debret e Jean de Léry — para o

Vieram os papéis pra despachar, interrompi tudo. Veio um padre discutir uma isenção de impostos pra festinha. São 17 horas! Hora em que o Diretor do Departamento recebe diariamente os interessados que 99% das vezes vêm pedir emprego ou propor coisas desinteressantes. Estão aí, copio os cartões que o contínuo trouxe um J. Z. Júnior, e um A. M. Jr. Todos juniores numas artes juniores, mirins provavelmente. E assim vai ser até 18 e 30 mais ou menos. Vou pra casa correndo, vou me preparar pra janta. Janto às 19 e 15. Depois tenho o curso de Etnografia tão lindo do Departamento. Hoje é aula extra (2 por semana) com projeção e análise dos filmes etnográficos tirados por intervenção do Departamento entre índios de Mato Grosso. As danças são uma revelação etnográfica. Não se conhecia ainda coreografias tão complicadas entre índios do Brasil. Isso das 20 e 30 às 22 horas, é o cálculo porque o filme dura uma hora e com os comentários iniciais dará hora e meia. E voltarei pra casa exausto levando os processos pra estudar e dar parecer coisa que faço em casa. Sempre até uma hora, uma e meia da manhã. E todo dia, todo o despertador dá sustos horrendos no bruto dormido às sete horas. Duas vezes na semana às 6 e meia, terça e sexta, porque principio no Conservatório às 8 em ponto e se não tomo meu banho e faço barba antes, depois não tenho mais tempo! Saio de lá às 12, tomo um leite ou coisa parecida, com a alma em pé porque já é hora de repartição, bruta vida!

Aí vão os versos, veja se serve. Se servir, escrevo a carta. Agora vai entrar o seu Z. Júnior — "júnior" por extenso.

Um abraço do
Mário

Rio de Janeiro, 10 de agosto de 1936

Mário.

O "Rito do irmão pequeno" é uma das coisas mais admiráveis, senão a mais admirável que V. já escreveu. Dedicado ao Manuel, de certo há de consolá-lo um pouco da falta de seu estudo de conjunto sobre a

Brasil; e de poetas modernistas brasileiros para o francês. No Brasil, tomou parte na Semana de Arte Moderna, foi jornalista e, na política, integrou-se ao Partido Democrático. É reconhecido, ainda, como um dos idealizadores do Departamento de Cultura, dirigido por Mário de Andrade, onde exercia a chefia da Divisão de Documentação Histórica e Social.

RITO DO IRMÃO PEQUENO

A Manuel Bandeira

I

Meu irmão é tão bonito como o pássaro amarelo,
Ele acaba de nascer do escuro da noite vasta!
Meu irmão é tão bonito como o pássaro amarelo,
Eu sou feito um ladrão roubado pelo roubo que leva,
Neste ansêio de fechar o sorriso da boca nascida...

Gentes, não creiam não que em meu canto haja siquer um reflexo
[de vida!
Oh não! antes será talvez uma queixa de espírito sábio,
Aspiração do fruto mais perfeito
Ou talvez um derradeiro refúgio para minha alma humilhada...

Me deixem num canto apenas, que seja êste canto somente,
Suspirar pela vida que nasceria apenas do meu ser!
Porquê meu irmão pequeno é tão bonito como o pássaro amarelo,
E eu quisera dar pra êle o sabor do meu próprio destino,
A projeção de mim, a essência duma intimidade incorruptivel!...

II

Vamos caçar cotia, irmão pequeno,
Que teremos boas horas sem razão,
Já o vento soluçou na arapuca do mato
E o arco-da-velha já engoliu as virgens.

Não falarei uma palavra e você estará mudo,
Enxergando na ceva a Europa trabalhar;
E o silêncio que traz a malícia do mato,
Completará o folhiço, erguendo as abusões.

Primeira página do poema de Mário em homenagem a Manuel Bandeira.

obra dele. Mas é necessário que V. diga em que termos quer dedicá-lo. Além disso, é preciso também que V. me mande a carta destinada a figurar no volume.

Não sei, realmente, como V. consegue dar conta da trabalheira desmedida que lhe incumbe aí. Sobretudo mal sarado ainda de uma doença séria. Eu lhe confesso que sinto reduzida a menos da metade a capacidade de trabalho que tinha antigamente. Se me visse metido em encargos como os seus, daria o prego rapidamente com toda a certeza. O que vale é que esta história de patrimônio artístico se vai arrastando com a maior moleza possível, pelo fato do Capanema retardar indefinidamente a solução da parte toda que depende dele. Se não fosse a amizade e o espírito público do Carlos Drummond,[i] eu quase não teria conseguido realizar coisa nenhuma.

Mas, voltando ao caso da homenagem ao Manuel, preciso lhe informar que os colaboradores andam muito atrasados. Até agora só recebi as contribuições do Gilberto Freyre, Olívio Montenegro, Aníbal Machado,

---

[i] O poeta Carlos Drummond de Andrade, então chefe do gabinete do ministro da Educação e Saúde, Gustavo Capanema, e depois funcionário do Sphan, onde se aposentou. [LCF; nota deslocada pela edição] Pela sua competência como chefe de gabinete e sua intimidade respeitosa com o ministro, nas ocasiões em que este estava ausente, Drummond era tido como uma extensão do próprio Capanema. Embora desvalorizasse a importância de sua atuação, intitulando-se "um poeta-funcionário" e "um convicto escriba oficial", é notória a sua influência — assim como a de Rodrigo, de Mário e de alguns outros artistas e intelectuais modernistas — em importantes iniciativas do ministro Capanema nas áreas da educação, da cultura e das artes. Por outro lado, e em — digamos — tom menor, Drummond é constantemente instado a interferir na indicação de nomes capazes, na desburocratização de medidas urgentes, bem como no trato com artistas. Em 1945, Carlos Drummond se desliga da chefia de gabinete e aceita o convite de Luís Carlos Prestes para ser coeditor do diário comunista *Tribuna Popular*, de onde se retira pouco depois. Em 1946, convidado por Rodrigo, ele se integra ao trabalho do Sphan, na chefia da Seção de História, cuidando especialmente do Arquivo, onde permanece até a sua aposentadoria. Poucos dias após a morte de Rodrigo, em 1969, Carlos Drummond apresentou-se na casa de Graciema, viúva de Rodrigo, pedindo para organizar o pequeno arquivo de cartas e documentos de seu antigo chefe, atualmente disponível para pesquisa no Arquivo-Museu de Literatura Brasileira, criado pelo próprio Drummond, na Fundação Casa de Rui Barbosa. Ver *Carlos & Mário*, op. cit.; S. Schwartzman et al. (Orgs.), *Tempos de Capanema*, op. cit.; H. M. B. Bomeny (Org.), *Constelação Capanema: Intelectuais e políticas*. Rio de Janeiro: Ed. Fundação Getúlio Vargas; Bragança Paulista (SP): Ed. Universidade de São Francisco, 2001; e Sérgio Miceli, *Intelectuais e classe dirigente no Brasil (1920-1945)*. Rio de Janeiro: Difel, 1979.

Dante Milano, Murilo Mendes, Jorge de Lima, Afonsinho,[i] Lúcia Miguel Pereira, Octávio de Faria, Vinicius de Moraes, Nascentes e Sousa da Silveira. O Prudente[ii] está passando a limpo o trabalho dele, ao passo que o Carlos Drummond, o Sérgio, o Zé Lins e outros nem sei se terão começado a escrever. Outro atrasado é o Ribeiro Couto, que me anunciou a remessa de uma vasta obra, mas que não deu ainda sinal de vida. Quero ver se consigo mandar um recado telegráfico a ele, por intermédio do Itamaraty.[iii]

Em compensação, o Portinari fez um desenho novo do Manuel, para ser publicado no volume, juntamente com as reproduções do retrato anterior, do Maron, do Foujita etc.

V. terá falado ao Couto de Barros, como lhe pedi? Se não falou, talvez seja tempo ainda.

Fico à espera de sua carta e de suas instruções.
Um abraço do seu
Rodrigo M. F. de Andrade

São Paulo, 15 de agosto de 1936

Seu Rodrigo

Falei com o Couto. Aceitou. Diz que vai inventar uma teoria sobre o Manuel Bandeira e escrevinhar a dita pro livro. Vou ficar em cima dele, porque é tipo Prudente pra escrever, você sabe. Minha dedicatória do poema será simplesmente "A Manuel Bandeira", nadíssima mais. O elogio e a explicação irão na carta à comissão organizadora do livro. Você não imagina a alegria que me deu sua opinião sobre o "Rito do irmão pequeno". Fiquei excitadíssimo, li duas vezes. Não sei, tenho a impressão

---

[i] O escritor, político, jurista e catedrático de direito constitucional Afonso Arinos de Melo Franco foi decano do Conselho Consultivo do Sphan. Em 1941, ministrou ao pessoal técnico da repartição curso que constituiu, em 1944, a publicação n. 11 do Sphan, com o título de *Desenvolvimento da civilização material no Brasil*. [LCF; nota deslocada pela edição] Entre outras obras, é autor de *A alma do tempo* e *Um estadista do Império* — livros de memória e que falam do processo histórico de seu tempo. Afonso Arinos de Melo Franco era chamado pelo diminutivo por seu primo Rodrigo.

[ii] Prudente de Morais, neto, ver nota iii, p. 85, carta de 17 de maio de 1934.

[iii] O poeta Ribeiro Couto, figura destacada do Movimento Modernista. [LCF] Ribeiro Couto era diplomata e, na década de 1930, tornou-se cônsul em Paris.

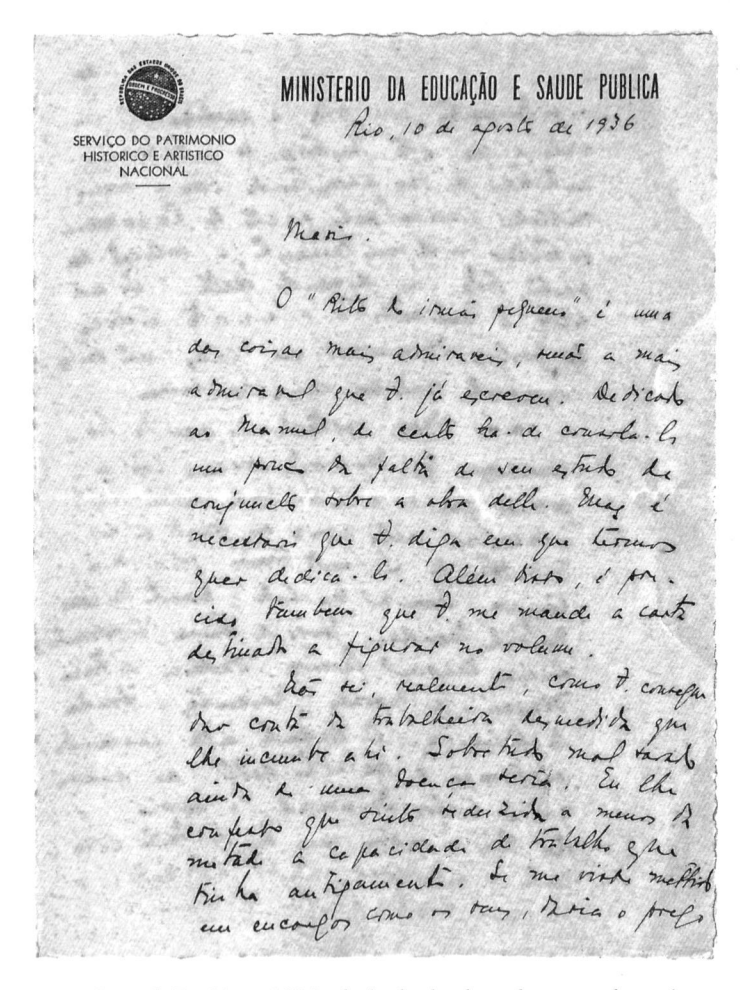

Carta de Rodrigo a Mário de Andrade, de 10 de agosto de 1936.

de que estou mcio precisado de elogios e conforto dos amigos. Também a "gazeta" da oposição só me chama "cretino" que mais "cretino", e acabo, pela precisão que tenho, precisão mais moral que prática, de ler na esperança dalguma crítica útil, escuto "cretino" não sei quantas vezes e acabo meio desamparado de mim, com visagens sentimentais de perseguição. Seu aplauso foi ótimo.

Ciao com abraço.
Mário

Capa da revista *Boletim de Ariel* que publicou o artigo de Rodrigo.

Li, gozei seu "Invasão de nortistas"[i] na *Ariel*. Vai ser engraçadíssimo o abespinhamento de gregos e troianos. E você de palanque, se rindo. Tipo da marvadeza notável.

[i] Rodrigo publicou na revista *Boletim de Ariel*, à época dirigida por Gastão Cruls, o artigo "*Usina* e a invasão dos nortistas", risonhamente referido por Mário, tratando da criação e sucessiva publicação dos romances de José Lins do Rego, desde o primeiro — *Menino de engenho* — até o último — *Usina* — editado até aquele momento; da força literária do autor, seu sentido social, "seu valor como documento", versus a crescente incredulidade dos leitores e críticos diante da qualidade e fertilidade da produção de José Lins (sem deixar de apontar certas falhas, devidas a razões menores, como pressa e descuido). Mas Rodrigo e Mário "gozam" é da "invasão" do escritor nortista — como eram então chamados os nordestinos — na praia da metrópole carioca. Maliciosamente, o articulista alerta os mineiros do perigo e conclama: "Literatos mineiros, uni-vos contra o literato do Norte!". Ver Manuel Bandeira, "A nova gnomonia" (1936). In: *Crônicas da província do Brasil*. Org., posf. e notas de Júlio Castañon Guimarães. São Paulo: Cosac Naify, 2006, pp. 157-61.

Rio de Janeiro, 4 de setembro de 1936

Meu caro Mário.
    Estamos precisando de mandar os originais da homenagem ao Manuel para a tipografia. Venho, pois, pedir a V. com muito empenho o favor de me remeter com urgência a carta prometida e bem assim intervir junto ao Couto de Barros para enviar também com urgência a contribuição dele, esperada com o maior interesse.
    Ontem recebi o trabalho do Ribeiro Couto, que é uma coisa admirável. Trinta páginas datilografadas.
    Não tenho tempo desta vez senão para este recado.
    Abraço afetuoso do
Rodrigo
Rua Bulhões de Carvalho, 181
Copacabana

São Paulo, 9 de setembro de 1936

Rodrigo
    Aí vai a minha carta. O pior é que também está besta. Foi a terceira que escrevi...
    Quanto ao Couto, não lhe posso dizer nada por hoje. Urge que esta carta vá embora e não consigo ligação pra casa dele. Até ontem não estava em S. Paulo, tinha ido pra fazenda e havia apenas probabilidades que voltasse hoje a S. Paulo. Assim que souber qualquer coisa sobre ele lhe escreverei por expressa.
    Um abraço do
Mário
Acabo de conseguir ligação. Ainda está na fazenda.

Rio de Janeiro, 11 de setembro de 1936

Meu caro Mário.
    Sua carta destinada a ser incluída no volume de homenagem ao Manuel saiu muito boa. Aumentou ainda minha pena de sua contribuição não ter sido o grande estudo de conjunto sobre a obra dele, que só V. mesmo poderia escrever. Mas,

> HOMENAGEM A MANUEL BANDEIRA
>
> S. Paulo, 8-IX-36.
>
> Rodrigo Melo Franco de Andrade.
>
> Vocês, inventores desta homenagem que tem minha adesão mais incondicional, vocês vão me perdoar não escrever sobre Manuel Bandeira. Mando versos.
>
> E' que no desassossêgo da minha vida atual, com tão imenso trabalho, não tenho fôrças disponiveis que valham Manuel Bandeira.
>
> Pra mim êle não é apenas o grande poeta que pela captação do fugaz, pela necessaridade da poesia, pela instantaneidade do lirismo, pela paciência das esperas, dá uma perfeita sensação de solidez, Manuel Bandeira é tambem uma extraordinaria figura moral, dum equilíbrio raríssimo, tão sólido homem como sólido poeta.
>
> Não posso saber si os meus versos estarão á altura de quem sei tão grande, mas garanto que são dos mais necessários, dos mais íntimos, dos mais sofridos da minha exasperada experiência nacional. Não me incomodam os outros, mas desejo que Manuel Bandeira reconheça que, na impossibilidade total de dizer o bem que penso dele, escolhi sem avareza nem resguardo o que tinha de milhor pra lhe dar.
>
> MARIO DE ANDRADE.

Carta de Mário de Andrade que acompanhou a publicação do poema "Rito do irmão pequeno" no livro em homenagem a Manuel Bandeira.

de qualquer maneira, basta a satisfação de divulgar, de primeira mão, o "Rito do irmão pequeno" no livro que preparamos, para me consolar daquela pena.

Muito obrigado por sua intervenção junto ao Couto de Barros. Espero que, a esta hora, ele já tenha voltado da fazenda e não tarde a me remeter o que tiver escrito.

Quando é que V. aparecerá de novo por aqui? Como vai a saúde?

Abraço apertado do

Rodrigo

São Paulo, 23 de setembro de 1936

Rodrigo

peço com urgência a você me mandar dizer qual a situação federal e legal do Serviço do Patrimônio Histórico e Artístico Nacional, que você dirige. É lei? O que é? Já tem Regulamento? Qual? Enfim me mandar a lei, o ato, a decisão oficial do Ministério, enfim o que houver. E se já tem Regulamento, mandar também. Se trata do seguinte, o estado vai criar aqui organismo mais ou menos idêntico,[i] a instâncias minhas, e de acordo com o meu projeto: e o deputado encarregado do projeto de lei tem de articular nosso serviço com o de você.

Ciao com abraço
Mário

Rio de Janeiro, 25 de setembro de 1936

Mário.

Não há lei nenhuma, por enquanto, instituindo o Serviço do Patrimônio Histórico Nacional. O que há é apenas uma exposição do Capanema ao Presidente da República (da qual lhe remeto inclusa uma cópia) e a autorização de Getúlio para se iniciar o serviço na conformidade do plano que V. traçara. Por conseguinte isto aqui procede apenas de um despacho do Presidente da República, em virtude do qual o Ministro da Educação contratou alguns funcionários, para cuja remuneração e aparelhamento o Tribunal de Contas registrou ou tem registrado os créditos necessários.

Entretanto, na reforma do Ministério que se acha em 3ª discussão na Câmara, ou melhor, no respectivo projeto foi incluída uma disposição criando definitivamente o Sphan. É um simples artigo, redigido de modo vago, mas que o Capanema ficou de precisar um pouco. E, ao mesmo tempo, aquele anteprojeto que elaborei, baseado no seu trabalho, deverá ser também submetido dentro em breve à Câmara, despojado da parte relativa à organização do serviço, que deverá ser objeto apenas de um regulamento.

Atendendo a essa situação, o Capanema (a quem dei conhecimento de sua carta ontem de noite) pede a V. o favor de retardar por algum tempo a apresentação do projeto de lei estadual, até que se saiba ao certo o que a Câmara fará do serviço federal. Não sei se lhe será possível satisfazer ao pedido dele, uma vez que pode haver conveniência aí em acelerar-se a iniciativa.

Em todo caso, transmito-lhe o pedido, de acordo com a vontade de nosso amigo, e fico à espera de uma resposta sua.

---

i Trata-se do projeto para o Departamento do Patrimônio Histórico e Artístico do Estado de São Paulo, que chegou a entrar em terceira discussão na Assembleia Legislativa do estado, quando intervieram os acontecimentos de 1937. [LCF]

Por mim, não seria inconveniente nenhum em vocês adiantarem aí o empreendimento, desde que tivessem mais ou menos em vista aquele anteprojeto extraído de seu trabalho.

Remeto-lhe hoje um volume de histórias que publiquei. Ando já meio encabulado de o ter publicado, vagamente suspeitando de tratar-se de uma coisa pau.[i]

Abraço do
Rodrigo

P.S.: Peço a V. o favor de fazer chegar às mãos do Couto de Barros o exemplar que lhe mando por seu intermédio.

São Paulo, 27 de setembro de 1936

Rodrigo,

aproveito este espaço livre do domingo pra esclarecer exatamente você sobre este caso do Patrimônio Artístico, que desde o princípio me cheirou desagradavelmente, sob o meu ponto de vista pessoal, exclusivamente pessoal está claro.

E peço a você a gentileza de contar o contado ao Capanema.

Faz uns vinte dias mais ou menos, o meu amigo Paulo Duarte,[ii] que é deputado estadual, me pediu o meu trabalho pra ler. Estava com ideias de fazer

---

i Trata-se de *Velórios*, primeiro e único livro de ficção publicado por Rodrigo. São oito contos que — quase todos — se desenrolam em torno da cerimônia de velar um defunto, da conversa mole, das ocorrências e revelações que sucedem naquele ambiente. As estantes no escritório da casa de Rodrigo estiveram — enquanto ele foi vivo — repletas de volumes do livro magro, de capa azulada, na edição de Os Amigos do Livro, que o autor mandou recolher pouco tempo após a publicação. Note-se o movimento contraditório de se afirmar e se negar como escritor — já anunciado na frase que acompanha o envio do livro a Mário. Rodrigo sempre recusou as ofertas de reedição de *Velórios*, e o livro só foi republicado após a sua morte. Destaca-se como muito cuidadosa e interessante a quarta edição, de 2004, da Cosac Naify; precedida pela Nota — prefácio de Pedro Dantas — nome literário de Prudente de Morais Neto. E, ainda, pela inclusão da Fortuna Crítica do livro, fruto da pesquisa de Augusto Massi. *Velórios*. Belo Horizonte: Os Amigos do Livro, 1936; 2. ed. Rio de Janeiro: Sombra, 1945; 3. ed. Rio de Janeiro: José Olympio, 1974; 4. ed. São Paulo: Cosac Naify, 2004; 5. ed. Confraria dos Bibliófilos do Brasil, 2012.

ii O escritor e antropólogo Paulo Duarte, empenhado em criar, no estado de São Paulo, o Departamento do Patrimônio Histórico e Artístico do Estado de São Paulo. [LCF] Foi também advogado, jornalista e político, amigo de Júlio de Mesquita do jornal *O Estado de S. Paulo*, com quem, mais tarde, se juntou para a criação da USP. Por haver lutado na derrotada Revolução Constitucionalista de 1932, Paulo Duarte foi exilado, regressando em 1934. Participando do

coisa semelhante aqui no estado. É um entusiasta da nossa História, e basta dizer que todos os sábados em geral sai da cidade, mais o Batista Pereira,[i] um Aguirra[ii] que fichou todos os documentos sobre terras e propriedades do município (!), às vezes eu, às vezes o Rubens Borba.[iii] E vamos por esse mundo à procura das ruínas de Santo André da Borda do Campo, da primeira forja do Brasil que ficou por aqui etc. E está visto que, todos poetas em estado de descanso exaltado, descobrimos coisas espantosas, casas de bandeirantes e outras loucuras. E está claro que bonitas coisas também. Quando o Paulo Duarte me falou que queria fazer coisa semelhante em São Paulo, lembrei logo a ele que a coisa necessariamente tinha que entrosar-se aí com o Sphan, que era federal. Ele respondeu que isso era lógico, e não tinha dúvida. Aliás, já no Ato recente, de consolidação dos departamentos municipais, eu pus entre as competências do Departamento de Cultura, na Diretoria, organizar o tombamento artístico e histórico do município, um simples item, pra que a coisa fique sob minha orientação geral, e não desvirtue o espírito em que, sei, foi criado pelo Capanema.

Não havia razão nenhuma, humana, pra eu deixar de dar ao Paulo Duarte o meu anteprojeto, dei. Dias depois me encontrando com ele, me falou que levara a ideia pro Armando de Sales Oliveira,[iv] e este se interessara muito e estava disposto a fazer coisa idêntica aqui. Mas já desde antes, essa é a verdade,

ideal de retirar o país do atraso e estimular um desenvolvimento baseado na cultura brasileira, como deputado estadual e assessor jurídico da prefeitura, Paulo Duarte propõe a ideia e funda, com Mário de Andrade, em 1935, o Departamento de Cultura e Recreação do Município de São Paulo, de que Mário foi o primeiro diretor. Em 1937, com o Estado Novo, Paulo Duarte foi novamente exilado e permaneceu muitos anos fora do Brasil. Na França, em contato com o Musée de l'Homme, retornou a um antigo interesse pela antropologia e a arqueologia. De volta ao Brasil, em 1951, empenhou-se em iniciativas para a preservação dos vestígios das origens do homem americano — os sambaquis. Concebeu, nesse sentido, o projeto de um Instituto de Pré-História, que em 1959 é incorporado pela USP. Paulo Duarte morreu em 1984.
i O jurista e diplomata Antônio Batista Pereira. [LCF]
ii Informou-nos verbalmente Paulo Duarte tratar-se de João Batista de Campos Aguirre, chamado de Aguirra por Mário de Andrade nesta carta. [LCF]
iii Rubens Borba de Moraes, bibliólogo e escritor, à época chefe da Divisão de Bibliotecas do Departamento Municipal de Cultura. [LCF]
iv Armando de Sales Oliveira, engenheiro e político brasileiro, foi interventor federal em São Paulo, de 1933 a 1935. Com a Constituição de 1934, fundou o Partido Constitucionalista e foi eleito governador de estado, ocupando o posto de 1935 a 1937, quando deixou o cargo para concorrer às eleições presidenciais. O golpe de Vargas e o estabelecimento do Estado Novo o fizeram, no entanto, político da oposição. Como saldo de seu governo, registrem-se a fundação da Universidade de São Paulo, de 1934, e importantes obras urbanas. [N.E.]

é certíssimo que a coisa, pessoalmente, não deixará de me pôr num certo mal-estar. Eu não me recusei a perceber que, iniciando-se algum trabalho aqui, no mesmo sentido do Sphan, isso pareceria implicar num despeito meu ou censura, pela lentidão ou inacabado do que estava se fazendo aí no Ministério. E foi isso que me desagradou. Pra quem como eu é tão leal nessas coisas, essa apenas parecença de deselegância intelectual, é bem desagradável.

Porque eu já conheço bem o Capanema, o admiro sinceramente e posso clamar a quem quer que seja o entusiasmo, o ânimo ardente com que ele está se esforçando por fazer muito, e muito já tem feito. Ora quando eu discordar dele, prefiro dizer francamente a ele a discordância, porque sei que ele me entenderá na minha liberdade. Ainda da última vez que estive aí no Rio, encontrei o Capanema num verdadeiro estado de desespero, com os cortes no orçamento dele e com a burocracia federal. Ajudei de coração a meter o pau em tudo, porque na realidade o meu pensamento a respeito da burocracia federal é o mais péssimo e censurador que pode haver. E imagino que você não pensará muito longinquamente de mim. Assim, nisto tudo, eu faço apenas e enorme questão que o Capanema saiba que eu não tive a mais mínima intercessão na ideia de se fazer no estado um organismo idêntico ao criado pelo Capanema, ao qual ninguém poderá mais tirar o mérito de afinal ter posto em organismo e ação uma ideia desde muito lembrada e desejada.

E assim foram as coisas, até que no dia em que escrevi pra você, isto foi por um telefonema do Paulo Duarte, me pedindo que em expressa lhe pedisse lei, regulamento e tudo. Agora, diante do pedido do Capanema em sustar um bocado o andamento do projeto daqui, vou tomar a iniciativa pessoal de prolongar o mais possível a entrega ao Paulo, do projeto de lei que você me mandou, e das notícias de em que pé está a questão. Só peço a você me mandar dizer se há perigo da lei demorar muito pra sair. Porque se demorar não tenho razão humana pra evitar se faça desde logo aqui uma iniciativa que fatalmente terá de entrosar-se à iniciativa idêntica federal. E pra acabar com estes esclarecimentos, só lhe digo que não sei absolutamente de todo em todo o que será a lei daqui, que partes do organismo criará imediatamente, ou se congloba o organismo todo. Não sei de nada, porque nada perguntei, e ultimamente, com o recrudescimento das amebinhas danadas, e um surto de enterocolite de que não há meios de me curar, ando quase inteiramente afastado do Paulo Duarte, com o qual me encontrava alguns sábados e mais frequentemente nos domingos pra sacudidelíssimas de automóvel e fabulosos almoços. Ora, de tudo isso estou formalmente proibido até não sei quando, se não for pra nunca mais.

Vi anteontem o projeto da cidade universitária.[i] Francamente, é uma maravilha de se chorar de comoção. Nada sei sobre o estilo dos edifícios, era apenas a projeção gráfica do todo no papel. Mas a distribuição deles, a complexidade e perfeição do conjunto, a beleza extraordinária do local, permitindo perspectivas e sucessão de planos diversos, a abundância dos parques, e principalmente a grandeza da área (7 milhões de metros quadrados) a quinze minutos de automóvel, do centro da cidade, deixam a gente num entusiasmo comovidíssimo. E assim fiquei. Quero ver se pelo mês de outubro dou uma chegadinha até aí. Avisarei você e irei filar uns legumes cozidos sem sal e uma maçã crua na sua casa. Se você quiser ser extraordinariamente gentil, mandará fazer a mais um bocado de arroz também sem sal, disfarçado num pouco de manteiga, e convidará o Manuel. Em que altura está a publicação do livro dele?

Ainda não recebi seu livro de contos que provavelmente chegará hoje.[ii] Mas lhe previno com toda a mais despudorada franqueza que não lerei o exemplar e que se a edição não for posta à venda aqui, você terá de me mandar outro, sem dedicatória pra eu ler. Não corto os livros com dedicatórias que prezo, compro outro exemplar pra cortar e ler. E assim farei com o de você.

Um abraço do
Mário

Por amor de Deus, não imagine que isto de escrever com vermelho no verde sujo deste papel são cogitações estéticas deste pintor que não se realizou. O papel é uma fatalidade antiga, a que tenho de dar vazão. O vermelho sucedeu porque a máquina chegadinha da limpeza veio com uma fita estupidíssima bicolor, bati o primeiro tipo e saiu vermelho. Paciência.

São Paulo, 30 de setembro de 1936

Meu caro Rodrigo

Antes de mais nada: desculpe o pedido de mais um *Velórios*. Só chegaram ontem os exemplares mandados e sei que essa edição é pequeníssima. Desisto da duplicata e fica o pedido por não pedido.

i Mário foi um dos membros da comissão incumbida da escolha de localização e plano da Universidade e Cidade Universitária de São Paulo. Ver Oneyda Alvarenga, *Mário de Andrade, um pouco*. Rio de Janeiro: José Olympio; SCET-CEC, 1974, p. 72. [LCF]
ii Trata-se de *Velórios*, já referido na nota i, p. 121, carta de 25 de setembro de 1936.

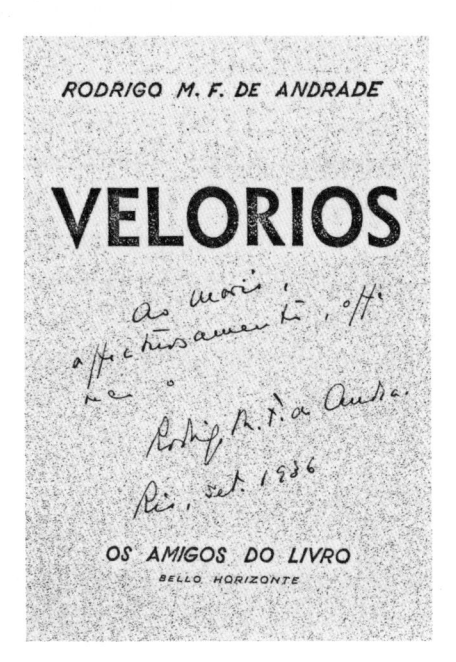

Dedicatória de Rodrigo para Mário na
primeira edição de *Velórios*, 1936.

Quanto ao Patrimônio, não posso prender a coisa não. Fica ridículo pra todos nós, repare. Ontem o Paulo Duarte me telefonou perguntando se não chegara o que eu pedira. Respondi que não e vai ele me disse que fizesse um dos secretários do prefeito telegrafar. Respondi que sim e naturalmente não telegrafei nada. Mas hoje de manhã fui na casa dele e resolvi expor lealmente as minhas reservas sobre a pressa, que o projeto de lei já estava comigo etc. mas que eu achava ficar mal de mim pra com o Ministério da Educação, fazer-se aqui a lei. Mas você nem precisa evidentemente que eu repita as contradições fáceis e irretorquíveis a esse argumento. Desagradabilíssimo. De resto, o Paulo Duarte acrescentou, certamente a lei federal sairá antes, pois a daqui "necessariamente mandando à lei federal" demorará no mínimo dois meses em seus trâmites de realização. E me pediu que lhe pedisse o número do decreto federal que criou o Sphan. — Me mande esse número quando quiser. E se quiser. Mas acredite que tudo isto está me penalizando demais pois de nenhuma forma quereria contrariar o Capanema.

Até breve, com um abraço do
Mário

São Paulo, 4 de outubro de 1936

Rodrigo

Abro a carta pra acrescentar mais esta notinha. Positivamente passei ontem o dia com você. Tinha intenção de ler hoje os *Velórios*, mas um desgostinho, que não vem ao caso, me fez pegar no seu livro ontem mesmo, de noite, e a força do conteúdo me prendeu até a última página. Quando percebi pela citação de Montaigne e pelo conteúdo do segundo conto (engraçado! não tinha entendido o título por pura intenção, pois conheço bem a palavra que é assunto etnográfico sobre o qual venho ajuntando documentação faz tempo) que se tratava da morte de alguém, matutei comigo que melhor que "O enterro de Seu Ernesto" já meu conhecido, você não fazia nenhum. Fez sim e são dois contos maximíssimos agora "O enterro" e "O nortista". Mas que diabo de médico filho da... que você foi arranjar, puxa! Dá tanta repugnância na gente como o Carlos do *Banguê*. Pintura intensíssima. Quanto ao nortista que é uma perfeição de psicologia, só duvido, não quanto a nortistas em geral, mas quanto ao seu (de você) Hermógenes, que depois da discussão inicial e da percepção de incompatibilidade de... gênios, ele tivesse conservado o médico. É certo que no geral os nortistas têm uma tal ou qual humildade misturada de receio e desconfiança diante da compleição moral certamente mais completa (embora não mais criadora) do sulista Rio-pra-baixo. Tenho sentido isso muitas vezes. (Não mostre esta carta pro Gilberto Freyre, pelo amor de Deus!) O nortista é um ser que parece feito de partes ajuntadas, e não nascidas dum só embrião que foi se desenvolvendo e completando harmoniosamente. Atribuo isso em grande parte à violência do calor, que é extremamente desagregador. Essa tal e qual humildade ante o sulista faria de fato qualquer nortista em geral conservar o médico. Mas o seu nortista pelo sucesso, pela audácia recompensada, pela real superioridade moral, já tinha alcançado um grau de segurança de ação muito grande pra evitar quando a melhora chegou à cena desagradável, mas pequena de mandar o médico embora. De resto foi a única morte do livro que me deu pena, senti do Hermógenes morrer. As outras mortes não. Você participa desses espíritos (Couto, Marques Rebelo, um bocado o Prudentinho também) sem gordura, extremamente, excessivamente lúcidos que por mais amantes da vida que sejam, não a podem ou não a querem contemplar como experiência, e sim a contemplam sempre como um resultado irremediável. Não sei se faço me compreender. Quero dizer:

vocês não contemplam (fazendo arte ou só observando, é indiferente) a vida como uma realidade, mas como uma fotografia dessa realidade. Está claro que isto não quer dizer que você não seja capaz de descrever a realidade. Pelo contrário, o realismo que há no livro de você é admirável pela perfeição com que você escolhe os elementos do quadro ou caso ou sentimento que está compondo. Mas desisto. Não consigo me explicar bem. O resultado porém dessa qualidade de espírito que é o de você é uma espécie de desautorização sistemática das grandes formas gerais da vida. Neste livro, você se pegou à morte, ao defunto. E tanto a morte como o defunto saíram completamente desautorizados.

Isto não é censura, é observação da qualidade do seu espírito. Observação que me é tanto mais necessário fazer que sou ingenuão bem nortista e demagógico, no polo oposto ao de você. Se eu fosse rei, Licurgo ou Hitler ou Stálin, mandava queimar seu livro na praça pública e expulsar você do meu reino sem sábios. Mas guardava um exemplar escondido só pra mim. E quando lesse, como quando leio, leria com saudades. De você? Não propriamente. Seria com saudades vagas, assim com uma humildade nortista, vago desejo (um pouco envergonhado de si) de ser também dessas serenas alturas da imparcialidade. É isso, puxa como custou! A qualidade específica do seu espírito é isso: a imparcialidade. E não tem nada no mundo como a imparcialidade pra reduzir esta coisa criminosíssima e bestíssima que é a vida, a pó de traque. Achei enfim o que estava procurando te dizer.

E paro fatigado. Está um calor, você nem imagina. Deitei depois do almoço, mas não pude dormir. Então vim escrever esta carta suja de sono e moleza. Mas com uma enorme admiração pelos *Velórios*.
Ciao
Mário de Andrade

Rio de Janeiro, 1º de outubro de 1936

Meu caro Mário.
Ainda não tinha podido responder à sua carta do dia 27 quando recebi, há pouco, a que V. me escreveu ontem. Tinha conversado novamente com o Capanema e ele insistira no empenho de sustar a apresentação do projeto de lei paulista, até que desse entrada na Câmara, dentro de alguns dias, o nosso. Agora, porém, à vista da decisão do Paulo Duarte, de

> Senhores Membros do Poder Legislativo:
>
> A conservação e a valorização do patrimonio historico e artistico nacional constitue problema que de ha muito vem preoccupando os espiritos, no Brasil, dando margem a projectos e iniciativas que, com maior ou menor visão da materia, procuram realizar um pensamento commum, qual seja o de preservar da usura do tempo e ainda do descuido, do extravio ou da evasão, a grande somma de coisas de valor esthetico ou tradicional, existentes no territorio patrio.
>
> É de todos sabido que grande parte dessas riquezas já se dispersou ou corre o risco de fugir para sempre á nossa contemplação, por ter sido adquirida pelos collecionadores estrangeiros ou inutilizada pela ignorancia ou descaso dos proprietarios.
>
> Assim, urge pôr cobro ao regime de facil alienação de taes bens, como ainda assentar medidas que a todo tempo assegurem a permanencia, a conservação e o enriquecimento do patrimonio brasileiro de arte e de historia.
>
> Com esse objectivo, fiz organizar, pelo Ministerio da Educação e Saude Publica, um orgão de caracter technico e administrativo, installado provisoriamente, com os recursos orçamentarios normaes, para o fim de considerar o problema sob um angulo mais directo, que permittisse a sua melhor conceituação e resolução.
>
> O Serviço do Patrimonio Historico e Artistico Nacional, a que me refiro, e de que já fiz menção na Mensagem mandada ao Poder Legislativo em 3 de maio deste anno, já está produzindo os primeiros fructos, que se tornarão mais abundantes e certos, uma vez approvado pela Camara dos Deputados o projecto de reforma do Ministerio da Educação e Saude

que acabo de dar conhecimento ao ministro pelo telefone, ele tomou a iniciativa de dar um pulo ao Catete para submeter o assunto ao Getúlio e, hoje de noite, ultimar comigo o trabalho, a fim de a mensagem presidencial à Câmara remetendo o projeto de lei federal ser expedida talvez amanhã mesmo.

Por enquanto, tal como lhe expliquei, em minha última carta, não há nenhuma lei federal instituindo o Sphan. Só aquela exposição do Capanema

> Publica, que encorpora aquelle orgão, definitivamente, no nosso apparelho administrativo.
>
> Não basta, entretanto, que se installe o orgão, senão tambem é preciso estabelecer legislação especial, adequada aos fins a que elle se destina, e que, regulando a protecção de patrimonio historico e artistico nacional, o faça sob todos os aspectos: definindo primeiramente a complexidade e variedade desse patrimonio; organizando o respectivo tombamento; disciplinando a transferencia dos bens a elle encorporados; promovendo á restauração e conservação desses bens, transformando, em summa, em riqueza viva e util, com repercussão no nosso desenvolvimento cultural, e objecto de belleza ou de tradição que, entre nós, jaz mais ou menos abandonado.
>
> Com o proposito de alcançar essas finalidades é que tenho a honra de propor á vossa consideração o incluso projecto de lei, para cuja factura se recolheram os dados da experiencia administrativa já formulada sobre o assumpto e se buscaram os subsidios de quantos delle se occuparam com lucidez.
>
> Rio de Janeiro, 15 de outubro de 1936.
>
> a) Getulio Vargas.

Carta de Getúlio Vargas aos membros do Poder Legislativo, enviada em 15 de outubro de 1936.

e aquela autorização do Getúlio, cuja cópia mandei a V. O Serviço, por conseguinte, não tem outra existência senão a de qualquer comissão, das muitas que se constituíram no Ministério da Educação, com pessoal contratado ou nem isso.

Mas há legislação vigente. É o regulamento do Museu Histórico Nacional, baixado pelo Dec. n. 24 735, de 14 de julho de 1936:[i] — por força das disposições desse regulamento, o Museu Histórico tem algumas atribuições que deverão pertencer ao Sphan. Remeto-lhe inclusa uma cópia da parte do regulamento que interessa ao caso.

Há também o Dec. n. 24 337 de 5 de junho de 1934, que aprovou o regulamento do Conselho de Fiscalização das Expedições Artísticas e Científicas no Brasil, que se relaciona igualmente com o objeto do Sphan.

Além disso, só há por enquanto conversa fiada. Nada mais.[ii]

Amanhã, se alguma coisa sair de meu entendimento noturno com o Capanema, escreverei de novo a V. Esteja certo, porém, de que esse nosso amigo sabe muito bem da correção com que V. tem agido em toda esta história, procurando sempre prestar a ele os melhores e mais relevantes serviços, quer diretamente, quer junto aos poderes públicos paulistas.

Já lhe mandei outro volume dos *Velórios*. Desde anteontem.

Abraço do
amigo e adm[or]
Rodrigo

---

[i] O decreto referido por Rodrigo é de 1934 e não de 1936. De qualquer maneira, encontravam-se no Art. 1º desse Regulamento (que, por Decreto, organizava o Museu Histórico) as atribuições que deveriam ser reivindicadas por Rodrigo como próprias do Sphan — o Serviço em vias de ser criado. E, ainda, o Parágrafo Único deste Artigo mandava que os edifícios de particular interesse histórico e artístico fossem indicados ao Governo Federal para que este os declarasse Monumentos Nacionais. Já o Decreto n. 24 337 de 5 de junho de 1934, igualmente referido por Rodrigo, subordinava a fiscalização das Expedições Artísticas (e, também, das Científicas) ao Ministério da Agricultura. A desproporção entre o que estava instituído e o futuro Sphan — organismo em nascimento que, do ponto de vista oficial, ainda não passava de "uma exposição do Capanema" e "daquela autorização do Getúlio" — era grande. Maior, ainda, a dificuldade que Rodrigo teria para concretizar, com o mínimo de danos, a apropriação pelo Sphan das atribuições relacionadas com a identificação e a proteção do patrimônio histórico e artístico nacional.

[ii] Naquele momento da ainda não existência legal do Sphan, Rodrigo se via com pouca possibilidade de ação diante de órgãos ainda responsáveis, conforme a legislação vigente, pela proteção ao Patrimônio. Era o caso da Inspetoria de Monumentos Nacionais, um departamento do Museu Histórico Nacional, dirigido por Gustavo Barroso, jornalista e literato, adepto do gosto neocolonial, que conduzira, em colaboração com Augusto de Lima Júnior, em 1933, a iniciativa de erigir Ouro Preto à categoria de Monumento Nacional. Também o do Conselho de Fiscalização referido, que passara a ser subordinado ao gabinete do ministro da Agricultura; e, finalmente, o do Museu Nacional, então dirigido por Heloísa Alberto Torres, encarregado de fiscalizar o estado de conservação dos monumentos nacionais e de realizar o catálogo dos objetos históricos existentes no país.

Rio de Janeiro, 21 de outubro de 1936

Meu caro Mário.

Tenho vivido tão aporrinhado estas últimas semanas, que demorei até agora a resposta à sua carta. O serviço público desorganizou inteiramente minha advocacia, a ponto de me pôr numa situação muito desagradável em relação a vários clientes. De uma hora para outra eu me vi na contingência de tomar providências decisivas numa porção de casos e descobrir um auxiliar consciencioso para me poupar a vergonha de causar prejuízos graves a vários incautos que me confiaram a defesa de seus direitos. Quase não tenho feito outra coisa, de uns 15 dias para cá, senão me esforçar no sentido de reparar os danos que os negócios do patrimônio histórico e artístico têm causado aos meus constituintes. Por isso mesmo ando num mau humor enorme, quando não caio numa depressão de espírito pior ainda.

Mas, como não sei quando poderei recuperar o sossego, quero agradecer a V. sem maior atraso pelo que me disse em sua carta sobre os *Velórios*.

Se eu não soubesse quanto V. costuma ser generoso para com os amigos que publicam livros, nem conhecesse sua inesgotável capacidade de interessar-se por tanta coisa, estaria compenetrado de que andei muito acertadamente fazendo imprimir aquelas histórias. Porque as próprias objeções contidas em sua carta ao espírito e ao texto do livro terminariam por acariciar a vaidadezinha e levantar o moral do mineiro timorato. Mas a verdade é que o conhecimento da indulgência que V. tem sempre para com a literatura esforçada dos patrícios (a menos que seja frívola ou desfrutável demais) me fez dar um grande desconto ao seu louvor.

Desconto tanto maior quanto não posso perder de vista o que há de vagamente ridículo no folhetinho de contos, de pouco mais de cem páginas, que um sujeito de minha idade manda imprimir, assim com ar de quem acha a coisa valiosa, ao cabo de uns quinze anos de atividade literária mais ou menos ostensiva. Ainda mesmo fazendo abstração de meus 38 anos e, digamos, de meu tirocínio literário, desconfio muito do interesse que possam ter as histórias que escrevi. Fico pensando que não ficariam mal, publicadas em revistas, despretensiosamente, mas que hão de parecer ralas, por força, reunidas assim em volume.

A verdade, entretanto, é que se V. me tivesse dito isso mesmo, em sua carta, eu ficaria provavelmente amargo. No fundo, o que o literatozinho

Rio, 21 de outubro de 1936

Meu caro Mario.

Tenho vivido tão apoquentado estas últimas semanas, que demorei a-té agora a resposta á sua carta. O ser-viço publico desorganizou inteiramente mi-nha advocacia, a ponto de me pôr numa situação muito desagradavel em relação a vários clientes. De uma hora para ou-tra eu me vi na contingencia de tomar pro-videncias decisivas, numa porção de casos e descobrir um auxiliar conciencioso para me poupar a vergonha de causar prejuizos graves a vários incautos que me confiaram a de-fesa de seus direitos. Quasi não tenho feito outra coisa, de uns 15 dias para cá, senão me esforçar no sentido de reparar os damnos que os negocios do patrimonio his-torico e artistico teem causado aos meus constituintes. Por isto mesmo ∨ num máu hu-
                                                                auto
mor enorme, quando não caio numa depres-são de espirito peior ainda.

Mas, como não sei quando pode-rei recuperar o sossego, quero agradecer a V. sem maior atrazo pelo que me disse em sua carta sobre os Velorios.

Se eu não soubesse quanto V. cos-tuma ser generoso para com os amigos que publicam livros, nem conhecesse sua ines-gotavel capacidade de interessar-se por tanta coisa, estaria compenetrado de que an-dei muito acertadamente fazendo imprimir aquellas historias. Porque os proprios objecti-

Muito obrigado pela remessa de esses figurinos sobre costumes municipaes. Mas nãos como d'hora em deante d. poderá com folga continuar a fazer desse seu tipo.

P.S. — S. d cumprir a promessa de vir ao Rio ainda este mês, não deixe de avisar-me da hora, para não correr a sua com prejuizo da sua vista. O sim. d. da homenagem a Manuel Bandeira só se fará a 15 de novembro, no Rio, no Instituto Superior de Cultura, de que é presidente Ribeiro Couto.

quer sempre é o louvor. E quando ele procede de um homem e de um escritor como V. ele tem ainda um preço duplicado, por mais que se deduza do total a vasta parcela correspondente à sua generosidade. Fiquei, pois, profundamente reconhecido a V. e sensível em particular à importância que V. deu a meu "Nortista", cujo fracasso eu já tinha como irremediável pela impressão colhida dos amigos.

P.S.: Se V. cumprir a promessa de vir ao Rio ainda este mês, não deixe de avisar de véspera, para vir almoçar ou jantar conosco, sem prejuízo de sua dieta.

O livro de homenagem ao Manuel já está se imprimindo. Revi com o cuidado as 1as provas do "Rito do irmão pequeno".[i] Quando V. quiser mandar sua contribuição, remeta-a para o meu endereço de Copacabana; na Bulhões de Carvalho, 181.

Não sei se V. terá lido que o presidente da República submeteu há poucos dias à Câmara o projeto de lei organizando a proteção do patrimônio histórico e artístico nacional. Presumo que agora a iniciativa tenha andamento mais ou menos rápido. Se V. passar a vista pelo texto oficial, verá que o Capanema retirou do projeto toda a parte referente à organização propriamente administrativa do serviço, para facilitar-lhe a aprovação, e deliberou incluí-la, em linhas muito gerais, no outro projeto, de reforma do Ministério, ora em 3ª discussão.

Muito obrigado pela remessa de seu discurso notável sobre cultura musical. Não sei como V. teve coragem de falar com franqueza tão dura. Aquela gente toda deve ter ficado assombrada. Eu mesmo fiquei.

Abraço afetuoso do seu Rodrigo

Rio de Janeiro, 13 de dezembro de 1936

Meu caro Mário.

Desde muito tempo eu já devia lhe ter escrito para visitá-lo e pedir notícias de sua saúde. Era esse, de fato, o meu propósito, a partir do momento em que soube da doença que o acometeu, e várias vezes pretendi

---

[i] O poema foi publicado na primeira e na segunda edições do livro em homenagem a Bandeira. Antes de morrer, Mário havia programado incluí-lo nas *Poesias completas* que estava organizando e, de acordo com esse projeto, o poema figura também na edição de 1955, pela Livraria Martins Editora.

iniciar esta carta, que só agora consigo alinhavar, neste meio sossego de domingo. Mas a trabalheira desordenada que desabou sobre mim, ao mesmo tempo que várias aporrinhações de toda espécie, não me tem dado uma folga.

Espero, aliás, que V. já esteja quase completamente reintegrado na sua atividade, a esta hora, nada mais restando dos incômodos que sofreu. E o que parece conveniente, daqui por diante, é V. se poupar um pouco mais e não trabalhar como um *forcené* dia e noite, indefinidamente. A fadiga excessiva é que torna baixa a resistência da gente a qualquer enfermidade.

O livro de homenagem ao Manuel deve sair por estes poucos dias. Talvez esta semana, que se inicia amanhã. Por isso mesmo, tenho de entrar com o dinheiro para as oficinas do *Jornal do Commercio* (quatro contos e pouco) e venho consultá-lo sobre a possibilidade de V. me mandar a importância correspondente à sua contribuição, assim que receber esta carta.

Um dos poucos registros fotográficos de Rodrigo junto a Manuel Bandeira.
Ele é o terceiro da esq. para a dir., seguido de Manuel Bandeira e
Lucio Costa. O último, à dir., é Gregori Warchavchik, s.d.

O custo do volume foi muito maior do que eu supunha a princípio e, por esse motivo, estou lutando com dificuldade para reunir a quantia necessária. Daí a insistência do pedido que lhe faço no sentido de me remeter os cobres.

Desculpe, por favor, a minha impertinência involuntária.
Recado muito afetuoso, com um abraço do
Rodrigo
Rua Bulhões de Carvalho, 181
Copacabana

P.S.: O projeto de lei federal que organiza a proteção do patrimônio histórico e artístico nacional já está em última discussão na Câmara. Deve ser aprovado amanhã, ou depois, definitivamente. Mas para se conseguir isso foi preciso despojá-lo de tudo quanto importasse em aumento da despesa ordinária, isto é, de toda a parte relativa à organização técnico-administrativa do serviço. Ele contém só disposições definindo o que constitui o patrimônio, estabelecendo regras para o seu tombamento, regulando os efeitos deste e instituindo o direito de preferência para a União, os Estados e os Municípios, além de algumas outras disposições gerais (poucas).

Logo que seja aprovado, remeter-lhe-ei o avulso respectivo.
R.

Rio de Janeiro, 16 de dezembro de 1936

Meu caro Mário.

Fiquei numa grande satisfação com sua carta e com as boas notícias sobre sua saúde. Já estava sentindo falta da correspondência mais frequente que estabeleci com V. e, sobretudo, aborrecido com as informações um pouco alarmantes que chegavam a seu respeito.

Agora, o que conviria era V. vir se restabelecer definitivamente aqui. Por que é que não toma essa decisão?

O livro de homenagem ao Manuel está paginado. Deve surgir por estes poucos dias, como lhe disse, e custará mais de 4 contos. Apesar disso, porém, não há necessidade de aumentar senão o número dos contribuidores e não o montante destas, que continua a ser de cem mil-réis.

É, pois, esta importância apenas que lhe peço o favor de me remeter, assim que lhe for possível.

Abraço muito apertado
do
Rodrigo
Rua Bulhões de Carvalho, 181
Copacabana

Rio de Janeiro, 21 de dezembro de 1936

Meu caro Mário.

Recebi, com seu último recado, o vale postal de 400$000 destinados ao pagamento de sua contribuição para a homenagem ao Manuel e mais dos exemplares da *Estrela da manhã* adquiridos em São Paulo. Muito obrigado.

Agora já temos a quantia necessária para os 200 volumes impressos pelo *Jornal do Commercio* em papel *buffon* inglês, esperando ainda receber amanhã uma última contribuição de cem mil-réis, requerida para a impressão de um exemplar especial, em papel ainda melhor, para ser oferecido ao Manuel.[i]

Estou recebendo hoje as últimas provas de página, que me pareceram bem boas. Revi mais uma vez com cuidado o seu admirável "Rito do irmão pequeno", a fim de fazer tudo quanto for possível para que saia sem nenhum erro.

Tenho quase certeza de que o livro ficaria mais bonito se outra pessoa mais entendida dirigisse a paginação e a impressão. Em todo caso, penso que o volume não sairá mau e justificará até certo ponto o montante quase exagerado das contribuições. Logo que V. o receba (espero que antes de uma semana), peço-lhe com o maior empenho o favor de me mandar, mesmo por um terceiro, notícia de sua impressão a respeito.

Com os votos mais afetuosos por sua saúde, um abraço apertado do seu
Rodrigo

---

[i] Escreveu Manuel Bandeira no seu *Itinerário de Pasárgada*: "Quem quer que queira estudar a minha poesia e a de minha geração não pode dispensar a leitura desse livro" (*Itinerário de Pasárgada*. 3. ed. Rio de Janeiro: Editora do Autor, 1966, p. 106).

Rio de Janeiro, 5 de abril de 1937

Meu caro Mário.

Tive muito pesar de não ver V., da última vez em que veio ao Rio. Mas fiquei, em compensação, satisfeito com as notícias excelentes que recebi sobre a sua saúde, pelo Portinari, o Manuel e o Carlos Drummond. Espero realmente que V. esteja restabelecido de vez e bem-disposto em todos os sentidos.

Quero agradecer-lhe pelo seu convite oficial para participar do Congresso da Língua Nacional Cantada. Ele me chegou às mãos anteontem e tenho, desde então, pensado no filólogo, cantor ou professor de canto a quem eu deva transmitir o outro convite que veio junto. Quanto a mim, acho que não tenho a mais remota possibilidade de apresentar qualquer contribuição apreciável ao Congresso. Os assuntos que poderão ser ventilados nas suas diferentes sessões são de ordem a não me animar a abrir o bico. Ignoro minuciosamente tudo quanto constitui o objeto das questões formuladas por V.

Esta carta, porém, tem sobretudo o fim de lhe submeter uma consulta: quem é que V. me aconselha a contratar para delegado do Serviço do Patrimônio Histórico e Artístico Nacional, em São Paulo?

O Presidente da República já autorizou o contrato de um assistente técnico para iniciar o tombamento nesse estado, a partir de maio próximo, com os vencimentos de 1:500$000 mensais. Preciso, portanto, escolher desde logo o representante do Serviço aí, devendo de preferência a escolha recair sobre um arquiteto ou amador de arquitetura, uma vez que o tombamento terá de se iniciar em todo o Brasil pelas obras de arquitetura. Todavia convirá que o escolhido tenha certo conhecimento de artes plásticas em geral, pois será bom que, simultaneamente, prepare o tombamento de obras de outra natureza.[i]

---

[i] Essa determinação imperativa de iniciar-se o tombamento — em todo o Brasil — pelas obras de arquitetura a que Rodrigo alude, sem maiores explicações a Mário, se reveste da naturalidade que cabia ao bom e tranquilo entendimento entre os dois interlocutores no que dizia respeito a bens patrimoniais. Obras de arquitetura — igrejas, fortes, casas de câmara e cadeia, casas-grandes das fazendas coloniais, capelinhas integradas a essas casas de fazenda, remanescentes de senzalas, santuários, como o de Congonhas do Campo realizado pelo Aleijadinho; também conjuntos arquitetônicos complexos — como o da cidade de Ouro Preto — e, ainda, ruínas — como as do povo de São Miguel das Missões, no Rio Grande do Sul — corriam grande perigo: o de serem postas abaixo e substituídas por outras mais ao gosto neocolonial e às fantasias neogóticas de então. Ou, simplesmente, como aconteceu com frequência, o de serem varridas do mapa, para dar lugar ao progresso daqueles anos iniciais do século

Quem é que V. indica?

Peço-lhe com grande empenho o favor de me dar uma palavra de resposta com a maior urgência.

Abraço apertado do

Adm⁰ʳ e am⁰ certo

Rodrigo

São Paulo, 6 de abril de 1937

Rodrigo.

Bem, o convite, não mandar é que seria incrível da minha parte.

Quanto à indicação dum indivíduo pro Sphan matutei duas horas e depois mais tempo matutei dialogando com o Sérgio Milliet. É difícil...

Me diga uma coisa: o fulano é contratado, contrato precário, seis meses, quanto tempo? Pode-se retirar o cargo em qualquer tempo? No caso de ser possível experimentar e não dando certo retirar o cargo, poderia propor um rapaz bastante inteligente, estudante de engenharia, dedicado à arquitetura tradicional, não passadista: Luís Saia.[i] Tem o defeito de ser integralista. Serviria havendo este complexo de inferioridade? Sei que é ativo e como vivo em contato com ele, poderia orientá-lo bem. E o Departamento de Cultura? Eis o art. 180 do Ato 1146 de Consolidação da Organização Geral da Prefeitura: "Compete ao Diretor superintender a

---

XX no Brasil. Em suma, essa era a óbvia justificativa para Mário (e para os intelectuais modernistas em geral), que impunha a determinação urgente de iniciarem-se os tombamentos pelos chamados bens imóveis, sem detrimento, é claro, dos bens móveis.

i Luís Saia seria logo depois colaborador de Mário de Andrade na Sexta Região do Sphan e, a partir de 1938, chefe do Quarto Distrito do mesmo órgão. [LCF] De fato, já colaborador no Departamento de Cultura, onde chefiou a importante expedição sobre o folclore nordestino concebida por Mário, Luís Saia se integra ao trabalho do Iphan como engenheiro que vai se especializando cada vez mais no ofício de arquiteto e de pesquisador nas questões de identificação e restauração de edificações patrimoniais. Será ele quem vai substituir Mário na chefia do trabalho, quando este viaja para o Rio. E permanece nesta função durante quarenta anos, sendo — ao longo desse tempo e em estreita colaboração com Rodrigo — o responsável por mais de trinta restaurações e tombamentos em São Paulo. Luís Saia coordenou diversos cursos promovidos pelo Iphan e pela Faculdade de Arquitetura da USP e foi professor livre-docente na Escola de Arquitetura de Minas Gerais. Realizou, ainda, na década de 1960, o plano diretor de diversas cidades brasileiras, inclusive o de Anápolis e o de Goiânia.

O escultor Bruno Giorgi, Mário de Andrade e Luís Saia, 1944.

todos os serviços do Departamento (de Cultura) e especialmente *traçar, organizar e fazer executar o plano geral do tombamento e defesa do patrimônio artístico e histórico do Município*; planos e campanhas culturais de caráter geral a serem fixados e promovidos oficialmente pela Prefeitura". Resta saber se é possível o Sphan designar o Departamento de Cultura para fazer o serviço geral no estado e a prefeitura aceitar a incumbência, o que eu faria aceitar.

O Departamento não pode aceitar ordenado e eu não quero, não posso ser designado por excesso de trabalho. Mas orientaria tudo, as diversas divisões possíveis pro caso como a de Expansão Cultural (Sociedade de Etnografia, Artes Plásticas etc.), a de Documentação Histórica e Social e a de Turismo fariam o que se pode fazer daqui da Capital, e o ordenado seria destinado a contratar pesquisadores que iriam a tal e tal lugar do estado, estudar, fotografar e relatar tal monumento tombável. Creio que é caso de se experimentar, se for possível vocês aí concederem o conto e quinhentos pra contrato de pesquisadores. Digo francamente e sem modéstia a você que este me parece o meio mais expedito e mais possível de alcançar o que o Capanema, você e eu desejamos. Tudo depende da possibilidade de dispormos dos cobres, pra contrato de pesquisadores. Em qualquer caso o tombamento do Município, que está em lei, o Departamento fará pra si e mandarei todos os resultados a você.

Me responda sobre e abrace o sempre
Mário de Andrade

Rio de Janeiro, 10 de abril de 1937

Mário.

A ideia de fazer o Departamento de Cultura encarregado do serviço do Patrimônio em São Paulo é estupenda. Aliás, no projeto de regulamento que submeti ao Capanema, incluí um dispositivo nestes termos:

> As Comissões Regionais serão compostas de forma idêntica à Comissão Central, mas enquanto não for oportuno constituí-las definitivamente nos estados, as atribuições que lhes competem poderão ser exercidas por delegados da confiança do Diretor do Serviço do Patrimônio Histórico e Artístico Nacional, uma para cada estado cujo tombamento se tiver de iniciar, ou pelos Serviços Estaduais ou Municipais já organizados para proteção dos respectivos patrimônios históricos e artísticos, ou ainda por institutos regionais de arqueologia, de história ou de artes.

A única dificuldade consiste em não ser lícita a utilização da verba de 1:500$000 destinada ao pagamento dos vencimentos do assistente técnico da 6ª Região para contratar os pesquisadores que V. sugere. Isso, porque o que o presidente da República autorizou foi o ajuste de um assistente técnico com aqueles vencimentos para ter exercício no estado de São Paulo e já não seria possível solicitar-lhe nova autorização para se proceder de acordo com o seu alvitre.

Entretanto ocorrem-me duas soluções que me parecem praticáveis: a primeira consistiria em V. aceitar sua própria designação para o cargo e aplicar os vencimentos respectivos na remuneração dos pesquisadores que escolhesse; a segunda seria a designação do Departamento Municipal de Cultura para exercer as atribuições de delegado deste Serviço, correndo as despesas com os pesquisadores por conta da verba de material consignada para esta repartição na lei n. 378 de 13 de janeiro de 1937. Este último alvitre talvez tenha o inconveniente de tornar difícil a prestação de contas a que sou obrigado. Mas, de qualquer maneira, imagino que arranjarei alguma fórmula de justificar as despesas efetuadas como se se tratasse de material.

Peço, portanto, a V. o favor de me responder qual das duas soluções lhe parece preferível, a fim de se providenciar com urgência no sentido de sua decisão a respeito.

Abraço afetuoso de
seu
Rodrigo
P.S.: Por que é que V. não favorece o Sphan com o oferecimento de uma coleção completa da *Revista do Arquivo Municipal*?

São Paulo, 13 de abril de 1937

Rodrigo
Tenho pensado muito na proposta que você me faz e, pra ser inteirinho entre nós, confesso que já tinha antes imaginado em ficar eu com o cargo e mandar os pesquisadores. Mas estou numa hesitação danada. Muito embora eu tenha certeza da minha honorabilidade pessoal e estando certo de em qualquer tempo poder prestar contas com os recibos dos pesquisadores, o simples fato de poder ser xingado de "cabide de empregos" me dói no coração. O título é mesmo "Assistente Técnico"?

Mas, quero um esclarecimento pro caso de ser nomeado:
1. As propostas de tombamento dos delegados estaduais têm de ir acompanhadas de que esclarecimentos? Histórico, datas, descrição (técnica?), fotos?...
2. Os quadros etc. a tombar serão acompanhados de fotos, de prova de valor aquisitivo, de documentação de peritagem?
3. As viagens a serem feitas correm pelo conto e quinhentos?
4. Pagamento de peritos, fotografias etc., por que verba correm?
5. Quais os serviços a iniciar imediatamente?
São todos, ou só arquitetura tradicional?
Me parece que é só isso pra perguntar e pra meu governo.

Você pede a *Revista do Arquivo* pro Sphan, não tem dúvida na medida do possível (muitos números estão esgotados). Mas quero exatamente um endereço completo, de maneira que a revista vá mesmo parar nas suas mãos. Você não imagina como estamos desesperados com o roubo no Correio e depois dele.

Um abraço do
Mário

Rio de Janeiro, 15 de abril de 1937

Mário.

V. precisa aceitar de qualquer maneira as funções de delegado do Sphan, porque é a única solução razoável para o nosso problema em São Paulo. E não tenha receio de ser invectivado como "cabide de empregos", pois V. não será nomeado por decreto do governo federal e sim apenas contratado por portaria do ministro, sem a menor publicidade, como sucede com todos os contratos.

O título do cargo é mesmo assistente técnico — assistente técnico de 3ª classe, segundo a terminologia oficial. Por conseguinte, é lícita a acumulação das duas funções técnicas, havendo, como há, compatibilidade de horários.

Agora, passo a fornecer os outros esclarecimentos reclamados em sua carta:

1º — As propostas de tombamento formuladas pelos delegados regionais deverão ser instruídas pelo histórico da obra, sua descrição pormenorizada (técnica quanto possível), informações sobre seu estado atual de conservação, assim como sobre as alterações que tiver sofrido, referências bibliográficas que houver a seu respeito e documentação fotográfica.

2º — As condições em que deverão ser formuladas as propostas para o tombamento de obras de pintura, escultura e gravura, ainda não foram assentadas, pela circunstância de só estarmos tratando por enquanto de inventariar *coleções* de obras dessa natureza. A esse respeito, porém, V. mesmo é que poderia dar o modelo das propostas, com todos os requisitos que lhe parecerem necessários.

3º — Este Serviço não dispõe de verba especial para atender a despesas com as viagens de seus representantes, mas as respectivas passagens serão requisitadas diretamente por mim ou pelo gabinete do ministro.

4º — O pagamento de peritos, fotografias etc. correrão por conta da verba de 300:000$000 destinada ao material deste Serviço, uma vez que o Presidente da República, por despacho de 18 do mês passado, autorizou que tais despesas sejam, "além das necessárias ao expediente administrativo do Serviço, as de conservação, restauração, *documentação*, publicação etc. reclamadas para a defesa do nosso patrimônio histórico e artístico".

Fico à espera de sua resposta definitiva para providenciar sobre o expediente do contrato. Para esse efeito, entretanto, talvez seja necessário

MINISTERIO DA EDUCAÇÃO E SAUDE PUBLICA

SERVIÇO DO PATRIMONIO
HISTORICO E ARTISTICO
NACIONAL

Rio de Janeiro, 15 de Abril de 1937.

Mario.

V. precisa de acceitar de qualquer maneira as funcções de delegado do S.P.H.A.N., porque é a unica solução razoavel para o nosso problema em São Paulo. E não tenha receio de ser invectivado como "cabide de empregos", pois V. não será nomeado por decreto do governo federal e sim apenas contractado por portaria do Ministro, sem a menor publicidade, como succede com todos os contractos.

O titulo do cargo é mesmo assistente technico, - assistente technico de 3ª. classe, segundo a terminologia official. Por conseguinte, é licita a accumulação das duas funcções technicas, havendo, como ha, compatibilidade de horarios.

Agora, passo a fornecer os outros esclarecimentos reclamados em sua carta:

1º - As propostas de tombamento formuladas pelos delegados regionaes deverão ser instruidas pelo historico da obra, sua descripção pormenorizada (technica quanto possivel), informações sobre seu estado actual de conservação, assim como sobre as alterações que tiver soffrido, referencias bibliographicas que houver a seu respeito e documentação photographica.

2º - As condições em que deverão ser formuladas as propostas para o tombamento de obras de pintura, esculptura e gravura, ainda não foram assentadas, pela circumstancia de só estarmos tratando por emquanto de inventariar collecções de obras dessa natureza. A esse respeito, porém, V. mesmo é que poderia dar o modelo das propostas, com todos os requisitos que lhe parecerem necessarios.

3º - Este Serviço não dispõe de verba especial para attender a despesas com as viagens de seus representantes, mas as respectivas passagens serão requisitadas directamente por mim ou pelo gabinete do Ministro.

V. ter a paulificação de me mandar certidões de sua carteira de reservista e título de eleitor, assim como atestado de saúde.

Não deixe de mandar a coleção da *Revista do Arquivo Municipal* para o Sphan, cujo endereço exato é o seguinte: Edifício Nilomex, Av. Nilo Peçanha, 155, 7º andar, sala 710, Esplanada do Castelo, Rio de Janeiro.

Afetuoso abraço do
Rodrigo

São Paulo, 17 de abril de 1937

Rodrigo
　Pois bem aceito.
　Mas não posso escrever agora. É tanta tanta coisa!!! na semana envio os documentos necessários pra nomeação.
　Ciao com abraço
　Mário

São Paulo, 22 de abril de 1937

Rodrigo, Rodrigo, me salve! Meu Congresso da Língua Nacional Cantada[i] já conta certo com comunicações de pronúncias regionais de muitos estados, Rio Grande do Sul, Paraná, São Paulo, Rio, Bahia, Alagoas, Pernambuco, Paraíba, R. Grande do Norte, Pará. Falta Minas! Falta Minas! Faltam as Alterosas! Como há de ser? Se comunique com os mineiros, confabulem e me mandem pelo menos dois nomes de mineiros com seus endereços, a quem eu possa convidar. E de vocês o mais influente junto deles que escreva em particular ao homem exigindo a contribuição mineira. Me arranja isso, faz favor!
　Ciao com abraço
　Mário

Rio de Janeiro, 24 de abril de 1937

Mário.
　Tive um dos raros prazeres que me têm sido permitidos ultimamente com sua aceitação do cargo de representante deste serviço em São Paulo.

---

[i] O Congresso da Língua Nacional Cantada foi organizado por Mário com o objetivo de estabelecer as normas de pronúncia do canto em nossa língua. Esclarece Paulo Duarte: "Desejava-se apenas iniciar o estudo do problema da língua e da música no Brasil, examiná-lo, discuti-lo, e aventar normas principais com que professores de canto, cantores e compositores pudessem aconselhar-se e libertar-se das soluções improvisadas dos cacoetes pessoais em que se extraviavam até então" (*Mário de Andrade por ele mesmo*, op. cit., p. 34 [p. 68]). [LCF]

Fico à espera dos documentos que V. me prometeu, a fim de se fazer o mais depressa possível o expediente do contrato.

Em relação aos dois nomes de mineiros que V. reclama na carta hoje recebida, para se incumbirem de comunicações sobre as pronúncias regionais, sugiro, de acordo com o Carlos Drummond, os seguintes: — Mário Casassanta[i] (Serviço do *Contencioso* do Estado, Secretaria do Interior, Belo Horizonte) e Eduardo Frieiro[ii] (Imprensa Oficial, avenida Paraopeba, Belo Horizonte). O primeiro acaba de conquistar a cadeira de português do ginásio estadual, num concurso brilhante. O segundo é também filólogo e talvez possa dar alguma contribuição boa.

Acho que qualquer dos dois aceitará de bom grado o convite. Não tenho intimidade com nenhum deles, nem influência junto desses homens. Por isso, pedirei ao Carlos que tome a si escrever-lhes, encarecendo a conveniência de fazerem o que V. lhes pedir.

Estou doente, desde ontem e, além disso, aporrinhado e burríssimo. Fico, portanto, neste recado apenas.

Abraço apertado do
Rodrigo

São Paulo, 27 de abril de 1937

Rodrigo

não gostei da sua carta desamparada, que lhe sucedeu, amigo?

Meus documentos seguiram hoje pelo meu mano, dr. Morais Andrade,[iii] que está no Hotel dos Estrangeiros, com a mulher, Celeste de Morais Andrade Sales. Mandei assim, pra irem na certa, sem correio. Você fará o favor de telefonar de manhã e combinar um jeito de mandar buscar os documentos.

---

[i] Mário Casassanta (1898-1963) atuou junto a Francisco Campos na reforma do ensino público mineiro, aprovando o ensino da psicologia científica para professores do estado, enquanto inspetor-geral da Instrução Pública de Minas Gerais, no governo de Antônio Carlos Ribeiro de Andrada. Nos anos 1950, foi secretário de Educação de Minas Gerais na gestão de Abgar Renault.

[ii] Eduardo Frieiro (1889-1982) foi escritor, filólogo e professor de literatura espanhola e hispano-americana na UFMG, onde também fundou a Faculdade de Filosofia. Criou e dirigiu a Biblioteca Pública de Minas Gerais (atual Biblioteca Pública Estadual Luiz de Bessa). Membro da Academia Mineira de Letras, recebeu o prêmio Machado de Assis pelo conjunto de sua obra.

[iii] Morais Andrade, irmão de Mário de Andrade, foi deputado federal pelo Partido Constitucionalista.

Agora lhe peço um favor. Mande copiar na íntegra e exatinhamente a lei aprovada do Sphan, e me mande por favor.

Grato pelos nomes mineiros. Mas o Carlos Drummond que não se esqueça mesmo de escrever a eles. Vou mandar o convite hoje.

Um abraço leal do
Mário

Já comecei a trabalhar no Sphan, eta entusiasmo por não sei o quê!...

Rio de Janeiro, 30 de abril de 1937

Mário.

Já submeti ao ministro, acompanhada dos documentos necessários, a proposta de seu nome para assistente técnico do Serviço na 6ª Região e espero que no despacho de segunda-feira, depois de amanhã, o Capanema obtenha a autorização do Presidente para a expedição da portaria do contrato.

Seu irmão foi muito atencioso e providenciou para que os papéis fossem entregues bem cedo ao meu portador, que os procurou no Hotel dos Estrangeiros. Assim o expediente pôde ser feito no próprio dia em que recebi sua carta.

Não lhe mando agora o teor exato da lei que a Câmara acaba de aprovar, organizando a proteção do patrimônio histórico e artístico nacional, porque falta ainda a aprovação da redação final. Dentro de poucos dias, porém, espero poder enviar a V. o respectivo avulso.

Tive uma satisfação enorme com a notícia de que V. já principiou a trabalhar pelo Sphan[i] e estou ansioso por saber pormenores de sua atividade.

O Carlos telegrafou ao Casassanta e ao Frieiro encarecendo a necessidade de mandarem contribuições para o seu Congresso da Língua Nacional Cantada.

Abraço muito agradecido de
seu
Rodrigo

---

i Com esse "pelo" Sphan — em favor do Serviço, e não meramente para o Serviço —, Rodrigo faz menção implícita ao entusiasmo de Mário pelo trabalho expresso no final da última carta, reconhecendo, com antecedência, que ele seria executado de coração.

Rio de Janeiro, 11 de maio de 1937

Mário.

Tive o prazer de receber os volumes XXVII, XXVIII, XXIX, XXX, XXXI, XXXII e XXXIII da *Revista do Arquivo Municipal* de São Paulo, assim como o folheto contendo a lei do orçamento do município para 1937.

Muito obrigado a V. pela remessa, peço-lhe porém o favor de informar quantos volumes saídos posso ainda esperar e quais são os definitivamente esgotados e que não receberei.

O Presidente deve autorizar de hoje para amanhã o Capanema a assinar a portaria de seu contrato.

Como vai o serviço se iniciando aí sob o seu impulso? Estou possuído da maior curiosidade a respeito de seu trabalho pelo Sphan.

Como espero receber por estes dias a importância correspondente à metade da verba de material da repartição (150 contos), peço a V. o favor de informar se há aí alguma obra de arquitetura interessando ao Serviço e que reclame obras de conservação ou reparação urgentes. No caso afirmativo, rogo-lhe o favor de mandar fazer a respectiva justificação e orçamento, a tempo dos trabalhos poderem ser executados neste mês e em junho, se a nossa verba comportar a despesa.

Abraço do
Rodrigo

Rio de Janeiro, 17 de maio de 1937

Mário.

Não sei se me terei explicado bem, quando lhe falei pelo telefone interurbano: o que eu queria pedir a V. era elaborar um plano para ser executado até o dia 30 de junho próximo, no sentido de serem inventariadas tão completamente quanto possível as obras de arquitetura com interesse artístico ou histórico existentes em São Paulo. Não se trata ainda do tombamento, uma vez que a lei que organiza a proteção do nosso patrimônio não foi promulgada até agora (tem de passar pelo Senado, depois de aprovada a redação final pela Câmara). O que lhe peço é apenas um inventário preliminar, com os seguintes dados a respeito de cada edificação a relacionar: descrição sumária, histórico breve, autoria da obra (quando for possível apurá-la), material empregado na construção (cantaria, taipa ou o que for), estado atual de conservação, reformas ou alterações que tiver sofrido, reparos urgentes de que precisar, referências bibliográficas que existirem a seu respeito e, por fim, documentação fotográfica (esta última tão completa quanto possível).[i]

A fim de habilitá-lo a executar dentro de um mês e meio o plano desse inventário, porei imediatamente à sua disposição, no banco que V. indicar, a importância que lhe parecer necessária e seja suficiente para remuneração de quaisquer auxiliares que V. ajustar, para o respectivo transporte, para o material de expediente, o serviço fotográfico etc.

Fico, pois, à espera de uma palavra sua para remeter o dinheiro: basta que V. faça um orçamento por alto do trabalho a executar e me telegrafe comunicando a quantia que preciso pôr à sua disposição.

Estou providenciando ativamente para intensificar também os trabalhos na Paraíba, em Pernambuco, Bahia, Minas, Paraná, Rio Grande do Sul e aqui no Distrito Federal, a fim de que, ao terminar o 1º semestre do ano, já tenhamos um inventário apreciável do patrimônio histórico e artístico nacional em matéria de arquitetura. Do que há de mais importante faltarão apenas dados sobre o Maranhão e o estado do Rio, que procurarei coligir no 2º semestre, juntamente com os relativos aos outros estados de Patrimônio mais pobre.

---

[i] Cabe notar a simplicidade confiante com que é solicitada a reunião de dados para a identificação dos bens históricos e artísticos da região. Tendo em vista a inexperiência do Serviço recém-criado e a ainda inexistência de um corpo de auxiliares, apesar dessas dificuldades, foi importante o resultado conseguido em pouco tempo em todo o Brasil. Na publicação *Rodrigo e seus tempos*, Terezinha Marinho enumera os efeitos do trabalho do Sphan nesses primeiros tempos da gestão de Rodrigo: depois do primeiro, e muito significativo, da restauração das ruínas de São Miguel das missões no Rio Grande do Sul, trabalho sugerido por Lucio Costa e conduzido entre 1938 e 1940 — "obras de conservação, consolidação e restauração realizaram-se em proveito dos bens tombados; foram empreendidos estudos e pesquisas relacionadas com a história e a arte no país em diversas áreas; organizou-se arquivo de documentos e dados colhidos em arquivos públicos e particulares, de irmandades sobretudo; iniciaram-se os trabalhos de inventário dos bens tombados; reuniu-se valioso arquivo fotográfico e estruturou-se uma biblioteca rigorosamente especializada; o laboratório-ateliê recuperava obras de pintura antiga, escultura e documentos; o setor de museus assegurava a preservação de edificações e a proteção de patrimônio móvel ameaçado" (Terezinha Marinho, *Rodrigo e seus tempos*, op. cit., pp. 21-2).

Ao mesmo tempo e confirmando ainda a nossa conversa pelo telefone, peço-lhe o favor de me dizer o que V. pensa sobre aquele alvitre de adquirir ou encomendar material para publicações do Serviço.

O Presidente não despachou até agora os processos contendo o expediente das portarias do contrato do pessoal desta repartição, entre os quais o seu. Hoje, porém, o Capanema deve despachar novamente com ele e é provável que o caso seja solucionado. Logo que tudo se regularize devolverei a V. a carteira de reservista e o título de eleitor.

Abraço afetuoso do
Rodrigo

Rio de Janeiro, 21 de maio de 1937

Mário.

Tendo recebido agora o orçamento das obras inadiáveis de reparação e restauração que eu devo executar em Mariana, Congonhas e na igreja de São Francisco Xavier, aqui em Niterói — por conta dos cento e cinquenta contos que terei de aplicar em despesas de material até o fim de junho próximo —, verifiquei que as minhas disponibilidades para custear o inventário preliminar das obras de arquitetura interessando à finalidade deste Serviço são, infelizmente, bem menores do que eu esperava. De fato, as obras referidas montarão a cerca de cem contos. E como serão necessários pelo menos mais dez contos para atender a despesas já realizadas e para as de expediente, aluguel da sede, telefone etc., até a terminação de semestre, restarão afinal apenas quarenta contos para coligir dados e documentação fotográfica sobre o material de arquitetura desde Pernambuco até o Rio Grande do Sul.

À vista dessa situação, tomei a iniciativa de preveni-lo de que as despesas com a relação a ser levantada em São Paulo não devem exceder a sete ou oito contos (excluídos, naturalmente, os três contos correspondentes aos vencimentos de assistente técnico a que V. tem direito, relativos a maio e junho). Será insuficiente essa quantia para o inventário solicitado?

Esperando o favor de uma resposta sua no menor prazo possível, envio-lhe um abraço afetuoso.

Rodrigo

São Paulo, 23 de maio de 1937

Rodrigo,

São 11 horas da manhã deste domingo e acabo de acabar a penúltima parte do Anteprojeto a ser apresentado ao Congresso da Língua Nacional Cantada, pelo Dep. de Cultura, em primeira redação. Contém as considerações de ordem geral que o assunto merecia; em segunda parte os considerandos da proposta da língua-padrão; em terceira parte enfim as normas que seguirá essa língua-padrão pra ser cantada bem. É uma espécie de monumentinho que me custou umas dez noites passadas em claro escrevendo, com seus dias na mesma luta. Agora só falta a parte final, mas de pouca importância, a parte propondo que as resoluções sejam levadas ao conhecimento do Ministério da Educação e escolas musicais, no sentido de ser adotado o projeto definitivo oficialmente. Mas está em primeira redação e sei bem que é uma barafunda de estilo que terei ainda de corrigir. Mas isso não é o importante. Agora tenho de convocar os cantores, compositores etc. do Departamento pra discutirmos ponto por ponto, vogal por vogal, ditongo por ditongo, consoante por consoante etc. pra ver o que fica do que propus, pra ser obra coletiva como desejo. E ainda mandarei hoje mesmo pro Nascentes[i] pra ele ajuizar da parte fonética. E depois é que farei a redação final que terá de ser impressa em opúsculo e enviada com antecedência de pelo menos sete dias aos congressistas pra ser estudado e depois convenientemente discutido e aprovado no plenário do Congresso que começa a 7 de julho que vem. Você deve ajuizar bem o que isto representa de imenso trabalho e inquietação pra quem inda por cima não pode retrair-se em sua própria casa pra trabalhar mas gasta pelo menos oito ou nove horas fora todo dia, em trabalhos departamentais.

Abri com esse prelúdio porque a sua última carta chegada ontem me dizendo que tem pouco dinheiro à minha disposição veio me facilitar a vida. Realmente só poderei dedicar algum tempo mais fecundo ao Sphan depois de 15 de julho, quando o Congresso terminar. Basta dizer que o meu heroísmo foi a ponto de recusar uma viagem à Europa, representando o Departamento em diversos congressos agora em Paris, e com 40 contos no bolso, é duro, companheiro. Recusei e vão o Sérgio Milliet, da

---

[i] Antenor Nascentes, filólogo, linguista e professor. [LCF]

Instalação solene do Congresso da Língua Cantada. Mário de Andrade lê a Exposição de Motivos, São Paulo, 1937.

Documentação Social, e o Rubens Borba de Moraes, das Bibliotecas.[i] Eu fico pra bem de todos e felicidade geral de não sei mais o quê.

Já tinha começado a trabalhar pelo Sphan mas docemente, adquirindo bibliografia do assunto e em conversas intrigando pra saber onde havia quadros e esculturas de grandes autores estrangeiros por aqui, tão difíceis de distinguir dos falsos. Quando foi do seu telefonema, chamei imediatamente os dois principais colaboradores que vou pagar com meus cobres, o Nuto

---

i Há um comentário sobre isso no livro *Mário de Andrade por ele mesmo*: "Um dia a cidade de Paris solicitou à prefeitura de São Paulo informes sobre o seu Departamento de Cultura. E, meses depois, a cidade de Paris instituía uma organização cujas linhas gerais eram as linhas gerais do departamento paulista. O mesmo deu-se com a cidade de Praga, uma das mais cultas de antes da guerra, onde os trabalhos de pesquisa sociológica do nosso departamento entusiasmaram os sábios daquele notável centro de cultura, ao ponto de volverem a atenção para a capital paulista. Esses dados lá chegaram através do Congresso de População realizado em França, no ano de 1937, ao qual foi apresentada, por Sérgio Milliet, uma série de pesquisas feitas pela Divisão de Documentação Social e que recebeu menção especial, numa das sessões plenárias daquela assembleia" (Paulo Duarte, *Mário de Andrade por ele mesmo*, op. cit., p. 60 [p. 108]).

Sant'Anna historiador[i] e o Luís Saia engenheirando dedicado e apaixonado de coisas históricas e coloniais, e lhes dei as incumbências principais.

Chamei também um fotógrafo pra ver se podia nos acompanhar nas viagens imprescindíveis. E estudamos o complexo problema das viagens.

Dividimos o estado em zonas vastas e principais, o vale do Paraíba, o caminho do Tietê, litoral sul, litoral norte, S. Paulo e arredores. Como viajar? Ficou resolvido que de trem é perder tempo imenso e fugir de coisas importantes.

É principalmente nos vilejos e no meio dos caminhos que a gente encontra em S. Paulo, coisas mais valiosas sob os dois pontos de vista que mais nos interessam, história e arte.

A viagem, onde o automóvel alcança, tem de ser feita de automóvel que matará num dia várias cidades e vilas, com as pesquisas de arredores consequentes, já fotografando. O problema do fotógrafo: levar um excelente e bem pago, ou mandar os fotógrafos do interior tirar as fotografias. Tudo indica que é preciso levar o fotógrafo, tirar as fotografias possíveis (questão de luz) e industriá-lo bem sobre as outras a tirar, quando refizer a viagem sozinho buscando nova luz mais propícia. Quantas cópias fotográficas tirar? O melhor é adquirir as chapas e desde logo no mínimo duas cópias, uma pro primeiro recenseamento geral e outra pras futuras propostas detalhadas de cada caso, pra não obrigar, nestas, o serviço central a se reportar de cada vez ao primeiro recenseamento geral.

O ideal, e talvez mais barateiro, será tirar desde logo três cópias, uma pra ser guardada aqui comigo dentro do recenseamento geral, nas cópias pra meu uso. O fotógrafo escolhido, ou melhor os dois fotógrafos, pois o melhor não pode ir em muitas viagens, ficaram de me dar um orçamento genérico, mas até hoje não me deram porque devido à abundância de fotografias estão estudando cotação de mercado. Ficaram de me levar a proposta amanhã sem falta no Departamento.

E há o problema geral de S. Paulo. Você entenderá comigo que não é possível entre nós descobrir maravilhas espantosas, do valor das mineiras, baianas, pernambucanas e paraibanas em principal. A orientação paulista

---

i Nuto Sant'Anna, historiador, colaborador do primeiro número da *Revista do Sphan* (1937) e, à época, chefe da Subdivisão de Documentação Histórica do Departamento Municipal de Cultura. [LCF]

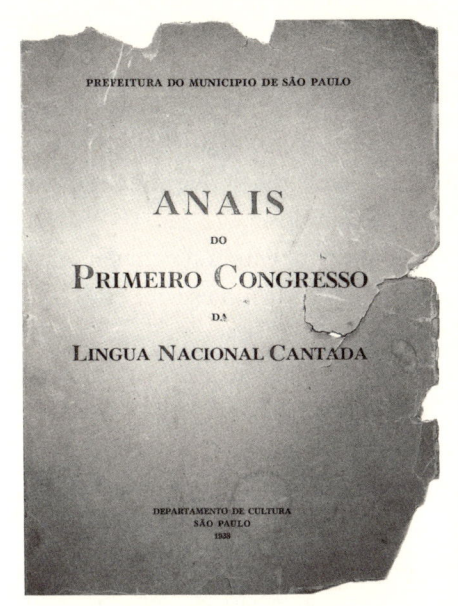

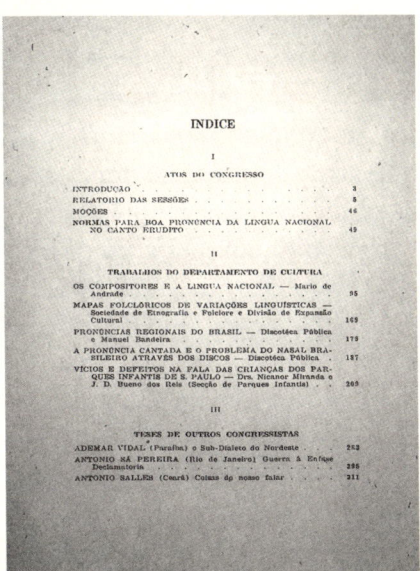

Capa e sumário dos *Anais do Primeiro Congresso da Língua Nacional Cantada*, 1937, com o trabalho de Mário de Andrade.

tem de se adaptar ao meio: primando a preocupação histórica à estética. Recensear e futuramente tombar o pouco que nos resta seiscentista e setecentista, os monumentos onde se passaram grandes fatos históricos. Sob o ponto de vista estético, mais que a beleza propriamente (esta quase não existe) tombar os problemas, as soluções arquitetônicas mais características ou originais. Acha bom assim?

Problemas de orçamento e despesas até fins de junho. Ainda não posso sequer imaginar o que serão. Tanto mais que na primeira arrancada tudo será ensaio, automóvel, fotografia, tempo. Você me propõe de sete a oito contos. Está certo e é melhor assim, embora seja visivelmente pouco. Mas fica mais econômico até do que propor um recenseamento intensivo neste início. Se tivesse de ser intensivo, seria malfeito pois eu não poderia viajar, dando a minha orientação e juízo aos meus auxiliares. Com pouco dinheiro farei uma viagem ou duas apenas em junho, mas com eles, e lhes dando a orientação que achar mais justa, pra que possam segui-la depois, nos casos em que eu não puder viajar com eles. Proponho pois o seguinte, como você diz que o caso urge, ponha o dinheiro, quanto você puder, sete ou oito contos, no Royal Bank of Canada, em nome de Mário de Morais Andrade, que por toda a semana que vem enviarei o orçamento com data suponhamos de hoje ou ontem, pra justificar o serviço. Serve assim? Se não servir espere o orçamento que certamente até o próximo domingo estará nas suas mãos. Farei da mesma forma conta de chegar pra dar os contos oferecidos.

E me diga uma coisa: como a prestação de contas terá de chegar aí no máximo até dia 2 de julho (está certa a data?), o trabalho escrito com o recenseamento geral arquitetônico terá que chegar justamente nessa mesma data, ou poderá chegar, digamos em agosto ou mesmo setembro? Isso é muito importante pra mim por causa da azáfama do Congresso, e ter necessariamente de eu mesmo fazer o relatório. E também com a experiência de até junho, farei chegar às suas mãos o orçamento pro trimestre (ou semestre?) seguinte.

Você deve ter sido convidado pra uma visita de intelectuais do Rio ao Departamento de Cultura. Como a coisa foi adiada não sei bem por quê, creio que política, sugeri ontem aos que a estão organizando deixar pra época do Congresso, e minha sugestão foi aceita. Veja se vem pelo menos por uns três dias, mais pra conversarmos na boa amizade de alguns já envelhecidos em nossos corações, e um bocado pra ver também. E até breve. Veja se me responde ponto por ponto ao que vai aqui. Ah, você poderia me dizer o dia do *Diário Oficial* em que foi publicado o projeto de lei do Sphan já em última discussão? É pro Paulo Duarte e os que estamos fazendo a lei estadual sobre o mesmo assunto.

Ciao com abraço. Não releio esta comprideza.

Mário

Rio de Janeiro, 25 de maio de 1937

Mário.

À vista de sua carta recebida ontem, mandei hoje a V., por meio de ordem de pagamento telegráfica contra o Royal Bank of Canada, a importância de 9:500$000, dos quais 8 contos destinados a custear até 30 de junho próximo o serviço do inventário das obras de arquitetura existentes em São Paulo e 1:500$000 correspondentes aos seus vencimentos durante o mês de maio.

Recomendo, porém, a V. ter em vista o art. 11 da lei 183 de 13 de janeiro de 1936: "Fica criada, a partir de 1 de fevereiro de 1936, a taxa de $100 por 100$000, a qual recairá sobre todos os pagamentos feitos pela União, a qualquer título, exceto à conta de 'pessoal' e qualquer que seja a repartição ou estabelecimentos que os efetuar. Parágrafo único — Nos pagamentos à conta de 'pessoal' superiores a 150$000, essa taxa será de $300 por 1000$000 ou fração de 100$000, sendo paga mediante simples desconto no ato do pagamento".

Achei muito boa a ideia de dividir o estado em zonas, para o efeito do serviço. Assim também concordo plenamente com o alvitre de se realizarem de automóvel todas as viagens para o tombamento. Penso como V. que, em São Paulo, a preocupação histórica deve primar à estética e que valerá a pena adquirir as chapas das fotografias de cada obra, juntamente com duas cópias no mínimo.

Espero, pois, que os trabalhos se realizem de acordo com seu plano, que me pareceu excelente.

Quanto aos documentos para prestação de contas, bastará que me cheguem às mãos *até os primeiros dias de agosto*, uma vez que só recebi o adiantamento este mês. Mas convirá muito, apesar disso, que o *orçamento* dos serviços a serem executados venha o mais cedo possível.

Não recebi ainda o convite para participar da visita dos intelectuais ao Departamento de Cultura. Entretanto, se não surgir nenhum embaraço até julho próximo, gostarei muito de conversar longamente com V. aí, sobre um mundão de coisas, sem contar o prazer de tomar conhecimento tanto da organização de seu serviço municipal quanto de sua atividade como delegado do Sphan.

Amanhã ou depois remeterei a V. o avulso da Câmara com o teor do projeto aprovado. A redação final ainda não saiu no *Diário Oficial*.

Abraço do
Rodrigo

Rio de Janeiro, 27 de maio de 1937

Mário.

Remeto incluso um avulso com a redação final do projeto aprovado em 3ª discussão pela Câmara. A Comissão de redação não se deu ao menor trabalho, deixando o texto com a besteira que corrigi à mão e mais uma quantidade apreciável de erros de ortografia. Não há quem possa com a madraçaria de deputados.

V. recebeu minha carta do dia 25? Já teve notícia do que pus à sua disposição — nove contos e quinhentos no Royal Bank of Canada?

Recado e abraço do
Rodrigo

Rio de Janeiro, 1º de junho de 1937

Ilmo. Sr. Dr. Mário de Andrade
D. Assistente Técnico do Serviço do Patrimônio
Histórico e Artístico Nacional na 6ª Região.

Acusando recebimento de vosso ofício s/n datado de 20 do corrente, acompanhado do projeto do orçamento das despesas a serem feitas com o serviço desta repartição no estado de São Paulo até o próximo dia 30 de junho, tenho o prazer de comunicar-vos que estais autorizado a executar os referidos serviços, na conformidade de vossa proposta.

Atenciosas saudações.
Rodrigo M. F. de Andrade
Diretor

Rio de Janeiro, 5 de junho de 1937

Mário.

Envio inclusa a minuta do recibo que lhe peço o favor de me passar em 3 vias, relativo a seus vencimentos de maio. Elas devem ser, todas três, seladas com estampilhas federais (cada via com uma de mil-réis e outra de duzentos réis, de educação).

Quanto à minuta do outro recibo, correspondente aos oito contos, pretendo submetê-la a V. dentro em breve. Este último, porém, não poderá ser assinado por V. mesmo e sim por qualquer de seus auxiliares. De resto, a respectiva redação será muito simples, não havendo necessidade de especificar minuciosamente a aplicação do dinheiro.

Mas o motivo principal desta carta é o seguinte: estou providenciando agora no sentido de reunir material para o primeiro número da *Revista do Serviço do Patrimônio Histórico e Artístico Nacional*,[i] que desejo publicar no fim deste mês. Será uma publicação semestral, pois parece impossível fazê-la mais frequente, atendendo-se à escassez de trabalhos aproveitáveis para a sua finalidade.

Para o primeiro número, sua colaboração é imprescindível.[ii] Consulto-o, portanto, se V. não terá aí alguma coisa pronta que sirva para a revista. Caso não tenha, ser-lhe-á inteiramente impossível escrever uma nota, pequena que seja — pelo menos para prestigiar a publicação com seu nome entre o dos colaboradores? Os originais me devem chegar às mãos até o próximo dia 15 deste.

Se não for abusar de sua bondade, peço-lhe também com muito empenho o favor de ver se me arranja até aquela data, além de alguma coisa de sua autoria, qualquer colaboração dos auxiliares que V. tomou, relacionada com uma das obras a tombar pelo Serviço.[iii] O que

---

i Note-se a preocupação de Rodrigo com a criação da revista antes mesmo da publicação do decreto que instituiu o Sphan. A *Revista do Sphan*, juntamente com a série Publicações do Sphan, objetivava divulgar o programa de trabalho do Serviço recém-criado, assim como incentivar e publicar pesquisas e estudos sérios relacionados ao Patrimônio, em oposição ao que consideravam literatura fútil sobre o assunto. Compunha-se de artigos que versavam sobre a história e as características das diversas manifestações artísticas, etnológicas e arqueológicas nacionais. Já as Publicações eram estudos mais alentados, que desenvolviam sempre um único tópico. Ambos os veículos tinham edições bem cuidadas, com fotografias e ilustrações, às vezes em cor. Eram precedidos por uma introdução ou prefácio do diretor e pretendiam corresponder "à necessidade de uma ação sistemática e continuada" através da qual seriam difundidos os principais conceitos que nortearam as práticas de identificação, preservação e restauro dos monumentos e bens móveis nacionais. É importante lembrar a importância da veiculação dessas pesquisas, estudos e respectiva documentação no momento em que apenas se iniciavam os raros cursos universitários de ciências sociais; e, ainda, a exposição, em suas páginas, da discussão entre as proposições, então vigentes, de uma continuidade do passado no presente em contraposição à de um estreito relacionamento entre o barroco e o modernismo. A *Revista do Sphan* (mais tarde *Revista do Patrimônio*) pode ser acessada em: <portal.iphan.gov.br/publicacoes/lista?categoria=23&busca=>.

ii A colaboração de Mário para o primeiro número da *Revista do Sphan* versou sobre a capela de Santo Antônio, localizada no município de São Roque, a setenta quilômetros de São Paulo. O texto, erudito, com a graça característica do autor, argumenta que, naquele estado, deve prevalecer o critério histórico sobre o artístico para a identificação dos bens patrimoniais. Sua descrição pormenorizada da arquitetura da capela se baseia na história e contexto do fundador — o bandeirante Fernão Paes de Barros —, que a mandou construir na sua fazenda, em 1681.

iii Na carta de 23 de maio de 1937, Mário relaciona Nuto Sant'Anna e Luís Saia como seus colaboradores. Dentre as contribuições efetivamente estampadas no primeiro número da

é preciso, de qualquer maneira, é que São Paulo não deixe de figurar na revista.

Contando com uma resposta sua, mando-lhe o abraço afetuoso de sempre.

Rodrigo

[São Paulo,] 7 de junho de 1937

Rodrigo

Recebi sua assustadora carta. Aqui vão os recibos em 1º lugar. Em 2º lugar o tal recibo dos 8 contos, franqueza, não sei como fazer assiná-lo por algum dos meus auxiliares. Estes são o Luís Saia engenheirando e o Nuto Sant'Anna historiador. Mas pagos do meu bolso. Você compreende: fica horrível eu convidar um deles pra assinar um recibo de vários contos, de dinheiro que *eu gasto*, *eu* controlo, *eu* presto contas!ⁱ Por mais que eu imagine que eles possam acreditar na minha honestidade não são amigos íntimos em que a gente manda. Inda mais, sou eu em meu interior que me vejo na possibilidade de fazer desonestidade. Sei que não farei mas me insulto eu mesmo *pensando* que poderia fazer.

Não está de forma nenhuma certo isso.

Quanto às colaborações, fiquei francamente aturdido. No sábado fiz a primeira viaginha em torno da Capital. Perdi tempo que foi um horror. Era fatal, primeira viagem. Mas tenho o Congresso da Língua. E resolvemos

---

Revista do Serviço do Patrimônio Histórico e Artístico Nacional, Nuto Sant'Anna assina o artigo "A Igreja dos Remédios", e Luís Saia, como engenheiro, assina com as iniciais a planta da "Capela de Santo Antônio" que acompanha o estudo "A capela de Santo Antônio", de Mário de Andrade. O primeiro número da *Revista do Sphan* pode ser consultado em: <portal.iphan.gov.br/uploads/publicacao/RevPat01_m.pdf>. Acesso em: 6 jul. 2021.

i Estamos aqui em um dos muitos momentos em que se expõe a situação de um enorme cuidado e minúcia nas formalidades da prestação de contas referentes aos serviços realizados por Mário e auxiliares e a informalidade com que esses serviços se distribuem, são realizados e pagos. Essa informalidade, às vezes, é sugerida por Rodrigo e aceita por Mário; outras, é simplesmente praticada, com aceitação de ambos. O importante — para eles — é que tudo seja feito com a maior honestidade. Principalmente, na medida em que estão ambos intimamente seguros de que fazem — e exigem dos auxiliares — muito mais do que o que corresponderia ao pagamento que recebem. Lidavam eles — como se pode verificar em inúmeras cartas —, por um lado, com a mais intrincada burocracia; por outro, com o fantasma da impugnação pelo Tribunal de Contas, como lemos na carta de Rodrigo de 11 de junho de 1937.

fazer uma campanha[i] aqui pra ver se encontramos um magnata que reforme S. Roque, igreja e convento, coisa que não ficará por menos duns 100 contos. O Paulo Duarte escreverá esta semana o 1º artigo. Eu me recusei por falta absoluta de tempo. Farei o da próxima semana (já depois de 15), e será de propaganda, pouca técnica. É impossível, humanamente impossível fazer coisa boa pra Revista de vocês. Pedi ao Nuto os dados que lhe encomendei. Dados gerais. Só pode me entregar no sábado. Verei o que se poderá fazer. Quanto ao Luís Saia talvez seja possível algum trabalho dele.[ii] Mas faltam ainda fotos, desenhos etc. etc. E isso numa semana, época de exame!!!

Vou fazer apenas o possível mas creio que esse possível será impossível. Se você nos desse ao menos até dia 30 deste.

Veja se dá, e escreva. E folclore? já pode entrar na revista?[iii] Acabo de receber a autorização dos gastos. Outra coisa, me mande uma comunicação o mais legal possível, de que sou o assistente técnico. Sem ela ficará difícil agir.

Um abraço do
Mário

Rio de Janeiro, 11 de junho de 1937

Mário.

Muito obrigado pelos recibos correspondentes a seus vencimentos. Quanto ao outro, de referência aos 8 contos, só poderá ser assinado por V.

---

[i] Trata-se da campanha "Contra o vandalismo e o extermínio", desencadeada por Paulo Duarte em *O Estado de S. Paulo* em 1937. Essa série de artigos foi depois editada pelo Departamento Municipal de Cultura em livro com o mesmo título, por iniciativa de Sérgio Milliet. [LCF]

[ii] No primeiro número da *Revista do Sphan*, Luís Saia participa com o desenho da planta da capela de Santo Antônio, feita para o estudo de autoria de Mário de Andrade. Já a primeira colaboração de Luís Saia como autor de um estudo para a revista virá somente no número 3, publicado em 1939, e versará sobre "O alpendre nas capelas brasileiras".

[iii] Note-se o empenho de Mário na introdução, desde logo, de suas ideias sobre a importância da cultura popular como patrimônio cultural do país. É interessante também constatar, na resposta de Rodrigo (carta de 11 de junho de 1937) à preocupação de Mário, a dificuldade de efetivar, em termos legais, a proteção àqueles bens provenientes da cultura popular que, frequentemente, são de natureza imaterial. Essa questão só vem a ser satisfatoriamente resolvida através da adoção, no ano de 2000, do Registro — instrumento legal de preservação dos bens referidos.

mesmo, na hipótese de ser acompanhado de comprovantes minuciosos de todo o dinheiro aplicado. Isso pela circunstância de seu nome figurar como assistente técnico. Por isso mesmo é que alvitrei que o documento fosse firmado por um de seus auxiliares. Mas, se V. tem escrúpulo de solicitar a assinatura deles, quem sabe se sentirá mais à vontade pedindo esse favor a algum amigo de sua intimidade, como o Rubens de Moraes, por exemplo?

De qualquer maneira minha intenção é somente facilitar e simplificar a comprovação das despesas em termos insusceptíveis de impugnação por parte do Tribunal de Contas.

Em relação à data do aparecimento da Revista, deliberei, à vista de sua carta, adiá-la. Os originais das colaborações podem, portanto, vir até o fim do mês. O que importa para mim, antes de tudo, é que V. não deixe de prestigiar a publicação com um trabalho seu e que não faltem tampouco outros subsídios paulistas. A revista sairá com um atraso de uns 15 dias, mas isso não terá importância.

A propósito do folclore, desconfio de que não haverá por enquanto lugar para ele na revista, atendendo-se às atribuições atuais do Serviço. Entretanto, assim que for promulgada a lei nova (que atualmente se acha em trânsito pelo Senado), penso que deveremos introduzi-lo, compreendido no conceito de "arte popular". V. não acha?

Achei uma grande ideia a que vocês tiveram de empreender campanha no sentido de arranjar dinheiro dos magnatas para a reforma da igreja e convento de S. Roque. A esse respeito, quer me parecer que a gente precisará estimular o espírito de cooperação entre os particulares ricos, porque a contar-se apenas com as verbas orçamentárias, pouco se poderá fazer.

Abraço muito afetuoso do
seu
Rodrigo

São Paulo, 12 de junho de 1937

Rodrigo,
acabo de receber sua carta. Este primeiro pedacinho saiu escrito duas vezes, porque resolvi guardar cópia desta pra facilitar sua resposta. Vou numerar os assuntos, e você pode responder só botando o mesmo número do assunto:

1. Você me mande o teor exato do recibo, como ficou de mandar, pra que eu faça passá-lo aqui por alguém.

2. Mandarei pelo menos dois artigos até fim do mês pra revista.[i] Pergunto: A revista está em condições de dar quadricromias, pra ilustrar um dos artigos? Preciso resposta urgente pra encomendar aquarelas.

3. Desejo informação detalhada de como deve ser a prestação de contas. Sei que o sistema aí é muito mais besta e minúsculo que aqui, e estou acostumado com as prestações de contas da prefeitura de S. Paulo, que desconfio muito são as mais inteligentes do Brasil, largas, compreensivas, apesar de severas. É fácil exigir recibo selado dum empreiteiro que me fortificar uma parede e calear umas paredes, mas de tudo terei de exigir recibo? Hoje, segunda viagem de reconhecimento que faço, paguei 21$000 por 15 litros de gasolina, não pagando automóvel, que a prefeitura cedeu grátis. Responda a estas letras:

a) Como devo prestar contas desses 21$000?

b) Um almoço em viagem, uma dormida, enfim hospedagens, basta apresentar a nota do hotel ou restaurante?

c) Contas de material que pelo custo não exijam recibo selado, basta apresentar a nota de venda da casa, como aqui?

d) Todo e qualquer recibo tem de ser apresentado em três vias, todas três seladas?

e) Caso seja permitido apresentar pra pequenas quantias, notas de hotéis ou contas de vendas de casas comerciais, estas notas e contas têm de ser em três vias?

f) As notas, como a citada de gasolina, podem ser apenas escritas por mim e apresentadas nominalmente à pessoa que assinar o recibo da verba daí mandada?

g) Também em três vias?

Enfim me mande esses e mais esclarecimentos que você julgar necessários, porque ficaria aborrecido com a impugnação de qualquer prestação de contas ida daqui.

---

i Mário pode estar se referindo ao artigo de seu colaborador Nuto Sant'Anna, que também seria remetido de São Paulo. Apenas alguns anos mais tarde, em 1941, Mário viria a publicar sua segunda contribuição no número 5 da *Revista do Sphan*, "Uma carta do padre Jesuíno do Monte Carmelo", prenúncio de seu trabalho de maior fôlego, impresso postumamente, em 1945, na série das Publicações do Sphan.

> MINISTERIO DA EDUCAÇÃO E SAUDE PUBLICA
>
> SERVIÇO DO PATRIMONIO HISTORICO E ARTISTICO NACIONAL
>
> Rio, 12 de junho de 1937
>
> *Assunto – Documento para comprovação oficial acerca do assistente técnico.*
>
> Mario.
>
> Ahi vae um documento para comprovação official de que V. é assistente technico deste Serviço na 6ª Região. Para esse effeito, o meio regular deveria ser a propria portaria do seu contracto. Mas este ultimo ainda não pôde ser assignado, em consequencia das complicações burocraticas decorrentes da criação do Conselho Federal do Serviço Publico Civil. E como calcule que v. tenha urgencia do papel, remetto-lhe esse mesmo, promptificando-me a obter, caso lhe pareça necessario, que o Capanema telegraphe ao Governador do Estado ou a quem V. indicar no mesmo sentido.
>
> Abraços do
> Rodrigo

4. O recibo dos oito contos deve ser passado já com aquele desconto de que você falou numa das suas cartas? Desconfio que não pois que vieram exatamente os oito contos, mais o conto e quinhentos do assistente técnico, e na norma de recibo deste último, você anotou a lápis "não foi feito o desconto de 4$500 da lei 183 de 13-1-36". Pergunto: Devo eu, dos oito contos recebidos, não gastar o desconto exigido pela lei e repor no Tesouro Nacional a importância correspondente ao desconto, ou não tenho que me incomodar com isso, e os descontos virão, como mais lógico feitos sempre daí?

Do resto, desconfio que alguma coisa terá mesmo que voltar, não gastarei tudo. Acabo de fazer a segunda viagem de perfunctória pesquisa, pelos arredores de S. Paulo. Viagens penosíssimas, principalmente a de hoje, pois

> O presente documento tem por fim levar ao conhecimento de todos quantos o mesmo fôr apresentado, especialmente das autoridades federaes, estadoaes e municipaes, que o respectivo portador, Snr. Mario de Morais Andrade, exerce as funcções de assistente technico do Serviço do Patrimonio Historico e Artistico Nacional, achando-se encarregado dos trabalhos que competem a esta repartição nos Estados de São Paulo e Matto Grosso.
>
> Rio de Janeiro, 12 de Junho de 1937
>
> Rodrigo M. F. de Andrade
> Director

Declaração anexa à carta de Rodrigo a Mário, de 12 de junho de 1937

que se trata de pesquisa de capelas e casas-grandes históricas. Desconfio que a coisa terá de ir com muita lentidão. S. Paulo não é como Minas que pode salvar grandezas de arte, e a rebusca aqui implica constantemente a saída das rodovias por verdadeiros trilhos de índio, mesmo aqui pelo arredor da capital. Talvez, aliás, principalmente aqui. Ora já na viagem anterior, tivemos que abandonar vários lugares, por inatingíveis.

Hoje não pudemos chegar nem até Caraguatatuba, mas ganhamos o dia todo em S. Roque. Ruínas, ruínas, ruínas, que francamente não sei se conviria ao Governo Federal (bem entendido: por estarmos num país miserável de dinheiro e de pouca cultura) tomar conta com o reforçamento e conservação dessas ruínas. Está claro que a coisa pode se harmonizar em S. Paulo... o rico (!), de várias maneiras.

Vamos ter aqui lei idêntica e porventura mais completa que a do Governo Federal.[i] Portanto o estado terá que cuidar também dessas coisas, e já estou imaginando um jeito do Governo do estado tombar por si e pra nós, coisas como a casa-grande do bairro de Pinheiros em S. Roque, exemplar raro de solução arquitetônica colonial, com uma capelinha com uma pintura de extremo interesse. Outra via que iniciamos esta semana e de que já lhe dei notícia é a proteção dos ricos. Aqui vai o primeiro artigo da campanha iniciada.[ii]

Na próxima semana escreve o Taunay[iii] e na terceira, *hélas!* se tiver tempo eu, e já tem outras pessoas apalavradas. O primeiro artigo causou grande impressão e o rico homem Numa de Oliveira[iv] já foi conversado. Temos mais uns cinco ou seis ricos homens em vista. Com uns quinhentos contos conservaremos provavelmente algumas coisas como MBoi.[v] Outra iniciativa, foi a que tomamos hoje, aliás sem mérito nosso senão na ajuda a uma ideia do prefeito de S. Roque. Ele desapropria a capela de S. Roque, um primor de originalidade, muito prejudicada pelas deformações posteriores, e nós conseguimos do estado, em troca da capela cedida à municipalidade, uma estrada até a casa do sitiante dono atual da capela. Aliás o sitiante sai ganhando, mas sai ganhando o estado com uma estrada nova também, feita a troco duma preciosidade histórica… que o estado também ganha. Este processo me parece uma solução interessantíssima pra documentos que estejam assim nas mãos de particulares boçais, sem compreensão nem dinheiro pra conservar tais documentos.

---

[i] Segundo Paulo Duarte, em setembro de 1937, Mário repassou "o esboço de lei feito pelo Rodrigo e dado ao Capanema". Nas palavras de Paulo Duarte, o "projeto de lei criando o Serviço do Patrimônio Histórico e Artístico Nacional já estava no Senado, mas faltava a última discussão". (Paulo Duarte, *Mário de Andrade por ele mesmo*, op. cit., p. 154 [p. 248]).
[ii] O artigo de Paulo Duarte foi publicado em *O Estado de S. Paulo* em 11 de junho de 1937.
[iii] Afonso D'Escragnolle Taunay, historiador e professor da Universidade de São Paulo, diretor do Museu Paulista. [LCF]
[iv] Segundo informação verbal de Paulo Duarte, Numa de Oliveira foi diretor do Banco Comércio e Indústria de São Paulo e por duas vezes secretário da Fazenda do Estado. [LCF]
[v] Aqui, Mário está se referindo aos remanescentes do antigo assentamento jesuítico fundado em 1554, chamado Mboy, que, na língua tupi de então, significava "Rio das Cobras". Trata-se do conjunto formado pela igreja, pela casa dos padres e por uma capelinha mais afastada, que começou a ser construído em 1700 para os índios e moradores. Hoje, o nome Mboy evoluiu para Embu. O povoado passou a cidade, e esta, a município, que decidiu se chamar Embu das Artes, em função de sua vocação para o artesanato, especialmente de esculturas populares que atraem os turistas.

E agora vou dormir que estou sem força mais. Doze horas de sóis e frios bruscos, duas fartas caminhadas a pé e mais fartas e talvez piores chacoalhações de automóvel. A locomoção ideal seria um autogiro, mas isso não me animo a pedir pra sua senhoria o Governo. Pra estas viagens dum dia pelos municípios vizinhos, o Fábio Prado[i] espontaneamente cedeu automóvel municipal. Cá entre nós: cá o prefeito Fábio Prado tem procedido com tanta generosidade com o Capanema que estou bastante assombrado com a... não sei se diga muito entre nós, mesquinhez do Capanema. Repare: Apesar dos ataques violentos que sofremos este ano por causa de subvenções ao teatro dramático, já sem verba mais pra isso, o Capanema pede teatro pra companhia Álvaro Moreyra, já subvencionada pelo Ministério de Educação. Pede por telegrama e faz a gafe enorme de me telegrafar particularmente pedindo minha intervenção junto do prefeito. Está claro que absolutamente não contei ao Fábio o telegrama recebido, estava matutando como havia de tocar no assunto com o Fábio, quando o chefe da Seção de Teatros, do Departamento, que é justamente ao mesmo tempo secretário do prefeito, me telefona contando que o Capanema telegrafara ao prefeito pedindo teatro. Tive um frio: imagina só eu, sem saber deste telegrama, indo (como já estava planejando) contar ao Fábio que recebera um telegrama do Capanema solicitando "de mim" que dirijo os teatros, cessão de um! Salvei a gafe em tempo, mas como a coisa era engraçada, contei pro chefe da seção, que é meu amigo íntimo aliás, contei rindo o telegrama recebido. E vai, ele refaz a gafe, contando ao prefeito! Chego eu todo lampeiro no Gabinete, pra tocar no assunto, mas o Fábio com um sorrisinho temível que ele tem, irrompe com esta:

"Não posso recusar um pedido seu pra cessão dum teatro ao Álvaro Moreyra, e como a prefeitura não tem teatro temos que alugar um?" Era pergunta, era desafio diante de tudo o que tem sucedido aqui, era um despeitinho justo pelo desequilíbrio dos protocolos, era ironia, era um diabo de enigma. Tenho a lei de jamais consertar gafes. Fiz que não entenda e ataquei o assunto com a maior naturalidade, pedindo francamente o aluguel dum teatro. Que foi feito. Mas o Fábio então bem-humorado jogou as cartas na mesa e botou todo o mérito do caso em mim. Mandou telegrafar ao

---

[i] Fábio Prado (1887-1963), prefeito de São Paulo de 1934 a 1938. Durante a interventoria de Armando Sales, nomeou Mário de Andrade para o Departamento de Cultura — uma das áreas de maior destaque em sua administração, ao lado da intensa atividade do Arquivo Municipal, sob direção de Sérgio Milliet. [N. E.]

Capanema que a prefeitura não tinha teatro, mas me obrigou a telegrafar por mim, pois que o Capanema pedia minha interferência que poderíamos alugar um teatro pra satisfazê-lo. Bem, alugamos o teatro, e você imagina que agora, chegando da viagem, encontro mais este telegrama gafe do Capanema: "Recebi seus telegramas e muito lhe agradeço etc. Rogo ainda fineza transmitir meus agradecimentos ao prefeito Fábio Prado"! De maneira que nem mesmo agradecer diretamente a quem tudo concede, ele me faz! e me deixa nesta situação bestíssima de dizer que, funcionário, recebi um telegrama pedindo transmitir agradecimentos! Lembrei de mentir, pedir ao secretário dele, Fábio, que diga ter na mesa um telegrama do ministro Capanema agradecendo cessão do teatro. Assim, sem dizer a quem o telegrama pra que o Fábio se quiser, imagine que telegrama a ele dirigido. Mas tenho medo, depois de tudo o que houve, o Fábio estar de sobreaviso e por ser um desses indivíduos mais bem-humoradamente perversos, bem gênero você Prudentinho, Manuel que conheço. Goza e encomprida essas gafes e além de sempre isso deixar a mim numa posição ridícula que o trato por "dr. Fábio", "O senhor": me penaliza porque francamente gosto bem do Capanema. Outro favor: o Dep. de Cultura vai mandar dois chefes de divisão, o Rubens e o Sérgio Milliet, apresentar trabalhos do Departamento em vários congressos internacionais de Paris.

O Ministério da Educação acaba de nomear um terceiro chefe do Dep. pra representá-lo em mais um Congresso de Paris. É verdade que este chefe ia pedir licença "com prejuízo dos vencimentos" pra ir agora até Paris, mas era muito improvável a concessão da licença devido ao Departamento por pelo menos três meses ficar desfalcado de três dos seus cinco chefes. Prejudicará certamente o serviço. Mas diante da notícia, *lida em jornal* sem nem mesmo um telegrama... a mim, sei que o Fábio falou em dar a licença e com vencimentos! Enfim, sabendo que eu fora nomeado assistente técnico do Sphan, espontaneamente, e praticamente sem proveito algum pra Municipalidade, havendo uma terrível falta de automóveis, mandou simplesmente pôr um auto à minha disposição pras viagens que durarem um dia. Afinal das contas, embora protocolarmente um ministro seja como governador de estado, S. Paulo município não é assim uma espécie de Botucatu. Eu pediria a você, se possível, nalguma conversa aí com o Capanema, ou com o Carlos,[i] su-

---

i O poeta Carlos Drummond de Andrade.

gerir pelo menos um telegrama do Capanema ao Fábio agradecendo esta gentileza do automóvel, que não pedi, que nem sequer sugeri a ninguém, e a que não tinha direito, nímia e espontânea gentileza do Fábio pra com um serviço. Brincando, brincando, é sempre uma gentileza que acabará ficando em alguns contos de réis. Mas peço encarecidamente a você que o resto fique entre nós, não desejaria nem mesmo que o Carlos soubesse, não vale a pena, são coisas desagradáveis. E mesmo você, se não achar jeito não sugira nada. Minha intenção, você está percebendo bem, não é agradar ao Fábio, que estou certo, com a largueza que tem, se riu do caso com o teatro, creio que nem imaginou que o Sphan é adstrito ao Ministério da Educação, nem está ligando uma coisa com outra. Apenas o que me preocupa é o próprio Capanema, que sei por mim que é gentilíssimo, e por uma qualquer fadiga natural, deu uma gafe perfeitamente explicável e de nenhuma importância maior. Enfim... enfim vou dormir.

Com um abraço do
Mário

Rio de Janeiro, 12 de junho de 1937

Mário.

Aí vai um documento para comprovação oficial de que V. é assistente técnico deste Serviço na 6ª Região. Para esse efeito, o meio regular deveria ser a própria *portaria do seu contrato*. Mas este último ainda não pôde ser assinado, em consequência das complicações burocráticas decorrentes da criação do Conselho Federal do Serviço Público Civil. E como calculo que V. tenha urgência do papel, remeto-lhe esse mesmo, prontificando-me a obter, caso lhe pareça necessário, que o Capanema telegrafe ao governador do estado ou a quem V. indicar no mesmo sentido.

Abraços do
Rodrigo

[DECLARAÇÃO ANEXA]

O presente documento tem por fim levar ao conhecimento de todos a quantos o mesmo for apresentado, especialmente das autoridades federais, estaduais e municipais, que o respectivo portador, Sr. Mário de

Morais Andrade, exerce as funções de assistente técnico do Serviço do Patrimônio Histórico e Artístico Nacional, achando-se encarregado dos trabalhos que competem a esta repartição nos estados de São Paulo e Mato Grosso.
Rodrigo M. F. de Andrade
Diretor

São Paulo, 14 de junho de 1937

PREFEITO RECEBEU OFICIO FUNCIONARIO DEPARTAMENTO COMISSIONADO CONGRESSO INTERNACIONAL STOP SEM EFEITO MEU COMENTARIO
MARIO ANDRADE

Rio de Janeiro, 16 de junho de 1937

Mário.
Respondo metodicamente aos diversos quesitos da consulta de sua carta de 12:

1º — o teor do recibo a ser assinado por pessoa de sua confiança de referência à importância de 8 contos é o seguinte:

"Recebi do Sr. Rodrigo Melo Franco de Andrade, diretor do Serviço do Patrimônio Histórico e Artístico Nacional, a importância de Rs..... 8:000$000 (oito contos de réis), correspondente a trabalhos de inventário, pesquisa e documentação relativos a obras de arquitetura civil e religiosa existentes no estado de S. Paulo, realizados nos meses de maio e junho do corrente ano, em proveito do aludido Serviço. São Paulo etc...".

2º — Não posso lhe dizer hoje se a revista estará em condições de dar quadricromias para ilustrar um dos artigos que V. pretende mandar. Preciso consultar a respeito o encarregado do serviço do Pimenta de Mello, que é quem fará a composição e a impressão dos trabalhos. Receio, entretanto, que as ilustrações fiquem excessivamente caras, feitas em quadricromia, pois, ainda ontem soube por acaso que a Sociedade Felippe de Oliveira pagou 1:000$000 pela reprodução a cores de duas ilustrações do

Pedro Nava[i] para um artigo de Afonsinho.[ii] Em todo caso, não quero deixar de pedir o preço de semelhante serviço ao Pimenta de Mello, uma vez que a revista ficará muito mais interessante se puder conter algumas reproduções coloridas.

3º — A prestação de contas consistirá, em rigor, na apresentação em 3 vias seladas do recibo cuja minuta lhe adiantei acima. Este documento bastará para a comprovação da despesa perante o Tribunal de Contas. Mas, para que fique comprovada a aplicação dos 8 contos por meio de documentos destinados somente ao arquivo deste Serviço, transmito-lhe os outros esclarecimentos pedidos:

a) a despesa de gasolina poderá ser comprovada mediante simples vales assinados pelo *chauffeur*;

b) as despesas com hospedagem e refeições durante as viagens poderão ser comprovadas com as notas dos hotéis ou restaurantes;

c) as contas de material que não requeiram recibo selado poderão ser apresentadas independente de selo;

d) como essa comprovação de despesa é destinada apenas ao arquivo do Serviço, bastará que os respectivos documentos venham numa só via, convindo, porém, que V. conserve outra via para o arquivo da 6ª Região;

e) prejudicado pela resposta anterior;

f) prejudicado pela resposta ao item a; não obstante, sendo as despesas inferiores a 10$000, poderão ser anotadas apenas por V., como despesa de pronto pagamento;

g) prejudicado.

4º — O recibo referente aos 8:000$000 deve ser passado mencionando a importância integral, mas, desta última, terão de ser deduzidos 8$000, correspondentes à taxa da lei 183 de 13 de janeiro de 1936 e que V. teria de

---

i O memorialista Pedro Nava, autor de *Baú de ossos*, *Balão cativo*, *Chão de ferro*, *Beira-mar*, *Galo das trevas*, *O círio perfeito* e *Cera das almas*. Ilustrou os originais de *Macunaíma*. [LCF; nota deslocada pela edição] Pedro Nava, bem mais jovem que os amigos que se reuniam habitualmente na casa de Rodrigo, destacava-se por suas narrativas de médico que, acompanhado de um enfermeiro, atravessava a cidade em uma ambulância e testemunhava acontecimentos que faziam a alegria daqueles modernistas. Os amigos que adoravam e se divertiam com as narrativas do Nava estavam longe — naquela época — de adivinhar o poder da literatura do memorialista em que o Nava se tornou.

ii Afonso Arinos de Mello Franco, ver nota i, p. 115, carta de 10 de agosto de 1936. As ilustrações de Pedro Nava foram para o *Roteiro lírico de Ouro Preto*, impresso no Rio de Janeiro, em 1937, pela Sociedade Felippe d'Oliveira.

me devolver, juntamente com os 4$500 que deixaram de ser descontados de seus vencimentos relativos ao mês de maio. Mas, como agora em julho devo lhe remeter a quantia relativa a seus vencimentos de junho, não haverá necessidade de V. se incomodar com isso, pois descontarei a importância daquelas taxas do 1:500$000 a que V. tem direito.

A propósito de outro tópico de sua carta, penso que, mesmo que V. não gaste tudo, não deverá devolver coisa alguma dos 8:000$000 recebidos, atendendo a que a prestação de contas respectiva já estará feita dentro do prazo legal mediante aquele recibo e que, para a apresentação dos documentos sobre a aplicação do dinheiro para o arquivo deste Serviço, V. terá o prazo que quiser.

Eu já tinha lido o artigo do Paulo Duarte cujo recorte V. me mandou agora e estava assim ao par da excursão proveitosa que vocês fizeram. Do efeito moral produzido pelo artigo me chegara também notícia pela leitura de um ofício do Instituto Histórico e Geográfico de S. Paulo, publicado no *Estado*. Mas os efeitos econômicos a que V. alude são muito mais auspiciosos. Espero que a campanha tenha um resultado brilhante.

Fiquei muito satisfeito com sua informação sobre a legislação suplementar de S. Paulo, para a proteção de seu patrimônio histórico e artístico, assim como com a notícia do entendimento feito com a municipalidade de S. Roque. Foi realmente uma solução ótima e que se deve generalizar quanto possível em casos semelhantes.

Guardei para mim seus comentários sobre o caso do aluguel do teatro para a Companhia do Álvaro. Mas, para V. não ter novos motivos de constrangimento, apressei-me em pedir ao Carlos o telegrama do Capanema ao Fábio Prado, agradecendo o oferecimento do automóvel e a cooperação do governo municipal. De fato foi um serviço relevantíssimo que ficamos a dever ao prefeito.

Abraço do
Rodrigo

P.S.: Ciente do assunto de seu telegrama (aliás recebido dois dias antes de sua carta). Ficou sem efeito o seu comentário, tal como V. o recomendou.[i]

---

[i] Refere-se ao telegrama de 14 de junho de 1937 no qual Mário acusou recebimento de ofício provavelmente envolvendo o agradecimento enviado por Capanema para Fábio Prado. Atendendo ao pedido de Mário, Rodrigo providenciou o ofício, deixando, porém, de explicar a Carlos e ao próprio Capanema as "indelicadezas" do ministro com o prefeito, o qual tudo percebia e, ironicamente, deixava passar.

Rio de Janeiro, 23 de junho de 1937

Meu caro Mário.

Já estou habilitado a lhe devolver os documentos que se tornavam necessários para permitir o seu contrato. Peço portanto a V. o favor de me informar por que via deverei remetê-los. Se V. souber de algum portador seguro (um deputado amigo, por exemplo), será preferível utilizá-lo a recorrer à via postal, mesmo registrada.

Tenho acompanhado, pelos recortes da Lux, a zoeira que vocês têm feito aí em defesa dos monumentos.[i] A campanha já alcançou proporções impressionantes. Espero firmemente que os resultados práticos sejam os melhores.

Como vão os artigos necessários para a revista?

Abraço do amº af. Rodrigo

São Paulo, 25 de junho de 1937

Rodrigo de secretismo

Recebi sua carta. Manuel Bandeira virá a S. Paulo dia 6 creio. Peço entregar a ele os documentos. Artigos irão dia 30. Um só histórico Nuto Sant'Anna. Outro, um estudo sobre igreja S. Antônio, do município de S. Roque, com engenharia dentro, feito por mim e Luís Saia.[ii]

Mas que corrida! Estive ontem em Ubatuba onde há a casa particular mais linda do Brasil. Voltei extasiado. Mas doente de em dois dias fazer mais de 300 quilômetros de estradas incríveis e duas noites sem dormir.

Ciao com abraço
Mário

---

[i] Desde 1928, o Lux Jornal Recortes atuava na elaboração de clippings, enviando recortes de jornal selecionados. A campanha resultou na publicação de cerca de vinte artigos publicados ao longo de todo o segundo semestre de 1937 no jornal *O Estado de S. Paulo*.

[ii] Os artigos referidos — "A capela de Santo Antônio", de Mário de Andrade, e "A Igreja dos Remédios", de Nuto Sant'Anna — constam do primeiro número da *Revista do Sphan*, Rio de Janeiro, Ministério da Educação e Saúde, 1917, e são aqueles citados nas cartas de 7 e 12 de junho de 1937. [LCF]

MINISTERIO DA EDUCAÇÃO E SAUDE PUBLICA

Rio, 25 de junho de 1937

Meu caro Mario.

Tenho o prazer de apresentar a U. o portador desta, Snr. Paul Stihl.

Elle é um photographo notavel, a quem este Serviço tem feito reiteradas encommendas e adquirido centenas de reproducções de obras de architectura.

Deseja pôr-se em contacto com elementos que o habilitem enriquecer uma collecção de photographias com os monumentos paulistas mais interessantes.

Recommendo-o por is-

Rio de Janeiro, 25 de junho de 1937

Meu caro Mário.

Tenho o prazer de apresentar a V. o portador desta, Sr. Paul Stille.[i]

Ele é um fotógrafo notável, a quem este Serviço tem feito reiteradas encomendas e adquirido centenas de reproduções de obras de arquitetura.

Deseja pôr-se em contato com elementos que o habilitem a enriquecer sua coleção de fotografias com os monumentos paulistas mais interessantes.

Recomendo-o por isso a V., certo de que seu prestigioso patrocínio lhe será de grande valia.

Abraço do
adm.^{or} e am.^{o} ob.^{o}
Rodrigo

Rio de Janeiro, 26 de junho de 1937

Mário.

Envio hoje a V., sob registro, 50 fichas destinadas ao tombamento de arquitetura nesse estado.

Se V. tiver alguma alteração a sugerir às fichas, peço-lhe o favor de me avisar para as providências que couberem.

Estou à espera de sua resposta a respeito do portador para os documentos que serviram para instruir a proposta de seu contrato.

Abraço do
Rodrigo

---

[i] Paul Stille, fotógrafo paisagista, dono do ateliê fotográfico Photo Stille com Emil Stille. Foi contratado do Iphan desde 1938, atuando especialmente no registro do patrimônio de Minas Gerais. Autor do álbum *Mangaratiba — E. F. C. B.*, com 27 fotos de grande formato retratando paisagens da região fluminense e igrejas antigas. Ver Francisca Helena Barbosa Lima, Mônica Muniz Melhem e Oscar Henrique Liberal de Brito e Cunha (Orgs.), "A fotografia na preservação do patrimônio cultural: Uma abordagem preliminar". *Cadernos de Pesquisa e Documentação do Iphan 4*, Rio de Janeiro, Copedoc-Iphan, 2008, p. 55.

[São Paulo, *c.* junho de 1937]

Rodrigo

Acabo de receber carta e fichas. Já escrevi, sim, pedindo a você, quando o Manuel aí chegar, de Ouro Preto, lhe dar meus documentos. Manuel virá ao Congresso de 7 de julho e trará os tais. Qualquer dia de mais vagar estudarei a ficha, à primeira vista achei boa. Acho que a parte traseira da ficha não devia ser impressa como está no mesmo sentido da frente, mas em sentido inverso, que é mais prático, pois até se pode ler sem tirar a ficha do fichário, mas isto tem importância mínima.

Té breve
Mário

Rio de Janeiro, 29 de junho de 1937

Mário.

Muito obrigado pela sua carta do dia 25. Fiquei contentíssimo com a notícia de seu trabalho sobre a igreja de Sto. Antonio, de S. Roque, de colaboração com Luís Saia. Deve ser uma coisa muito boa. Espero ansiosamente por ele, assim como pelo do Nuto Sant'Anna.

Estou muito interessado em ver a casa particular mais linda do Brasil, de que V. fala. É arquitetura rural ou urbana?

Os 300 km de automóvel, sem parar e as duas noites sem dormir é que me pareceram excessivos, apesar de V. já estar felizmente restabelecido de todo. V. deve se poupar.

Os seus documentos já estão em poder do Manuel, que segue para aí no dia 6.

Abraço do
Rodrigo

São Paulo, 29 de junho de 1937

Rodrigo,

Aqui vão os artigos prometidos e os recibos dos oito contos. Aliás estou escrevendo esta carta mesmo antes de escrever o artigo que vai assinado por mim, e que só depois do almoço escreverei! Veja bem que encrenca! Agora, cá entre nós, vamos pro futuro agir com mais calma e não me peça as coisas assim afobadamente. Certamente o artigo não sairá bom. E tudo foi um sacrifício danado, não só pra mim que vou assinar uma coisa certamente inconfessável como pro meu auxiliar que teve peripécias danadas neste primeiro trabalho.

O artigo histórico foi escrito pelo meu outro auxiliar, o escritor Nuto Sant'Anna, Chefe da Subdivisão de Documentação Histórica do Dep. de Cultura.

Quanto aos recibos vão assinados por Eduardo Camargo, meu cunhado, casado com minha irmã, taquígrafo do Congresso Estadual.

Serve ele?

Abraços

Mário

São Paulo, 30 de junho de 1937

ARTIGO SEGUIRA AMANHA IMPOSSIVEL ACABAR HOJE DESCULPE
MARIO

São Paulo, 1º de julho de 1937

Rodrigo

Enfim aqui vão os artigos. Escrevi meu artigo em tempo. A demora veio exclusivamente dos auxiliares! O engenheirando Luís Saia só agora, são 13 e 25, me telefona avisando que vem trazer os planos. Destes só um tem obrigação de sair, o indicado atrás como fiz n. 11, que o texto comenta. Tem interesse arqueológico, como dispositivo das construções centrais de uma fazenda setecentista de S. Paulo. Pelo menos de S. Paulo. Se os outros planos (cortes) não saírem, me mande outra vez, pra uso e estudo meu, não tenho cópia. Tenho interesse em saber se lhe agradaram os artigos. Orientei-os num sentido mais severo de pesquisa, deixando o adorno pras fotografias. Está certo?

Mário

Capela do sítio Santo Antônio, São Roque (SP).

Rio de Janeiro, 3 de julho de 1937

Mário,

Muito obrigado pelo material copioso e excelente que você teve a bondade de mandar para a revista. Seu artigo sobre a capela de Santo Antônio, em São Roque, ficou de primeira ordem: o tipo do artigo que deverá ser escrito para uma publicação como a nossa. De todos os pontos de vista, saiu uma coisa ótima. Vou mandar copiar as plantas e desenhos de detalhes do Luís Saia para que fiquem incorporados ao nosso arquivo. Depois hei de devolvê-los cuidadosamente a você.

Não pude ler ainda o trabalho do Nuto Sant'Anna, mas deve estar também muito bom.

Você me desculpe o esforço apressado a que o obriguei. Asseguro-lhe que, para o futuro, farei todas as encomendas com antecedência razoável.

Quero lhe agradecer também pelos recibos correspondentes aos oito contos. Eles me facilitarão imensamente a prestação de contas.

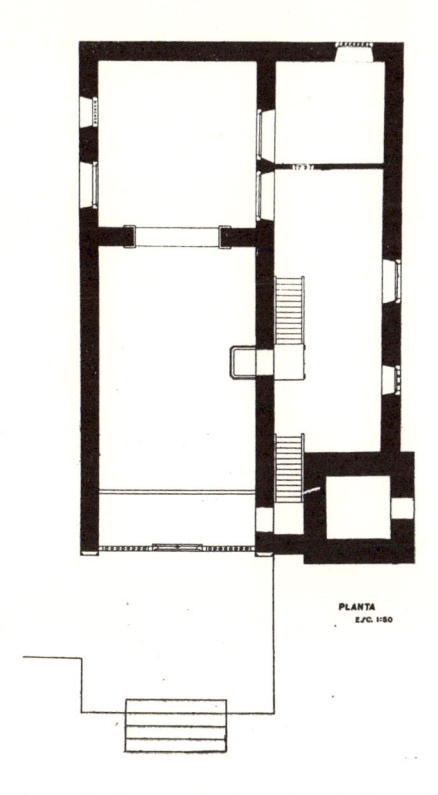

Planta da capela de Santo Antônio desenhada por Luís Saia.

Por intermédio do Royal Bank of Canada, remeti-lhe ontem a importância de Rs. 1:484$800, correspondente a seus vencimentos de junho, com a dedução das taxas da lei a que me tenho referido. Peço-lhe o favor de me avisar, assim que ela lhe chegue às mãos e, depois, o obséquio de me mandar o competente recibo em três vias, nos mesmos termos do anterior (não o de 8 contos e sim o de 1:500$000).

Quando é que você poderá dar um pulo ao Rio? Preciso imensamente ouvi-lo sobre uma porção de coisas do serviço, das quais não tenho jeito de tratar por escrito.

Recado e abraço do
Rodrigo

P.S.: O recibo relativo a seus vencimentos de junho deve ser passado pela importância total de 1:500$000 porque o desconto se presume.

São Paulo, 22 de julho de 1937

Rodrigo

Aqui vão os recibos.

Não me lembrava se datei os primeiros do Rio de Janeiro, como fiz com estes, mas é minha cabeça, se não estiver certo, mande de volta que farei outros.

Mande me dizer alguma coisa sobre orçamento pra este trimestre que já está com o 1º mês quase acabado. Não é que precise eu de dinheiro, ainda não fiz quase nada e tenho aqui o dinheiro, mas é pras coisas andarem certas.

Não sei quando pularei até o Rio mas será pra breve e telegrafarei pra nos encontrarmos longamente.

Ciao com abraço
Mário

Rio de Janeiro, 26 de julho de 1937

Mário.

Obrigado pelos recibos, que V. podia ter datado mesmo de São Paulo. Tais como vieram, porém, eles servem também perfeitamente.

Quanto ao orçamento para o serviço a seu cargo durante o trimestre de julho a setembro, peço a V. o favor de formular a respectiva proposta, baseado nos trabalhos que tiver em vista realizar. Devo receber dentro em breve o adiantamento da importância correspondente à despesa que estou autorizado a fazer, com material, no decurso desse período, havendo portanto conveniência em habilitar-me desde logo a cuidar da aplicação do dinheiro pelas diversas regiões.

Veja, pois, de quanto V. precisa para intensificar um pouco o serviço aí neste mês e nos dois próximos e me avise com a possível urgência para que eu providencie para pôr a quantia necessária à sua disposição.

A publicação da revista está atrasada em consequência de não me terem sido entregues até agora as colaborações prometidas de D. Heloísa, do Roquette Pinto,[i] do Carlos Leão e do Augusto Meyer.[ii] Por isso mesmo,

---

[i] Respectivamente, os estudos de Heloísa e Roquette Pinto, intitulados "Contribuição para o estudo da proteção ao material arqueológico e etnográfico no Brasil" e "Estilização".
[ii] Os artigos de Carlos Leão e Augusto Meyer não iriam comparecer no primeiro número da revista.

fiquei com um remorso muito grande de o ter obrigado a escrever um artigo com tanta pressa, nas vésperas do Congresso da Língua Nacional Cantada, exatamente quando V. andava mais ocupado que nunca.

Não deixe de me telegrafar, se V. der um pulo até cá. Tenho necessidade imperiosa de conversar com V. e ouvir o seu conselho sobre questões importantes para o Serviço.

Abraço afetuoso do
seu
Rodrigo

São Paulo, 13 de agosto de 1937

Rodrigo

Aí está o Augusto Meyer[i] que passou por aqui e é uma verdadeira delícia. Não converse muito com ele não, deixe pra conversarmos os três juntos, sobre os nossos assuntos do Sphan. Estarei no Rio provavelmente na quarta-feira, dia 18 próximo. Telegrafarei pra você me reservar um tempo largo de conversas e decisões. Mas de dia. De noite terei que resolver coisas do Congresso da Língua Nacional.

---

i O poeta, crítico e ensaísta Augusto Meyer veio a ser colaborador regular do Sphan no Rio Grande do Sul. [LCF] Autor de um importante estudo sobre Machado de Assis, Meyer também constituiu, juntamente com Mário Quintana e Raul Bopp, a tríade de poetas modernistas do Rio Grande do Sul. Como um dos primeiros colaboradores do Sphan, realizou o inventário do patrimônio daquele estado. A par de seu trabalho como diretor da Biblioteca Pública do estado, aceitou o convite para exercer a função de assistente técnico da Sétima Região do Sphan e, como tal, esteve presente à primeira visita que o arquiteto Lucio Costa fez às ruínas das missões jesuíticas de São Miguel Arcanjo — um dos Sete Povos das Missões, cuja restauração se tornou uma referência fundamental nas atuações do Sphan. Meyer deixa o Sphan em 1937 para, a convite de Vargas, organizar o Instituto Nacional do Livro, do qual foi diretor por trinta anos e onde acolheu Mário de Andrade, quando o escritor se mudou para o Rio, desgostoso com o desmanche do Departamento de Cultura, em São Paulo.

A Fundação Casa de Rui Barbosa guarda, da interessante correspondência de trabalho entre Rodrigo M. F. de Andrade e Augusto Meyer, somente as cartas de Rodrigo. Ver Leticia Bauer, *O arquiteto e o zelador: Patrimônio cultural, história e memória. São Miguel das Missões 1937-1950*. Dissertação de mestrado apresentada à UFRGS, Instituto de Filosofia e Ciências Humanas. Programa de Pós-graduação em História, 2006. Disponível em: <www.lume.ufrgs.br/bitstream/handle/10183/11112/000604503.pdf?sequence=1>. Acesso em: 2 mar. 2023.

Leleta, Lucio Costa e Augusto Meyer diante das
ruínas da Igreja das Missões, 1937.

Outra coisa, o Meyer tem um desejo infeliz de conhecer Congonhas e Ouro Preto.

Mas desconfiei que a verbinha de viagem que ele tem é muito escassa. Você não podia dar um jeitinho pelo Serviço e mandá-lo com a mulher a essas maravilhas? Mas não na semana que vem, que quero saborear vocês todos. Saboreemo-nos.

Mário

Rodrigo

Para seu governo, comunico-lhe que num depoimento de antiquário tomado aqui por nós, soubemos que o bispo de Diamantina na reconstrução da Sé Catedral de lá, está procurando vender (ou já vendeu!) oito altares de talha, obra preciosíssima.[i] Pede oito contos cada altar.

O arcebispo[ii] daqui foi ao governador do estado. Opõe-se terminantemente ao tombamento dos bens eclesiásticos do Arcebispado!

Ciao com abraço.
Lembrança pro Meyer
Mário

---

[i] Curiosamente, é o texto de um padre que bem documenta as conturbadas relações entre o Sphan (e, depois, o Iphan) e o clero. Trata-se da Oração Fúnebre, pronunciada por monsenhor Severino Nogueira, por ocasião da missa de sétimo dia celebrada em Recife, na ocasião do falecimento de Rodrigo — celebrantes, também, d. Gerardo Martins e d. Basílio Penido, abade de São Bento, em Olinda. Ali se encontra a citação do trecho de um discurso de Rodrigo em que, indicando fatores que ameaçavam o "espólio cultural recebido por nossos antepassados", ele aponta "a indiferença, quando não a ação adversa das autoridades eclesiásticas, responsáveis pela parcela mais valiosa do acervo da arte antiga brasileira". Ainda no texto lido na missa, o celebrante comenta que, de fato, "alguns responsáveis por igrejas e conventos recalcitravam e reagiam contra os efeitos jurídicos do tombamento". E acrescenta que, como aliado do Sphan, apresentara-se o cardeal Leme, que dirigiu uma circular ao clero da arquidiocese do Rio, recomendando colaborar para a preservação do patrimônio. Narra ainda que outros religiosos se posicionaram como aliados do Sphan — caso do beneditino d. Marcos Barbosa e do franciscano frei Venâncio, que lembrava os "tristes casos de altares, imagens e castiçais antigos e artísticos impiedosamente afastados das igrejas" — pelo que considerava "vandalismo religioso". Ao fim e ao cabo, muitos religiosos se tornaram colaboradores do Sphan e amigos de Rodrigo, como foi o caso do já citado d. Marcos, de outro beneditino pesquisador, d. Clemente da Silva Nigra, do cônego Trindade e outros. Ver *A lição de Rodrigo*, op. cit.

[ii] Trata-se de d. Duarte Leopoldo e Silva, que foi o primeiro arcebispo de São Paulo, entre 1908 e 13 de novembro de 1938, dia de sua morte.

Rio de Janeiro, 31 de agosto de 1937

Mário.

O único remédio para as sacanagens dos bispos, arcebispos a que V. se refere é a promulgação urgente da lei que organiza definitivamente a proteção do patrimônio histórico e artístico nacional.

O respectivo projeto está sofrendo emendas no Senado (sobretudo por parte do velho Alcântara)[i] e é provável que demore lá pelo menos um mês. Em seguida, pelo fato de ter sido emendado, terá de voltar à Câmara. De qualquer maneira, porém, far-se-á todo esforço possível no sentido de lhe acelerar a marcha. Amanhã mesmo se eu almoçar com o Capanema como pretendo, tratarei a sós do assunto. E como o Getúlio está interessado na coisa, a gente pode esperar que o projeto não tarde muito a ser transformado em lei e a entrar em vigor.

Logo que isso ocorra, estaremos em condições muito mais favoráveis para bater boca com bispos e arcebispos.

Até lá, porém, teremos de contar somente com a divina providência para nos defender dos eclesiásticos. Em todo caso, vou mandar o Epaminondas[ii] a Diamantina para verificar pessoalmente o que se está passando com os altares a que V. se referiu e ver se ainda é possível evitar a sua venda.

O pior é que o Alceu[iii] parte hoje para a Argentina e o Chile, deixando-me sem elemento de ligação com o Cardeal.

---

i Refere-se ao senador José de Alcântara Machado, pai do escritor modernista, também político, e amigo de Rodrigo, Antônio de Alcântara Machado.
ii Epaminondas de Macedo foi o representante da Inspetoria de Monumentos Nacionais, dirigida por Gustavo Barroso, na execução dos serviços de conservação e restauração em Ouro Preto. A Inspetoria foi dissolvida pela lei n. 378 de criação do Sphan, em janeiro de 1937, mas Epaminondas seguiu colaborando com o Sphan. É autor do artigo "A capela de N. S. de Sant'Ana", que figura na primeira edição da *Revista do Sphan*.
iii Alceu Amoroso Lima conhecera Rodrigo ainda adolescente e sempre manifestou apreço pelo trabalho e personalidade do diretor do Sphan. Na apresentação que faz à antologia dos escritos desse crítico, ensaísta, professor e conferencista, pela coleção Nossos Clássicos, Antônio Carlos Villaça nos lembra que, havendo nascido em 1893 e morrido em 1983, ele foi contemporâneo de todas as grandes transformações político-sociais e tecnológicas desse período. Muito jovem, fez inúmeras viagens à Europa, onde frequentou cursos importantes e personalidades literárias, como a de Afonso Arinos, de cuja obra ele se tornou grande admirador. A partir de 1919, adotando o pseudônimo de Tristão de Athayde, começa a escrever crítica literária, o que continuou a fazer, nos jornais de maior circulação, ao longo de sua vida. Foi simpático ao modernismo e, após a morte de seu amigo, o escritor católico Jackson de Figueiredo, converteu-se ele próprio a um catolicismo engajado, passando — durante largo

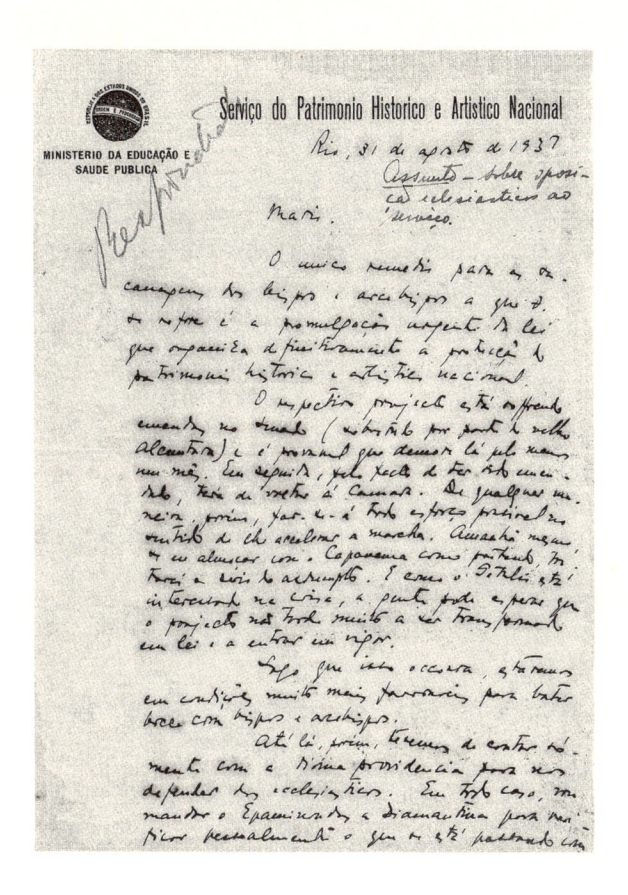

Enfim, seja tudo pelo amor de Deus.

Transmiti suas lembranças ao Meyer, que ainda se demora por aqui alguns dias.

Veja se V. me remete o cálculo prometido sobre as suas despesas com pessoal técnico, fotografias, automóveis etc.

Um abraço do
Rodrigo

período — a dotar a sua crítica de um viés ideológico, tornando-se, também, importante liderança no movimento de renovação católica no Brasil. No tempo do Estado Novo, em 1937, foi simpático à causa da perseguição aos comunistas, mas se tornou, depois da tomada do poder pelos militares, em 1964, um defensor dos perseguidos políticos da esquerda. Durante toda sua vida, Alceu dedicou-se a escrever, a lecionar e a fazer conferências. Foi catedrático de literatura brasileira na Faculdade de Filosofia da Universidade do Brasil e um dos fundadores da Pontifícia Universidade Católica.

São Paulo, 2 de setembro de 1937

Rodrigo

Aí vai o orçamento. Aumentou bem, mas é o único jeito de se fazer o trabalho intensivo de recenseamento que você pediu. Tenho que contratar engenheiros e um funcionário dirigidor dos serviços, que viaje daqui pra ali contratando engenheiros, orientando fotógrafo etc. Vou tratar um fotógrafo como fez o Meyer. Fica por conta do serviço e viajará depois de bem educado. Me responda por expressa, se o orçamento é concedido e vem, pra iniciar imediatamente o serviço.

Ciao com abraço
Mário

Rio de Janeiro, 4 de setembro de 1937

Ilmo. Sr. Mário de Andrade,
D. Assistente Técnico do Serviço do Patrimônio Histórico e Artístico Nacional na 6ª Região.

Sr. Assistente Técnico.

Acusando recebimento de vosso ofício de 2 do corrente, tenho o prazer de comunicar-vos que aprovo o orçamento que apresentastes das despesas a serem feitas nessa Região durante o terceiro trimestre de 1937, para o efeito do recenseamento geral e competente documentação fotográfica dos principais edifícios aí existentes dignos de tombamento.

Cumpre-me acrescentar que tomarei as providências necessárias no sentido de pôr à vossa disposição a importância em que foram orçados esses trabalhos.

Atenciosas saudações.
Rodrigo M. F. de Andrade
Diretor

Rio de Janeiro, 4 de setembro de 1937

Mário.
Muito obrigado pela sua carta do dia 2.
Quanto ao orçamento para a intensificação do serviço aí, estou de acordo com a proposta dos 17:000$000, quantia esta que lhe será enviada, por intermédio do Royal Bank of Canada, na segunda-feira 6, juntamente com a correspondente a seus vencimentos do mês de agosto.
O recibo referente aos 17:000$000 deverá ser assinado, em três vias, pela mesma pessoa que assinou o anterior, relativo à importância aplicada no segundo semestre e de acordo com a minuta inclusa.
Abraço do
Rodrigo

São Paulo, 7 de setembro de 1937

Rodrigo,
lhe escrevo por duas coisas. Três. Primeiro recebi seu aviso de aceitação da proposta do orçamento, e hoje mesmo mandei chamar o fotógrafo em S. Carlos, um alamão,[i] pra começarmos no domingo próximo o serviço intensivo de fotografação. Você verá, assim que as fotos forem chegando aí, o que é esta miséria de arte tradicional paulista, paciência. Irão talvez alguns altares bonitos...
Segunda coisa: você me fala também em mandar meus vencimentos "do mês de agosto". Veja aí que se esqueceram de mandar os que correspondiam ao mês de julho, ou era deste mês que você quis falar? Sua carta de 25 de maio me mandava os do mês de maio, a de 3 de julho, os do mês de junho. E nada mais. Você me conhece bastante pra saber que não faço muita questão de dinheiro, meto o pau em tudo. Mas tinha que falar.
Terceira: os ventos melhoraram. Não posso saber exatamente quanto porque o Paulo Duarte é ingenuamente otimista, mas não vê que arranjou um chá com o arcebispo, fez muitas gracinhas e os dois acabaram se reconhecendo idênticos pelo menos numa coisa, são ambos ladrões de livros raros. Com isso, diz o Paulo que ficaram muito amigos e o arcebispo ficou muito abalado. Vou agora estar com o arcebispo auxiliar, e pedir-lhe uma

---

i Refere-se ao fotógrafo Herman (Germano) Graeser (1898-1966). [N. E.]

carta de recomendação geral a padres e párocos, pra que eu possa fotar e tirar plantas à vontade. Lhe escreverei contando as peripécias.

Ciao com abraço,
Mário

Rio de Janeiro, 9 de setembro de 1937

Mário.

Segunda-feira, dia 6, remeti a V. por intermédio do Royal Bank of Canada 18:445$300, sendo 17:000$000 menos 17$000 correspondentes a despesas do Serviço neste trimestre e 1:500$000 menos 4$500 relativos aos seus vencimentos do mês de agosto, deduzidas daí também as despesas de comissão do banco, de telegrama e selos, montando a Rs. 22$000, 10$000 e 1$200 respectivamente.

Hoje recebi sua carta do dia 7 e verifiquei, com vergonha, que nos tínhamos de fato esquecido de lhe enviar os seus vencimentos do mês de julho. V. me desculpe por favor. Hoje mesmo lhe remeto a respectiva importância por intermédio do banco do Canadá.

Fiquei satisfeitíssimo com as notícias a respeito do arcebispo daí. Espero ardentemente que V. e o Paulo Duarte acabem obtendo a cooperação ativa desse homem poderoso.

O concurso do arcebispo auxiliar, que V. pretende solicitar, deve ser também precioso.

Quanto às obras de arquitetura a serem tombadas em São Paulo, não hão de ser tão pobrezinhas quanto V. diz. Deve haver muita coisa interessante e, em matéria de arquitetura rural, sem dúvida das melhores coisas do Brasil.

O Meyer segue amanhã para Porto Alegre por um Ita.

Abraço do
Rodrigo

São Paulo, 10 de setembro de 1937

Rodrigo

Recebi sua carta nova, não se afobe. Não tem a menor importância. Já gastei o dinheiro comprando nesta horinha, 17 horas exatas, dois desenhos do grande morto portuga se chamando Tagarro[i] e uma ponta-seca da Mily Possoz[ii] que está valendo ouro puro, na Europa, e é da grande época, e é de tiragem de 25 exemplares!!! Hoje não durmo.

Vamos ao sério. Queria uma opinião de você. As fotos que terei de mandar aí pro Sphan central e que são grandes, como que você quer? Fotos brilhantes pra clichê, fotos mate, em preto ou em sépia. Guardo sempre uma cópia em tamanho menor no arquivo daqui. Poderia esta ser a brilhante. Mas se pra vocês fazerem clichês aí se tiver que mandar as cópias daqui fica eminentemente besta. É verdade que adquiro os negativos também. E como você acha? Ficam estes no arquivo daqui ou mando pra aí? Acho mais prático vocês aí no Centro organizarem o arquivo central único de negativos. Tanto mais que estes não podem ser publicados senão pelo Sphan central, não acha?

E agora um favor, em que não insisto nem você precisará arrancar um só fio de cabelo por. Seria possível você me arranjar pra mim, Mário de Andrade, os *Anais* desse Congresso de Educação que se realizou poucos anos atrás em Belo Horizonte, estado de Minas e seu estado natal? Tinha *besoin*. Desculpe mas estou impossível de bom humor por causa de Mily Possoz.

Ciao com abraço
Mário

Rio de Janeiro, 10 de setembro [de 1937]

Mário.

O poeta Vinicius[iii] me transmitiu seu recado, que levei sem demora ao conhecimento do Roberto Alvim Corrêa.[iv]

---

i José Tagarro (1902-31) foi um pintor português modernista. [N. E.]
ii Emília Possoz (1888-1968) foi uma pintora portuguesa modernista. [N. E.]
iii O poeta e diplomata Vinicius de Moraes foi amigo muito querido e compadre de Rodrigo, com quem manteve correspondência durante o tempo em que, ainda jovem, ganhou uma bolsa para estudar inglês e literatura inglesa na Universidade de Oxford, Inglaterra. Vinicius e Pedro Nava, embora mais moços, se incluíam no grupo de intelectuais que frequentava a casa de Rodrigo.
iv Roberto Alvim Corrêa (1901-83) foi editor e escritor, nascido em Bruxelas. Em 1928, em Paris, fundou a Éditions Corrêa. Radicou-se no Rio de Janeiro em 1939, onde dirigiu a coleção Nossos Clássicos, para a editora Agir, e atuou como professor e divulgador da língua e da cultura francesa. [N. E.]

Serviço do Patrimonio Historico e Artistico Nacional

MINISTERIO DA EDUCAÇÃO E SAUDE PUBLICA

Rio, 10 de setembro.

Mario,

O poeta Vinicius me transmittiu seu recado, que levei sem demora ao conhecimento do <u>Roberto Alvim Corrêa</u>.

Você pode escrever a elle directamente para a <u>rua Leopoldo Miguez, 26, Copacabana</u>, fazendo as encommendas que desejar para você mesmo e para o Armandinho. O Roberto Corrêa transmittirá tudo para Paris pelo correio aereo e você não tardará a receber os livros pedidos por um preço extraordinariamente inferior ao que costuma pagar.

Você pode escrever a ele diretamente para a rua Leopoldo Miguez, 26, Copacabana, fazendo as encomendas que desejar para você mesmo e para o Armandinho. O Roberto Corrêa transmitirá tudo para Paris pelo correio aéreo e você não tardará a receber os livros pedidos por um preço extraordinariamente inferior ao que costuma pagar.

Ainda anteontem me chegaram uns cujo custo montava a 900 francos e que me ficaram apenas por 540$000.

O Meyer seguiu ontem de volta pelo Itaité.

Você já deve ter recebido aviso da remessa que lhe fiz não só dos 17 contos para as despesas do Serviço no 3º trimestre, mas também do montante de seus vencimentos de julho e agosto.

O projeto da lei que organiza a proteção do patrimônio foi aprovado em última discussão pelo Senado, mas como sofreu emendas aí, terá de voltar à Câmara. Espero, apesar disso, que não tarde a ser convertido em lei.

Abraço afetuoso do
Rodrigo

São Paulo, 14 de setembro de 1937

Rodrigo

Aqui vão os recibos. Você datou de *30 de setembro* o recibo dos 17 contos e respeitei o modelo de recibo enviado. Mas a data é essa mesma?

Os trabalhos de fotografação iniciados no domingo vão intensos. Dentro dum mês, o mais tardar, você receberá documentação numerosa. Fizemos a miséria seiscentista de Voturuna[i] de que sobra apenas a sacristia, parte do altar primitivo e umas... cariátides, que imagino serem alampadários. Tiramos o plano também. Depois fizemos Parnaíba, onde a igreja é importantíssima como construção, mas feia como o diabo. Não deu pra fazer o plano, o engenheiro voltará lá. Não fotei a igreja, mas já me arrependi. Feia ou bonita, acho que se devera fotar qualquer fachada de igreja que se pretende por qualquer motivo tombar. No princípio, apesar dos raciocínios anteriores, hesitações são fatais. O fotógrafo terá de voltar lá. Fotei a horrenda porta por causa do estilo, um púlpito e um frontão interno churriguerescos, feios como

---

[i] Trata-se da capela de Nossa Senhora da Conceição, construída em 1687, na serra do Voturuna (ou Boturuna), em Santana de Parnaíba, estado de São Paulo. [N. E.]

Fachada da capela de Voturuna (SP), 1937.

três dias de chuva. Depois fomos a S. Miguel, mas o dia chuvoso impediu fotar por fora. 1622. Só fotei do interior (inteiramente refeito) um detalhe antigo da grade de comunhão. O plano é curiosíssimo. Segunda e hoje meus auxiliares estão em zona mais agradável, Itu, que tem coisas bonitas e importantes, Porto-Feliz bem besta. Ficarão ainda por lá vários dias. Quero ver se depois fazemos ou o litoral norte, ou o litoral sul ou o vale do Paraíba.

Um conselho de sujeito atrapalhado. Não estou gostando muito de certos documentos da prestação de contas interna, entre nós dois. Eis um caso. Chegamos em Parnaíba às 13 horas, morrendo de fome, cidadinha morta sem hotel, uma vendoca sem uma lata de sardinha nem de nada, acabei dando um estrilo dos diabos que fez um parnaibano descobrir uma preta que fez almoço pra nós. 21$500. Não foi possível extrair documento nenhum dessa mulher. Você falou que até dez paus basta nota minha. Mas em casos assim, casos de hospedagem e comida em sítios de analfabetos, como quando o meu engenheiro passou a semana estudando Santo Antônio de S. Roque (90$000 se não me engano), não há meios de se obter recibo e fico amolado. Me ensine um bocado nestas coisas de dinheiro, coisas de que tenho medo e dinheiro que só sei, quando é meu, gastar. Sei que são prestações de contas internas, mas a higiene, para um professor, como eu, se prefere moral a física.

Outra coisa: quando fizer a prestação interna do 2º trimestre, envio eu a prestação de contas ou o Eduardo Camargo que assinou o recibo da verba?

Altar-mor da capela de Nossa Senhora da Conceição, Voturuna (SP), 1937.

Acho que deve ser ele, mas ensine sempre. E ciao. Está uma luta pelos orçamentos aqui, *também*!
Ciao com abraço
Mário

Rio de Janeiro, 21 de setembro de 1937

Mário.
Desta vez demorei a resposta à sua carta do dia 14, que me chegou às mãos acompanhada dos recibos referentes aos 17 contos destinados às despesas com o serviço e a seus vencimentos de julho. Ficou faltando o recibo relativo a seus vencimentos de agosto, cuja importância lhe enviei também por intermédio do Banco do Canadá, poucos dias depois da primeira remessa.
A propósito da despesa do almoço a que V. se referiu, não há inconveniente nenhum em que a respectiva nota seja assinada apenas por V., independente de recibo do hoteleiro. A exigência do recibo no tocante às quantias excedentes de 10$000 só tem cabimento quando se trata de comprovação de despesa perante o Tribunal de Contas. Ao passo que a prestação de contas que V. vai fazer é estritamente pessoal, ficando os respectivos documentos incorporados apenas ao meu arquivo, para ressalva somente de minha

responsabilidade. Em tais condições — embora esta prestação seja assinada pelo Eduardo Camargo, que firmou o recibo geral —, os comprovantes podem ser constituídos por simples notas de despesas rubricadas por V.

Fiquei muito contente com as notícias sobre os trabalhos de documentação fotográfica que V. iniciou com intensidade. Espero que dentro em breve o serviço esteja adiantadíssimo.

Quanto a fotografar as fachadas das edificações que devam ser tombadas por motivo de qualquer circunstância ou detalhe interessante, acho que V. tem razão. Convirá fotografar essas fachadas, ainda quando em si mesmas não se revistam do menor interesse. A documentação a esse respeito é necessária sempre, pelo menos como elemento de identificação do monumento.

Peço-lhe também que não se esqueça de especificar os proprietários das edificações propostas para tombamento, a fim de me permitir preparar as notificações que terão de ser expedidas logo que seja promulgada a lei que organiza a proteção do patrimônio histórico e artístico nacional.

O Meyer escreveu de Porto Alegre. Está se queixando de saudades dos amigos que fez na viagem.

Estou em luta ainda com meio mundo, a propósito do orçamento do Sphan para 1938. O pior é que continuo no escuro, sem saber absolutamente o que será nossa situação no ano que vem. O prazo dentro do qual haverá possibilidade de alteração do substitutivo da Comissão de Finanças da Câmara expira no dia 25. Hoje ou amanhã o Capanema deverá tentar obter dessa Comissão os aumentos que pleiteio e que são absolutamente imprescindíveis para nós, sob pena de não podermos fazer mais coisa nenhuma. Ando apavorado com a inércia e a incompreensão dessa [gente] toda.

E, por aí, que é que há em relação ao projeto do Paulo Duarte?
Abraço do
Rodrigo

São Paulo, 23 de setembro de 1937

Rodrigo

Só uma indicação. Recebi sua carta e tudo se esclareceu. Mas se não mandei o recibo meu de agosto foi porque ainda não tinha recebido aviso do dinheiro. Imaginei que tinha se perdido e acabo de mandar saber no Banco do Canadá. Lá também não receberam nada pra mim, depois da transferência dos 18:444$600 de 8 de setembro.

Ciao com abraço
Mário

Rio de Janeiro, 24 de setembro de 1937

Mário.

A gerência do Royal Bank of Canada aqui me escreveu avisando que V. não tinha ainda comparecido à agência daquele estabelecimento em São Paulo para receber a importância de seus vencimentos de agosto, expedidos por uma ordem telegráfica do dia 9. Será possível que V. não tenha tido comunicação daquela remessa? Acho mais provável que V. não tenha é precisado do dinheiro, por enquanto. Por isso mesmo mandei manter o depósito até que V. se decida a buscar os cobres.

Envio-lhe inclusa uma publicação do Deoclécio Redig de Campos[i] dando notícia de um Van Dyck aí em São Paulo.[ii] V. sabe dele? Acho que precisamos tombá-lo oportunamente.

[i] Deoclécio Redig de Campos, nascido no Pará em 1905, formado em Roma em filosofia e história da arte, foi diretor da Galeria de Imagens do Vaticano e, de 1971 até 1978, assumiu a direção dos Museus Vaticanos. Foi coordenador do restauro da *Pietá* de Michelangelo, dos afrescos de Michelangelo na capela Paulina e das Histórias de Cristo e de *Moisés* na capela Sistina, assim como os da sala do Supremo Tribunal da Assinatura Apostólica e de três retábulos de Raphael na Galeria de Fotos. Tornou-se consultor eventual do Sphan, para assuntos de restauração de pinturas, havendo publicado, na *Revista do Sphan* n. 3, o artigo "Um desenho preparatório para a 'Libertação de São Pedro', obra da escola de Raphael na Biblioteca Nacional do Rio de Janeiro". É autor do livro *Considerações sobre a gênese da Renascença na pintura italiana*, lançado pelo MEC em 1958. Ver Padre Arnaldo Rodrigues, "Brasileiros que fizeram história: Quem é Deoclécio Redig de Campos?, *Vatican News*, 26 jun. 2019. Disponível em: <www.vaticannews.va/pt/mundo/news/2019-06/deoclecio-redig-de-campo.html>. Acesso em: 2 mar. 2023; e Daniel Piza, "Memórias de um brasileiro no Vaticano", *Estadão*, Portal de *O Estado de S. Paulo*, 16 jun. 2009. Disponível em: <www.estadao.com.br/brasil/daniel-piza/memorias-de-um-brasileiro-no-vaticano/>. Acesso em: 2 mar. 2023.
[ii] O tombamento de bens móveis sempre constituiu um problema para o Sphan e para os proprietários dos bens tombados, porque os regulamentos devidos a sua proteção geralmente implicavam, e implicam, desvalorização financeira. Assim, naquele momento inicial e estratégico, vemos que Rodrigo se coloca em uma posição de caça a um bem "tombável" que, por

Escreva quando puder.
Abraço do
Rodrigo

Rio de Janeiro, 25 de setembro de 1937

Mário.

Ontem já tinha escrito a V. sobre o negócio do banco, mas volto a tratar do mesmo assunto à vista de sua carta do dia 23, que recebi hoje de manhã.

É estranho que a agência do Royal Bank of Canada aí pretenda nada ter recebido para V. depois da transferência dos 18:444$600. Esta quantia foi expedida no dia 6, e a outra, de 1:479$300, seguiu no dia 9. De resto, com a carta que lhe remeto inclusa, V. poderá reclamar aí o que lhe é devido.

Abraço do
Rodrigo

São Paulo, 27 de setembro de 1937

Rodrigo

Aí vão os recibos.

Nunca ouvi falar no tal Van Dyck, nem ninguém. Tenho dado pulos pra saber com quem está, nada, ninguém conhece, ninguém nunca não

---

isso mesmo, poderia escapar para o estrangeiro. Em nossas pesquisas, não identificamos registro de tombamento da tela do pintor Van Dyck, e apuramos a existência de apenas dois quadros do pintor brabantino pertencentes ao Masp — *Retrato da marquesa Lomellini com os filhos em oração* e *Retrato de um desconhecido* —, aquisições feitas pelo museu após a Segunda Guerra Mundial, que não poderiam ser, portanto, a tela indicada por Deoclécio em 1937. No entanto, além do acervo do Masp, há notícia de uma versão do quadro *São Martinho e os mendigos*, exposta nos anos 1980 no Acervo do Banco Europeu para a América Latina — sucursal de Campinas, uma pintura de grandes proporções e uma cópia "de extraordinária qualidade" que teria mais chances de ser a tela mencionada na correspondência. O único texto de Deoclécio sobre Van Dyck de que tivemos notícia foi publicado na Itália, em edição de 1936-7, mas não menciona o quadro de São Paulo. Disponível em: <www.bollettinodarte.beniculturali.it/opencms/multimedia/BollettinoArteIt/documents/1438850093917_04_-_Redig_de_Campos_150.pdf>. Acesso em: 2 mar. 2023.

ouviu falar, ninguém não sabe nem quem é o tal Redig Campos que escreveu o artigo, aqui provavelmente não mora, pelo menos não tem telefone.

Continuarei com os pulos.

Ciao com abraço

por hoje

Mário

São Paulo, 29 de setembro de 1937

Rodrigo

I — O fotógrafo telefonou que as perto de cem chapas já tiradas e que mandei revelar antes de continuar o trabalho, pra ver o que estava saindo, ficaram boas. As cópias deverão estar nas minhas mãos, diz ele, começo semana próxima. Mas então estarei no Rio casando Oneida Alvarenga.[i]

II — Você ficou de mandar sinete Sphan pra nós e nada. Desejava fazer papéis pra correspondência. Imaginei uma carta cíclica a prefeitos, pedindo dados.

III — Van Dyck, nada?

IV — A propósito fotos. Irão elas, com indicações sumárias apenas. E um bocado de história. As plantas das igrejas tombáveis, você acha necessário já? Ainda não tenho feito senão daquelas em que encontro padres caroáveis. São um bocado desconfiados. Alguns recusam resolutamente, até fotografar, como

---

[i] Oneyda Alvarenga, musicóloga, folclorista e poeta, dirigiu, a partir de 1935, a Discoteca Pública Municipal de São Paulo, criada como parte do Departamento Municipal de Cultura. [LCF] Oneida — sem *y* — como escrevia Mário de Andrade para a mocinha recém-chegada de Varginha (MG) para estudar piano e que, um dia, lhe mostrou suas poesias. Aluna de piano e discípula de poesia, Oneyda foi, também, amiga e correspondente-confidente de Mário durante todos os períodos em que ela se ausentou de São Paulo e enquanto ele esteve no Rio, depois do desmanche do Departamento de Cultura. Mário confiava tanto na capacidade intelectual, na inteireza de caráter e força de trabalho da amiga — nessa época com pouco mais de vinte anos — que a convidou para chefiar a Discoteca Pública do Departamento de Cultura da Cidade de São Paulo, que, hoje, tem seu nome. Sobre os versos que escreveu, Manuel Bandeira disse — em carta a Mário — neles ter encontrado "a poesia mais grave, mais sutil e meditativamente terna". Oneyda Alvarenga muito contribuiu para dar a público parte importante do espólio intelectual de Mário de Andrade, editando o *Dicionário musical brasileiro* (junto a Flávia Toni) e organizando os três volumes das *Danças dramáticas*. Publicou uma seleção de seus poemas — *A menina boba* — e, finalmente, sua correspondência com Mário de Andrade. Oneyda faleceu em 1984. Ver *Correspondência Mário de Andrade & Manuel Bandeira*, op. cit.; Mário de Andrade, *Danças dramáticas do Brasil*. Org. de Oneyda Alvarenga. 2. ed. Belo Horizonte: Itatiaia, 1982; e Mário de Andrade, *Cartas*. Org., intr. e notas de Oneyda Alvarenga. São Paulo: Duas Cidades, 1983.

os Beneditinos, de Sorocaba. Não será melhor fazer as plantas aqui da Capital e essas difíceis, só depois de estarmos com a lei na bainha? Recebeu recibos?
Ciao com abraço
Mário

São Paulo, 13 de outubro de 1937

Rodrigo
Só pra lhe enviar estes recibos tardios. Já estou com uma coleção vasta de fotos comigo. Algumas ótimas, outras regulares. As ruins recusei. Levarei tudo pro Rio dia 23 próximo, dia em que procurarei você de manhã, ali pelas onze e meia no serviço, me espere.
Ciao com abraço.
Mário

Rio de Janeiro, 14 de outubro de 1937

Mário.
Li com grande satisfação o projeto apresentado pelo Paulo Duarte no sentido da criação do Departamento do Patrimônio Histórico e Artístico do estado.[i] Saiu uma coisa muito mais completa que o projeto de lei federal, porque seguiu mais de perto o seu notável anteprojeto.

---

[i] Esta carta de Rodrigo, datada de outubro de 1937, se situa a menos de um mês de distância do golpe de Estado dado por Getúlio Vargas, sob a alegação de que o crescente agravamento dos dissídios partidários acabaria por colocar o Brasil na contingência de uma guerra civil. Interessante constatar como os governantes paulistas estaduais e municipais e os intelectuais por eles apoiados — assim como, provavelmente, Rodrigo — estavam longe de imaginar a brusca interrupção das ilusões de terem, em breve, o país presidido — esclarecidamente — por Armando Sales, governador de São Paulo e um dos candidatos mais cotados à sucessão presidencial. O comentário de Rodrigo — elogioso ao projeto de um Departamento do Patrimônio Histórico e Artístico do estado e sinceramente invejoso dos recursos com que ele seria dotado — se revela muito expressivo do prestígio emprestado à cultura pelo governo paulista. Em carta de Paulo Duarte datada, também, de setembro de 1937, lê-se um comentário que confirma o cenário otimista em São Paulo: "O meu projeto de Departamento do Patrimônio Histórico e Artístico de São Paulo, que seria o início do Instituto de Cultura, que pretendíamos iniciar aqui e, uma vez eleito presidente da República Armando Salles, estender para todo o Brasil estava pronto...". Entretanto, com o Golpe, em novembro deste mesmo ano, veio a violenta substituição desses planos: Armando

Além disso, a dotação de 700 contos para atender a despesas da repartição em 1938 excede de muito longe as dotaçõezinhas irrisórias que nos foram concedidas no substitutivo da comissão de finanças da Câmara à proposta do orçamento federal para o próximo exercício. De fato, o que se verificou, afinal de contas, foi que não só deixaram o Serviço somente com aqueles grotescos cem contos de réis para realizar obras de conservação e restauração em todo o país, mas ainda nos cortaram noventa e tantos contos na própria verba de pessoal.

Não obstante, recebi hoje um bilhete do Capanema, em que ele me assevera estar "agindo no sentido de obter os 600 contos para as obras do Serviço em 1938". E acrescenta que "espera obtê-los".

Fico sem saber o que deva esperar.

Peço a V. com muito empenho o favor de me mandar com a maior urgência possível o recibo, em 3 vias, correspondente aos seus vencimentos de setembro. Preciso prestar contas dentro de poucos dias das despesas efetuadas no 3º trimestre do ano.

E, quanto à primeira parte do inventário de arquitetura, quando é que V. poderá remetê-lo com a respectiva documentação fotográfica? Se houver possibilidade e não for inoportuno, rogo a V. a bondade de me enviar desde logo os dados e as fotografias referentes ao que existir aí de mais interessante e de mais característico àquele respeito, para ser incluído num álbum que o Lucio Costa[i] está preparando para o Serviço.

Abraço do
Rodrigo

Sales se exilou, Adhemar de Barros foi indicado interventor no estado de São Paulo, e Prestes Maia substituiu Fábio Prado na prefeitura de São Paulo. O projeto de Paulo Duarte, que seguia "à risca" o anteprojeto de Mário, também gorou com a instituição do Estado Novo. Mário de Andrade foi afastado da direção do Departamento de Cultura e acusado de má gestão das verbas da instituição, o que nunca foi comprovado. As auditorias então realizadas se acrescentaram como mais uma prova da injustiça cometida contra Mário de Andrade. Ver prefácio de Antonio Candido a *Mário de Andrade por ele mesmo*, op. cit.; e Eduardo Jardim, *Eu sou trezentos: Mário de Andrade: vida e obra*, Rio de Janeiro: Edições de Janeiro, 2015.

i O arquiteto e urbanista Lucio Costa, um dos primeiros e principais colaboradores do Sphan. Diretor da Divisão de Estudos e Tombamentos até 1972, ano de sua aposentadoria. [LCF; nota deslocada pela edição] O futuro criador de Brasília, juntamente com Oscar Niemeyer, foi o encarregado por Rodrigo da tarefa — disputada pelos conservadores — de reorganizar o ensino das chamadas belas-artes no país. Na Divisão de Tombamentos do Sphan foi o consultor especial — "o melhor e mais seguro conselheiro a que se poderia recorrer", conforme se lê em carta de 21 de fevereiro de 1942 —, a quem Rodrigo recorria antes de tomar decisões sobre restauro ou tombamento. Ver Lucio Costa, *Registro de uma vivência*. 3. ed. rev. São Paulo: Editora 34; Edições Sesc, 2018.

Da dir. para a esq., Lucio Costa é o segundo, e Rodrigo,
o quarto, no Forte de Santa Cruz, Niterói, 1939.

São Paulo, 14 de outubro de 1937

Rodrigo

Acã ou melhor *Acang* é do mais legítimo tupi. Jamais tapuia. Foi o que me informou hoje o Plínio Airosa.[i]

Amanhã parto pra Bertioga tirar fotos e planos do forte. Vou com os chefes da Sociedade dos Amigos da Bertioga, pra organizarmos os orçamentos pra fortalecimento do... forte. Assim que estiverem prontos, enviarei a você para o orçamento do quarto trimestre deste ano. Se orçar muito verei outra coisa menor pra fazermos, como ficou combinado.

Dia 12 passado fui a Atibaia e ao Santuário de Perdões. Só realmente interessante o plano da matriz de Atibaia que tirei. Fotei tudo.

Ciao com abraço.

Mário

---

[i] Plínio Airosa, professor catedrático de etnografia e língua tupi da Faculdade de Filosofia, Ciências e Letras da USP. [LCF]

Prefeitura do Município de S. Paulo
DEPARTAMENTO DE CULTURA

S. Paulo 14-10-37

Rodrigo

<u>Acã</u> ou melhor <u>Acang</u> é do mais legítimo tupi. Jamais tapuia. Foi o que me informou hoje o Plínio Airosa.

Amanhã parto prá Bertioga tirar fotos e planos do forte. Vou com os chefes da Sociedade dos Amigos da Bertioga, pra organizarmos os orçamentos pra fortalecimento do... forte. Assim que estiverem prontos, enviarei a você para o orçamento do quarto trimestre dêste ano. Si orçar muito, farei outra coisa menor pra faperimos, como ficou combinado.

Dia 12 passado fui a Atibáia e ao Santuario de Perdões. Só realmente interessante o plano da matriz de Atibáia que tirei. Fotei tudo.

Ciao com abraço

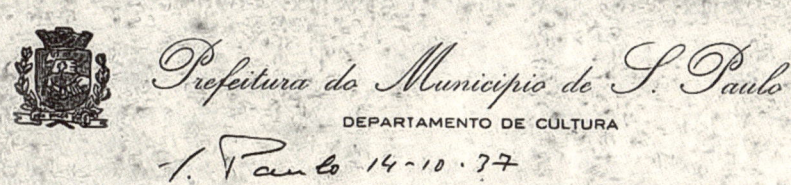

M

Rio de Janeiro, 15 de outubro de 1937

Mário.

Fica sem efeito grande parte da carta expressa que lhe escrevi ontem, à vista do recebimento da sua do dia 13, acompanhada dos recibos que lhe pedia.

Muito obrigado pela presteza da remessa.

Fico à sua espera aqui às 11 ½ do próximo dia 23.

Abraço do *muito seu negro*[i]

Rodrigo

Rio de Janeiro, 18 de outubro de 1937

Mário,

Só ontem recebi sua carta do dia 14.

Obrigado pela confirmação do Plínio Airosa ao que nos tinha informado o Carlos Estevão[ii] sobre a origem do termo "acã". Tenho certeza, aliás, de que são procedentes também todas as outras objeções que ele formulou ao trabalho do E. Pinto.[iii] Por isso mesmo, estou decidido a sustar indefinidamente a publicação deste último.

Remeto incluso a V. um bilhete do João Gomes Teixeira, chefe de gabinete do secretário da Educação de Minas, pelo qual V. verá que já estou de posse das atas do Congresso de Instrução Primária reunido em

---

[i] A despedida de Rodrigo, nessa carta, não irá parecer estranha à maneira de falar, de sentir e aos costumes de determinados estados do Brasil, em que expressões como "minha nega", "meu nego", "neguinha" e outras se conservam como manifestações afetivas. O "abraço do muito seu negro", de Rodrigo, poderia ser traduzido por "do muito seu criado", espécie de paródia à língua do tempo do senhor e do servo; do senhor e seu escravo. Brincadeiras entre dois amigos, muito envolvidos com os tempos coloniais, que não deixam, é claro, de reiterar a complacência, com que Joaquim Nabuco, que combateu a escravidão, a ela se referiu como a de um tempo — até certo ponto saudoso — em que "tanto a parte do senhor era inscientemente egoísta, tanto a do escravo era inscientemente generosa". Ver Joaquim Nabuco, *Minha formação*. Rio de Janeiro; Paris: H. Garnier, 1900.

[ii] De Carlos Estevão, publicou-se o artigo "Resumo histórico do Museu Paraense Emílio Goeldi" na *Revista do Sphan* n. 2 (Rio de Janeiro, Ministério da Educação e Saúde, 1939, pp. 7-19. Disponível em: <portal.iphan.gov.br//uploads/publicacao/RevPat02_m.pdf>. Acesso em: 2 mar. 2023).

[iii] Trata-se de Estevão Pinto, intelectual recomendado por Gilberto Freyre. Apesar da objeção de Rodrigo, o estudo foi publicado sob o título "Alguns aspectos da cultura artística dos Pancarús de Tacaratú", no n. 2 da *Revista do Sphan*.

Belo Horizonte em 1927. Não lhe envio imediatamente essas publicações, porque V. deve estar aqui no próximo dia 23 e será mais seguro entregá-las em suas mãos. Em todo caso, se V. tiver pressa, avise para que eu lhe faça a expedição da encomenda.

Estou esperando com grande interesse os resultados da sua ida à Bertioga. De fato, se as obras reclamadas no forte ficarem caras demais, será preferível cuidarmos de outro serviço mais barato. Não obstante, valerá sempre a pena V. me mandar um projeto do que é preciso fazer ali, assim como o orçamento dos trabalhos indicados, porque talvez se consiga obter verba especial para custeá-los.

Ando numa curiosidade doentia pelo inventário que V. tem em preparo das obras de arquitetura a tombar em São Paulo. V. já está principiando a espiar pelo litoral?

Abraço do
Rodrigo

São Paulo, 19 de outubro de 1937

RELATORIO PRONTO TEMENDO ENVIO POSTAL OITENTA FOTOGRAFIAS PERGUNTE SERVIÇO PODE ESPERAR = SABADO
MARIO[i]

---

[i] Fotos que acompanharam o "Primeiro relatório", de autoria de Mário de Andrade, datado de 16 de outubro de 1937, incluído no Apêndice desta edição, p. 443.

ECCE SIGNUM SALUTIS

Página ao lado:
Interior da Igreja do Carmo de Itu: parte das oitenta
fotos que integraram o "Primeiro relatório", que revela
o interesse que a obra de padre Jesuíno despertou.

Foto nº 46

Igreja do Carmo –
Itú – Est. de São Paulo
Anjos Imperfeitos

Rio de Janeiro, 26 de outubro de 1937

TENHO PRAZER COMUNICAR VOS FOI FEITO REGISTRO ENDERECO TELEGRAFICO EDUSPHAN PRIVATIVO DA SEDE DESTE SERVICO PT VOSSA CORRESPONDENCIA TELEGRAFICA DEVERA VG POIS VG DORA EM DIANTE SER DIRIGIDA REFERIDO ENDERECO PT SAUDS.

RODRIGO M F DE ANDRADE
DIRETOR DO SERVICO DO PATRIMONIO HISTORICO E ARTISTICO NACIONAL.

São Paulo, 28 de outubro de 1937

Rodrigo

O nosso Paulo Duarte me obriga a lhe escrever pedindo resposta urgente, sobre:

Quando que enfim sai essa Lei sobre o Sphan federal? pelo menos se o Sphan atual, de você, está funcionando em virtude de alguma lei já antiga ou simples decreto federal atual?

Forte de São Tiago e São João, Bertioga (SP), 1937.

É que se trata da lei daqui que vai agora pra aprovação definitiva na Câmara Estadual, e, ao que ele me disse, não pode ser aprovada, ou pelo menos sancionada, sem a lei federal.

Por outro lado sei, sem ter contado ao Paulo por falta de autorização de você, que você não tem pressa que a lei federal saia, porque ainda não estamos com o recenseamento feito pra cair em cima de tudo com a comunicação de tombamento. Me escreva enfim contando e dizendo a mim pessoalmente o que poderei dizer ao Paulo, oficialmente.

Desculpe.

Os meus auxiliares voltaram de Santos onde passaram uma semana sem nada poder fazer na cidade por causa das chuvas sem parada. Mas fizeram Bertioga e Itanhaém mesmo com chuva. Na ilha de St. Amaro, o Luís Saia descobriu umas ruínas de casa-grande de interesse excepcional. Mas foi preciso derrubar árvores maiores que meu corpo! Ainda não conseguimos identificá-la.

Ciao com abraço
Mário

Rio de Janeiro, 29 de outubro de 1937

Mário.

Devolvo hoje a V. as plantas e desenhos referentes à igreja dos Remédios e à capela de S. Roque, todos os quais já fiz copiar para o arquivo deste Serviço e para a *Revista*.

Espero que V. tenha recebido o *Macunaíma* ilustrado pelo Nava,[i] que lhe remeti sob registro, juntamente com as publicações relativas ao Congresso de Educação Primária reunido em Belo Horizonte.

---

[i] Ao menos desde 1929, tem-se notícia de que Pedro Nava havia ilustrado seu exemplar de *Macunaíma*. Em carta de fevereiro daquele ano, Mário escreveu ao amigo Carlos Drummond: "Fiquei desesperado para ver *Macunaíma* ilustrado por Pedro Nava. Sempre secretamente desejei ver interpretações alheias dum livro que tem um lado objetivo tão fortemente visível como *Macunaíma*. E você sabe como gosto das coisas do Nava. Estou mesmo com uma vontade danada de ver isso, faça o impossível para ele me mandar". Em 27 de abril de 1930, Drummond responderia informando que o exemplar anda de mão em mão e o Nava "é a dispersão em pessoa". (*Carlos & Mário*, op. cit., pp. 362-9). [N. E.]

Não deixe de me escrever comunicando se os registrados lhe chegaram às mãos.

Breve mandarei a V. uma carta mais longa a propósito do seu relatório e da respectiva documentação.

Abraço do

Rodrigo

São Paulo, 1º de novembro de 1937

Rodrigo,

na quinta-feira de noite, me aconteceu esse mal terrível que é botar um chapéu em cima da cama, vai daí, tudo me tem corrido tão mal estes dias, que estou positivamente desesperado, com medo até de mover braço. Você não reparou? Até principiei esta carta com o lado encarnado da fita, ora pinhões! Estou chegandinho da Bertioga, e estou todo envolvido em talco pra ver se me seco de três dias e meio da maior umidade, vivi n'água.

Mas vamos por partes pra demonstrar bem a caguira. Na quinta já o Paulo Duarte me fez escrever aquela carta que lhe mandei expressa na sexta. Não repare, o Paulo é meio estouvado mas é ótimo sujeito, amigo às direitas. Eu já tinha dado pra ele, dado, todas as referências que você me mandou sobre decretos e outras coisas já do passado a respeito de defesa de monumentos históricos. Mas desconfio que perdeu e, vai, me obrigou a lhe escrever aquela carta, o que não fiz sem uma certa vergonhinha, apesar de sermos bons camaradas. Em qualquer caso desculpe. Na sexta de manhã partimos já atrasados em busca da Bertioga, o automóvel cedido gentilmente pra estas pesquisas do Paulo pela Ford demorou, o meu, cedido pela prefeitura, estava na hora certa, mas partimos só depois do almoço. Em Santos, o companheiro dela que ia conosco demorou, mas isso não era nada: a lancha que devia ficar à nossa disposição até amanhã, tinha de voltar no mesmo dia, por obrigações imprescindíveis surgidas de repente. Mas o Paulo deu o estrilo e depois de várias *démarches* conseguimos que a lancha ficasse até domingo de tarde. Principiou chovendo.

Chegamos na Bertioga quase tempestade e isso às 19 horas. Não pretendíamos absolutamente ficar lá mas no Indaiá, 14 quilômetros de praia, mas com o mau tempo, e mesmo sem ele era impossível ir. O transporte único do local são dois caminhões. Um estava escangalhado e o outro estava no Indaiá, 14 quilômetros, e lá pernoitaria esperando os lances de rede da manhã seguinte. As duas pensões não tinham mais quartos, com veranistas. Afinal fomos dormir numa casa de taipa dum tabaréu que nem iluminação de vela tinha, mordemos um presunto e uma pescada amarela de escabeche que levávamos, e passamos uma noite com sede, porque na Bertioga não havia água mineral, só perfumarias, guaranás e coisas que me embebedam. Noite de água, manhã de água, inda fomos assim mesmo ver o forte da Bertioga que está com uma das paredes rachadas ameaçando ruir a vigia que dá pro mar alto. Meu maior interesse era ver, do outro lado do canal, a tal de construção de pedra formidável que o Luís Saia pretendia ter descoberto.

Mas era impossível. Preferimos partir pro Indaiá, com o caminhão posto às nossas ordens dia inteiro, e voltar a qualquer estiada. Estiada nenhuma. E na casa que foi do grande poeta Vicente de Carvalho, umas 18 camas, casa ótima de madeira, até instalações sanitárias, quando fomos ver, 18 camas, os colchões mexiam com rumorzinho sinistro, percevejo, nunca vi tanto percevejo na minha vida, isto é, só uma vez vi uns cinco e isso foi em 1917[i] em Mariana e por causa deles dormi em pé; e outra vez, num carro da Central vi um, e por causa dele dei tal escândalo que o trem quase parou. Agora, não eram dezenas, eram centenas de percevejos, de dia, de dia claro, ou escurecido pela chuvarada, por cima, por baixo dos colchões, e eram 18 colchões. E a Bertioga estava a 14 quilômetros. E os únicos quartos sobrantes, os em que tínhamos dormido a noite anterior, já estavam cedidos pra outros que chegavam pra descansar estes dias na Bertioga. A infinita paciência de Juanita, a mulher do Paulo Duarte, conseguiu roer a cerberice do caseiro, que resolveu abrir o quarto do atual proprietário do Indaiá. Descobriu-se, nesse quarto, uma cama pra casados, e um colchão e cama novos pra solteiro. Este colchão e esta cama foram conduzidos pra um quarto de frente, depois deste limpo a dez litros de *flit* com mentira e tudo. O resto da companheirada dormiu nos outros quartos, isto é, nos percevejos. Chovia. Não se pôde voltar à Bertioga ver nada. Passei a noite acordado, sem um só percevejo que eu saiba, mas pensando neles. Na manhã seguinte chovia, ontem.

[i] Alphonsus de Guimaraens Filho, em *Itinerários* (op. cit., pp. 28-9), discute a data real da viagem de Mário de Andrade a Mariana: se 1917 ou 1919. [LCF]

Nós todos pensando por dentro que o melhor era voltar, mas como cada qual aparentava bem-estar por causa dos outros, ninguém não sentia coragem de propor a volta. Mas isso eram dez horas da manhã, chovia, a frase como que arrebentou da boca de todos, "Vamos embora pra S. Paulo"! chovia. Mas o caminhão estava do outro lado, 14 quilômetros, na Bertioga, onde fora levar o resultado dos últimos lances de rede. Aliás mesmo que estivesse ali, a lancha pra Santos só partia às 5 horas. Presunto, pescada amarela de escabeche, caminhão que vinha chegando, e lá voltamos com malária, raiva e chuva pra Bertioga. Mas quando chegou neste momento eu estava completamente bêbado. Bêbado de raiva, embebedado de propósito por causa do tempo e dos contratempos. Mas havia de atravessar o canal. Tratamos um tabaréu mais suas canoas, e lá fomos ver a tal de ruína, de mapa do Luís Saia em punho. De repente o tabaréu deu uma deixa e dei um murro na testa bêbada, era por força o convento de S. João, não podia ser outra coisa, de que o relatório diz apenas fronteiro a Bertioga e séc. XVII. É uma construção verdadeiramente espantosa, seu Rodrigo, tudo ruína é verdade, ruína quase informe, mas são cem metros quadrados de morro trabalhado em pedra, tudo construções de pedra, e provavelmente mesmo, as aparelhadas, vindas de Portugal. Só consegui fazer a identificação depois de muitas e das mais disparadas versões e imaginações, você bem pode imaginar. Parece, por informações que recebi, que ainda se conseguirá descobrir o orago da igreja, todinha de pedra e ruída, apenas com o arco da capela-mor íntegro. A cruz de pedra, da frontaria dessa igreja, sete pedras, está no museu do Ipiranga. E se trata, ao que parece, duma das construções mais ingentes que tivemos. E tudo é ruína disforme... Fui beber pinga. Não sei mais, os sentimentos estavam muito nublados e úmidos, não sei bem se bebi por causa do tempo ou por causa da ruína. Eram 15 horas, lancha partia.

Mas então já todos estavam mais ou menos contagiados por mim, e numa das paradas da lancha quisemos comprar uma garrafa de cachaça boa, o homem deu ela! Deu dado! Chegamos em Santos, com os olhos de ontem, bêbados. Partir pra S. Paulo quem que tivesse a coragem pra! O seu Arantes nos deu pousada, e, pra abreviar depois duma série de mais 18 contratempos, apesar de todas as providências, telefonemas, automóvel garantido pra volta, eram onze e trinta da manhã de hoje, nós esperando automóvel desde oito e trinta, recebemos telefonema de S. Paulo, que daí a alguns dez minutos partiria de S. Paulo o automóvel que nos iria buscar! Eu tinha tomado banho anteontem de noite e estava com barba por fazer, guardando a felicidade pra esta minha casa da rua Lopes Chaves, não pude mais, estourei, disse inconveniências, passei a mão no telefone, tratei um V-8, seis minutos depois o automóvel estava na porta, eu partia sem agradecer nada, com cara de zangado, gritava pro chofer, "Mais depressa". Ele foi multado pouco antes de sair de Santos, ficou puto da vida, o que foi bom porque tocou inda mais depressa eu sem almoçar nem nada, mas hora e dez depois da multa estava na rua Lopes Chaves, deixando mala, roupa, tudo em baixo, não fosse algum percevejo estar escondido por ali, me lavei, barbeei, pus um quilo de talco pra acabar com a umidade do ser, comi um bife a cavalo e chá perfeito. E lhe escrevo dando conta da excursão mais gorada que nunca fiz na minha vida.

Recebi os jornais, os mapas, tudo. Mil vezes obrigado. De certo é o fim da urucubaca. Em todo caso vou botar umas folhinhas de arruda pelos bolsos e invocar Mestre Carlos que foi quem me fechou o corpo lá em Natal, diante do forte dos Reis Magos;

Ciao com abraço.
Mário
não reli.

São Paulo, 1º de novembro de 1937

Rodrigo
    Aqui vai a carta de opção para seu governo. Use dela quando precisar. Aqui fiquei pensamenteando num outro a propor, mas franqueza ainda não me fixei em nenhum. Aliás não achei, literalmente não achei — o que deve ser vaidade minha.

Desconfio que a coisa calhava bem era nalgum engenheirando recém-formado que se interessasse pelos nossos destinos tradicionais, haverá?

Fico pensando.

Ia mandar hoje a prestação de contas do segundo trimestre do ano, depois parei o gesto no meio.

Melhor é levar em mãos.
Até breve
Mário

Rio de Janeiro, 4 de novembro de 1937

Mário,

A seu exemplo, aproveitei também os feriados para uma excursão de serviço. Fui a São João del-Rei e a Tiradentes e, quando voltei, ontem, recebi suas cartas de 28 e de 1º, esta última contendo a narrativa impressionante de sua expedição a Bertioga. Fiquei assombrado com as coisas que lhe sucederam, comparadas às quais o acidentezinho que tive na estrada, ao regressar, ficou me parecendo destituído de qualquer importância.

De fato, quando vínhamos tornando de São João a Barbacena, debaixo de uma chuva safada, o carro de meu primo Afonso (em cuja companhia eu viajava) derrapou para uma valeta, de onde não conseguimos tirá-lo de modo nenhum. Estivemos mais de três horas num trecho da estrada completamente deserto, tentando expedientes ridículos para arranjar uma junta de bois para nos socorrer e nos ensopando e sujando de chuva e de lama. Por fim um caminhão benemérito, que passou por ali por descuido, cheio de operários, fez o milagre de nos arrancar da valeta. Mas a essa hora Afonsinho tinha arranjado um meio de ir a Barbacena em busca de socorro e, como eu não tenho a menor noção de dirigir automóvel, tivemos de continuar parados no caminho, Graciema,[i] a mulher do Afonso e eu, até que o caminhão o tivesse encontrado a uma distância enorme e ele voltasse. Tivemos por isso de dormir em Juiz de Fora e só ontem cerca de uma hora da tarde é que chegamos aqui.

Em compensação, a minha estadia em São João e em Tiradentes foi produtiva. Entrei em entendimentos práticos com as autoridades municipais e com os vigários, manuseei os livros velhos do Senado da Câmara, das Ordens e Irmandades e voltei habilitado a dar um impulso grande à atividade do Sphan naqueles dois municípios da oeste de Minas. Além disso, conheci a espantosa matriz de Tiradentes, que eu não conhecia ainda, revi a igreja de São Francisco de sua predileção; assim como o Carmo e a esquisita matriz de São João.

---

[i] Graciema M. F. de Andrade, nascida Graciema Sá, mulher e companheira de Rodrigo, muito querida pelos amigos do marido. Seu senso de humor, naturalidade e solidariedade à labuta do Iphan fizeram sua casa e sua companhia serem sempre cultivadas, ainda depois da morte de Rodrigo, pelos velhos e novos amigos que foi conquistando pela vida afora.

Serviço do Patrimonio Historico e Artistico Nacional

MINISTERIO DA EDUCAÇÃO E SAUDE PUBLICA

Rio, 4 de novembro 1937

Mario,

  A seu exemplo, aproveitei tambem os feriados para uma excursão de serviço. Fui a São João d'El-Rey e a Tiradentes e, quando voltei, hontem, recebi suas cartas de 28 e de 1º, esta ultima contendo a narrativa impressionante de sua expedição a Bertioga. Fiquei assombrado com as coisas que lhe succederam, comparadas ás quaes o accidentezinho que tive na estrada, ao regressar, ficou me parecendo destituido de qualquer importancia.
  De facto, quando vinhamos tornando de São João a Barbacena, debaixo de uma chuva safada, o carro de meu primo Affonso (em cuja companhia eu viajava) derrapou para uma valeta, de onde não conseguimos tirá-lo de modo nenhum. Estivemos mais de tres horas num trecho da estrada completamente deserto, tendo expedientes ridiculos para arranjar uma junta de bois para nos soccorrer e nos ensopando e sujando de chuva e de lama. Por fim um caminhão benemerito, que passou por ali por descuido, cheio de operarios, fez o milagre de nos arrancar da valeta. Mas a essa hora Affonsinho tinha arranjado um meio de ir a Barbacena em busca de soccorro e, como eu não tenho a menor noção de dirigir automovel, tivemos de continuar parados no caminho, Graciema, a mulher do Affonso e eu, até que o caminhão o tivesse encontrado a uma distancia enorme e elle voltasse . Tivemos por isso de dormir em Juiz de Fora e só hontem cerca de uma hora da tarde é que chegamos aqui.
  Em compensação, a minha estadia em São João e em Tiradentes foi productiva. Entrei em entendimentos praticos com as autoridades municipaes e com os vigarios, manuseei os livros velhos do Senado da Camara, das Ordens e Irmandades e voltei habilitado a dar um impulso grande á actividade do SPHAN naquelles dois municipios da Oeste de Minas. Além disso, conheci a espantosa matriz de Tiradentes, que eu não conhecia ainda, revi a igreja de São Francisco de sua predilecção, assim como o Carmo e a exquisita matriz de São João.
  Fiquei muito satisfeito de V, ter identificado a ruinas descoberta pelo Luiz Saia. Estou muito curioso de ver alguma photographia de lá e espero que, melhorando o tempo, VV. possam fazer um levantamento completo da construção, acompanhado da documentação photographica mais profusa possivel .
  Ainda estou muito encantado é com aquella capellinha que V inventariou e fichou em separado . Aquelle altar é realmente uma coisa extraordinaria. Não ha nada, absolutamente nada no Brasil que se pareça com elle .
  Remetto incluso , em outro papel, uma nota em resposta á consulta do Paulo Duarte.
  Abraço do

Fiquei muito satisfeito de V. ter identificado as ruínas descobertas pelo Luís Saia. Estou muito curioso de ver alguma fotografia de lá e espero que, melhorando o tempo, vv. possam fazer um levantamento completo da construção, acompanhado da documentação fotográfica mais profusa possível.

Ainda estou muito encantado é com aquela capelinha que V. inventariou e fichou em separado. Aquele altar é realmente uma coisa extraordinária. Não há nada, absolutamente nada no Brasil que se pareça com ele.

Remeto incluso, em outro papel, uma nota em resposta à consulta do Paulo Duarte.

Abraço do

Rodrigo

Interior da Igreja da Ordem Primeira do Carmo, Santos (SP), 1937.

São Paulo, 5 de novembro de 1937

Rodrigo

Recebi agorinha sua carta e esclarecimento da legalização do Sphan, obrigado.[i]

Aproveito pra dizer coisas que estava pra dizer e me esquecia.

Recebi telegrama do fotógrafo que as novas cento e tantas fotos que tirou Zona Santos e Mboy etc. estão boas.

---

[i] A carta de esclarecimento aqui referida parece ter sido repassada por Mário a Paulo Duarte, como se lê em mensagem trocada entre eles: "Paulo Duarte — Aqui lhe mando resposta do Rodrigo, a representação do Capanema ao Getúlio de que saiu o decreto deste (Já mandei pedir o número) e enfim o esboço de lei, feito pelo Rodrigo e dado ao Capanema. [...]". (In: Paulo Duarte, *Mário de Andrade por ele mesmo*, op. cit., p. 154 [p. 248]). No entanto, a publicação do decreto-lei n. 25 data de 30 de novembro desse ano, praticamente um mês após esta carta. [N.E.]

Interior da Igreja da Ordem Terceira do Carmo, Santos (SP), 1937.

Mandarei por estes dias afinal minha prestação de contas [do] 1º trimestre [de] serviço, desculpe atraso.

Quero inteira sinceridade quando me falar [do] 1º relatório meu. Sei aliás que está imperfeitíssimo, mas com a pressa e a ausência [do] Luís Saia então não era possível ir melhor. Tem também algumas incorreções históricas que já apurei. Estou tirando cópia pra passar [a] estudiosos pra correções e aditamentos.

Lhe mando com ida-e-volta esta foto. Acho isto (não conheço ainda) uma delícia. Caipira, desengonçada, mas uma simpatia. Não sei data nem nada. Imagino coisa recente, seus 80 anos quando muito. É o estilo tradicional dos enormes frontões, de Itanhaém.

A política está me assombrando. E ensombrando.[i]

Ciao com abraço.

Mário

Rio de Janeiro, 9 de novembro de 1937

Mário.

Os livros destinados ao Nava chegaram bem e só não foram ainda entregues, porque ele há dias não aparece. Hoje ou amanhã, porém, estarão em seu poder.

Recebi sua carta do dia 5, com a fotografia que lhe devolvo junto. A igrejinha é realmente ótima. Nunca vi nenhum outro exemplar daqueles enormes frontões que V. diz tradicionais em Itanhaém. Espero que V. mande uma documentação fotográfica bem desenvolvida a respeito dela.

Conto igualmente com as cento e tantas fotografias novas que V. promete da zona de Santos, Mboy etc.

Quanto às observações que V. deseja sobre seu primeiro relatório, só com mais uma leitura minuciosa estarei habilitado a fazê-las, se acaso me ocorrerem. No entanto, a impressão que tive do seu trabalho foi a melhor possível. Pareceu-me exatamente aquilo de que o Serviço precisava: um

---

[i] Mário, que havia se integrado apaixonadamente na resistência paulista às forças do poder federal, na Revolução Constitucionalista de São Paulo, em 1932, e sofrido, com o irmão político e a família, as consequências da derrota, com certeza a essa altura já pressentia os reveses que iriam atingi-lo depois do Golpe de Estado que se deflagraria no dia 10 de novembro de 1937 — dali a cinco dias.

Interior da Igreja Nossa Senhora do Rosário, Mboy (atual Embu das Artes, SP), 1937.

inventário preliminar tão completo quanto se podia pretender da arquitetura de interesse histórico existente em São Paulo, com os esclarecimentos vivos e precisos de que eu necessitava.

Abraço do
Rodrigo

São Paulo, 11 de novembro de 1937

Rodrigo

Antes de mais nada, neste dia 11, primeiro da nova República,[i] me cabe como Assistente Técnico lhe dizer que mande suas ordens.

---

[i] Primeiro dia depois daquele (10 de novembro de 1937) em que Vargas anunciou pelo rádio, após a dissolução do Congresso, uma nova Constituição e o início do período autoritário do Estado Novo.

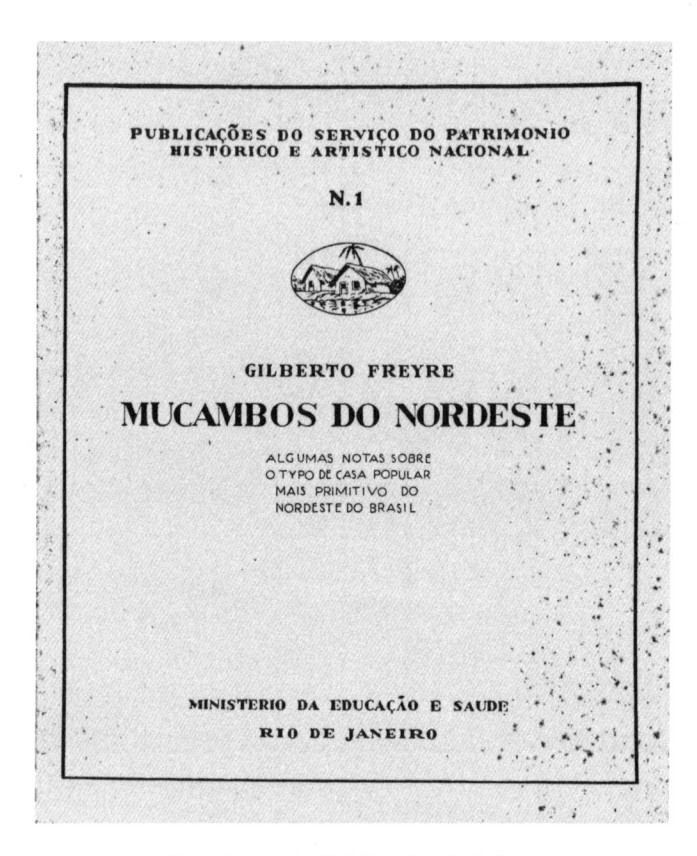

Capa do n. 1 das Publicações do Sphan,
Mucambos do Nordeste, de Gilberto Freyre.

Em segundo lugar uma reclamação danada. O Sphan não mandou a sua publicação n. 1, os *Mucambos*,[i] pra Biblioteca Pública Municipal. É um cúmulo positivamente. Peço-lhe inscrever a nossa Biblioteca Pública Municipal, rua Sete de Abril, 37 — São Paulo — aí na lista dos a quem mandar todas as publicações do Sphan. Não acha justo? Se não acha diga as razões pra discutirmos.

Em terceiro lugar, o que você diria duma consulta do Dep. de Cultura de obter com seus meios uma cópia de todas as fotos referentes a monumentos históricos e artísticos do estado de S. Paulo, feitos para o Sphan pelo seu Assistente

---

i *Mucambos do Nordeste*, de Gilberto Freyre, Publicação n. 1 do Sphan, 1937. [LCF] As Publicações do Sphan compuseram a linha editorial inaugurada logo após a *Revista do Sphan*.

Técnico. Estas fotos (sem relatórios, está claro) consistiriam álbuns exclusivamente pra consulta e estudos, de propriedade da Biblioteca Pública Municipal, sem direito nenhum a outra utilização que consulta pública e estudos.

Nem direito a publicação nem direito de cópia, e você pode ver ainda se quer vedar outros direitos. Finalmente um pedido de amizade. O exmo. sr. dr. Morais Andrade,[i] deputado federal por S. Paulo, que até hoje não sei por que tem a honra de ser sr. meu mano, mas com quem sou solidário em qualquer ocasião, época e perigo e quero um louco bem, está, conforme todas as aparências, preso em seu próprio hotel, que é o dos Estrangeiros, na praça José de Alencar. Queria apenas que você indagasse aí, *desde que isso de forma nenhuma prejudique você*, qual a situação exata do sr. meu mano, se pode receber visitas, se pode receber dinheiro, enfim o que você conseguir saber. E me dar uma respostinha assim que possível pra que eu aja. Resposta franca, resposta pra mim, que, no caso de ser inquietante, saberei vestir de plumas para uma mãe e uma mulher bastante inquietas.

Muito obrigado.

Ciao com abraço

Mário

[São Paulo, novembro de 1937]

Ah, Rodrigo!...

recebi a sua carta na manhã de hoje em que ainda estava desensarado do desespero em que fiquei ontem de noite com o caso das fotografias. E por mal de ironias você me vem falando que espera por elas. Você bem viu pelas primeiras fotos enviadas que escolhi um fotógrafo mesmo bom, digno de serviço limpo. Pois ontem mesmo me aparece o Luís Saia com a cara no chão. Recebera as 170 fotos novas, felizmente, no tamanho menor,

---

[i] Com a destituição do Congresso pelo Estado Novo, Carlos, o irmão de Mário que, então, era deputado pelo Partido Constitucionalista e apoiava as pretensões de Campos Salles à Presidência da República, perde o mandato e é preso no Rio de Janeiro. A prisão não dura senão uns poucos dias. Mas o pedido de ajuda a Rodrigo expresso nessa carta faz lembrar duas coisas: a confiança no amigo, que a ela sempre corresponde, solicitada ou não, como vemos no correr dessas cartas; e o extremado amor de Mário pelos membros da família — mãe, irmã e esse irmão que lhe restou, depois da morte precoce de seu outro irmão, Renato. Ver Jason Tércio, *Em busca da alma brasileira: Biografia de Mário de Andrade*. Rio de Janeiro: Estação Brasil, 2019, p. 393.

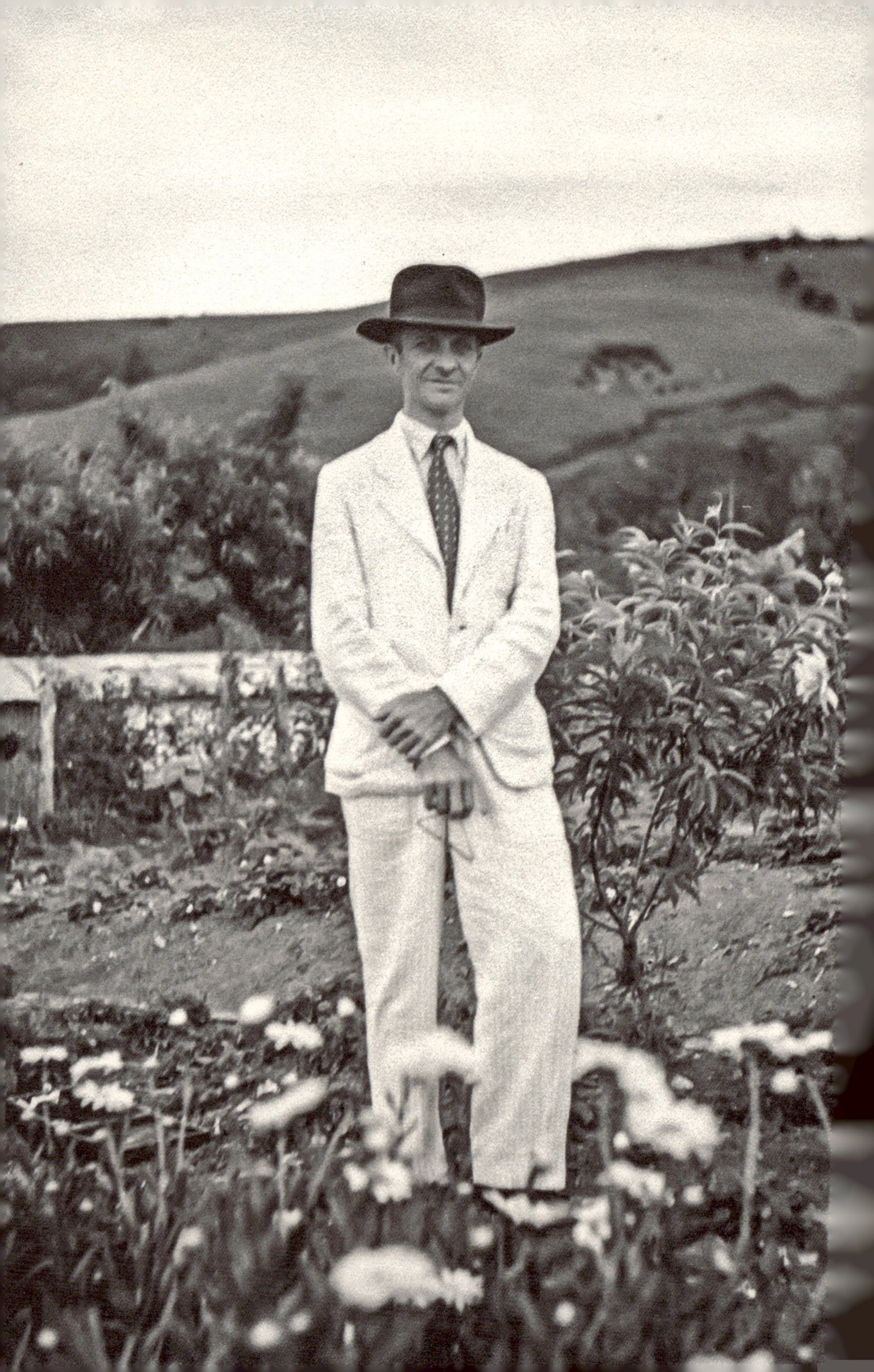

documental apenas, que devem ficar aqui na Região 6ª. Decidi assim porque me pareceu que tirar logo de todas em grande tamanho seria talvez exagero de limpeza obrigando a exagero de gasto. Com a coleção documental na mão eu decidiria as pra tamanho grande e as pra tamanho médio. O Luís vinha desesperado porque afinal das contas, depois das muitas recusas dos fotógrafos daqui, quem conseguira o Graeser fora ele, amigo dele. E o tipo, nesta segunda empreitada, fizera porcaria grossa. Imagine que uma seleção severíssima, do próprio Luís, só permitiria aceitar 9 em 170 fotos! Outra seleção mais razoável feita por mim permitiu aceitar 46. Foi hoje ao Graeser a carta de recusa do resto, justificando caso por caso. Havia coisas de tal forma incríveis que às vezes eu imaginava ontem que o homem estivesse louco, palavra. Pela nossa combinação ele tem que refazer, por sua própria conta, todas as viagens já feitas e dar fotos novas. Mas franqueza, terá que refazer todas as viagens e não sei se não fará papel de cão. Vamos a ver!

Irei lhe dando conta dos meus calvarinhos.

Ciao com abraço

Mário

Mas veja: Veja a besteira da bruta bola que me fizeram na testada deste papel pro Sphan que mandei fazer! Não são calvarinhos, diminutivo de calvário? Fiquei danado. Felizmente o mesmo desgraçado de tipógrafo e sr. meu secretário particular, que mandei superintender o serviço, fizeram mais de bom gosto o papel de luxo: mostrarei este na próxima carta.

M.

São Paulo, 27 de novembro de 1937

Sr. Dr. Rodrigo M. F. de Andrade,
Tenho o prazer de passar às mãos de V.S.ª, para seu conhecimento, aprovação e guarda, a prestação de contas das despesas feitas nesta 6ª Região, relativas ao orçamento apresentado para o segundo semestre (abril a julho) deste ano de 1937. O orçamento era de 8:000$000 (oito contos de réis), essa foi a verba concedida, e é em quanto importa esta prestação de contas.

Página ao lado:
Herman Graeser, ou "Germano", que se tornaria um dos principais fotógrafos do Iphan.

Conforme consta já da correspondência entre esta 6ª Região e V.S.ª, de várias despesas não foi possível obter recibo e vão apenas assinadas e consignadas por mim ou por meus auxiliares. São estas aquisições de certos livros esgotados feitas de particulares, e principalmente refeições e pouso em certos lugares desprovidos de hotéis e pensões, e obtidas de particulares por pequeno preço. Não foi possível ainda obter recibos de qualquer gênero das viagens feitas de trem, de jardineira, pequenos transportes, corridas de automóveis, ou pequenas aquisições de gasolina para automóveis cedidos gentilmente para este Serviço, pela Municipalidade de S. Paulo.

Não pode este Assistente Técnico esquecer o auxílio que vem prestando ao Serviço o sr. dr. Fábio Prado, prefeito de S. Paulo, o qual, por várias vezes cedeu espontaneamente um automóvel municipal para as pesquisas deste Serviço.

Na esperança de que esta prestação de contas esteja ao contento de V.S.ª, envio minhas cordiais saudações,
Mário de Andrade
Assistente Técnico da 6ª Região

[São Paulo, novembro de 1937]

Rodrigo
Fazendo a prestação de contas me veio na cabeça que de certo não mandei o recibo dos meus ordenados de outubro. Mande verificar aí e me conte, pra meu governo.
Mário

São Paulo, 28 de novembro de 1937

Rodrigo
Recebi sua carta, quando estava passando a limpo a prestação de contas do primeiro trimestre de serviço, isto é, segundo trimestre deste ano. Irá por toda a semana próxima. Irá também o segundo relatório, com uma coleção de fotografias, menor que a primeira, e versando a pintura eclesiástica em Itu. Algumas coisas curiosas, como os painéis da capela velha da igreja do Carmo, já muitíssimo estragados, uma coleção de quadros, também bastante danificada, e que não deixa de ter sua curiosidade. E vão

A Nossa Senhora do Carmo de Jesuíno.
Pintura no teto da capela-mor, Itu (SP), 1942.

duas obras magistrais, o teto da matriz e o teto da Carmo, esplêndidos, o primeiro como fatura principalmente e o segundo como estilo, dum barroquismo cheio de anjinhos, delicioso, apesar de.

Estou desesperado é com a demora das gentes. Como falei pra você, pretendia reforçar o forte da Bertioga, como trabalho e orçamento deste último trimestre de 1937. Ora a Bertioga tem uma Sociedade dos Amigos da Bertioga, que está fazendo uma bulha danada pelos jornais. Nada mais natural que me dirigir a ela e lhe propor o conserto do forte. Que me fizessem um orçamento, e eu fazia as reformas. Isso aplaudiram muito a ideia, me abraçaram etc. E até agora nada. O trimestre vai andando, chegamos no último mês, e nada. Ando desagradado, palavra. E agora, com tudo ainda mais ou menos no ar como está, também ando meio tonto.

Os anjinhos pintados por Jesuíno no teto da capela-mor da
Igreja de Nossa Senhora do Carmo, Itu (SP), 1942.

   Muito obrigado, obrigadíssimo pelo que fez pelo mano e pelo nosso Serviço daqui, a ser criado. Sobre isto lhe falarei mais pormenorizadamente quando der alguma chegadinha aí no Rio, o que não deve estar longe. Por enquanto, cultivo com carinho uma colitezinha que me estava aporrinhando faz uns dias e ontem me botou dia inteiro em casa. Estou passando a maçãs raladas por três dias, quero ver o resultado.
   E não há mesmo carta de Brasileiro que não acabe falando em doença, puxa!
   Lhe tinha prometido mandar o papel pra cartas de mais cerimônia, que mandei fazer pro Sphan daqui. É este. Não está chiquezinho?
   Ciao com abraço
   Mário

São Paulo, 1º de dezembro de 1937

Ilmo. Sr.
Dr. Rodrigo M. F. de Andrade
DD. Diretor do Serviço do Patrimônio Histórico e Artístico Nacional.

Tendo hoje conhecimento do decreto, datado de ontem, do Sr. Presidente da República, regulamentando o art. 159 da Carta Constitucional, que decide das acumulações de cargos públicos, sirvo-me desta para colocar em vossas mãos o meu cargo de Assistente Técnico do Sphan para esta 6ª Região, optando pois pelo cargo que exerço na Municipalidade de São Paulo.

Continuarei exercendo o meu cargo de Assistente Técnico, sem remuneração de espécie alguma, enquanto não nomeardes meu substituto, bem como, dada a nomeação próxima deste, continuarei da mesma forma os trabalhos já por mim iniciados, enviando-os assim que terminem.

Aproveito a ocasião para apresentar-vos minhas cordiais saudações, e agradecer-vos a confiança que em mim depositastes.

Mário de Andrade

Rio de Janeiro, 2 de dezembro de 1937

Mário.

Recebi ontem sua carta do dia 28 e o recado que veio à parte perguntando sobre o recibo dos seus vencimentos de outubro. Hoje, tive a que V. me expediu ontem mesmo, acompanhada do documento pelo qual, à vista do dispositivo constitucional sobre acumulações remuneradas, V. opta por seu cargo de diretor do Departamento de Cultura.

Fiquei num profundo abatimento moral com esse caso e não consigo de modo algum me conformar com a ideia do Sphan ter nessa Região qualquer assistente técnico que não seja V. E, em verdade, não há mesmo possibilidade nenhuma de lhe dar substituto. A solução menos má é aceitar a sua generosa proposta de continuar com o ônus do serviço aí, sem a respectiva remuneração, já que esta é vedada. É preciso, porém, arranjar ou inventar uma fórmula de legalizar essa situação. Vou conversar com o Capanema a esse respeito.

Aliás, V. bem pode imaginar que o nosso amigo ministro não andará numa disposição de espírito muito favorável para deliberar sobre assuntos como esse na posição insegura em que se encontra ainda no governo. A todo momento correm boatos sobre a substituição dele pelos personagens mais imprevistos. E é claro que, saindo o Capanema, o diretor do Sphan se demitirá também, pois exerce um cargo de confiança. Em tais condições, fica tudo difícil para se encaminhar no sentido de qualquer solução.

No dia 30, remeti a V. por intermédio do Banco do Canadá a importância de seus vencimentos de novembro. Peço-lhe, portanto, enviar-me o recibo correspondente a eles, juntamente com o de seu ordenado de outubro cujo recibo de fato ainda não tinha vindo.

Espero para breve o segundo relatório que V. promete, instruído pela nova coleção de fotografias.

Quanto às obras de conservação e restauração na Bertioga, foi bom que a Sociedade dos Amigos da mesma não tenha atendido ainda a sua solicitação, porque infelizmente a verba de material do Sphan disponível no último trimestre de 1937 ficará esgotada com os trabalhos que fui forçado a autorizar agora na Bahia e em Pernambuco. Só para o ano que será possível realizar obras em São Paulo. Mas, se eu ainda for diretor, minha primeira iniciativa em 1938 será nesse sentido.

Faço votos para que V. já esteja bom da colite e que apareça no Rio o mais breve possível.

Abraço afetuoso do
Rodrigo

Rio de Janeiro, 3 de dezembro de 1937

Mário.

Acabo de receber do Dr. David Carneiro,[i] que tem prestado serviços de assistência técnica a esta repartição no Paraná e em Santa Catarina, as seguintes informações sobre São Sebastião, no E. de São Paulo:

i Poeta, historiador e colecionador gaúcho migrado para o Paraná, David Antonio da Silva Carneiro fundou o Museu Coronel David Carneiro, que leva o nome de seu pai e abriga impressionantes coleções de armaria, vestuário, heráldica, etnografia, mineralogia e outras. Foi o primeiro assistente técnico do Sphan nos estados do Paraná e de Santa Catarina.

Serviço do Patrimonio Historico e Artistico Nacional

MINISTERIO DA EDUCAÇÃO E
SAUDE PUBLICA

Rio, 3 de dezembro de 1937

Mario.

Acabo de receber do dr. David Carneiro, que tem prestado serviços de assistencia technica a esta repartição no Paraná e em Santa Catharina, as seguintes informações sobre São Sebastião, no E. de São Paulo:

" Ha alguns annos, obrigado por uma tempestade, o avião em que eu viajava foi obrigado a amerissar em São Sebastião. Ahi ficamos tres dias e eu tive tempo de examinar como collecionador e curioso, coisas interessantes da cidadezinha. Além do convento que fica proximo e sobre o qual não investiguei, parecendo-me que possue reliquias de alto valor artistico, ha o hotelzinho, antiga casa do capitão mór de São Sebastião e Villa Bella, casa interessantissima sob todos os aspectos, embora parecendo ter sido refeita ou reformada ahi por 1830 ou 1831. No forro da sala de visitas do capitão mór (actual sala de jantar do hotelzinho) ha uma pintura a oleo que, embora mal executada, é documento iconographico notavel que merecia ser conservada e copiada. É o Rio de Janeiro no tempo de 1774 com Duguay Trouin, tendo bem ao centro a fortaleza da Lage, com a guarnição a postos e navios entrando. No forro da outra sala ha uma allegoria de menos interesse, mas que não deixa de ser curiosa. São as cinco partes do mundo, representadas por figuras femininas. Na sacada exterior, do andar de cima, ha um monogramma e uma data. Esta será a da reconstrucção do edificio, reconstrucção de ha um seculo atrás. Seria pena que se perdesse o documento iconographico."

Peço a V. o favor de me informar o que lhe occorrer a respeito da communicação acima e, se lhe parecer conveniente providenciar no sentido de colligir documentação photographica e dados historicos sobre as construcções alludidas.

O Capanema informa que ainda não telegraphou ao Interventor ahi sobre a criação do Departamento Estadual do Patrimonio, porque está á espera da publicação do decreto-lei federal, que só apparecerá no Diario Official de amanhã.

Abraço do

Há alguns anos, obrigado por uma tempestade, o avião em que eu viajava foi obrigado a amerissar em São Sebastião. Aí ficamos três dias e eu tive tempo de examinar, como colecionador e curioso, coisas interessantes da cidadezinha. Além do convento que fica próximo e sobre o qual não investiguei, parecendo-me que possui relíquias de alto valor artístico, há o hotelzinho, antiga casa do capitão-mor de São Sebastião e Vila Bela, casa interessantíssima sob todos os aspectos, embora parecendo ter sido refeita ou reformada aí por 1830 ou 1831. No forro da sala de visitas do capitão-mor (atual sala de jantar do hotelzinho) há uma pintura

Pintura do forro da sala de visitas do capitão-mor de São
Sebastião, representando o Rio de Janeiro em 1771.

a óleo que, embora mal executada, é documento iconográfico notável que merecia ser conservada e copiada. É o Rio de Janeiro no tempo de 1771, com Duguay-Trouin, tendo bem ao centro a fortaleza da Lage, com a guarnição a postos e navios entrando. No forro da outra sala há uma alegoria de menos interesse, mas que não deixa de ser curiosa. São as cinco partes do mundo, representadas por figuras femininas. Na sacada exterior, do andar de cima, há um monograma e uma data. Esta será a da reconstrução do edifício, reconstrução de há um século atrás. Seria pena que se perdesse o documento iconográfico.

Peço a V. o favor de me informar o que lhe ocorrer a respeito da comunicação acima e, se lhe parecer conveniente, providenciar no sentido de coligir documentação fotográfica e dados históricos sobre as construções aludidas.

O Capanema informa que ainda não telegrafou ao interventor[i] aí sobre a criação do Departamento Estadual do Patrimônio, porque está à espera da publicação do decreto-lei federal que só aparecerá no *Diário Oficial* de amanhã.
Abraço do
Rodrigo

[Rio de Janeiro,] 4 de dezembro [de 1937]

AGRADECENDO E RETRIBUINDO VOSSAS ATENCIOSAS CONGRATULACOES MOTIVO PROMULGACAO LEI QUE ORGANIZA PROTECAO PATRIMONIO HISTORICO E ARTISTICO NACIONAL[ii] VG ROGO PROVIDENCIEIS

---

i O interventor em São Paulo, depois da promulgação do Estado Novo, era, então, Adhemar de Barros.
ii Trata-se do decreto-lei n. 25, de 30 de novembro de 1937. Em um verbete que escreveu para o *Repertório enciclopédico do direito brasileiro* (v. 36, pp. 186-9) sobre o patrimônio histórico e artístico, depois de tratar dos antecedentes, Rodrigo comenta que o sistema instituído no Brasil através desse decreto-lei "é mais simples do que, em geral, o dos outros países, mas suficientemente rigoroso". E explica: "No art. 1º, o patrimônio histórico e artístico nacional é definido como 'o conjunto dos bens móveis e imóveis existentes no país e cuja conservação seja de interesse público, quer por sua vinculação a fatos memoráveis da história do Brasil, quer por seu excepcional valor arqueológico ou etnográfico, bibliográfico ou artístico'". Continuando: a esses bens se equiparam "os monumentos naturais, bem como os sítios e paisagens que importa conservar e proteger pela feição notável com que tenham sido dotados pela natureza ou agenciados pela indústria humana" (art. cit., & 2). Rodrigo explica, em seguida, o procedimento determinado pelo decreto-lei para o tombamento dos bens de propriedade privada, explicitando o que diz respeito ao Sphan e o que cabe aos proprietários — inclusive em caso de impugnação. E o mesmo no tangente aos monumentos de propriedade da União, dos estados e municípios. Ele ressalta, ainda, o interesse do art. 18 desse decreto: "Com relação aos monumentos arquitetônicos ou sítios históricos, nenhuma construção se poderá fazer em sua vizinhança ou em sua área, sem que o respectivo projeto seja previamente aprovado pelo órgão federal competente". De muita importância, ainda, no decreto-lei, é a instituição do Conselho do Patrimônio Histórico e Artístico Nacional (art. 9, n. 2 e 3), o qual opina na inscrição dos bens nos respectivos Livros do Tombo e julga as questões nos casos de impugnação.
O verbete trata, finalmente, da lei n. 3924, de 26 de julho de 1961, que atendeu às peculiaridades dos monumentos arqueológicos e pré-históricos, instituindo, segundo Rodrigo — para a sua proteção —, "um regime por certo mais rigoroso que o do decreto-lei n. 25 de 30 de novembro de 1937". Essa lei complementar enumera as jazidas, sítios e inscrições que importa proteger e manda que a repartição federal mantenha um cadastro dos monumentos arqueológicos do Brasil.
Ver o decreto-lei n. 25 no Apêndice desta edição, p. 433.

MAIOR URGENCIA POSSIVEL SENTIDO ENVIAR ESTE SERVICO RELACAO NOMES E ENDERECOS DOS PROPRIETARIOS OU REPRESENTANTES LEGAIS DAS PESSOAS JURIDICAS A QUE PERTENCEM TODOS OS BENS QUE JULGARDES REQUERER TOMBAMENTO NESSA REGIAO PT ATENCIOSAS SAUDACOES = RODRIGO M F DE ANDRADE DIRETOR DO SERVICO DO PATRIMONIO HISTORICO E ARTISTICO NACIONAL

São Paulo, 6 de dezembro de 1937

Rodrigo
Aqui vão os recibos. Relatório sobre pintura em Itu segue esta semana.[i] Prestação de contas segundo trimestre do ano levarei quando for ou mandarei por portador, temo correio. Já está pronta. Já sabia casa de S. Sebastião. Mudou recentemente de proprietário. Se tempo permitir irei esta semana pra aquela zona. Não escrevo lento hoje que estou atarefadíssimo.
Ciao com abraço
Mário de Andrade

Rio de Janeiro, 9 de dezembro de 1937

Mário.
Muito obrigado pelos recibos de outubro e novembro, que acabo de receber com seu bilhete do dia 6.
Fico à espera do relatório sobre a pintura em Itu e contando também com o prazer de ver V. por aqui, muito breve. Tenho um montão de coisas para conversarmos.
Além do mais, eu não queria deliberar sobre as notificações para tombamento sem uma longa consulta prévia a V., mesmo em relação às regiões fora de sua alçada de assistente.
Abraço do
Rodrigo

---

i O relatório sobre a pintura religiosa de Itu constituiu parte do "Segundo relatório" de Mário de Andrade para o Sphan. Ver o Apêndice desta edição, p. 471. [N. E.]

Mário em sua mesa de trabalho em casa, c. 1937.

São Paulo, 13 de dezembro de 1937

Rodrigo
    O Relatório está pronto, mas pela sua carta resolvi ir esta semana pro Rio. Decerto na sexta, avisarei. Estava aliás com medo de mandar o Relatório com suas 33 fotos grandes.

Também preciso muito falar com você sobre as instalações da 6ª Região.[i] O acervo de livros, fotos, papelório se avolumando, a necessidade imprescindível de fichários, já não cabe mais na minha casa.
Mas falaremos.
Com o abraço cheio do
Mário.

[Rio de Janeiro,] 17 de dezembro de 1937

Sr. Assistente Técnico.

Acusando o recebimento de sua carta de 27 de novembro último, acompanhada da prestação de contas das despesas realizadas nessa 6ª Região durante o segundo semestre do corrente ano, na importância de Rs. 8:000$000, tenho o prazer de comunicar a V.S.ª ter aprovado plenamente a dita prestação, à vista dos respectivos comprovantes.

Aproveito a oportunidade para renovar a V.S.ª os meus agradecimentos por sua valiosa colaboração e reiterar-lhe os protestos de minha estima e consideração.

Rodrigo M. F. de Andrade
Diretor

São Paulo, 12 de janeiro de 1938

Ilmo. Sr.
Dr. Rodrigo M. F. de Andrade
Diretor do Serviço do Patrimônio Histórico e Artístico Nacional.

Tomo a liberdade de lembrar a essa Diretoria que até agora não recebi indicação alguma sobre a nomeação do meu substituto para o cargo de Assistente Técnico da 6ª Região, desse Serviço. Tendo a 1º de dezembro optado pelo meu cargo no Departamento de Cultura, de São Paulo, estou estes dias bastante indeciso sobre se devo continuar na orientação

---

i Deve datar de pouco depois desta carta — de 13 de dezembro de 1937 — a primeira instalação da Sexta Região, chefiada por Mário. Em 7 de março de 1941 — no período do retorno de Mário para São Paulo —, ele escreverá a Rodrigo referindo-se à mudança da Sexta Região para um segundo endereço, à rua Marconi.

Serviço do Patrimônio Histórico e Artístico Nacional
6.ª Região
S. Paulo e Mato Grosso

MINISTÉRIO DA EDUCAÇÃO E SAÚDE PÚBLICA

São Paulo, 12 de janeiro de 1938

Ilmo. Sr.
Dr. Rodrigo M.F. de Andrade
Diretor do Serviço do Patrimônio Histórico e Artístico Nacional.

Tomo a liberdade de lembrar a essa Diretoria que até agora não recebi indicação alguma sobre a nomeação do meu substituto para o cargo de Assistente Tecnico da Sexta Região, desse Serviço. Tendo a primeiro de dezembro optado pelo meu cargo no Departamento de Cultura, de São Paulo, estou êstes dias bastante indeciso sobre si devo continuar na orientação já tomada ou esperar o meu substituto para a continuação dos serviços. Tendo portanto apenas ordenado a conclusão de trabalhos já encetados, a série de fotografias de monumentos e obras-de-arte, bem como a organização de ficharios.

Por decreto de ontem, assinado pelo sr. Interventor é me absolutamente impossivel continuar no cargo a que essa Diretoria me elevou, pois proibe expressamente o exercício de cargos de acumulação mesmo não remunerados, como é o meu caso atual. Solicito pois dessa Diretoria, com a possivel urgência, indicar quem me substitua.

Cordeais saudações

Mario de Andrade

---

já tomada ou esperar o meu substituto para a continuação dos serviços. Tendo portanto apenas ordenado a conclusão de trabalhos já encetados, a série de fotografias de monumentos e obras de arte, bem como a organização de fichários.

Por decreto de ontem, assinado pelo sr. Interventor, é-me absolutamente impossível continuar no cargo a que essa Diretoria me elevou, pois proíbe expressamente o exercício de cargos de acumulação, mesmo não remunerados, como é o meu caso atual. Solicito pois dessa Diretoria, com a possível urgência, indicar quem me substitua.

Cordiais saudações
Mário de Andrade

São Paulo, 16 de janeiro de 1938

Rodrigo,
 por favor, me mande dizer com a maior urgência se, na esquina da Praça Tiradentes que assinalei no desenho abaixo com um T, não existe um teatro que pelo menos até dezembro do ano passado funcionava (e deve estar funcionando ainda) e qual o nome desse teatro. Imagine que vou ganhar numa aposta uma imagem de marfim que faz uns dez anos namoro, apesar de não ter um dos braços. Com um grande abraço grato do
 Mário

Rio de Janeiro, 19 de janeiro de 1938

Mário.
 Desculpe não ter respondido sua carta imediatamente. Tive uma quantidade enorme de correspondência de serviço a expedir urgentemente ontem e hoje ainda não consegui dar conta da mão.
 No ponto indicado por V. da praça Tiradentes há com efeito um teatro: Teatro Carlos Gomes. Cinema e teatro, se não me engano da empresa Paschoal Segreto. Por conseguinte V. ganhou a aposta e pode buscar a imagem que namora faz uns dez anos.
 Felizardo. Preciso encontrar quem queira apostar comigo uma coisa parecida com essa.
 Amanhã ou depois espero lhe escrever outra vez, sobre assunto importante.
 Abraço do
 Rodrigo

[São Paulo, c. 20 de janeiro de 1938]

Dr. Rodrigo M. F. de Andrade
M. D. Diretor do Sphan
 Tomo a liberdade de expor a V.S.ª o seguinte.
 Com minha opção pelo meu cargo de Diretor do Departamento de Cultura de São Paulo, acha-se vago o cargo de Assistente Técnico da 6ª Região, desse Serviço.

S.Paulo,16-I-38

Rodrigo,

      por favor,me mande dizer com a maior urgência si na esquina da praça Tiradentes que assinalei no desenho abaixo com um T,não existe um teatro que pelo menos até dezembro do ano passado funcionava (e deve estar funcionando ainda)e qual o nome dêsse teatro.Imagine que vou ganhar numa aposta uma imagem de marfim que faz uns dez anos namoro,apesar de nãoter um dos braços.Com um grande abraço grato do

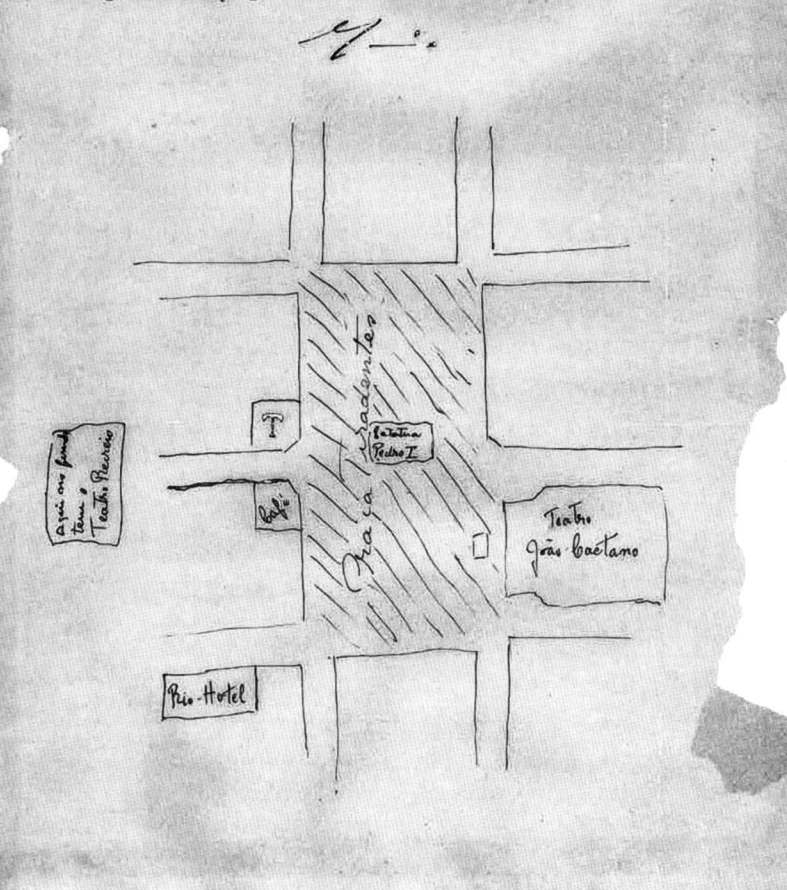

São tais os trabalhos em andamento, mormente a organização dos monumentos e obras de arte dignas de tombamento, que a suspensão do trabalho, além de causar sérios desarranjos, vai dificultar a obra mais urgente do Serviço, que é justamente tombar.

Enquanto fui Assistente Técnico desse Serviço, o dr. Paulo Duarte, apaixonado que é pelos assuntos atinentes ao Sphan, prestou-me grande auxílio. Não só pelos seus conselhos e conhecimentos técnicos de História e tradição paulistas, como pelo seu prestígio social e político. Inda mais, reconhecendo, como V.S.ª bem sabe, a precisão urgente dos estados auxiliarem a tarefa da União, foi ele integralmente o autor da lei estadual criadora de serviço idêntico ao do Sphan, só não votada devido ao golpe de 10 de novembro último que extinguiu as câmaras do país.

O dr. Paulo Duarte, escritor, membro do Instituto Histórico de S. Paulo, autor da campanha de proteção aos monumentos históricos e artísticos tradicionais, publicada no *Estado de S. Paulo* e que tanta sensação e reação benéfica causou no estado, conhecedor profundo deste, com grande relação em todos os nossos meios sociais, artísticos e políticos, me parece perfeitamente adequado para o posto de Assistente Técnico do Sphan nesta 6ª Região, e isso venho sugerir a V.Ex.ª

O dr. Paulo Duarte, pela sua alta posição política,[i] foi retido dia 8 de janeiro p.p.[ii] Nada se averiguou porém contra ele e foi solto seis dias depois, voltando aos afazeres ordinários de sua vida de advogado e estudioso. Comunico também este pormenor a V.S.ª tão só para, com lealdade, afiançar-lhe que não vejo nessa prisão, de exclusivo caráter político de averiguações, nenhum impedimento para que o dr. Paulo Duarte seja nomeado para um cargo que exercerá certamente com zelo e dedicação.

Cordiais saudações
Mário de Andrade

---

i Paulo Duarte havia participado das articulações que trouxeram Getúlio Vargas ao poder em 1930; em 1932, integrou-se ativamente na Revolução Constitucionalista — levante dos paulistas que se opunham à demora de se restabelecer a Constituição no Brasil e, também, ao regime dos interventores instituído por Getúlio. O movimento foi violentamente esmagado pelas forças federais, a que se juntaram as de alguns outros estados. Paulo Duarte foi, então, exilado e, passados alguns anos no exterior, ele volta ao Brasil, ingressa no Partido Constitucionalista e, em 1934, é eleito deputado estadual. Participa, então, da concepção e criação do Departamento de Cultura, onde trabalha, juntamente com Mário de Andrade, até a interrupção causada pelas mudanças políticas trazidas pelo Estado Novo.
ii Sigla recorrente nesta correspondência para a expressão "próximo passado". [N.E.]

Rio de Janeiro, 20 de janeiro de 1938

Mário.

Estou com muita vontade de promover este ano por todo o Brasil um mês de conferências dedicadas ao patrimônio histórico e artístico nacional.[i] Em junho ou julho. O respectivo programa e os nomes dos conferencistas seriam organizados no Pará, pelo Carlos Estevão, em Pernambuco, pelo Gilberto, aí, por V. e assim por diante. Ao mesmo tempo eu desejaria realizar três exposições retrospectivas: no Recife, uma das obras do Telles Júnior; aqui, outra referente à missão artística de 1817; em São Paulo, a terceira, das obras do Almeida Júnior.

V. acha interessante a ideia? Acha praticável? Tem alguma emenda, objeção ou sugestão a fazer ao programa geral? Poderá tomar a si pessoalmente ou como diretor do Departamento de Cultura a incumbência de elaborar o projeto da exposição e das conferências?

Eu providenciaria aqui para remeter tudo que houvesse no Rio, quer no museu, quer fora, de quadros do Almeida Júnior.

Fico ansiosamente à espera de uma resposta sua.

Abraço do

Rodrigo

---

[i] Nesse mês de conferências projetado por Rodrigo, vemos o Sphan buscando a prática de um de seus objetivos principais, o de divulgar a arte e a cultura brasileiras através de testemunhos de sua história, evolução e especificidades. A procura de distanciar-se da "tradição diletante do Intelectual brasileiro" fica patente pela seriedade na escolha dos conferencistas — como Carlos Estevão de Oliveira, especialista em etnografia e arqueologia da Amazônia e diretor do Museu Goeldi, e Gilberto Freyre, então já autor de *Casa-grande & senzala*, ambos, para dizer pouco, profundos conhecedores de seus objetos de estudo. Por sua vez, as exposições buscariam levar ao conhecimento do público de três diferentes cidades amostras da produção de artistas locais, como (José) Telles Júnior (1851-1914), pernambucano, pintor paisagista do Nordeste brasileiro, mencionado por Gilberto Freyre como "expressão nordestina do espírito brasileiro"; e (José Ferraz de) Almeida Júnior (1850-99), pintor paulista, formado pela Escola de Belas Artes em Paris, que, abordando temas regionalistas, realizou retratos simples, casuais, que se opunham às tendências monumentalistas da época. Para o Rio, então capital, Rodrigo havia programado uma exposição importante para a história do Brasil e da arte no Brasil: a que iria tratar da Missão Artística de 1817, formada por cientistas e artistas austro-alemães que acompanharam a princesa Leopoldina, que veio se casar com d. Pedro I.

São Paulo, 21 de janeiro de 1938

Rodrigo

Estou acabando de receber sua carta.

Tenha a paciência mas a retrospectiva Almeida Júnior faz mais de um ano que está determinada para este ano, no Dep. de Cultura. Não sei se lhe contei, mas este ano inauguro o salão para exposições de arte, que depois de uma luta fabulosa consegui que o prefeito me desse. Desde a fundação do Departamento estou lutando por isso. Afinal consegui a série de salões que ficam no primeiro andar do futuro novo viaduto do Chá. Basta lhe dizer que o salão de exposições só ele tem 60 metros por não me lembro bem se 28 ou 18 metros. O viaduto ficará pronto e inaugurado em maio. Um ou dois meses depois inaugurarei o Salão de Artes Plásticas. Concebi, era eruptivo, inaugurá-lo com uma retrospectiva Almeida Júnior. Já desde muito, isso, desde que cedido o viaduto ao D. C. Já tenho o dinheiro necessário (50 contos), e neste ponto você é que terá que me ajudar, concedendo e conseguindo tudo aí pra mim, de Almeida Júnior. Não é justo?

Série de conferências. Pois não, como diretor do D. C. ajudarei você no que quiser. Basta vir uma carta oficial ao diretor do D. C., porque senão ainda serei o Assistente Técnico de alguma forma, e isso não pode ser, lei é lei a meu ver. Poderei organizar a série e cederei salão e tudo. Vamos tratar é do plano.

1º — O Sphan paga as conferências? Quanto cada uma?

2º — Uma série de cinco conferências? Uma geral sobre o *Patrimônio histórico e artístico brasileiro*. 2ª: *O patrimônio histórico paulista e sua arquitetura civil-militar* (Fortes, casa dos trens bélicos etc.) — 3ª: *O patrimônio artístico paulista e a sua arquitetura religiosa* — 4ª: *As belas-artes europeias nas coleções paulistas* — 5ª: Um problema qualquer etnográfico ou folclórico, ou coisa a pensar, como organização de museus etc.

3º — As conferências seriam de 15 em 15 dias, com projeções, exposição de objetos etc.

4º — Também se poderia pensar num serviço ativo de propaganda, por meio de conferências, um conferencista só (no máximo dois), indo de cidade em cidade e fazendo conferência em sala cedida pela prefeitura, e pequenas explicações de 20 minutos nas fábricas e escolas com exposição de quadros e objetos (poucos, só pra explicar). Esta série seria de caráter didático, sem ranço. De uns dois meses, suponhamos, só pelas zonas onde há tradições a defender.

Agora, Rodrigo: há urgência e necessidade de nomear o Assistente Técnico pra S. Paulo. Não esqueça que estou com as mãos atadas e parei tudo. A lei contra acumulações está séria aqui, você já sabe que aqui se toma tudo a sério e não tenho o menor gosto, no caso, de brincar com fogo. E cada vez mais, o Paulo Duarte se impõe, acredite.
Ciao com abraço
Mário

Rio de Janeiro, 21 de janeiro de 1938

Senhor Professor Mário de Andrade.
Acusando recebimento da carta em que V.S.ª encarece a conveniência do aproveitamento dos serviços do Dr. Paulo Duarte no cargo de assistente técnico contratado desta repartição, vago por motivo de sua opção pelas funções de diretor do Departamento de Cultura da Municipalidade de São Paulo, tenho o prazer de comunicar-lhe que tomei na merecida consideração a indicação referida.
De acordo com V.S.ª, considero que o Dr. Paulo Duarte possui de fato todos os requisitos desejáveis para o exercício daquele cargo.
Sucede, porém, que a verba de material atribuída a esta repartição no orçamento vigente foi relativamente satisfatória, ao passo que a de pessoal sofreu uma redução considerável em relação à proposta da respectiva diretoria, a ponto de se tornar insuficiente para atender à despesa com os auxiliares existentes. Por isso mesmo, fica este Serviço impossibilitado durante o exercício corrente de prover o cargo que se acaba de vagar, por força da opção de V.S.ª
Em tais condições, quer parecer-me que a única solução praticável que se nos depara no momento será solicitar o concurso do Departamento de Cultura do Município de São Paulo, nos termos do art. 25 do Decreto-Lei n. 25, de 30 de novembro de 1937, para que prossigam sob a sua direção as atividades deste Serviço no estado de São Paulo, correndo as respectivas despesas por conta da verba de material da repartição.
Lamentando, pelos motivos expostos, não estar habilitado a aceder à indicação do nome do Dr. Paulo Duarte, reitero a V.S.ª os protestos de minha elevada estima e distinta consideração.
Rodrigo M. F. de Andrade
Diretor

São Paulo, 22 de janeiro de 1938

Rodrigo

Você podia apresentar o dr. Luís Saia (SAIA) a quanto assistente técnico tiver o Sphan da Bahia até o Pará. Ele vai como chefe da Missão de Pesquisas Folclóricas que o Dep. de Cultura envia pra gravação e filmagem de músicas, danças, costumes etc. Preciso das cartas aqui, o mais tardar até dia 27, é possível?

Muito obrigado
Mário

Rio de Janeiro, 26 de janeiro de 1938

Mário,

Desde aqui até o Amazonas o Serviço do Patrimônio só tem dois assistentes técnicos: o Godofredo Filho[i] e Gilberto Freyre.[ii] Remeto, pois, a você as cartas de apresentação solicitadas para eles.

Não lhe envio outras porque as minhas relações pelo Norte são muito menos numerosas e estreitas que as suas. A gente que eu conheço você conhece muito mais: Adhemar Vidal,[iii] na Paraíba, e o Carlos Estevão, no Pará.

---

i Godofredo Filho foi não só o primeiro assistente técnico da Segunda Região do Sphan, como permaneceu chefiando o serviço, na Bahia, durante cinquenta anos. De fato, sua gestão dedicada durou de 1937 a 1974. Era poeta e, na mocidade, em viagem ao Rio, conviveu — pela introdução do amigo, Manuel Bandeira — com os intelectuais modernistas e, entre estes, Rodrigo, que o convidou para colaborar no tombamento do acervo dos bens existentes na Bahia e em Sergipe. Paralelamente a seu trabalho no Patrimônio, Godofredo Filho foi professor de história; lecionou na Escola de Belas Artes, em Salvador, e na UFBA.

ii O escritor e sociólogo Gilberto Freyre era conhecido e admirado por Rodrigo desde a publicação de *Casa-grande & senzala*. E amigo pessoal, sendo frequentador assíduo de sua casa, toda vez que viajava do Recife para o Rio. Gilberto Freyre foi, também, no início dos trabalhos do Sphan, convidado a colaborar para a realização do inventário dos bens da região de Pernambuco e demais estados que vieram a compor a Quarta Região do Sphan. Diferentemente de Godofredo Filho, ele ocupou muito brevemente o cargo de assistente técnico, deixando, por sua total dedicação à pesquisa e elaboração de suas obras, de chefiar o trabalho do Sphan em sua região. Fez parte, entretanto, do Conselho Consultivo e foi um dos autores mais importantes das publicações do Sphan, serviço a que sempre prestou colaboração.

iii Adhemar Vidal, escritor prolífico, advogado, diplomata por um breve tempo e político da cidade de João Pessoa. Em 1926, ingressou no Instituto Histórico e Geográfico de Pernambuco e exerceu sua presidência de 1941 a 1944.

Rodrigo e Gilberto Freyre em pose escolhida por
um fotógrafo popular na rua, 1931.

Estou preso em casa, doente, há três dias. Por isso, deixo de replicar agora à sua carta do dia 21 sobre as conferências e a exposição. Ela está requerendo uma resposta demorada.

Abraço do
Rodrigo

São Paulo, 26 de janeiro de 1938

Rodrigo

Recebi sua carta e eis a conclusão a que chegamos. O Dep. de Cultura, é preferível você não mandar a ele a incumbência e sim ao Instituto Histórico e Geográfico de São Paulo. Eis as razões. Tomando o D. C. a incumbência, quem a teria que desempenhar seria da mesma forma este seu criado. E é justamente este seu criado que já não pode mais, agora não posso mais. Tenho de entregar os pontos. Num D. C. especializado e com poucos especialistas, tenho a certeza que você compreenderá bem os especialistas como estão sobrecarregados.

Ora vem agora justo o momento dificílimo e trabalhoso do Sphan, tombamento. E eu, além de ir descansar uns vinte dias, não posso mais.

O ano aparece pra nós trabalhosíssimo com a missão folclórica ao Norte, com o novo gênero de grandes festivais teatrais, o novo salão de artes plásticas, a nova Casa e Cultura Operária, uma missão franco-departamental de etnografia aos índios de Mato Grosso e as novas cartas de distribuição geográfica de farinhas alimentícias — tudo iniciativas deste ano.[i] Você vê que não é possível mesmo aceitar mais coisas.

Falei com o Instituto. Está disposto a aceitar,[ii] caso você lhe garanta, dividida pelos quatro trimestres, uma verba de no mínimo 50 contos para o ano todo, portanto 12:500$000 por trimestre pros trabalhos de expediente,

---

[i] Para maiores informações sobre a Missão ao Norte mencionada por Mário, ver especialmente o capítulo "Coisa de vida ou de morte pra mim". In: Carlos Augusto Calil e Flávio Rodrigo Penteado (Orgs.), *Me esqueci de mim, sou um departamento de cultura*. São Paulo: Imprensa Oficial do Estado de São Paulo, 2015, pp. 305-12.

[ii] Mário teria — por sua própria iniciativa — convidado o Instituto Histórico e Geográfico a assumir os encargos do Sphan em São Paulo como — antes de seu impedimento — fazia o Departamento de Cultura. Em uma próxima carta, a de 2 de fevereiro, Rodrigo põe, delicadamente, um certo limite ao gesto apressado de Mário que, na carta de 4 de fevereiro, encontra ainda outras razões para estar de acordo com Rodrigo.

fotos, e alguns consertinhos. Por outro lado compromete-se a, por iniciativa paulista, fazer alguma reforma importante, por exemplo Mboy,[i] que ficará nuns duzentos contos. Pretende conseguir o dinheiro (o Paulo Duarte e o *Estado* jornal estão nisso) com os capitalistas daqui.

Se acha viável a proposta pode mandar o convite oficial por meu intermédio, que entregarei.

Desejava passar uns dias no Rio pra conversar mas estou num momento de vacas magras, coisa que não raro me sucede e não acho ruim, diverte.

Ciao com abraço
Mário

Rio de Janeiro, 2 de fevereiro de 1938

Mário.

Minha intenção, quando lhe propus a exposição retrospectiva do Almeida Júnior, não era fazer propaganda do Serviço e sim do próprio patrimônio histórico e artístico nacional. Por conseguinte, se o Departamento de Cultura realizar essa exposição, estará alcançando o objetivo que eu visava, mesmo à falta de qualquer referência ao Serviço em relação com o empreendimento.

Quanto às conferências, é claro que se houver necessidade de pagar aos que tiverem de proferi-las, providenciarei nesse sentido, assim como no de atender às outras despesas que forem requeridas. Acho, no entanto, que o programa deverá ser limitado à cidade de São Paulo, convindo que os temas a serem atacados não tenham feição didática, a fim de interessarem mais.

Passando por fim ao alvitre da delegação de poderes ao Instituto Histórico daí, para o exercício das atribuições do Serviço no estado de São Paulo, peço a V. o favor de suspender por enquanto qualquer iniciativa nesse sentido. Uma vez que não convém ao Departamento de Cultura assumir as funções que competiam a V., preciso refletir mais longamente sobre a solução a adotar no caso.

Abraço do
Rodrigo

---

[i] Mboy constituiu o primeiro tombamento pelo Sphan, em São Paulo, em 1938. Sua restauração foi conduzida por Luís Saia.

São Paulo, 4 de fevereiro de 1938

Rodrigo

Não sei se tenho razão, mas recebi sua carta ontem de tarde e tive a sensação de que você meio que se ressentira de mim, com o caso da exposição Almeida Júnior. Pelo amor de Deus não faça isso, se é que me expliquei mal, e desfaça qualquer nuvem.

Antes de mais nada nem por sombra imagine que não quero ajudar mais com o que puder o Sphan. O Sphan com você dentro está claro, ou pessoa idônea. Mas a verdade verdadeira é que no momento não posso mais, arrebento. Estou com um esgotamento nervoso incrível, já pretendi descansar e o prefeito torceu o nariz. O único jeito é voar pro Nordeste por uns vinte dias ou mais — mas não sei se será possível. E ainda por cima as inquietações que são ferozes. Ferozes aqui. Mas não lhe posso dizer tudo que seria um não acabar, só mesmo quando for aí no Rio levar o resto das fotografias, de que grande parte me chegou hoje pela manhã.

Você quer ver como estou? Acabo de reler sua carta pra responder aos casos dela e não me lembro absolutamente mais de qual foi o plano de conferências[i] que propus a você e você aceitou! Vou ver se tenho cópia em casa, se a carta lhe foi datilografada. Se não foi, você terá que me reexpor o plano que lhe mandei, pra que o ponha em execução. Desculpe.

Quanto ao caso do Instituto Histórico fico ciente. Aliás já estou com vontade de desdizer tudo o que disse!... Nestes poucos dias entre a minha carta e a de você, deu-se reviravolta no Instituto e é bem provável que na reunião de amanhã saiamos todos de lá, a ala nova e ativa.[ii] Só que quando entramos o Instituto estava com dois contos em caixa e devia seis. Agora está com trezentos contos em caixa, isso em ano e pico.

Bom, ciao com abraço do
Mário

---

[i] O plano de conferências proposto por Mário figura na carta a Rodrigo de 21 de janeiro de 1938.
[ii] Provavelmente Mário ingressou no Instituto Histórico em fins de 1936 ou começo de 1937 ("um ano e pico").

Rio de Janeiro, 6 de fevereiro de 1938

Mário.

Datei esta carta do dia 6, mas de fato ela já está sendo escrita no dia 7, porque passa muito de meia-noite. Devo seguir amanhã cedo para Minas, de avião, e não quero deixar de responder à sua última antes de partir, pois de lá talvez não tenha tempo nenhum para a correspondência.

A propósito da exposição do Almeida Júnior, confesso a V. que eu tinha ficado surpreendido e meio triste com sua carta àquele respeito. Não ressentido, mas assim perplexo e com o moral abatido. Porque, se eu propunha a exposição e se o Departamento já estava decidido a realizá-la, não me parecia que houvesse motivo para V. impugnar a minha sugestão com um "tenha paciência". Bastava que V. me dissesse que o Departamento tinha assentado tomar por si mesmo a iniciativa, para eu concordar em que seria injusto privá-lo de assumir a autoria exclusiva da exposição. Tanto mais quanto, de fato, meu propósito nunca fora fazer por aquele meio propaganda do Serviço e sim contribuir para a divulgação de um aspecto do patrimônio artístico do país, no exercício de uma das principais atribuições conferidas pela lei à repartição.

Mas, se os nossos propósitos coincidiam e se o Serviço poderia auxiliá-lo no empreendimento, patrocinando a remessa para aí dos quadros do Almeida Júnior pertencentes ao Museu de Belas Artes e de outros que se encontram aqui com particulares, que razão haveria para V. querer, embora achando necessário o nosso concurso, que a exposição se fizesse sem nenhuma relação com o programa de conferências do Serviço?

De outra parte, por que motivo o Departamento se recusaria, como se recusava, a aceitar a delegação de poderes que eu lhe alvitrava? Pois o folclore nordestino e a etnografia do Pará entravariam a ele muito mais que o próprio patrimônio histórico e artístico de São Paulo? O excesso de trabalho, que fundamentava a recusa, só me parecia impedimento absoluto à cooperação do Departamento com o Serviço, caso este não se propusesse, como se propunha, a pôr à sua disposição o dinheiro necessário para V. ajustar o pessoal que julgasse preciso para cuidar das questões que nos competiam.

Essas considerações me impressionaram durante vários dias.

Entretanto, depois, refletindo mais demoradamente a esse respeito, cheguei à conclusão de que V. tinha razão em não querer perturbar a atividade de sua repartição com trabalhos em verdade sem ligação com a

Registro da primeira conferência. No alto, Rodrigo palestra, acompanhado, à esq., por Afrânio de Melo Franco, seu tio e ministro das Relações Exteriores no governo Vargas.

finalidade que ela tem. Tratando-se de fato de um departamento municipal, há inconveniente em atribuir-lhe funções que teriam de ser exercidas quase sempre fora do município. Poderia até ser censurado, com certo fundamento, que um órgão de administração do município da capital do estado passasse a ter jurisdição em todo o território estadual.

Atendendo a isso tudo, achei que V. andara acertado e que eu é que fora meio leviano, impelido pelo desejo de não perder a sua colaboração.

De qualquer maneira, sua carta me fez bem ao moral. As palavras de interesse pelo Serviço que V. me escreveu produziram um efeito tão confortador, que verifiquei que estava precisando delas. Muito obrigado.

Lucio Costa em sua repartição como chefe da Divisão
de Estudos e Tombamentos do Iphan.

Na volta, tratarei de me pôr sem demora em contato com V. para resolver sobre a praticabilidade das conferências.

Por hoje, não posso ir mais longe. Preciso dormir para levantar cedo. Amanhã, tome Sabará, com o Lucio Costa, para destrinçar a restauração da antiga Casa da Intendência. Depois, uma viagem ao Serro.

Antes do fim da semana espero entretanto estar aqui de novo.

Abraço do

Rodrigo

Rio de Janeiro, 19 de fevereiro de 1938

Mário.

Tive hoje um prazer muito grande com o recebimento dos livros que eu cobiçava há tanto tempo e que me chegaram às mãos juntamente com sua carta do dia 16.[i] Muito obrigado. V. não me poderia mandar um presente mais agradável. Hoje mesmo remeterei ao Prudente o volume dedicado a ele.

Estou chegando de Minas há poucos dias. Andei trabalhando ativamente em Sabará, com o Lucio Costa e o Epaminondas de Macedo,[ii] no problema da restauração da Casa da Intendência. De lá seguimos de automóvel para

---

[i] Provavelmente carta de cunho pessoal, não localizada nos arquivos até o presente. Talvez remetida junto com o volume a Prudente. [N. E.]

[ii] O engenheiro Epaminondas de Macedo fora o responsável pela conservação e restauração de Ouro Preto durante a vigência da Inspetoria de Monumentos Nacionais — competência

Montando em lombo de burro, Rodrigo e sua equipe
a trabalho no interior de Minas Gerais.

Conceição, Serro e Diamantina, numa viagem tremenda, em que andamos passando fome e sede, assim como dormindo ao relento pela estrada. Foi uma semana de serviço duro, mas que resultou afinal muito proveitosa, pois cheguei a Diamantina exatamente a tempo de impedir uma série de atentados irreparáveis contra coisas preciosas. De volta, tenho feito um esforço enorme para pôr em dia os negócios da repartição, mas ainda não o consegui, nem de longe.

Meu empenho maior e mais urgente é expedir as notificações para o tombamento (provisório) das coisas que requeiram a proteção do Serviço, conforme o disposto no decreto-lei de 30 de novembro. Já estão bem adiantadas as que

---

incorporada pelo Sphan em 1937. Tornou-se colaborador deste Serviço, principalmente no que tangia às cidades antigas de Minas.

Rodrigo, ao centro, de terno claro, em viagem oficial a Mariana (MG).

se destinam a Pernambuco, Bahia, Distrito Federal, Minas, Paraná, Santa Catarina e Rio Grande do Sul. Faltam, porém, completamente os nomes ou designações das pessoas naturais e jurídicas proprietárias dos bens que V. inventariou em São Paulo, em virtude de seu interesse histórico ou artístico. Por isso mesmo, venho lhe pedir o favor de arranjar aí alguém que elabore a relação completa daqueles proprietários, assim como dos respectivos endereços.[i]
É claro que pagarei o serviço pelo preço que V. ou o interessado arbitrarem.

Fiquei contente com a notícia da probabilidade de V. vir ao Rio para conversarmos. Eu estava com uma outra viagem mais ou menos assentada para o Carnaval (a Congonhas, Ouro Preto e Mariana, fazendo ponto nesta última), mas já estou mais inclinado a adiá-la.

Recado e abraço do Rodrigo

[i] Cabe aqui lembrar que a pessoa indicada por Mário para realizar o serviço pedido por Rodrigo terá sido — conforme se depreende da carta de Rodrigo de 5 de março de 1938 — o seu irmão. Veja-se, entretanto, a frequência com que Rodrigo relembra a Mário o seu pedido não atendido, o silêncio deste a respeito e, finalmente, a resolução do problema quando o próprio Mário resolve pessoalmente desincumbir-se do trabalho. Os problemas políticos que, naquele momento, estariam impedindo o irmão de Mário de exercer suas atividades profissionais habituais parecem justificar a não resposta explícita de Mário aos pedidos reiterados de Rodrigo; as dificuldades enfrentadas pelo irmão, perseguido político, podem, também, explicar a demora na execução do serviço e a resolução súbita e misteriosa que Mário dá ao problema. Ver cartas de 5 de março de 1938 e 7 de maio de 1938.

Dedicatória do fotógrafo:
"D. Helvécio Gomes de Oliveira e Dr. Rodrigo M. F.
de Andrade e os prophetas a pedido".

Da esq. para dir., Rodrigo é o terceiro e Erich Hess o último. Granja das Margaridas, sítio de Virgílio de Melo Franco, Barbacena (MG).

Rodrigo junto ao profeta de Aleijadinho.

[Rio de Janeiro,] 22 de fevereiro de 1938

QUINTA FEIRA ESPERE ME PARA ALMOCAR MARIO DE ANDRADE

Rio de Janeiro, 5 de março de 1938

Mário.

Vão inclusas o cartão de D. Heloísa que V. deixou aqui e a cópia clandestina da carta do Lévi-Strauss.[i]

---

[i] Apesar dos esforços, carta não localizada até o presente. [N. E.]

Passei ao Manuel os seus poemas escolhidos[i] antes de formar juízo a respeito deles, porque a opinião do bardo libertino interessa muito mais que a minha. Ele tomou notas e deve lhe escrever de Petrópolis.

Peço a V. com muito empenho que obtenha de seu irmão remeter-me o mais breve possível a lista dos proprietários de bens a tombar aí, com os respectivos endereços. Ele não precisa completar a relação para enviá-la para cá: pode mandar pouco a pouco o que for coligindo.

Rogo também a V. que não se esqueça do pedido que lhe fiz aqui em relação às fotografias de tudo que houver em Santos relacionado com José Bonifácio.[ii] Isso é urgente. Pagarei as despesas que se fizerem nesse sentido.

E o caso da requisição, em que ficou?

Abraços do

Rodrigo

São Paulo, 5 de maio de 1938

Rodrigo

São tais as dúvidas e suspensões e angústias, que estamos vivendo no ar e nem pensava em escrever pra você. Mas hoje saiu no *Estado de S. Paulo* um artiguete "Bilhetes do Rio" assinado F. atacando estupidamente o Augusto Meyer, por causa da inatividade até agora do Instituto do Livro. Esse F. é um tal Flávio de Campos, acabo de saber, que é de tal desimportância pra mim que nem sei se o conheço e se já fui apresentado algum dia a ele, já fui apresentado a tanta gente.

O que eu desejo apenas, esclarecendo você sobre isto, é que o Meyer nem de longe pense que o ataque parte de qualquer pessoa aqui do nosso grupo. O Paulo Duarte, a quem acabo de telefonar pra saber quem

---

i Inicia-se aqui o processo de consulta de Mário aos amigos Manuel Bandeira, Rodrigo e Prudente de Morais sobre o livro *Poesias escolhidas*, com que, naquele momento, ele pensara — erroneamente — encerrar "o capítulo poesia desta complexa vida minha". Ver cartas de 13 de junho de 1938 e de 4 de fevereiro de 1942. A primeira publicação da poesia de Mário de Andrade que permitiu uma visão do conjunto de sua obra, ainda que feita de poemas selecionados, se dará em 1941.

ii Cabe lembrar que o "Patriarca da Independência" nasceu em Santos. Por isso, o interesse de Rodrigo em ali documentar fotograficamente os possíveis vestígios de uma biografia de interesse para a história do Brasil.

UM RESFRIADO ATTACA OS FILHOS.
ATALHO-O LOGO NO COMEÇO com Mistol

É perigoso descuidar um resfriado. Ao primeiro espirro, use Mistol. Bastam algumas gotas de Mistol em cada narina para alliviar a congestão e desobstruir as fossas nasaes immediatamente. Feita a applicação, V.S. respirará logo com facilidade.

MISTOL ATALHA OS RESFRIADOS ONDE ELLES COMEÇAM

PALCOS E CIRCOS

Theatro Municipal

Para o segundo espectaculo da sua actual temporada no Theatro Municipal, a Companhia Lyrica Nacional, dirigida pela sra. Gabriella Besahsoni Lage, cantou a opera em tres actos "Mme. Butterfly", de Puccini.

No principal papel feminino ouvimos a sra. Rina de Ferrari. É uma cantora de apreciaveis recursos, muito sensivel á dramaticidade do papel cujos detalhes foram por ella realisados com um cuidado digno de applausos.

A sra. Julieta Fonseca interpretou, com propriedade, o papel de Suzuki, completando com efficiencia o trabalho da sra. Rina Ferrari.

No papel de Pinkerton apresentou-se o sr. Roberto Miranda, cuidadoso na interpretação, actuando com sobriedade e firmeza.

Nos demais papeis fizeram-se ouvir os srs.: Sylvio Vieira, a quem foi confiado o papel de "Consul", e que já ouviramos no papel de "Iberê", do espectaculo inaugural; Bruno Magnavita, Stefano Pol e L. Sargenti, respectivamente nas partes do "Goro", "Principe Yamadori" e "Bonzo".

O espectaculo decorreu dentro do equilibrio e homogeneidade que caracterisaram a de arte-hontem. O primeiro acto resentiu-se de certa frieza; mas nos seguintes, com os interpretes mais á vontade, o drama evoluiu com a necessaria firmeza. A intensidade dramatica foi muito bem dirigida, num crescendo constante de emoção, graças, principalmente, á actuação da sra. Rina Ferrari, que soube conduzir-se até o fim sem desfallecimentos e com alto poder expressivo. O auditorio foi levado num crescendo constante de emoção até o momento culminante da scena final, levemente prejudicada no effeito desejado pela ligeira alteração introduzida nos seus ultimos instantes, o que, entretanto, se refere mais á direcção do que ao valor dos interpretes.

A orchestra esteve sob a direcção do maestro Eduardo de Guarnieri, cuja actuação mereceu os mais calorosos elogios.

Logo após haverá a sessão regular mensal, para receber candidatos á profissão de fé.

ASSEMBLEA CHRISTAN DA MOOCA
(Rua Taquarituba, 20)

Nesta casa de oração haverá hoje ás 19 horas e meia, a reunião de oração.

A seguir, o missionario sr. Frederico W. Smith, proseguirá no estudo biblico que vem fazendo sobre: "O livro do Apocalypse". — "As sete egrejas da Asia" (cap. 2 e 3). O estudo de hoje, em torno da quarta egreja, que é a de "Thiatira".

Noticias Theatraes
Em S. Paulo

"AO BURRO BRANCO", NO THEATRO BOA VISTA — Hoje, nas sessões das 20 e das 22 horas, a Canzone di Napoli representará pelas ultimas vezes a peça "Al Ciuccio Bianco" (Ao Burro Branco), de Rubino e que conseguiu grande successo na actual temporada.

Amanhan será realisada a festa artistica do Cav. Vittorio Parisi, com a novidade de A. Panzini, "Addio senza parole" (Adeus sem palavras), terminando o espectaculo com um acto de canções pelo festejado.

As sessões de hoje serão, pois, preenchidas com as ultimas de "Ao Burro Branco", com variedades no segundo acto, em que tomam parte o cav. Vittorio Parisi, Pina, Rubino, Moriai, Vittoria, Cutina, Ada Parisi e o pequeno Armandino.

"RIGOLETTO", NO THEATRO MUNICIPAL — A Companhia Lyrica Brasileira representará hoje á noite a obra de Giuseppe Verdi, "Rigoletto". Para a parte de protagonista o barytono Joaquim Villa. A parte de "Gilda" estará confiada á festejada artista paulista Julieta Azevedo, uma das boas cantoras do moderno theatro lyrico. Julieta Azevedo esteve, durante seis annos á melo, apresentando seus estudos na Italia, de onde acaba de chegar para cumprir o contracto que lhe

---

no Municipal. Os outros papeis estarão entregues a Jose Oliani (Sparafucile); Julieta Fonseca (Magdalena); Bruno Magnavita, Annita Pittipaldi, Perrotta e Sargenti. Dirigirá a orchestra o maestro Eduardo De Guarnieri.

Amanhan, ás 20 e 45, a opera romantica de Verdi, "Traviata", tendo no papel de protagonista a sra. Rina De Ferrari. Outros interpretes da "Traviata" serão Joaquim Villa; Roberto Miranda, Gilda Colombo, Perrotta e Sargenti. A recita de amanhan será regida pelo maestro paulista Armando Belardi.

"FRASQUITA", NO THEATRO SANT'ANNA — O elenco italiano do Theatro Sant'Anna, com a "estrella" Alba Regina e Franco Bonri á frente, representará hoje, ás 20 e 45, a opereta de Franz Lehar, "Frasquita", espectaculo que agradou em recente exhibição, por esse mesmo conjuncto. A parte da protagonista estará confiada ao soprano France Boni.

Amanhan, pela primeira vez nesta temporada, a companhia do empresario Foglizzo interpretará a opereta de costumes japonezes, "Geisha", 3 actos do maestro Sidney Jones, todos os elementos do vetero da companhia do Sant'Anna intervirão na récita de amanhan.

Domingo, vesperal ás 15 horas.

CIRCO PIOLIN — Mais uma funcção haverá esta noite no Circo Piolin, armado á avenida Celso Garcia, 54. Além de numeros variados, subirá á scena a comedia "Piolin, embaixador".

CHEFALO, O HOMEM-MYSTERIO, VIRA' A S. PAULO — As criticas dos jornaes da Argentina consagram Chefalo, como sendo um dos mais completos magicos vindos á America do Sul.

Esse illusionista, além dos seus numeros inteiramente novos para nosso publico, traz no elenco um gigante e varios anões que tomam parte em todos os spectaculos. A iniciativa de trazer Chefalo ao Brasil deve-se á Empreza N. Viggiani.

"DOMADOR DE SOGRAS" E VARIEDADES NO THEATRO CASINO — Realisa-se domingo proximo, no theatro da rua Anhangabahú, um espectaculo completo, que principiará ás 20 e 45. A primeira parte do programma comprehenderá a representação da comedia "Domador de sogras", de moderno repertorio comico portuguez. A segunda parte terá preenchida com um programma de variedades, do qual constarão fados cantados pelo artista lusitano O. Mourarra. Esse spectaculo é dedicado á colonia portugueza de S. Paulo.

Radiotelephonia

SOCIEDADE RADIO CULTURA

10 hs.: Melodias de Nossa terra — 19 e 30: Programma Commercial — 11 hs.: Hora luza — 11 e 30: Joias musicaes — 12 hs.: Melodias que todos gostam — 19 e 30: Hora italiana — 13 e 15: Programma caipira — 16 hs.: Musica de filmes — 16 e 45: Variado — 17 hs.: Melodias ciganas — 17 e 30: Seculo XX — 18 hs.: Ave Maria — 18 e 10: Cont. Seculo XX — 18 e 45: Hora italiana — 19 e 20: Musica seleccionada — 19 e 40: Trechos livres — 19 e 55: Cartazes do mundo — 20 hs.: Hora do Brasil

---

Programma MAPPIN

ALTHEA ALIMONDA

executando no violino:

Schubert — "Wilhelmy", "Ave Maria".
Kreisler — "Tambourin Chinois".
Debussy — "La fille aux cheveux de lin".

HOJE
ás 12,30 horas

PRH9   840 K.C.
RADIO BANDEIRANTE

O Instituto do Livro

RIO, 20.

Foi criado ha alguns mezes o Instituto do Livro. Num paiz de analphabetos, e, peor ainda, de alphabetisados que nutrem indisfarçavel aversão pela leitura, ninguem poderia contestar a utilidade do Instituto. E ninguem o contestou. Muito ao contrario, intellectuaes e imprensa, as forças vivas que construirão um dia nossa grandeza, não pouparam applausos ao governo, e viram todos, com bons olhos, a entrega da direcção desta entidade a o poeta Augusto Meyer. Os poetas se habilitaram-se da pécha de indolentes e dispersivos. E é bem justa a reparação, porquanto já se foi o tempo em que os vates eram na vida "snobs" que pintavam e a vida bello da verde, viviam embriagados de inspiração e de absyntho, eram desbordios como Camões ou Villon, os apropriadores", como o iriquieto Villon. Mas voltemos ao nosso banho do "Coração Verde", ao fôrro poeta á quem foi entregue o destino do Instituto do Livro.

Que fez até agora o sr. Augusto Meyer? Parece que apenas tomou posse. Ao que saiba, nada, absolutamente nada, fez esse intellectual, em beneficio do livro. Ao já terá elle ouvido os escriptores sobre o problema do livro, demonstrando, assim, seus intuitos de melhorar as condições de vida dos obreiros de nossa civilização? Não sr. Augusto Meyer não teve tempo de ouvir seus confrades. Mas, quem sabe?, não terá reunido livreiros e editores, afim de indagar de cada facção qual o problema proprio, como se apresenta á cada delles? Não: o sr. Augusto Meyer não teve tempo tambem para isto. Nesse caso, que vae fazer esse Instituto, que foi criado para incrementar o poder esclarecedor do livro e melhorar o nivel intellectual da massa brasileira? Por emquanto nada se sabe. O que parece ser por ora, dolorosamente certo, é que a "entidade tão necessaria", tão util ao Brasil, foi criada para o sr. Augusto Meyer ser director de alguma coisa.

Palavras duras estas palavras. Bem o sabemos, mas é a attitude desse intellectual que nos obriga a redigil-as, muito á contragosto. Pois então não vê esse moço, cuja energia e iniciativa tanto peraram os que de qualquer maneira estão ligados ao livro no Brasil, vê que ha uma infinidade de coisas a fazer, um mundo de coisas a suggerir ao governo, entre ellas — a mais premente e mais urgente: a abolição dos direitos aduaneiros para que se possa importar livremente do papel, para que os livros tenham seu preço reduzido e as edições possam ser augmentadas, para que não continuemos a fazer a triste figura que fazemos perante o Chile e a Argentina? E a fundação de bibliothecas em todos os municipios, com a venda de livros ás proprias prefeituras? E o problema das traducções que não podem e não devem ser redigidas no cassange nocivo por ahi se vê? E o problema dos livreiros? Até quando continuarão elles a guerrear o livro brasileiro que recebem em consignação e condemnam nas prateleiras, ao contrario do que fazem com o livro estrangeiro, que pagam á vista, surosamente, e tudo fazem para passar ao comprador? Ignora Augusto Meyer que já existe, nós, um pequeno nucleo de auctores, bons escriptores, que podem e precisam viver do que escrevem? Não deverá o Estado cuidar de seus direitos? E não é o Instituto que deve agir, nesse caso, em nome do Estado? — F.

é esse F., me garantiu mesmo que se o próprio diretor do *Estado*, o Julinho de Mesquita Filho, tivesse ciência da coisa não a teria deixado sair. Peço a você, caso seja necessário, ou mesmo seja bom pôr o Meyer de sobreaviso, mostrar pra ele esta carta ou pelo menos garantir a ele que nada temos, a nossa gente, com a bobagem.

Muito obrigado
Mário

Rio de Janeiro, 7 de maio de 1938

Mário.

Hoje mesmo, provavelmente, mostrarei ao Meyer sua carta, que me chegou às mãos de manhã. Ele não tem aparecido mais por aqui diariamente, mas é possível que aproveite o sábado para vir conversar.

Imagino, aliás, que ele nem tenha tido ainda notícia alguma da tal correspondência enviada daqui para o *Estado*.

Temos, todos, andado apreensivos com a situação em São Paulo, sobretudo no tocante à continuidade da obra que V. iniciou no Departamento. Espero, porém, que não se pratique o crime de reduzi-la a nada.[i]

Hoje, um jornal qualquer noticia já estar escolhido o substituto do Fábio Prado, mas não adianta quem será ele.[ii]

No meio de tantas preocupações, é natural que V. não se lembre dos casinhos que interessam ao Serviço. Em todo caso e arriscando embora ser impertinente, tomo a liberdade de pedir a V. o favor de dar uma

---

[i] Em 10 de maio de 1938, poucos dias após esta carta, Mário de Andrade será exonerado do cargo de diretor do Departamento de Cultura, permanecendo como chefe da Divisão de Expansão Cultural. Ver *Me esqueci de mim, sou um departamento de cultura*, op. cit., p. 16; e *Em busca da alma brasileira*, op. cit., p. 399.

[ii] Paulo Barbosa de Campos Filho foi o substituto imediato de Fábio Prado como prefeito interino no mês de fevereiro de 1938. Em seguida, Francisco Prestes Maia assumiria, em abril de 1938, a prefeitura da capital paulista, nomeado pelo interventor federal no estado, Adhemar de Barros.

Página ao lado:
A nota crítica a Augusto Meyer publicada no *Estado de S. Paulo* em 5 de maio de 1938.

palavra a seu irmão sobre a relação dos proprietários de bens inventariados aí, a fim de me informar em que pé estará esse trabalho.

Quando é que V. pensa poder voltar?

Abraço do

Rodrigo

São Paulo, 23 de maio de 1938

Rodrigo

Só uma palavrinha. Recebi sua carta. Dentro de uns 15 dias — o mais tardar — você começará recebendo nomes de gentes pras notificações de tombamento. Meu irmão está com preocupações de tal ordem que não pode dar andamento ao serviço, pelo que tomei tudo dele. Eu mesmo vou fazer isso.

Não digo que o faça com rapidez e foi por isso que pedi os 15 dias de primeira espera. Você creio que poderá bem compreender; muito mimados pelos chefes e encontrando facilidades e liberdades pra agir, com as mudanças políticas, ficamos, os do Departamento, tomados de desânimo. As desilusões têm sido penosas, companheiro, e os sofrimentos. As modificações por enquanto não têm sido grandes, pelo menos não destruíram por enquanto o organismo fundamental do Departamento. Mas cada coisinha que cortam me dói de passar noite acordada. Me sinto bastante alquebrado, quero reagir, minto a mim mesmo, e depois o desânimo volta. Não sei o que será, mas o que consigo fazer é só arrumar e desarrumar gavetas, rasgar papéis velhos, mudar um quadro de posição, coisas assim. E ler um bocado de romances policiais ou literatura pornográfica. Nem a mim mesmo me consigo ler, o que, dado o meu egoísmo, prova muito meu desejo de deserto e monotonia. Ontem, domingo, foi espantoso, não fiz nada de nada por 18 horas a fio! É engraçado: nos momentos de dores profundas, fico de uma calma enorme e gosto de me banhar e vestir bem. Levei mais de duas horas no banho, fiz uma barba de bundinha de criança, uma lisura irreprochável. Depois me perfumei com unção e botei um pijaminha de seda listrada, o mais lindo da minha vida. E sentei no estúdio. Olhava pras coisas boas, de repente levantava e mudava uma terracota do Brecheret dois centímetros mais pro lado direito. Trocava dois quadros, pregava outro na parede, e depois sentava quatro vezes dos quatro lados do estúdio, pra ver o efeito das mudanças. Quando dei acordo de mim eram 20 horas. Então me vesti de negro com uma gravata marrom de uma cor só, com pérola. E fui na *Traviata*, pela companhia nacional da Besanzoni.

Mas falei que era só uma conversinha e estou na quarta página. Peço a você com urgência se possível ver meu esboço das *Poesias escolhidas* e passar o livro pro Prudentinho opinar também. Quero pôr em andamento o tal, careço corrigir provas, corrigir bastantes provas, fazer a vida passar.

Ciao com abraço
Mário

São Paulo, 9 de junho de 1938

Rodrigo
eu quero que essa carta que vai junto[i] chegue mesmo e com urgência, por isso abuso da sua complacência, desculpe. É pedindo emprego! Positivamente a notícia certa ontem que iam acabar com a Discoteca me desesperou.

Justamente no momento em que ela já não é mais um serviço municipal mas está atraindo a atenção de outros países. Se lhe bastam dois exemplos mando os principais: me chegaram agora de Berlim, do Phonogrammarchiv os 112 fonogramas existentes, creio que únicos no mundo, de música dos índios brasileiros. Só com proposta de troca com os meus! E de Praga, me mandam pedir a constituição da Discoteca e regulamentos porque o governo tcheco quer fazer uma igual lá. E aqui, um governo de vingança, acompanhado de um prefeito vesgo e um diretor burro e ignorante, acabam com tudo! Não fico aqui não. O Meyer me falou na possibilidade de me arranjar um posto no Instituto do Livro.

---

i Provavelmente esta carta foi enviada junto à anterior, de 23 de maio de 1938.

> **Prefeitura do Município de S. Paulo**
> DEPARTAMENTO DE CULTURA
>
> São Paulo, 9 de junho de 1938
>
> Rodrigo
>
> eu quero que essa carta que vai junto chegue mesmo e com urgência, por isso abuso da sua complacência, desculpe. É pedindo emprego! Positivamente a notícia certa ontem que iam acabar com a Discoteca me desesperou. Justamente no momento em que ela já não é mais um serviço municipal mas está atraindo a atenção de outros países. Si lhe bastam dois exemplos mando os principais: me chegaram agora de Berlin, do Phonogrammarchiv os 112 fonogramas existentes, reio que unico no mundo, de musica dos indios brasileiros. Só com proposta de troca com os meus! E de Praga, me mandam pedir a constituição da Discoteca e regulamentos por que o governo tcheco quer fazer uma igual lá. E aqui, um governo de vingança, acompanhado de um prefeito vesgo e um diretor burro e ignorante, acabam com tudo! Não fico aqui não. O Meyer me falou na possibilidade de me arranjar um posto no Instituto do Livro. Faço o ato de desespêro: si o lugar ainda estiver vago, fujo pr'aí, viro carioca da gema, e vou comer vitamima XPTÓ n Cpacabana. Ciao.

Faço o ato de desespero: se o lugar ainda estiver vago, fujo praí, viro carioca da gema, e vou comer vitamina XPTO[i] na Copacabana. Ciao.

Mário

Rio de Janeiro, 13 de junho de 1938

Mário.

Estou numa falta enorme para com V., pelo atraso da resposta às suas duas cartas últimas. É que tenho vivido num atropelo indescritível, além

---

i Existe uma discussão interminável em torno da origem e do significado dessa gíria, já aparecida — como tal — no final do século XIX e mais em voga no começo do século XX. Não há dúvida de que quer dizer "bom", "perfeito", "excelente". Dúvidas há de que teria vindo de uma antiquíssima abreviatura da palavra "Cristo" (daí o "bom", o "perfeito"). Mais provavelmente, teria origem em uma marca de cobertores ingleses, o que explicaria a gíria completa, utilizada até em peças de teatro: "XPTO London".

de muito indisposto de saúde e de espírito. Praticamente incapaz de escrever uma carta como a que precisava lhe mandar.

No entanto, providenciei imediatamente junto ao Meyer e ao Carlos Drummond sobre o assunto de sua transferência para cá.[i] Parece que tudo estaria imediatamente resolvido se não fosse a questão dos vencimentos medíocres do cargo a que V. se referia. Mas o Capanema ainda assim está assentando uma fórmula boa para conseguir o seu aproveitamento em condições financeiras mais favoráveis a V. Ele ou o Carlos se comunicarão com V. sobre o caso por estes poucos dias, senão ainda hoje.

Tenho a impressão de que, em verdade, será melhor para V. se afastar daí, pelo menos enquanto estiverem demolindo o que V. construiu. Não há espetáculo mais enervante do que esse para se assistir de perto. Além disso, essa coisa de apego ao domicílio na terra natal é literatura privativa do Gilberto Freyre, que ainda insiste em conservar alguns traços de "Barrès brasileiro",[ii] segundo a qualificação antiga do Sérgio. Ele tem vergonha dos nortistas aspirarem vir todos para o Rio. Mas V. não tem os mesmos motivos.

Agora, uma palavra sobre os poemas: verifiquei que não conseguia fixar nenhum critério de seleção dentro de seus livros de poesia. Penso que V. é um desses autores dos quais não se podem extrair poemas escolhidos.[iii]

---

[i] Como sempre acontece nos tempos de perseguição política, os grupos se apoiam mutuamente: note-se, no caso, a iniciativa pronta de Rodrigo para acudir à emergência do amigo.

[ii] Alusão a Maurice Barrès, escritor e político francês marcado pelo nacionalismo. Uma maneira de criticar o apego excessivo à terra natal e o regionalismo nordestino que, enquanto atitude, era julgada excessiva pelos intelectuais cariocas, os quais, por sua vez, se consideravam cosmopolitas. Note-se que Rodrigo era mineiro e que a frase, irônica, é uma brincadeira entre amigos.

[iii] Quanto a essas *Poesias escolhidas*, Rodrigo, por sua própria iniciativa, já submetera a Manuel Bandeira (carta de 5 de março de 1938) o que Mário chama de "esboço", enviado para sua apreciação e a do amigo Prudente (carta de Mário de 23 de maio de 1938). A opinião de Bandeira, expressa na *Correspondência com Mário* (carta de 16 de fevereiro de 1938, anterior à de Rodrigo), é a de que "num volume de poesias escolhidas deve comparecer o que o autor considera melhor do que escreveu nas diversas fases por que passou". A de Rodrigo, já vimos, mostra-se contrária a que haja seleção de poemas no conjunto enviado, levando em conta a unidade lírica integral dos poemas. As partes — "O estouro", "Prisão de luxo" e "Remate de males" — em que Mário dividiu o livro que, então, ele pensara publicar como derradeiro; a seleção dos poemas ali contidos e o acréscimo de outros, novos e fortes, revelam que foi a opinião de Bandeira, mais a invenção e o domínio de Mário sobre a matéria da poesia, o que predominou na resolução do livro. Ver *Correspondência Mário de Andrade & Manuel Bandeira*, op. cit.; Antonio Candido, "O poeta itinerante". In: *O discurso e a cidade*.

Toda a sua produção tem para mim interesse da mesma *qualidade*. Por conseguinte sou partidário da publicação de suas poesias completas e contra a dos poemas escolhidos. Eu pelo menos, só por motivos frívolos poderia escolher entre a sua poesia, desigual num sentido formalístico, mas para mim de uma unidade lírica integral, um certo número de peças para constituir um volume.

Assim, passo os seus originais ao Prudente para que ele diga a respeito o que eu não consegui dizer: quais sejam os que têm maior importância.

Abraço do
Rodrigo
P.S.: O Carlos acaba de me telefonar dizendo que o Capanema preferiria confiar a V. a direção do Serviço ou Departamento dos Teatros, cuja diretoria seria elevada de padrão. Nesse sentido hoje mesmo pretende falar ao Presidente no despacho habitual. Que é que V. acha?

São Paulo, 14 de junho de 1938

Rodrigo
Acabo de receber sua carta.
Apenas noto um engano em vocês todos, amigos bons demais. É o esforço em me dar um posto elevado e com melhores vencimentos. Pois juro a vocês que isso não é da minha preferência agora. Prefiro mil vezes um posto que me conserve na obscuridade, subalterno de outros que mandem em mim e a quem eu obedeça sem responsabilidade. Quero escuridão, não quero me vingar de ninguém, quero escuridão. Qualquer coisa serve, quero partir, agora que já ficou provado que não roubei nada nem pratiquei desfalques. Só isso me interessava saber e está provado pela devassa que fizeram. Agora prefiro é descansar e não ver, nem ser visível. Quanto ao Capanema, ele sabe que terá toda a minha colaboração quando e como a preferir à dos outros.

Quanto a deixar S. Paulo, você tem razão. Deixarei S. Paulo sem o menor amargor regionalista. Não que desdenhe dele, não desdenho de nada, mas toda a minha vida, minha obra, minha atuação me permitem

---

São Paulo: Duas Cidades, 1998; João Luiz Lafetá, *1930: A crítica e o Modernismo*. 2. ed. São Paulo: Duas Cidades; Ed. 34, 2000.

dizer que jamais trabalhei por S. Paulo, pelo simples fato de trabalhar em S. Paulo. Seria ridículo afirmar que não gosto de ser Paulista, mas seria uma verdadeira pusilanimidade afirmar que S. Paulo me satisfaz. Irei pro Rio sem a menor saudade do *terroir*.[i] Só algumas saudades de família ou de amigos terei que cultivar, mas saberei transformá-las. Quero ir-me embora, quero ir embora, quero ir embora. O resto, depois verei.

Um abraço grato do
Mário

São Paulo, 20 de junho de 1938

Rodrigo

Não sei, se for necessário por causa dos empregos, talvez vá ao Rio esta semana, mas não sei. "O que me traz hoje à sua presença" é lhe pedir o seguinte: me mande, com a maior urgência, tirar uma cópia só dos nomes dos monumentos que recenseei no meu Primeiro Relatório pro Sphan. Basta os nomes.

Ciao com abraço
Mário

Rio de Janeiro, 23 de junho de 1938

Mário.

Vai junto a relação dos monumentos de São Paulo que V. mencionou em seus relatórios. Não tenho certeza se além deles haverá outros dos quais V. nos tenha mandado fotografias, sem nenhum dado a respeito. Mas creio que não.

---

[i] Ao longo da primeira parte do século XX, imperava a influência da França e dos francesismos nos costumes e na moda da burguesia, assim como nas nossas artes plásticas e literatura. Veja-se a quantidade de vezes em que, nesta correspondência, tanto Rodrigo quanto Mário empregam, com a maior naturalidade, expressões e palavras francesas ou nomes de autores que, de tão conhecidos entre eles, dispensavam explicações. Depois da Segunda Guerra, essa influência foi sendo substituída pela dos Estados Unidos, que ainda perdura, cada vez maior.

CONTRA O VANDALISMO E O EXTERMINIO

Querendo contar aos leitores do "Estado de São Paulo" do que está fazendo o Serviço do Patrimonio Historico e Artistico Nacional, não vejo possibilidade de dar no meu assumpto outro titulo, que o que lhe deu Paulo Duarte, e ficou consagrado pela grande campanha emprehendida por este jornal. Recentemente, justo no proposito de despertar no povo o amor das coisas bellas ou boas do passado, o "Sphan" abriu a sua exposição, em logar franco e bem publico da esplanada do Castello.

Esta exposição será permanente, mudando-se de dois em dois mezes os mostruarios. Consta especialmente de photographias, documentação recolhida pelo Serviço no paiz todo, em geral de primeira ordem, pela nitidez dos documentos, e valor documental da reprodução. Mas estão tambem expostos outros objectos, fornecidos por institutos officiaes ou colleccionadores particulares. Ha que notar nesta primeira escolha, uma collecção mais curiosa que propriamente bonita de cadeiras antigas, e algumas moldagens de ceramicas amazonica, trabalhos do Museu Nacional. Entre estas excellentes reproducções, admira-se especialmente desta vez, aquelle notavel idolo feminino que Nordenskiold reproduziu de primeira mão, graças á gentileza talvez excessiva de Roquette Pinto.

Aliás, na descripção que Nordenskiold faz dessa estatueta, elle a diz sem braços, o que não me parece pelo menos prudente rigor scientifico. Eu creio que, com grande audacia, é possivel interpretar as duas pequenas alças, que vão dos hombros á cabeça, como braços. A desproporção, antes de mais nada, não póde ser levada em conta. Ella é systematica em toda a arte primitiva em geral, e nós a vamos encontrar nas primeiras manifestações plasticas do homem de Cros-Magnon, no Aurinhaciano. Com effeito, no bem conhecido idolo erotico, a que deram o titulo de Venus de Willendorf, justamente os braços são, a meu ver, propositadamente, muito diminuidos, para melhor accentuação das partes eroticas do corpo feminino.

Por outro lado, os ceramistas de toda a Amazonia, foram sectarios de uma grande audacia na estilisação de séres vivos, principalmente os artistas de Marajó. Numa especie de taça, esplendido documento, tambem reproduzido por Nordenskiold em "Ars Americana" e pertencente á collecção carioca da sra. Chermont, ha no bordo, tres figurinhas de um animal qualquer, pouco identificavel, devido justamente á violencia liberdosa da estilisação decorativa. Tratar-se-á provavelmente de rans que saltam, motivo frequente na ceramica de Santarem, muito embora não appareça, que eu saiba, em Marajó, de onde essa taça é dita provir. O importante, para nós, é verificar que, por exigencias evidentemente de estilisação esthetica, o corpo e os braços dos animalejos são perfeitamente identicos entre si.

A solução dos braços fazendo alça por onde segurar o objecto (principalmente em vasos para liquido) é universal, uma especie de "pensamento elementar", nascido intuitivamente do problema de carregar o vaso. Nós a encontramos na arte ceramista de diversas regiões europeas do Neolithico, na Grecia pre-classica, como nas moringas e quartinhas folcloricas do Brasil. Na propria ceramica amazonica ha pelo menos um caso, num feioso idolo de Santarem, da collecção Rhome, actualmente no Museu Nacional. E' uma peça por demais parecida com o idolo de que trato, e faz mesmo pensar que este, mesmo encontrado em Marajó, e com a decoração em vermelho que lhe foi ajuntada, que é evidente estirpe marajoara, tenha vindo de Santarem, ou pelo menos, tenha sido feito por ceramista conhecedor da plastica figurista praticada no continente. Aliás o intercambio ceramistico de toda a Amazonia e Antilhas é facto indiscutivel.

E' verdade que no idolo de Santarem, obedecendo á lição mais universal, os braços descem dos hombros para a cintura, ao passo que na estatueta marajoara elles sobem dos hombros para a cabeça, na attitude geralmente interpretada como implorante ou adorante. Mas o thema da implorante não é ignorado da figuristica de Santarem. Um assobio anthropomorpho encontrado em Lavras, e principalmente uma espantosa taça sustentada por cariatides, na propria Santarem, reproduzem realisticamente o thema do implorante.

Se eu me estender assim, em commentarios sobre cada peça da exposição não posso dar conta do recado principal... Mas, estando no assumpto das moldagens, quero rapidamente da exposição, apenas dar aos leitores a valiosissima noticia de que estão chegando agora ao Serviço do Patrimonio as primeiras moldagens que mandou fazer das esculpturas do Aleijadinho. Tive occasião de examinar, na séde do Serviço, dois alto-relevos copiados dos pulpitos da São Francisco, de Ouro Preto. Obras sem duvida admiraveis, ao mesmo tempo desconcertantes pela irregularidade da factura... e serão defeitos das moldagens... O certo é que se ao lado de figuras, dotadas de intensa vibração plastica, ao lado de linhas e volumes da mais convincente sensibilidade artistica, ha soluções, ha fórmas de um convencionalismo e de uma frieza deploraveis. Se eu fosse um sêr livre, iria immediatamente a Ouro Preto verificar na fonte se os peccados são só das copias, ou existem nos originaes. De resto, a irregularidade é frequente nas obras desse Lyra Pá Presto, das Alterosas. Congonhas está cheia disso.

Ainda sobre Antonio Francisco Lisbôa, a exposição apresenta uma collecção importantissima de recibos delle, descobertos pelas investigações do "Sphan", a respeito de trabalhos executados para a egreja de S. Francisco, de Ouro Preto. Assim possa o Serviço ir aos poucos confirmando com provas historicas, o que apenas a tradição concede á gloria do maior dos artistas plasticos da America.

Contra o exterminio, o Serviço apresenta documentação photographica dos primeiros trabalhos importantes de restauração que fez ou está fazendo. Já inteiramente restaurada, observamos a deliciosa egreja matriz de S. Francisco Xavier, no Sacco de S. Francisco. Construcção jesuitica do seculo XVII, o projecto de sua restauração foi feito pelo architecto Carlos Leão, e executado pelos architectos Paulo Barreto e José Souza Reis. Aliás, sempre sob as ordens principaes do projectista, pois á medida que despojavam a egrejinha dos accrescentamentos e tolices que a mascaravam, cada superfetação destruida revelava uma forma nova escondida, e implicava novas obediencias. Hoje, a matrisinha se apresenta por certo muito proxima do que foi ha tres seculos atrás, de uma pureza rustica e um desajeitamento muito commodo, quasi alegre em seu mau-gosto ingenuo. Uma verdadeira delicia.

Bem mais importante que isso são as restaurações já iniciadas pelo "Sphan", nas prodigiosas ruinas de S. Miguel, nas Missões. O projecto escolhido para execução, da autoria de Lucio Costa, consta de um museu ao ar livre, abrindo a perspectiva de uma grande praça ao fundo da qual as ruinas do templo, fortalecidas, assombrarão o mato com suas harmonias renascentes. No museu serão recolhidos os relevos não dispostos na architectura e todas as imagens ainda encontraveis. Infelizmente é sabido que muitas destas, as mais preciosas talvez, já foram levadas para outras plagas por estrangeiros e tambem argentinos, nascidos antes que nós.

Pela documentação exposta, ha que lembrar ainda ter o "Sphan" salvo do vandalismo a unica obra de Grandjean de Montigny que ainda restava. Trata-se da fachada do Ministerio da Fazenda, no Becco Bellas Artes, antiga e primeira Escola de Bellas Artes, do Brasil. Na reconstrucção do edificio, a convencional mas harmoniosa fachada ia ser destruida, a ordem era decisiva. O Serviço moveu-se com ardor, e foi a custo que conseguiu lhe fosse dado o direito de evitar crime completo.

Artigo de Mário divulgando os trabalhos empreendidos pelo Sphan, publicado em *O Estado de S. Paulo* em 16 de outubro de 1938.

Veja se há um meio de apurar precisamente e dentro do menor prazo possível o nome e o endereço dos respectivos proprietários, quer sejam pessoas naturais, quer pessoas jurídicas. Estou preocupado com o fato de até hoje não ter expedido nenhuma notificação para tombamento em São Paulo.

Abraço do
Rodrigo

Rio de Janeiro, 26 de dezembro de 1938

Senhor Diretor.

Por determinação do Senhor Ministro da Educação e Saúde, tenho a honra de convidar-vos a integrar a comissão criada por S. Ex.ª para elaborar o projeto de regulamento das disposições vigentes do Código Civil Brasileiro sobre o registro de obras de caráter artístico.[i]

Atenciosas saudações.
Rodrigo M. F. de Andrade
Diretor

[i] No período passado entre a carta de 14 de junho de 1938, quando Mário diz que, no Rio, preferiria um posto subalterno em que se conservasse na obscuridade, e este convite do mesmo ano, encaminhado por Rodrigo, no qual atribui a Mário o tratamento de "Senhor Professor" e "Senhor Diretor", sabemos que Mário aceitou a proposta para tornar-se diretor do Instituto de Artes e, como professor, encarregar-se do curso de Filosofia e História da Arte, da Universidade do Distrito Federal (então Rio de Janeiro). A UDF fora criada em 1935 por Anísio Teixeira, secretário de Educação do Distrito Federal — sendo prefeito Pedro Ernesto. Era integrada ao Movimento pela Renovação da Educação liderado pelo grupo Escola Nova em que Anísio militava, juntamente com Lourenço Filho, Roquette Pinto e outros. De seu início até o fim, em 1939, a UDF — experiência pioneira que pretendia enfrentar o problema da desigualdade no acesso à cultura em nosso país — passa por um sem-número de reveses e consegue permanecer, apesar de cada vez diminuída em seus propósitos: o de realizar uma educação sob o signo da liberdade e de proporcionar cursos de extensão que ampliassem e diversificassem o alcance de seus objetivos. O próprio Anísio e muitos dos professores, acusados de comunistas pelo grupo católico, então liderado por Alceu de Amoroso Lima, foram perseguidos e desligados, mas, em 1938 — ano em que Mário aceita os cargos de diretor e professor do Instituto de Artes —, a UDF passava por uma nova reestruturação. A aula inaugural ministrada por Mário, que ele intitulou "O artista e o artesão", é uma clara demonstração de que ele se aliava aos propósitos pioneiros da Escola e de que estes correspondiam à inspiração de muitas das iniciativas do Departamento de Cultura, que havia dirigido, em São Paulo. Na aula, aborda

Rio de Janeiro, 30 de dezembro de 1938

Sr. Dr. Rodrigo Melo Franco de Andrade,
D. Diretor do Serviço do Patrimônio Histórico e Artístico Nacional.

Venho apresentar a V.S.ª a prestação de contas da importância de Rs. 17:000$000 (dezessete contos de réis) verba concedida pelo Serviço do Patrimônio Histórico e Artístico Nacional para as despesas da 6ª Região, durante o terceiro trimestre de 1937.

O tardio desta prestação de contas se explica não tanto pelos serviços em andamento que só terminaram muito depois do período citado, como por ter eu, por determinação de V.S.ª, e muito embora não fosse mais o assistente técnico da Região, conservado em mãos o restante da verba para pagar em S. Paulo os pequenos trabalhos do Sphan, na 6ª Região, que V.S.ª determinasse fazer. Tais serviços foram feitos pelos Srs. Luís Saia, Germano Graeser e José Bento de Faria Ferraz.

Tendo agora o Sr. Luís Saia recebido de V.S.ª, encomenda mais longa de serviço, que certamente cobrirá o restante da verba em questão, a

---

questões que seriam mais bem desenvolvidas no curso: entre elas a de que todo artista tem que ser ao mesmo tempo artesão e que o artista não pode nem deve escapar de conhecer o seu tempo e de nele se integrar. Mário trata ainda de questões como a da beleza e do utilitarismo na arte. Critica o excesso de individualismo dos artistas modernos em que vê o domínio da vaidade e faz a apologia de uma severa consciência artística, que moralize o artista. O ministro Capanema, entretanto, interessado na instituição da Universidade do Brasil — caracterizada pelo viés centralizador do Estado Novo, que objetivava, sobretudo, a formação das elites e era destituída da preocupação com a educação básica —, acaba por ali incorporar a UDF, diluindo o espírito que a inspirava. Mário, em carta de 23 de novembro de 1939, escreve a Capanema, dizendo lastimar "dolorosamente que se tenha apagado o único lugar de ensino mais livre, mais moderno, mais pesquisador que nos sobrava no Brasil". O tema desta carta de convite — o da regulamentação do registro das obras de arte no Brasil — reaparecerá em duas cartas próximas — de 30 de janeiro de 1939 e de 6 de junho de 1939 —, que oficialmente incluem Mário nos trabalhos de elaboração da legislação em questão.

Mário de Andrade, "O artista e o artesão". In: *O baile das quatro artes*. Rio de Janeiro: Nova Fronteira, 2012, pp. 7-24. Ver José Roberto Pereira Peres, "A experiência docente de Mário de Andrade no Instituto de Artes no Distrito Federal, Rio de Janeiro (1938-1939)". *Revista de Ensino em Artes, Moda e Design*, Florianópolis, v. 5, n. 1, pp. 246-70, 2021. Disponível em: <periodicos.udesc.br/index.php/ensinarmode/article/view/18713>. Acesso em: 7 dez. 2021; Ver Laila Maria Galvão, *Constituição, educação e democracia: A Universidade do Distrito Federal (1935-1939) e as transformações da Era Vargas*. Tese de doutorado em direito. Universidade de Brasília, 2017; Ver também Eduardo Jardim, *Eu sou trezentos: Mário de Andrade vida e obra*. Rio de Janeiro: Edições de Janeiro, 2015.

ele fiz entrega da importância que sobrara, isto é, dos 4:932$600 (quatro contos, novecentos e trinta e dois mil e seiscentos réis). Desta importância o Sr. Luís Saia prestará contas diretamente a V.S.ª

A grande correspondência mantida pela 6ª Região, nesta prestação de contas, se explica pelas circulares enviadas a prefeitos, bispos, médicos e demais pessoas importantes, moradoras nos diversos municípios da região, no sentido de recensear os colecionadores de objetos de arte ou históricos existentes. Tal recenseamento já foi entregue a V.S.ª

Estão incluídas nesta prestação de contas as viagens efetuadas por mim ao Rio, ou, em seguida, a S. Paulo, determinadas por exigência de serviço — viagens estas não mencionadas em prestação de contas anterior — por não me achar mais nas mesmas condições de liberdade financeira.

Solicitando de V.S.ª o exame desta prestação de contas e, se possível, a sua aprovação, apresento a V.S.ª minhas cordiais saudações.
Mário de Andrade

Rio de Janeiro, 30 de janeiro de 1939

Senhor Professor Mário de Andrade.

Havendo o Sr. Ministro determinado a este Serviço promover a primeira reunião da comissão designada por S. Ex.ª para elaborar o projeto de regulamentação das disposições vigentes do Código Civil sobre o registro de obras artísticas, tenho a honra de consultar-vos sobre a data que vos parecer mais oportuna para realizar-se tal reunião.

Aproveito o ensejo para apresentar-vos os meus protestos de elevada estima e consideração.
Rodrigo M. F. de Andrade
Diretor

Capa da 1. ed. de *Pauliceia desvairada*, 1922, volume oferecido por Mário a Rodrigo.

PAULICEA DESVAIRADA

por

Mario de Andrade

*Dezembro de 1920
a
Dezembro de 1921*

1922

CASA MAYENÇA

S. PAULO

Dedicatória de Mário para Rodrigo.

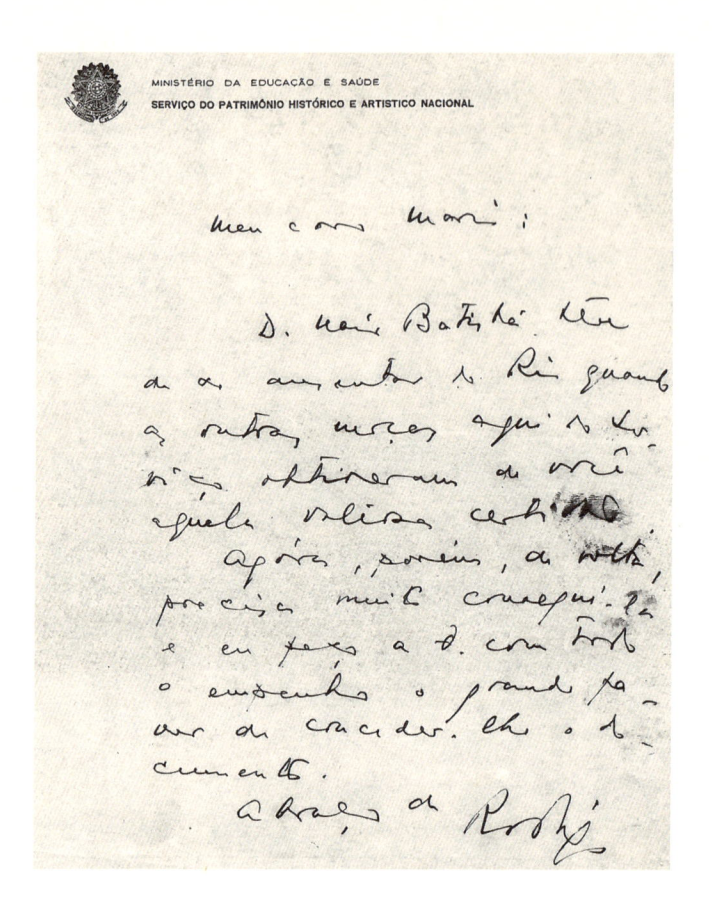

[Rio de Janeiro,] 17 de fevereiro de 1939

Meu caro Mário:

D. Nair Batista[i] teve de se ausentar do Rio quando as outras moças aqui do Serviço obtiveram de você aquela valiosa certidão.

Agora, porém, de volta, precisa muito consegui-la e eu peço a V. com todo o empenho o grande favor de conceder-lhe o documento.

Abraço do
Rodrigo

---

i No Prefácio ao livro *Rodrigo e seus tempos*, Lucio Costa fala da "plêiade feminina" que auxiliava Rodrigo no trabalho de defesa do Patrimônio: "[...] a começar pela bonita e inteligente Judith Martins, que foi seu braço direito. [...] Helcia Dias, Maria de Lourdes Pontual, Nair Batista, não se limitavam às tarefas burocráticas normais, procediam a estudos e elaboravam trabalhos sugeridos pessoalmente por ele". (p. 6).

Reunião presidida por Rodrigo na Escola Nacional de Belas Artes. No alto, da esq. para a dir.: Manuel Santiago, Rodrigo, Gustavo Capanema, Ligia Martins Costa (em pé, atrás), Santa Rosa, Bruno Giorgi, Maria Barreto e Dila Siqueira.

Rio de Janeiro, 6 de junho de 1939

Sr. Professor Mário de Andrade:

Encaminhando-vos, em anexo, uma cópia do projeto elaborado pelo Professor Filadelfo de Azevedo[i] relativo à regulamentação do registro das obras artísticas na Escola Nacional de Belas Artes, solicito-vos o obséquio de, com a possível urgência, comunicar-me, ou diretamente àquele Professor, as alterações ou modificações que, porventura, julgueis conveniente introduzir no incluso trabalho.

Aproveito o ensejo para apresentar-vos as mais atenciosas saudações.

Rodrigo M. F. de Andrade

---

i José Filadelfo de Barros e Azevedo foi magistrado, jurista e político. Durante o Estado Novo, de 3 de novembro de 1945 a 30 de janeiro de 1946, exerceu o posto de interventor do, então, Distrito Federal. Trata-se ainda do primeiro juiz brasileiro indicado para o Tribunal Internacional da ONU (1946).

São Paulo, 7 de março de 1941

Meu caro Rodrigo

faz já muitos dias que estou desejando lhe escrever mas o pouco já feito me desanimava.

Não era jeito de agradecer o cuidado verdadeiramente amigo com que você se preocupou com o meu caso[i] e o resolveu da maneira tão sossegadora pra mim. Nem me lembro se lhe agradeci de viva voz, se o fiz, fiz pouco e se não o fiz foi por esta besteira do sentimento que se envergonha de aparecer quando se está de corpo presente. Mas acredite que o seu gesto e as suas preocupações comigo me comoveram profundamente e, além do mais, lhe estou agora muito grato.

Cheguei e foi aquela nebulosa dos primeiros dias, só agora se aclarando. Além de minha casa estar em consertos que botaram quase tudo fora do lugar, precisava pôr um bocado de ordem objetiva no meu ser, arranjar centenas de livros fora de lugar, rasgar papéis inúteis, catalogar e arrumar os úteis, botar coisas no lixo, escovar sapatos, comprar sabões, dar ordem na pessoa, o que, desconfio, deve fazer parte da "prudência" tomística, pra que a gente floresça e frutifique bem. Só agora a paz principia reinando devagar em mim e uma vontade voluptuosa de trabalho. Tanto assim que já fiz três (treis) fichas pro Sphan, não se assuste com tamanho exército.

---

[i] Depois de deixar os postos de diretor e professor do Instituto de Artes, Mário fica em uma situação bastante inquietante, no Rio. Seu salário no Instituto Nacional do Livro era pequeno e, terminado o anteprojeto para a Enciclopédia Brasileira em que trabalhara com prazer, Augusto Meyer, diretor, não lhe dava nenhuma outra incumbência, o que o angustiava. Deixou a coluna de crítica literária que escrevia para o *Jornal de Notícias*, desagradado com o tanto de desafetos que com ela angariara. Procurou, então, ganhar um pouco mais de dinheiro através de aulas de arte para senhoras interessadas e de conferências e da redação de textos a ele encomendados por instituições diversas. Nada disso o tranquiliza e Mário resolve, de repente, voltar para casa. A carta de comovido agradecimento com que se dirige a Rodrigo depois da chegada a São Paulo não deixa dúvida de que foi esse amigo quem — com a presteza que o caso requeria — conseguiu com o ministro Capanema realocar Mário no Sphan em uma situação especial, na Sexta Região, incumbindo-o unicamente de duas tarefas especiais e à altura da capacidade de Mário: "destrinçar em fichas os 'Inventários e Testamentos' e fazer uma monografia sobre o padre Jesuíno do Monte Carmelo". Ver carta de Mário a Rodrigo em 22 de outubro de 1941 e *Em busca da alma brasileira*, op. cit.

Vista da rua Marconi, onde funcionava o escritório do Sphan, no Rio de Janeiro, em 1940.

Não tanto as indicações bibliográficas como as pesquisas bibliográficas há que regularizar. Ainda não conversei com o Luís Saia sobre isso, nem examinei como estão sendo feitos os fichários daqui. Tudo também ficou meio em desordem com as preocupações de montagem do escritório do Sphan e da mudança. O escritório é na rua Marconi e o Luís partiu pra Cunha onde conta ficar até a segunda próxima. Aliás levou consigo o digno Zé Bento que afinal se resolveu pelo Sphan e ficará conosco, é um alívio.

Quanto à pesquisa de artistas paulistas ou que aqui trabalharam provavelmente usarei o mesmo processo que emprego para os meus fichários particulares, que me parece mais rápido e de fácil consulta. Consiste em numerar pela ordem os livros, revistas, documentos pesquisados e na ficha retirada da leitura botar apenas esse número, em romano o número do tomo se a obra tiver vários volumes, e em seguida o número da página. A pesquisa fica fácil recorrendo à bibliografia numerada que abre o livro das fichas ou o compartimento do fichário. Assim, se *Revista do Arquivo Municipal* tem o número 1, a ficha sobre Almeida Júnior que tiver, suponhamos "1, LXII, 36", indica essa revista, tomo 62, página 36.

Mais importante me parece regularizar os livros por ler, pra que as pesquisas daqui não coincidam com as daí, com perda de tempo. É fácil determinar que eu pesquise preliminarmente revistas e documentários paulistas como a *Revista do Arquivo,* a do nosso Instituto Histórico, as séries de "Documentos Interessantes" ou "Inventários". Mas outras vezes a pesquisa pode coincidir por se tratar de livros gerais como a *História* do Serafim Leite. Conviria, creio, que você me fizesse mandar daí notícia das obras já pesquisadas e constante indicação das obras de que se encetar a leitura, e o mesmo farei eu daqui pra que nos governemos mutuamente. Assim como conviria que nos fosse mandada daí cópia de todas as indicações referentes a S. Paulo, aos artistas paulistas ou que trabalharam aqui que se forem entesourando aí. Talvez seja longo realizar esse trabalho com o já feito, o que tomaria por muito tempo um dos seus funcionários. Mas se poderia começar o trabalho daqui por diante, a funcionária tirando cópia à medida que fizer suas fichas — ficando o já feito pra ser copiado por algum funcionário daqui, aí mandado, eu por exemplo, ou o Zé Bento. Quanto às fichas biográficas aqui conseguidas, mandarei cópia de todas, mês por mês.

Principiei pela *Revista do Arquivo Municipal* mas vou atacar concomitantemente os Inventários, as Atas da Câmara, a revista do Instituto, me descansando de uma leitura, noutra. Até segunda-feira cairei duro nesse trabalho.

Me mande esclarecimento nítido sobre minhas atribuições e o que pensa e sugere sobre o que digo aqui. Está fazendo frio de pulôver e meias de lã. Um abraço verdadeiro do

sempre

Mário

[Rio de Janeiro,] 18 de março de 1941

Sr. Dr. Mário de Andrade:

Tenho o prazer de remeter-vos, inclusas, para os devidos fins, cópias da correspondência endereçada por esta repartição às autoridades Federais, Estaduais, Municipais e Eclesiásticas do estado de Mato Grosso, e ao Dr. Eufrásio Cunha Cavalcanti,[i] sobre assuntos relacionados com a atividade deste Serviço na 6ª Região, na parte confiada à vossa esclarecida direção.

Aproveito a oportunidade para reiterar-vos os protestos do meu elevado apreço.

Rodrigo M. F. de Andrade
Diretor

Rio de Janeiro, 15 de março de 1941

Ilmo. Sr. Dr. Eufrásio Cunha Cavalcanti,
M. D. Diretor do Museu D. José:

Peço permissão para apresentar a V.S.ª o portador desta, Dr. Amaro Lanari,[ii] que foi incumbido por esta repartição de coligir nesse estado, documentação fotográfica e histórica de monumentos e obras de interesse artístico e histórico, destinada a servir de base ao inventário dos bens dessa natureza existentes em Mato Grosso, para os fins estabelecidos no Decreto-Lei n. 25 de 30 de novembro de 1937.

Rogando a V.S.ª a bondade de conceder ao Dr. Lanari os seus doutos conselhos e a sua prestigiosa cooperação para orientá-lo e facilitar-lhe o desempenho de sua tarefa, antecipo-lhe os mais sinceros agradecimentos.

---

[i] Foi diretor do Museu São José em Cuiabá (MT).
[ii] Amaro Lanari, tio por afinidade de Rodrigo, era engenheiro formado pela Escola de Minas. Foi nomeado engenheiro do estado e deixou, por um tempo, esta função para dirigir a construção do ramal ferroviário de Araraquara a Curralinho, em São Paulo. Em 1917, com mais dois outros sócios, fundou a Companhia Siderúrgica Mineira que, em 1921, foi transformada na Companhia Siderúrgica Belgo-Mineira. No período desta carta, dirigindo as obras da rodovia Brasil-Bolívia por incumbência de Vargas, Amaro Lanari viajava muito a Mato Grosso e, assim, podia colaborar — como era seu desejo — para a elaboração do inventário que iria preparar o tombamento de monumentos e obras de interesse histórico e artístico.

Aproveito a oportunidade para reiterar a V.S.ª os protestos de meu elevado apreço.

Rodrigo M. F. de Andrade
Diretor
[Primeiro anexo ao ofício de 18 de março de 1941]

[Rio de Janeiro,] 15 de março de 1941

S/N
Às autoridades Federais, Estaduais, Municipais e Eclesiásticas do estado de Mato Grosso:

Tem este por fim apresentar o respectivo portador, Senhor Dr. Amaro Lanari, incumbido por esta repartição de coligir documentação fotográfica e histórica, assim como de proceder aos trabalhos e estudos necessários para a elaboração do inventário preliminar destinado a servir de base ao tombamento dos monumentos e obras de valor histórico e artístico existentes no estado de Mato Grosso, para os fins estabelecidos do Decreto-Lei n. 25, de 30 de novembro de 1937.

Antecipo sinceros agradecimentos pela valiosa cooperação que for prestada a este Serviço, na pessoa do seu referido auxiliar.

Rodrigo M. F. de Andrade
Diretor
[Segundo anexo ao ofício de 18 de março de 1941]

[Rio de Janeiro,] 18 de março de 1941

Caro Mário:

Para adiantar o trabalho de referência à documentação fotográfica e histórica sobre os bens de valor histórico e artístico existentes no Mato Grosso, pedi ao Dr. Amaro Lanari, que é casado com uma irmã de meu pai e se acha agora em serviço naquele estado, o favor de tomar algumas iniciativas. Espero que você concorde com a providência e que, oportunamente, transmita as instruções que julgar convenientes ao Dr. Lanari, cujo endereço é:

Caixa Postal 98 — *Corumbá*.

Recado e abraço muito afetuoso de seu Rodrigo

São Paulo, 14 de abril de 1941

Exmo. Sr. Dr. Rodrigo M. F. de Andrade
D. Diretor do Serviço do Patrimônio Histórico e Artístico Nacional.

Venho acusar recebimento de vossa comunicação n. 216 de 4 de abril p.p., na qual me avisais da resolução do Sr. Ministro da Educação e Saúde, me designando para servir no Serviço do Patrimônio Histórico e Artístico Nacional.[i] Aceitando com prazer essa designação, aguardo vossas ordens,

---

[i] Mário começa a trabalhar no Sphan logo que chega a São Paulo, portanto, bastante antes da sua designação oficial. Ver carta de Mário de 22 de outubro de 1941.

na esperança de contribuir para o desenvolvimento da Repartição que tão proficientemente dirigis.

Cordiais saudações,
Mário de Andrade

Rio de Janeiro, 7 de maio de 1941

Meu caro Mário:

Ainda às voltas com os estudos jesuíticos encetados com vigor por esta repartição desde o ano passado,[i] venho pedir-lhe, com referência aos mesmos, o seguinte: Solicitar da Reitoria da Universidade de S. Paulo ou da Secretaria de Educação, licença para fotografar os manuscritos mais interessantes dos quatro códices intitulados: *Cartas e mais documentos que se acham no Arquivo dos Regulares da Companhia no Colégio do Pará* adquiridos pelo Dr. Alberto Lamego[ii] em Lisboa, ao livreiro Manoel dos Santos e que hoje fazem parte da biblioteca que esse historiador vendeu aí ao estado.

Alguns desses manuscritos que nos interessam tão vivamente, por trazerem notícias mais ou menos detalhadas sobre o movimento jesuítico dos séculos XVII e XVIII, já foram publicados pelo Dr. Lamego na obra intitulada *A terra Goitacá* (1913), mas não em sua íntegra. É justamente dessa

---

[i] A *Revista do Sphan* n. 4, de 1940, publicou ao menos três estudos sobre jesuítas no Brasil, sendo um deles de autoria de Alberto Lamego, outro de Maria de Lourdes Pontual, funcionária do Sphan, e outro de David Carneiro, "Colégio dos Jesuítas em Paranaguá". [N. E.]

[ii] Alberto Frederico de Moraes Lamego — escritor e pesquisador — durante longa estadia na Europa, sobretudo na França, na Bélgica e em Portugal, realizou cópias de manuscritos de interesse para a história do Brasil. Em 1935, a coleção de manuscritos foi adquirida pelo governo de São Paulo, depois incorporada à Universidade de São Paulo (USP) e, hoje, ao Instituto de Estudos Brasileiros (IEB-USP), onde se encontra, estando os manuscritos restaurados e digitalizados. Entre outras obras, Alberto Lamego escreveu o estudo *A terra Goitacá* de que fala Rodrigo, em que integra parte dos manuscritos referidos.

Por dizerem respeito ao "movimento jesuítico" dos séculos XVII e XVIII em que foram construídos os conventos e casas em que os jesuítas evangelizavam os índios — nossos monumentos mais antigos, juntamente com os fortes, e de que restaram raros remanescentes — os manuscritos trazidos pelo dr. Lamego justificavam o vivo interesse manifestado por Rodrigo: seguramente, iriam acrescentar mais informações sobre um tema e história de um período importantíssimo para os estudos básicos em que se debruçavam os técnicos voltados para a proteção de nosso patrimônio.

Retrato de Alberto Lamego,
autor de *A terra Goitacá* (1913).

parte que falta na obra citada que precisamos, para nos documentar, de tirar algumas fotografias, se possível.

Para orientar você na escolha daquilo que deve ser fotografado, envio-lhe junto uma lista dos assuntos, tiradas do III volume de *Terra Goitacá*, correspondente, parece-me, ao II volume dos códices mencionados.

Faça, por favor, o que lhe parecer melhor a fim de nos conseguir a licença necessária para fotografar tudo que nos interessa e tenha a bondade de me mandar dizer, com certa urgência, o que ficar resolvido.

Antecipando-lhe os meus agradecimentos, envio-lhe um afetuoso abraço.
Rodrigo M. F. de Andrade

[folha anexa]
Terra Goitacá
Livro III
"*Informationes ad regimen confecta et Roman expeditae mense Novembri anni 1756. Similiter expediende absoluto triennio, nempe ano 1759. Pro Archivo R. P. V. Proatis in Collegio Paraensi etc.*"

Dessa relação só nos interessa o nome dos jesuítas que fizeram alguma construção ou concorreram para o embelezamento delas, como o padre João Teixeira, segundo está na *Terra Goitacá*, à página 306.

"Mapa da Província do Brasil da Companhia de Jesus" (MS).[i]

Do Colégio de Santo Alexandre no Pará
Dr. Lamego transcreve o documento, faltando:
Da dispensa, refeitório e cozinha (inventário dos objetos ali existentes).
Dos escultores, pedreiros e carpinteiros (com o inventário das ferramentas).
De um cubículo debaixo da livraria para guardar o que pertence aos Padres que vão para as Missões e fazendas (com a relação dos objetos).
Dos oficiais que tem o Colégio (relação de todos os pedreiros, escultores, carpinteiros, torneiros, canoeiros, serradores e tecelões).
Da despesa e receita do Colégio (desde 1715 até 1720).

p. 352 a 358.

São Paulo, 13 de maio de 1941

Rodrigo

Lhe escrevo pra contar que já tive hoje nas minhas mãos o códice da Biblioteca Lamego. Não o pude ainda examinar porque o bibliotecário não estava presente e a mocinha que tomava conta de tudo ficou com ar de tonta. Fiquei de voltar amanhã quarta. Desde já posso lhe comunicar que o códice consta de um só volume que não sei ainda se contém os quatro volumes da tradição ou é o que resta.

Aproveito a ocasião pra lhe fazer umas perguntas. Quando vim daí você, pelas duas ou três vezes que me falou no caso, vi que punha grandes esperanças de colheita farta nas minhas leituras dos Testamentos e Inventários. A coleção destes custou a ser requisitada, mas afinal chegou às minhas mãos. Enquanto não chegava andei procurando noutras fontes que sempre rendiam bastante coisa, nem sempre e nunca muito quanto a nomes de artistas coloniais, mas quanto a fichas pra o fichário geral da 6ª Região, do Sphan.

---

[i] Na margem esquerda do manuscrito, Mário de Andrade anota: "Não existe". [N. E.]

Ora, quando me pus lendo os Testamentos, fiquei desolado com a enorme penúria de rendimento deles. Um primeiro volume de quatrocentas e muitas páginas lidas nada rende, nem uma ficha sequer! Um segundo, encetado, rende três ou quatro fichas nas suas primeiras cem páginas. Isso mesmo, fichas de paupérrimo auxílio, tais como "Fulano dos Anzóis Carapuça, Carpinteiro, S. Paulo, 1626" e os dados bibliográficos.

Ora pela carta indicadora de pesquisas no códice Lamego, vejo que você segue um critério muito mais generoso de fichação de nomes e assuntos, e por isso lhe faço estas perguntas quanto a critério a seguir nas futuras pesquisas. Está claro que não me custa nada refazer as leituras já feitas, são poucas.

I — Devo fichar quanto nome encontre nos inventários?

Nota: Em listas por ex. de devedores, ou credores, se encontram dezenas de nomes sem mais outra indicação que o nome. Ora nas mesmas listas surge no entanto, de repente, a indicação acima, esclarecedora, "carpinteiro", "músico". Ora pode ser que noutro volume, noutra lista ou livro, posso encontrar uma indicação útil sobre um homem que nos inventários deixei de fichar, por conter apenas um nome desconhecido.

Não deixa de ser um bocado assustador fichar todos os nomes encontradiços nos Testamentos. É fácil evitar a fichagem apenas de alguns, os que mais se repetem, juízes de órfãos, notários, coisas assim. Porém mesmo dos donos dos testamentos, bandeirantes e outros, no caso de uma pesquisa assim dilatada, não me parece inútil a fichagem. Exponho pois estas três variantes de critérios:

a) — Fichar indiferentemente todo e qualquer nome encontradiço nos Testamentos e Inventários.

b) — Fichar todo e qualquer nome, excluindo apenas homens de fácil pesquisa ulterior, se algum dia necessária, como juízes de órfãos, tabeliães e testadores (cujos nomes vêm no índice dos volumes).

c) — Fichar apenas os nomes que indicam profissões relativas aos serviços do Sphan (carpinteiros, pedreiros, engenheiros, escultores, pintores, músicos etc.).

(Na sua resposta, basta indicar, use critério I-a ou I-c, pois guardo cópia desta carta aqui.)

II — Devo também fichar qualquer profissão que se refira à construção de edifícios e objetos?

Nota: Vejo pela sua carta que você quer do códice Lamego a relação completa dos oficiais que existiam no Colégio do Pará. Você mesmo completou a sua indicação com um parêntese onde se enumera "relação de todos os pedreiros, escultores, carpinteiros, torneiros, tanoeiros, serradores e tecelões".

Não sei aliás se este parêntese é esclarecimento seu ou cópia do texto de Lamego. Já por mim, tudo quanto era carpinteiro e pedreiro encontrado, não deixei de fichar (para os tempos coloniais), mas já deixei de fichar um sapateiro de que me lembro bem, e ainda não encontrei nem torneiros, nem serradores, nem tanoeiros nem tecelões.

Eis as variantes de critério por onde você escolherá o que devo seguir:

a) — Fichar indiferentemente toda e qualquer profissão.

b) — Fichar todo e qualquer profissional, excluindo apenas os de fácil pesquisa ulterior.

c) — Fichar toda e qualquer profissão, excluindo apenas as que parecem não se relacionar imediatamente com o Sphan, como Direito, Medicina, Bandeirismo (como tal), Militares, Religiosos.

d) — Fichar apenas os profissionais que se relacionam direta e incontestavelmente com os serviços essenciais do Sphan, isto é: artistas das belas-artes (com exclusão apenas dos literatos), e mais os artistas das artes aplicadas e profissionais operários que naqueles tempos misturados muitas vezes assumiam direção de trabalhos e de criação, tais como: carpinteiros, pedreiros, torneiros, ourives, fundidores, mestres de obras, canteiros, pinta-paredes.

(Se lembrar outras profissões que interessem é favor indicar. Deverei incluir nesta enumeração os tecelões, os alfaiates, os tanoeiros, os mineradores?)

Responder pelo mesmo processo indicado acima: "II-b" por ex.

III — Devo fichar todos os objetos encontradiços nos Inventários?

Nota: Pelas suas indicações a respeito do códice Lamego, vejo que você quer a relação completa de inventário dos objetos ali existentes na "dispensa, refeitório e cozinha".

Está claro que neste sentido há imenso que fichar e que deixei de fazer no 1º volume lido. Por ex.: Tal morto deixou "três colheres de prata" ou "dois machados, dos quais um estragado" ou uma "caixa" e tal outro uma roupa de tal tecido, já bastante usada. Ora nada disto eu fichei, embora o problema me fizesse muitas e desagradáveis cócegas espirituais. Não fichei por duas razões: 1º — Não é difícil uma pesquisa especializada em qualquer tempo, dada a disposição tipográfica que se deu, na publicação moderna, ao inventariamento dos bens dos mortos, cada coisa numa linha e distribuição (aliás defeituosa) por títulos. Um indivíduo que queira, por ex., recensear os tecidos usados no séc. XVII paulista, pode achar com facilidade o que quer, recorrendo à fonte diretamente. 2º — Esses objetos, mesmo os duradouros, não existem mais praticamente. Porque, dado mesmo que se encontre em S. Paulo um oratório ou uma colher de prata, garantidamente do início do séc. XVII, não há por onde identificá-lo e saber se pertenceu a Manuel Preto ou outro Fulano qualquer.

Qual, pois, destas variantes de critério seguir:

a) — Fichar indiferentemente tudo, até sítios e casas, com exceção exclusiva de semoventes como porcos, vacas e escravos.

b) — Fichar tudo e com abundantes remissivas (tecidos, indumentária, ourivesaria, mobiliário etc.), excluindo apenas o que pareça não interessar imediatamente ao Sphan, como tantas "mãos de milho" ou "alqueires de trigo".

c) — Como as pesquisas, neste sentido, não são difíceis pelo que expus acima, só fichar excepcionalmente os casos mais característicos como, por suposição, um bandeirante grã-fino que deixou um vestiário cheio e rico, ou outro qualquer que gostava de possuir muitos bens de terras, e casas como um qualquer conde de Lara contemporâneo. (Mas sobre isto já o *Vida e morte do Bandeirante* é um bom indicador. Com alguns acréscimos...)

E de mais não sei, no momento. Peço apenas a você me sugerir mais coisas que queira. Acho que a obtenção de um critério geral de pesquisas e fichagem beneficiará grandemente ao Serviço e desejo de coração que você não me poupe. Espero resposta breve, ou de você ou do esposo Pru,[i] a quem Deus guarde.

E a você também, com vários abraços do

Dr. Rodrigo, abraço

O Mário está na biblioteca da Faculdade fazendo a pesquisa que V. lhe pediu e me pede que assine esta carta por ele. Estou aqui com o Dr. Sodré e sairemos dentro de momentos para ver o tal retrato do Pedro.[ii] Penso que se arranjará possivelmente o acondicionamento da tela que será levada possivelmente pelo Dr. Sodré e a moldura será despachada depois.

---

[i] Trata-se de Prudente de Morais Neto.
[ii] Supomos tratar-se da tela *Retrato de d. Pedro I* (Acervo do Museu Imperial) e do historiador Nelson Werneck Sodré, autor do livro *Panorama do Segundo Império*, publicado em 1939. [N. E.]

b) - Fichar tudo e com abundantes remissivas (tecidos, indumentária, ourivesaria, mobiliário, etc.), excluindo apenas o que pareça não interessar imediatamente ao S.P.H.A.N., como tantas "mãos de milho" ou "alqueires de trigo".

c) - Como as pesquisas, neste sentido, não são difíceis pelo que expus acima, só fichar excepcionalmente os casos mais característicos como, por suposição, um bandeirante granfino que deixou um vestiário cheio e rico, ou outro qualquer que gostava de possuir muitos bens de terras, e casas como um qualquer conde de Lara contemporâneo. (Mas sobre isto já o "Vida e Morte do Bandeirante" é um bom indicador. Com alguns acréscimos...)

x.x.

E de mais não sei, no momento. Peço apenas a você me sugerir mais coisas que queira. Acho que a obtenção de um critério geral de pesquisas e fichagem beneficiará grandemente ao Serviço e desejo de coração que você não me poupe. Espero resposta breve, ou de você ou do esposo Prí, a quem Deus guarde.

E a você também, com vários abraços do

Abraço amigo do
Luís Saia

Rodrigo. Ainda cheguei em tempo pra assinar esta. Estou chegando da biblioteca, onde me pus a examinar o tal códice. Estou por enquanto recenseando os documentos existentes no volume pra ver se contém tudo o que estava relacionado na *Terra Goitacá* como quatro volumes. Parece que sim. O resultado é ser um volume enorme, pessimamente e impiedosamente encadernado, tornando alguns documentos de dificílima leitura e infotografáveis. Lhe irei mandando aos poucos tudo o que obtiver.

Com um abraço do
Mário

Rio de Janeiro, 16 de maio de 1941

Meu caro Mário:
Muito obrigado pelas providências já tomadas para atender ao meu pedido referente aos documentos que pertenceram à biblioteca do Alberto Lamego.

Quanto às suas consultas a respeito dos dados dos "Testamentos" que deverão ser fichados, só me ocorre responder que o critério adotado por você, inicialmente, era o que nos convém. A indicação contida na minha carta alusiva aos códices do Lamego era simples cópia da referência aos manuscritos encontrada na *Terra Goitacá*. Consequentemente:

1º) — você deverá fichar apenas os nomes que estiverem acompanhados de referências a profissões relacionadas com as finalidades do Sphan.

2º) — os mestres e oficiais a cujo respeito interessa ao Sphan coligir dados são apenas os que exercem as profissões mencionadas por você na consulta II, alínea d;

3º) — os objetos mencionados nos "Inventários e Testamentos" que convirá fichar são todos os que parecerem de interesse para a história da arte no Brasil, da qual não parece que devam ser excluídas as obras de arte aplicada. Como, porém, é claro que não interessará fichar apenas certa referência a um determinado número de cadeiras, por exemplo, embora o capítulo do mobiliário colonial seja muito importante para nós, ocorre-me sugerir-lhe que fiche apenas as alusões que aparecerem a móveis ou a objetos cujas características sejam especificadas, tais como: cadeira de "encosto de sola com sua pregaria", ou colheres "de prata", como as que você mencionou. Isso, porque há grande utilidade em se apurar seguramente a natureza e as características das obras de arte aplicada correspondentes a cada período de nosso desenvolvimento histórico.

Aliás, você não é homem a quem se devam transmitir instruções. Por sua conta você fará sempre muito melhor do que me seria possível sugerir.

Mande sempre suas notícias e receba um abraço muito afetuoso do
Seu mto amigo
Rodrigo M. F. de Andrade

Rio de Janeiro, 11 de junho de 1941

Meu caro Mário:

remeto-lhe agora a nota anexa, relativa ao nosso grande artista carmelita.

Foi, infelizmente, a única referência encontrada no trabalho inédito de Frei André Pratt.[i]

Desejo que você seja mais feliz em sua busca pelos arquivos da Ordem...

Aguardando com grande interesse suas notícias e as notas tiradas do códice Lamego, envio-lhe afetuoso abraço.

Seu velho
Rodrigo

São Paulo, 21 de junho de 1941

Rodrigo,

aqui lhe envio, conforme seu pedido, o resultado das minhas pesquisas nos manuscritos da antiga biblioteca Alberto Lamego, atualmente pertencentes à biblioteca da Faculdade de Filosofia, Ciências e Letras da Universidade de S. Paulo, e intitulados *Cartas e mais documentos que se acharam no Arquivo dos Regulares da Companhia, no Colégio do Pará*. Toda essa preciosa coleção, que Lamego indica ter adquirido em quatro volumes, foi por ele mesmo mandada encadernar num só volume, formando assim um só códice volumoso, de difícil leitura e quase impossível fotografação.

---

[i] Frei André Pratt é o autor do trabalho *Construções carmelitanas brasileiras: Inventário sistemático das construções carmelitanas — igrejas, conventos e ordens terceiras e de alguns outros templos sob o título de Nossa Senhora do Carmo, existentes no Brasil*, citado no estudo de Mário de Andrade sobre o padre Jesuíno do Monte Carmelo.

Deixo de indicar número e título de ficha desse códice na biblioteca da Faculdade, porque ainda não está catalogado. Como você deixou a meu critério estudar o problema, achei de melhor aviso traduzir eu mesmo os documentos do códice, deles retirando, para a documentação do Sphan, além das informações pedidas por você, tudo quanto interessava ao nosso Serviço. Preferi este alvitre a fotografar desde logo os documentos pedidos, por achar que, no estado atual do códice, as fotografias sairiam muito imperfeitas. Fiz a tradução de tudo, porque para conseguir boas fotografias será necessário desfazer o códice atual, o que, dado se tratar de repartição pública, acarretará dificuldades e perdas de tempo. No caso porém do Sphan desejar mesmo fotografias, creio que será necessário a essa Chefia oficiar diretamente à Faculdade, pedindo oficialmente esse trabalho, propondo o desfazimento do códice atual e melhor organização futura dos seus documentos. Não encontrei, no códice, apenas o "Mapa da Província do Brasil da Companhia de Jesus". Ou estará no restante da coleção dos manuscritos adquiridos por Alberto Lamego e atualmente na biblioteca da Faculdade, ou ele o conservou consigo — o que é bastante provável, pois ele vendeu a biblioteca que possuía e não a mapoteca anexa.

Como o códice não tem índice já perfeitamente organizado, para a indicação dos documentos e textos de que extraí as informações que aqui traduzo, preferi localizar o documento por intermédio de uma numeração de páginas feita a lápis e à mão, numeração seguida, 1, 2, 3 etc., feita porém exclusivamente no lado ímpar das folhas. Esta numeração parece ser do próprio Alberto Lamego, para seu uso pessoal. E nada mais pude respigar no códice que me parecesse de interesse imediato para o Sphan.

Deve haver uma ou outra deficiência de atenção, que não sou paleógrafo, embora este trabalho me apaixonasse. Não hesite em rezingar e exigir quantos esclarecimentos quiser. E mesmo, de certas palavras que não pude saber traduzir, se quiser, me auxiliarei de algum paleógrafo profissional para ver se serão compreendidas. E também se quiser desistir destes informes e quiser tudo fotografado, mande o ofício pedindo o desfazimento do códice ao Reitor da Faculdade de Filosofia, Ciências e Letras, atualmente o dr. Fernando de Azevedo. Acho porém que esse trabalho deve ser feito por intermédio do chefe da Região 6ª e não por mim. Mas como conheço e mantenho boas relações com o Fernando de Azevedo, irei eu mesmo ver se se consegue a áfrica.[i]

---

i Gíria que traduziria a ideia de algo difícil, emaranhado, e que corresponde à percepção distanciada que se tinha do continente — por outro lado — tão próximo de nós.

Estou lhe escrevendo estes comentários no mesmo papel em que vão as traduções, o que é grave imperfeição. Desculpe. Mande cortar as impertinências e tudo fica certo. Agora vou me atirar ao frei Jesuíno. Não poderei, porém, fazer imediatamente pesquisas fora de S. Paulo, porque estou dependendo de uma pequena operação sem importância, que nem do trabalho, em casa, me privará, mas será de uma hora pra outra. Mande suas ordens.

Com o abraço do
Mário de Andrade

São Paulo, 22 de outubro de 1941

Meu caro Rodrigo.

Só agora, às 13 horas, chegando no Sphan, soube pelo Zé Bento, me pedindo informações como fazer, que você desejava receber relatórios mensais sobre o andamento dos serviços aqui, para estar ao par deles. Como não estava preparado para isso e já estamos a 22, em fim de novembro você começará a receber regularmente meus relatórios particulares, anexados aos da 6ª Região.

Mas julguei mais acertado, nesta carta particular, lhe fazer desde logo um resumo de quanto realizei nestes meses passados. Caso você julgue necessário, como guardo cópia desta, me será fácil fazer um relatório oficial do quanto vai aqui, excluídas naturalmente certas considerações particulares.

Meu regime de trabalho é o seguinte: compareço diariamente no Sphan na primeira hora de serviço, onde auxilio o expediente do Saia quando este julga necessário me consultar sobre qualquer serviço. Às vezes, quando solicitado, vou com ele nas pequenas viagens de serviço, aqui pelos arredores. Quando não sou necessário, volto para casa continuar aqui meus trabalhos, ou nos institutos onde faço pesquisas.

Trouxe do Rio duas incumbências suas: destrinçar em fichas os "Inventários e Testamentos" e fazer uma monografia sobre o padre Jesuíno do Monte Carmelo.

A 6ª Região solicitou do Arquivo do Estado uma coleção dos "Inventários e Testamentos", mas esta, como já lhe comuniquei em carta de consulta, demorou vários meses a nos ser entregue, e assim mesmo incompleta. O que nada quer dizer pois completarei as pesquisas no próprio Arquivo Público, quando terminar a leitura dos volumes que possuímos. Mas apenas li até

São Paulo, 22-X-41

Meu caro Rodrigo.

Só agora, às treze horas, chegando no SPHAN, soube pelo Zé Bento, me pedindo informações como fazer, que você desejava receber relatórios mensais sobre o andamento dos serviços aqui, para estar ao par dêles. Como não estava preparado para isso e já estamos a 22, em fim de novembro você começará a receber regularmente meus relatórios particulares, anexados aos da Sexta Região.

Mas julguei mais acertado, nesta carta particular, lhe fazer desde logo um resumo de quanto realizei nestes mêses passados. Caso você julgue necessário, como guardo cópia desta, me será facil fazer um relatorio oficial do quanto vai aqui, excluidas naturalmente certas considerações particulares.

Meu regime de trabalho é o seguinte: Compareço diariamente no SPHAN na primeira hora de serviço, onde auxilio o expediente do Sáia quando êste julga necessário me consultar sobre qualquer serviço. Às vezes, quando solicitado, vou com êles nas pequenas viagens de serviço, aqui pelos arredores. Quando não sou necessário, volto para casa continuar aqui meus trabalhos, ou nos institutos onde faço pesquisas.

Trouxe do Rio duas incumbências suas: destrinçar em fichas os "Inventários e Testamentos" e fazer uma monografia sobre o padre Jesuino do Monte Carmello.

A Sexta Região solicitou do Arquivo do Estado uma coleção dos "Inventários e Testamentos", mas esta, como já lhe comuniquei em carta de consulta, demorou vários mêses para nos ser entregue, e assim mesmo incompleta. O que nada quer dizer pois completarei as pesquisas no próprio Arquivo Público, quando terminar a leitura dos volumes que possuimos. Mas apenas li até agora dois volumes, pois logo que êles nos chegaram, recebi de você a incum-

agora dois volumes, pois logo que eles nos chegaram, recebi de você a incumbência de estudar o códice Lamego, o que fiz na íntegra, e me tomou bastante tempo, pela dificuldade de leitura. Mas enquanto não recebíamos os "Inventários e Testamentos", como não tínhamos pesquisador aqui, li vários volumes que tinham interesse para o Serviço, fichando-os para este. O mesmo fiz com a *Revista do Arquivo*, cujos fichários são absolutamente insuficientes para o nosso caso. Organizei com tudo isso já umas quatro centenas de fichas, relativas aos estados de São Paulo e Mato Grosso.

Quanto ao padre Jesuíno do Monte Carmelo, em princípios deste mês dei por terminada a pesquisa bibliográfica, toda lida, relida e fichada para o meu futuro trabalho. A releitura foi necessária, devido ao desconhecimento inicial do assunto, pois muitas vezes lendo um autor, este me sugeria novas ideias e novas pesquisas, não só sobre o padre-pintor, como sobre os artistas outros que trabalharam em Itu. E isto me obrigava a reler autores já lidos. Tudo agora está feito e organizado. O que não é muito... É incrível como os autores montam uns nos outros, ou mesmo se plagiam descaradamente. E o que é pior, se corrigem com a maior desfaçatez, quando percebem incongruências uns nos outros, mas sem a menor documentação nem honestidade. Com isso resultaram três ou quatro problemas intrincados que deverei resolver.

Este mês, iniciamos as pesquisas em arquivos.

Como não posso fazer tudo por mim, instruí um funcionário, Mauro de Almeida, nas pesquisas a fazer e nos processos de leitura e fichagem de documentos manuscritos. Esse trabalho foi feito primeiramente aqui em São Paulo, sob minhas vistas e crítica, num primeiro pacote de documentos inéditos, relativos a irmandades de São Paulo. Há vinte destes pacotes alentados, no Instituto Histórico e Geográfico daqui. Lido o primeiro por Mauro de Almeida, e fichado (tendo aliás rendido pouco, como importância documental), foi esse pesquisador enviado a Itu, no início desta semana. Quanto aos pacotes de irmandades acima referidos, continuarei eu as pesquisas nesse documentário. Conforme forem indo as pesquisas em Itu, para lá partirei, ou breve pelos meados do mês próximo, ajuizar dos trabalhos já feitos.

Quanto a documentos inéditos sobre o padre Jesuíno, só conseguimos um até agora, aliás muito interessante. É uma carta de 1815, cinco anos anterior à morte, dirigida ao prior do convento do Carmo, em Santos. É um documento interessantíssimo, que mostra Jesuíno ainda rapaz, estudando música e órgão na Ordem Primeira do Carmo em Santos, aceitando encarnar imagens sem o saber fazer, e audaciosissimamente aceitando mais fazer um órgão, pelo qual recebeu 54$200! Embora fosse no tempo da sua "rapaziada" como ele diz, Jesuíno bem se apercebia dos defeitos de douração nas imagens e de fatura no órgão, mas ficou quietinho, recebendo o dinheiro. No fim da vida, e já padre, ele escreve essa carta pedindo perdão dos males que fez. Aliás a carta ainda prova que o padre Jesuíno pelo menos por duas vezes se ausentou de Itu, depois de padre, chegando as duas vezes até Santos, coisa que nenhum historiador registra. E com isto surge um problema novo e interessantíssimo: acabamos de descobrir em Mogi das Cruzes, na Carmo justamente, um teto pintado que dizem ótimo e no mesmo estilo do da Carmo daqui. Será do padre Jesuíno? Ainda não fui até Mogi, esperando uma liberdade do Saia, para irmos juntos. Mas como você está vendo, o problema está cada vez mais apaixonante, e só expô-lo tal como está já seria de grande interesse.

Às vezes me dá uma angústia, pois temo que o que vamos descobrindo seja por outrem descoberto e tomem a primazia sobre nós. Aqui peço a sua decisão. Talvez fosse conveniente publicarmos o documento inédito conseguido, apenas com um pequeno comentário meu, na revista do Serviço;[i] e ir fazendo assim a cada documento inédito descoberto. Tenho também vontade de expor em artigos de jornal aqui, as incongruências dos historiadores do padre-pintor. Creio mais útil fazer isso nos jornais daqui que na revista do Serviço, pois incitaria os historiadores e pesquisadores que estão lidando com documentos paulistas. Lhe peço uma noticiazinha sobre estes dois casos. O documento inédito já foi fotografado, estando a cópia em minhas mãos. E é só.

Estou com enormes desejos de me... gastar um pouco nesse Rio, mas creio não será tão cedo. Recordações aos amigos todos do Serviço e cumprimente o Neto em meu nome, pelo centenário dele, fiquei muito comovido.[ii] E este seu abraço fiel do

Mário

São Paulo, 27 de outubro de 1941

Meu caro Rodrigo

Venho lhe pedir um favor. Será possível você mandar aí uma das suas preciosas funcionárias percorrer a obra inédita do fr. Pratt que está nas suas mãos pra ver se estão registrados nela os nomes dos priores da Ordem *Primeira* do Carmo, para Itu, S. Paulo e Santos, pelo menos no séc. XVIII, desde 1760 até 1800? Preciso enormemente disso e, aqui, frei Canísio[iii] diz que não existe indicação nenhuma.

---

i Artigo publicado na *Revista do Sphan* n. 5, sob o título "Uma carta do Padre Jesuíno do Monte Carmelo", 1941, pp. 207-12. Disponível em: <portal.iphan.gov.br//uploads/publicacao/RevPat05.pdf>. Acesso em: 21 dez. 2021. [N. E.]
ii Mário se refere ao centenário de Prudente de Morais, ex-presidente do Brasil (1894-8) e avô do amigo de Mário e de Rodrigo, Prudente de Morais Neto.
iii Frei Canísio Mulderman, prior provincial da Ordem Carmelitana. A ele Rodrigo se dirige em 11 de junho de 1941, apresentando Mário para que este obtivesse acesso a códices e manuscritos da biblioteca da Ordem Carmelita. [N. E.]

Em compensação lhe dou uma notícia absurda mas estupenda. Descobri que a obra do "meu" padre Jesuíno para a Carmo, de Itu, (talvez sua melhor obra) que, segundo os autores estava quase toda perdida, só restando o teto da capela-mor, foi apenas este teto da capela-mor e mais o teto da matriz (capela-mor) de Porto Feliz, que não se sabia ser dele!

Ultimamente me aconteceu uma das coisas mais desagradáveis da minha existência atribulada: me peguei em "mentira". Não essas mentirinhas que são atos diários, mas em mentira mesmo. Afirmei ter dito a uma pessoa uma coisa que ela garante eu não lhe ter dito, e eu acredito nela. Mas por outro lado, todo o meu ser me garante, jura que eu falei! Chego a lembrar momento e cena em que falei! Confesso que isso me deixou quase louco e me levou a ações de violência brutal. Mas me ficou disso uma... malícia. Pois que não posso acreditar mais em mim, desconfio de tudo e de todos. Com isso creio ter descoberto a pista por onde se poderá resolver, definitivo, o problema da composição do Hino da Independência. Mas cedi a pista ao Caldeira Filho, pois não posso me esperdiçar mais em desvios. Foi o que sucedeu com a Carmo, de Itu. Desconfiei das melhores fontes. Afirmei que também podiam mentir sem saber. E ontem fui confrontar palavra por palavra as duas descrições do caso da Carmo, feitas por Oliveira Cesar[i] ambas, uma no seu opúsculo de 1869 (ou 1871 dizem outros) e a outra, anterior a 1876 e cedida a Azevedo Marques que a transcreveu nos seus "Apontamentos". Ora não só essas descrições são confusas como percebi, com assombro, que se contradiziam formalmente. Então resolvi confrontá-las com as minhas fotos do teto da capela-mor da Carmo e que *vedo*! Tudo o que Oliveira Cesar enumera como pintado por Jesuíno na igreja inteira, muros, tetos da nave e da capela-mor, tudo está incluído neste único e último teto. Menos apenas os "evangelistas" de que ele fala e uns "medalhões com os emblemas da Paixão". Ora os 4 evangelistas estão pintados no teto da cap.-mor da matriz de Porto Feliz, a meia hora de Itu e ninguém sabia de quem eram. Resta achar os medalhões.

---

i Joaquim Leme de Oliveira Cesar, jornalista de São Paulo que, nos anos 1850, atuou em defesa dos jesuítas por meio do jornal que fundou, *A Esperança*. Autor do opúsculo *Notas históricas de Itu* (1869), citado por Mário na monografia sobre o padre Jesuíno do Monte Carmelo. Republicado na *Revista do Instituto Histórico e Geográfico de São Paulo*, v. 25, pp. 43-89, 1928 [1927]. Disponível em: <ihgsp.org.br/wp-content/uploads/2018/03/Vol-25.pdf>. Acesso em: 21 dez. 2021. [N. E.]

Quando expus toda a argumentação, o Saia também se convenceu imediato, tão clara é a coisa.

Vou a Itu e Porto Feliz, semana próxima, observar decisoriamente os evangelistas e procurar os medalhões. Quanto ao Oliveira Cesar também mentiu como eu, certo de dizer a verdade. Vou ver se consigo saber em que condições ele escreveu suas descrições, se de cor, não morando mais em Itu, ou coisa parecida. Mas o já garantido insofismavelmente é que ele fez duas descrições contraditórias, e quase tudo de ambas está reunido num só teto. Quando acabei minhas conclusões, ontem, 22 horas, bebi sozinho, sozinhíssimo à saúde do Sphan. Um porre-mãe.

Abraços

Mário

[Rio de Janeiro,] 29 de outubro de 1941

Meu caro Mário.

Não podendo hoje responder às suas cartas, escrevo este recado às pressas, apenas para lhe remeter o volume anexo, que me remeteram da Argentina, mas não interessa a este Serviço.

É possível que você já o tenha recebido também e não precise dele. Em todo caso, valha a intenção amistosa.

Recado e abraço do

Seu amg.

Rodrigo

São Paulo, 4 de novembro de 1941

Rodrigo

Aqui vai o documento do Pe. Jesuíno,[i] mais a tradução que tive de refazer porque a enviada pelos carmelitas estava toda errada, e mais o nariz de cera. Achei besta assinar este nariz de cera, tão sem importância ele é. Em todo caso faça como bem entender: ou meu nome por extenso, ou apenas

---

i Trata-se da carta do padre Jesuíno do Monte Carmelo, publicada por Mário de Andrade na *Revista do Sphan*, n. 5, pp. 207-12, 1941.

as iniciais M. de A. ou nada, como nota da redação, o que acho mais razoável. O que posso garantir (e assumir a responsabilidade) é que não tem erro. Aliás, pra não haver erro, vai uma pequena deficiência no fim. É quando, retificando a data da morte de Jesuíno pra 10 de julho, falo que a data 2 de junho de vários biógrafos é confusão com a data da transladação dos ossos do padre. E termino: "que esta, sim, foi a dois de junho". E mais não digo, quando devia dizer o ano. Este parece ser 1821, mas de repente vi que a bibliografia dá pelo menos três datas, 1820, 1821 (a mais repetida) e 1828!

Já tenho feito pesquisas mas ainda não encontrei nada que me garantisse uma data indiscutível. Se ele morre em 1819 (coisa garantida), era permitida naquele tempo uma transladação de ossos, um ou dois anos apenas depois? Ainda não consegui saber ao certo, e daí vem a inovação que fiz no nariz de cera: dar comercialmente por extenso e entre parênteses as datas, depois de dá-las por algarismos. Agora que estou mais metido com história fico absurdizado com as contradições de datas, por engano de impressão. Pensei em não dar mais datas em algarismos, porém mnemonicamente isso pode ter inconvenientes e é tipograficamente mais bonito a data em algarismos. Pretendo fazer assim nos meus estudos futuros, pra evitar qualquer engano. Neste nariz faça como entender. Recebi as músicas que você me mandou, muitíssimo obrigado, pra mim têm grande interesse. Ando gripadíssimo.

Com um abraço do
Mário

[Rio de Janeiro,] 11 de novembro de 1941

Meu caro Mário.

O nosso amigo Castro Faria está de partida para Mato Grosso, com a incumbência de coligir documentação histórica e fotográfica para serviço de base ao tombamento do patrimônio de arte e de história daquele estado, a cujo respeito ainda não possuímos coisa alguma no arquivo desta repartição.

Peço, pois, a você o grande favor de transmitir a ele as sugestões que lhe ocorrerem para o bom desempenho de sua missão e, também, de fornecer-lhe as notas que porventura você já tiver tomado com relação às coisas de Mato Grosso.

Ainda não lhe escrevi longamente, como desejo, a respeito de suas pesquisas em torno do padre Jesuíno, porque tenho andado amargo e sobressaltado com a iminência da destruição de uma porção de monumentos cariocas em consequência das obras projetadas aqui empreendidas pela prefeitura. Além disso, a minha trabalheira tem se complicado nestas últimas semanas, por diversas circunstâncias que não interessa especificar. E, sobretudo, venho me mortificando profundamente, por motivo do estado de saúde de minha mãe, que tem sofrido horrores de um mês para cá.

Rodrigo e sua mãe, Dhalia Melo Franco de Andrade.

Desculpe, portanto, o atraso e não deixe de me dar notícias, sem contar cartas comigo.

Muitas lembranças aos amigos do Sphan e um abraço afetuoso do
seu
Rodrigo

São Paulo, 11 de novembro de 1941

Rodrigo, me'rmão,

desculpe cacetear. Só hoje o meu ilustre secretário Zé Bento me entregou a cópia da tradução da carta do padre Jesuíno que lhe mandei. Ora fiz minha tradução sobre a tradução mandada pelos Carmelitas de Santos, que estava toda errada. E pedi ao Zé Bento que passasse a máquina e controlasse o que eu fizera, pra não escapar nenhuma desatenção. Vai ele me aparece hoje com a cópia e diz que na assinatura do homem, a inicial que a antecede e que eu pusera P. (padre), ele examinando o manuscrito inteiro achara que era um S. (?) e pusera S. Peço a você examinar isso na fotografia do autógrafo. "S" creio que não faz sentido algum e deve ser um dos delírios de dedicação do nosso queridíssimo Zé Bento. Acho impossível que não seja P. Embora não muito ricas as coisas se acumulam sobre o nosso prezado Jesuíno. Depois-da-manhã, quinta, o Saia e eu iremos a Mogi das Cruzes ver os ótimos tetos pintados que ninguém não sabia e creio foi o Saia que inventou. Não parecem do Jesuíno, apesar de um deles ser numa igreja carmelita. Do padre, nenhuma novidade a não ser do lado da música. Até o Otávio Tarquínio[i] na última *Rev. do Brasil* afirma que tudo se perdeu. *Non è vero*. Já o nosso pesquisador achou um canto de Verônica (já em minhas mãos) e hoje um velho aqui me garantiu que as famosas jaculatórias da novena da 3ª do Carmo, aqui de S. Paulo, são do Jesuíno. É um verdadeiro achado que falta apenas autenticar mais.

No domingo parto pra Itu e imagino ficar lá uns 3 ou 4 dias, fazendo pesquisas e vendo se decido várias dúvidas. Depois creio que irei numa fazenda amiga descansar uma semana que já não posso mais. Faz duas semanas que me pegou uma gripe ou coisa parecida e não há meios de me livrar

---

i O historiador Octavio Tarquínio de Souza. [LCF]

da tosse e do nariz tapado. O médico exige mudança de ares. Esse é o pretexto. Vou lá escrever tudo quanto sei já sobre o Jesuíno, porque já não me encontro mais neste aluvião de fichas, notas, notinhas e papeletas soltas, que está me dificultando muito estudar. Vou fazer já a biografia do homem, relação de obras etc. Só não fazendo a parte crítica final. Assim terei uma visão mais de conjunto do que se sabe e sei sobre o homem, pra orientar mais ordenadamente as pesquisas.

Quando a coisa estiver pronta volto. Bom, não perca mais tempo comigo.

Um abraço velho do
Mário

Li o artigo generoso do Afonso Arinos sobre mim e fiquei comovido.[i] Não sei se acertou nos elogios mas na psicologia ele tocou fundo. Assim que saírem minhas *Poesias*[ii] (até 20 creio) escreverei a ele mandando o livro.

M.

Araraquara, 3 de dezembro de 1941

Rodrigo, meu caro,

aqui estou em Araraquara[iii] desde quinta-feira passada, onde vim, sob pretexto de pôr em ponto utilizável o que já sei sobre o "meu" padre Jesuíno. Na verdade estou numa chácara amável vendo se mato uma irritada incompetência pra viver e aceitar este mundo, que estava me fazendo perder todas as tramontanas. Mas o que nos interessa é o pretexto.

---

i Referência ao artigo "Mário e a música popular", publicado no jornal *A Manhã*, em 9 de novembro de 1941. Afonso Arinos fala da "psicologia de Mário" e de sua "espantosa aventura intelectual", detendo-se, especialmente, em expressar sua admiração pelo conhecimento de Mário sobre a música popular brasileira.
ii *Poesias*. São Paulo: Martins, 1941. [LCF] Ver nota iii, p. 257, à carta de 13 de junho de 1938.
iii Desde a depressão causada pela morte prematura do seu irmão Renato, em 1913, Mário se recolhia, em momentos de tensão, ou quando necessitava de tranquilidade para refletir, à fazenda, em Araraquara, do seu primo Pio Lourenço Correa, o "tio Pio". Ali foi escrito *Macunaíma*, "numa semana de cigarros e cigarras", em dezembro de 1926. [LCF]

Principiei já escrevendo tudo quanto sei sobre o padre, sob este plano. O meu estudo se dividirá necessariamente em duas partes, biografia e a obra do padre. Tudo acompanhado de Notas e Apêndice (como publicação de documentos) e Bibliografia. O trabalho propriamente, biografia e obra, será o mais correntio e desimpedido possível, com os números correspondentes às notas e aos documentos do Apêndice na margem do escrito, pra não tornarem pesada a leitura. As notas virão no fim, e não no baixo das páginas e conterão indicações de autores, comentários, críticas a eles e correções.

Acho assim mais razoável não só pra tornar correntia a leitura como porque as notas são em número avultado. A parte sobre a obra tratará primeiro do problema cronológico das pinturas, em seguida do arrolamento das conhecidas e discussão das que imagino serem do padre e enfim de uma crítica meramente expositiva dos caracteres da obra, sem emitir julgamento de valor, que não me parece próprio de funcionário do Sphan, em função. Por mim, lhe confesso que ando bastante intoxicado pelo padre, que acho extraordinário como homem e pintor.

Conto me dedicar por inteiro este mês à escritura e terminá-la. Espero em princípios de janeiro lhe enviar cópia da primeira redação terminada. Só da primeira redação porque cada dia surgem problemas novos e pesquisas novas a fazer. Me conto realizar e resolver mais sossegadamente no entremeio da feitura dos fichários. Sinto que estava com a razão quando resolvi escrever, já em ordem de monografia, tudo quanto sabia e pensava sobre o padre. A exposição assim graduada de tudo mostra as falhas a encher, levanta problemas impensados e já são numerosas as coisas que descobri necessário pesquisar, embora tenha apenas escrito até agora seis páginas manuscritas de texto e outras tantas de notas.

Mas quero lhe pedir um favor. Desejava mostrar objetivamente com nomes, dados e datas, que era costume também no Brasil inaugurar as igrejas antes destas estarem acabadas na sua decoração interna. Principalmente o que eu quero é isto: documentação dizendo: A igreja tal de S. João del-Rei foi inaugurada em 1764, o seu teto foi pintado em 1766. Isto é que me interessa enormemente: provar que umas oito ou dez igrejas foram inauguradas e só depois da inauguração os seus tetos foram pintados. Se não for muito difícil você me fornecer isso seria admirável. E não precisa me escrever não. Sei da sua serviceira infernizante e não conto cartas com amigos. Faça alguém aí dizer se é possível o Serviço me fornecer esta documentação pedida e no resto, não se esqueça de me mandar suas lembranças nos telefonemas com o Saia.[i] Preciso delas pra uso interno deste inferno.

Com o abraço do
Mário

São Paulo, 3 de dezembro de 1941

Sr. Diretor do Serviço do Patrimônio Histórico e Artístico Nacional

De acordo com vossas determinações, venho pôr V.S.ª ao corrente dos trabalhos realizados por mim no mês de novembro próximo passado.

Continuo, como sempre, comparecendo diariamente, numa das primeiras horas do serviço, à sede desta 6ª Região, pondo-me assim em contato com o assistente técnico,[ii] e tomando ciência do que interesse às pesquisas que estou fazendo sobre vida e obras do padre Jesuíno do Monte Carmelo.

Um dos nossos auxiliares, o sr. Mauro de Almeida, continua em Itu, percorrendo arquivos, copiando documentos e realizando outras pesquisas julgadas necessárias, e que a Região lhe pede por correspondência.

No intuito de verificar a boa orientação dos seus trabalhos e estudar problemas que a mim cabiam especialmente, aproveitando uma viagem do assistente técnico, acompanhei-o a Itu e Porto Feliz. Essa viagem foi bastante útil para mim, principalmente por me ter posto em contato com o pintor Blackmann,[iii] que realizou a última restauração "sofrida" pelo teto

---

i A referência a esses "telefonemas com o Saia" faz lembrar as matinadas de Rodrigo com os assistentes técnicos ou chefes das Diretorias Regionais, ao longo dos anos de trabalho. Rodrigo acordava cedo e ficava esperando dar sete, sete e meia da manhã para ligar para este ou aquele, recomendando iniciativas, fazendo indagações e, às vezes, reclamando por não estarem acudindo, com a presteza que ele julgava necessária, a urgências — às vezes desesperantes — dos incêndios ou desabamentos de tetos nas igrejas centenárias.

ii Trata-se de Luís Saia. Veja-se, nessa carta, quantas vezes, propositadamente, Mário se refere a ele como "Assistente Técnico", ironia que faz ao fato de seu antigo cargo ter sido ocupado por seu ex-auxiliar, contratado por Mário quando ainda estudante de engenharia, em 1937. Sobre a importância de Luís Saia, ver carta de 6 de abril de 1937, nota i, p. 138.

iii No capítulo III de sua monografia sobre o padre Jesuíno, Mário discorre sobre as restaurações que sofreu a capela-mor da Igreja do Carmo de Itu. Em viagem de pesquisa, ele encontra o sr. Peri Blackman, pintor — ainda residente naquela cidade — que se encarregou da restauração de 1918. Mário obtém informações preciosas de Blackman sobre a metodologia e o material empregados no restauro; as páginas sobre os originais e a restauração são, no mínimo, convidativas: seja pelas descrições do vigor do pincel do padre Jesuíno, seja pelos

> S.Paulo, 3 de dezembro de 1941
> Sr. Diretor do Serviço do Patrimônio Histórico e Artístico Nacional
>
> De acôrdo com vossas determinações, venho por V. S. ao corrente dos trabalhos realizados por mim no mês de novembro próximo passado.
>
> Continuo, como sempre, comparecendo diariamente, numa das primeiras horas do serviço, à sede desta Sexta Região, pondo-me assim em contato com o Assistente Técnico, e tomando ciência do que interesse às pesquisas que estou fazendo sobre vida e obras do Padre Jesuino do Monte Carmelo.
>
> Um dos nossos auxiliares, o sr. Mauro de Almeida, continua em Itú, percorrendo arquivos, copiando documentos e realizando outras pesquisas julgadas necessárias, e que a Região lhe pede por correspondência.
>
> No intúito de verificar a boa orientação dos seus trabalhos e estudar problemas que a mim cabiam especialmente, aproveitando uma viagem do Assistente Técnico, acompanhei-o a Itú e Porto Feliz. Essa viagem foi bastante util para mim, principalmente por me ter pôsto em contato com o pintor Blackmann, que realizou a última restauração "sofrida" pelo teto da capela-mor da igreja do Carmo, uma das obras principais do p. Jesuino. Pude assim, e espero prova-lo em minha futura monografia sobre êste pintor, verificar as principais deformações de traço e colorido, com que o infeliz restaurador enfeitou a obra original.
>
> Mas não nos sera aqui possivel opinião mais segura e objetiva, sem um estudo e documentação fotográfica mais decisórios. Cuidando conseguir isso, de acôrdo com o Assistente Técnico que sugeriu a so-

da capela-mor da igreja do Carmo, uma das obras principais do Pe. Jesuíno. Pude assim, e espero prová-lo em minha futura monografia sobre este pintor, verificar as principais deformações de traço e colorido, com que o infeliz restaurador enfeitou a obra original.

Mas não nos será aqui possível opinião mais segura e objetiva, sem um estudo e documentação fotográfica mais decisórios. Cuidando conseguir isso, de acordo com o assistente técnico que sugeriu a solução, pretendemos

comentários às cômicas alterações resultantes das restaurações. Ver *Padre Jesuíno do Monte Carmelo*, op. cit.

fazer um pequeno andaime portátil, próprio não só para a observação de perto, como para a colheita de detalhes fotográficos. Quando se puder fazer isso, no ano próximo, irei de novo a essas cidades e nelas ficarei mais prolongadamente, até resolver os múltiplos problemas sobre a verdadeira autoria de certas obras e o seu grau de deformação atual.

Em Porto Feliz, embora minha convicção não seja irremovível, voltei de lá muito impressionado com a bonita Senhora da Assunção do teto da matriz. Embora o assistente técnico se mostre mais reservado em sua opinião, essa obra me parece do Pe. Jesuíno, principalmente pela extrema semelhança dos rostos dos anjos, com os do teto da Carmo ituana. Tudo depende porém de futuros estudos mais organizados e documentação fotográfica em detalhe.

A convite do assistente técnico, acompanhei-o na sua viagem de conhecimento aos tetos pintados nas duas Carmos, Primeira e Terceira, e na matriz de Mogi das Cruzes. Considero hoje essas obras, pelo tamanho, originalidade e beleza, uma verdadeira descoberta desta 6ª Região. Infelizmente nenhuma documentação ainda se conseguiu sobre esses tetos, não sei de quem se refira a eles, e os arquivos ou estão perdidos ou dispersos. Parece que o restante dos arquivos destas Carmos de Mogi das Cruzes foi recolhido ao Rio de Janeiro, conforme informação obtida no lugar. Também o arcebispo D. Duarte Leopoldo e Silva recolheu muita papelada colonial de matrizes e igrejas sob sua jurisdição arquiepiscopal, à Cúria Metropolitana de São Paulo. É minha opinião que todo e qualquer estudo histórico sobre certas obras religiosas desta Região, não poderá ser realizado com maior probabilidade de certeza, antes que tais arquivos, e outros existentes no Instituto Histórico de São Paulo, sejam totalmente debulhados. Mas dadas as ocupações já assoberbantes que recaem sobre o assistente técnico e o funcionário sr. José Bento Faria Ferraz, creio que a mim caberiam melhormente tais pesquisas. Caso V.S.ª não se mostre contrário a esta sugestão, sem abandonar a monografia sobre o Pe. Jesuíno, iniciaria, em janeiro, esse debulhamento sistemático de arquivos, abandonando a fichagem de revistas técnicas, que pode ser feita por funcionário ainda menos iniciado na tradução de documentos antigos.

Neste trabalho pouco fiz no mês. Fichei para esta Região as *Novas cartas jesuíticas* de Serafim Leite, as *Fortificações da Baía* de Silva Campos e mais uns três números da *Revista do Arquivo*. E nada mais posso relatar.

Apresento a V.S.ª minhas mais cordiais saudações.
Mário de Andrade

Rio de Janeiro, 11 de dezembro de 1941

Meu caro Mário:
 Tenho o prazer de enviar-lhe, em anexo, cópia das cinco conferências realizadas recentemente neste Serviço pelo Dr. Afonso Arinos de Melo Franco e que constituíram o curso de "História da civilização material no Brasil".
 Cordiais saudações.
 Rodrigo M. F. de Andrade

 P.S.: Como as conferências acima aludidas foram organizadas especialmente para os funcionários do Sphan,[i] peço-lhe a fineza de aproveitá-las apenas para o seu próprio uso.

Rio de Janeiro, 12 de dezembro de 1941

Meu caro Mário.
 Antes que os japoneses tenham esculhambado a nossa prezada América, de volta das suas expedições truculentas no Pacífico,[ii] estou me apressando a entrar em comunicação com você, para agradecer-lhe por sua carta do dia 3, escrita de Araraquara, assim como pelo relatório que a acompanhou, da mesma data.
 Espero que, no sossego da chácara convidativa aludida na sua carta, você tenha podido dar um avanço considerável ao trabalho sobre o nosso padre Jesuíno. Mas formulo também os melhores votos para que esse trabalho não o tenha impedido de descansar um pouco, nem de se comprazer ali, como é de todo cabimento.

---

[i] Tome-se esse curso — nada primário — para os funcionários e as funcionárias, que foram se desenvolvendo intelectualmente no ambiente do Serviço, como fruto natural do objetivo explícito do Sphan de contribuir para a formação de pesquisadores no Brasil.
[ii] Com a ironia que lhe era muito habitual, mas, também, com a revolta com que todos estavam tomados pelas notícias daquele momento da Segunda Guerra Mundial, Rodrigo se refere ao ataque-surpresa, no dia 7 de dezembro de 1941, do Japão à base americana de Pearl Harbour — o que deu início ao conflito entre os dois países.

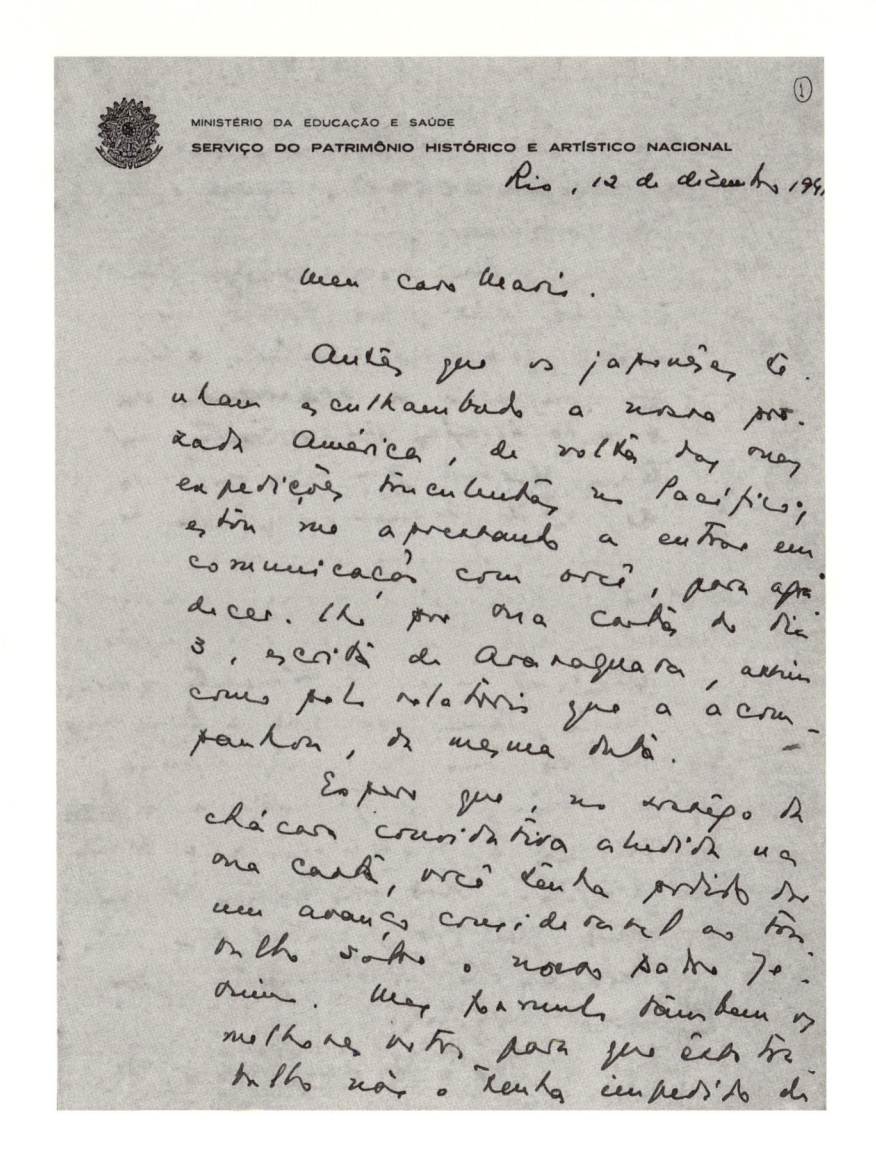

Vou providenciar junto à Dona Nair para conseguir os dados que você pleiteia a fim de comprovar a ocorrência de oito ou dez igrejas importantes só terem recebido pinturas no forro depois de inauguradas. Em relação às igrejas de Minas a especialista é Dona Judith. Mas como entrou em férias, agora, terei de recorrer somente à Dona Nair, uma vez que a Dona Lourdes se tem dedicado apenas a coisas dos jesuítas e a Dona Hélcia, a mobiliário e a bibliografia. Não obstante, farei tudo que for possível para fornecer-lhe os elementos que você deseja.

Nestes últimos meses, as coisas não têm corrido bem aqui para o Serviço: os incidentes e os litígios com prefeitos, bispos, militares etc., multiplicaram-se, resultando as mais das vezes em prejuízo e em descrédito da repartição. Talvez se possa dizer, sem exagero, que este ano de 1941 foi nefasto à repartição. E mais nefasto ainda à própria organização adotada no Brasil para a proteção do patrimônio de arte e de história do país.

Por isso mesmo, ando com o pescoço muito fraco,[i] como diz o Nava. Mesmo procurando reagir, vou me sentindo desanimado e, sobretudo, cada dia menos eficiente.

Se pudesse, ia tratar de outra vida, mais uma vez. O diabo é que não sei mais fazer coisa nenhuma além do que faço aqui.

Muitas recomendações a todos os seus e saudades do Saia, Zé Bento e aos outros amigos.

Para você um abraço afetuoso do
seu
Rodrigo

São Paulo, 2 de janeiro de 1942

Sr. Diretor do Serviço do Patrimônio Histórico e Artístico Nacional.

Venho apresentar a V.S.ª o relatório do andamento dos meus trabalhos no mês de dezembro p.p.

Como já vos comunicara no relatório do mês anterior, além da obrigação diária de comparecimento à Sede desta 6ª Região, me dediquei exclusivamente a dar uma redação inicial ao meu trabalho sobre o padre Jesuíno

---

[i] Expressão com que a turma de amigos intelectuais do Rio, a partir de uma invenção do Pedro Nava, caracterizavam a uns e a outros: fulano tem pescoço fraco ou tem pescoço forte, conforme considerassem que o tal não se abalava por qualquer coisa ou, ao contrário, era frágil. Comumente, empregavam-na, também, para expressar estados de espírito, como é o caso de Rodrigo nessa carta: ele quer dizer que se sentia sem forças, fragilizado em face daquele ano de acontecimentos "nefastos". Entre esses, podemos citar a publicação, em 29 de novembro de 1937, do decreto-lei n. 3866, ocasionando um relativo enfraquecimento do decreto-lei n. 25, de 1937, uma vez que instituía — "atendendo a motivos de interesse público" — a possibilidade de o presidente da República cancelar um tombamento já efetivado.

do Monte Carmelo. Ainda não terminei esse escrito, o que espero fazer por todo o mês corrente.

A não terminação da monografia em dezembro mesmo se deve especialmente ao fato de, no correr da redação, surgirem a cada passo dúvidas e questiúnculas a resolver e a lembrança de pesquisas novas para completar lacunas. Como, por exemplo, a respeito da árvore genealógica dos Gusmões santistas, Bartolomeu e Alexandre, dos quais, a se acreditar nas informações bibliográficas, o padre Jesuíno viria a ser sobrinho-bisneto. Infelizmente as pesquisas já feitas foram infrutíferas e não me parece que se venha a descobrir algum filão solucionador. Porque o padre Jesuíno parece derivar de algum erro excelente de um dos numerosos Gusmões, de que descenderia pela parte de mãe, a parda Domingas Inácia.

Estou convencido agora de ter agido com acerto pondo em redação o quanto já preparara sobre o meu biografado. Tudo se esclareceu e sistematizou muito melhor. Surgiram lacunas a que ainda não dera atenção e principalmente numerosas sugestões sobre pesquisas novas a fazer. Principalmente isso me obrigou a um penoso e lento trabalho comparativo, ponto por ponto, dos escritores que têm estudado o notável santista. Infelizmente este trabalho muito frutífico só tem servido para invalidar informações numerosas e salientar a leviandade às vezes inconcebível dos historiadores.

O meu trabalho está arquitetado da seguinte forma: redação corridia em forma literária da vida do artista (baseada nos documentos garantidos e na bibliografia existente), continuada com um estudo técnico da sua obra de artista plástico. Esse trabalho se completa por notas em que se discute os numerosos problemas propostos pela bibliografia e pelas circunstâncias sabidas da biografia do artista. A monografia será completada por um Apêndice, em que virão reproduzidos na íntegra os documentos conhecidos sobre ele.

Por certo até o fim do mês terei terminado a primeira redação da minha monografia, de que mandarei cópia para vosso conhecimento e uso particular. Tomei agora o alvitre de não mais me dividir em pesquisas, por enquanto. Só redigida a monografia, me dedicarei resolutamente ao trabalho de buscar filões novos.

Apresento a V.S.ª minhas saudações muito amigas.
Mário de Andrade

São Paulo, 7 de janeiro de 1942

Rodrigo

Aqui vai meu relatório escasso do mês passado. Uf! Que trabalheira penosa me está dando esse peralta do padre Jesuíno! Penosa principalmente por chocha, infrutífera, exigindo um trabalho comparativo dos autores, que é a coisa mais lenta, lerda e miúda que já fiz. Ainda anteontem, segunda, tomei com um acesso de desespero que você não imagina, pois verifiquei às dezesseis horas, quando larguei do trabalho porque não podia mais, que tinha escrito três tiras manuscritas de texto e outras tantas de notas. E principiara na coisa às nove da manhã. Mas enfim tenho esperança de fazer alguma coisa limpa, principalmente destrinçando a bagunça dos biógrafos.

Tenho pensado frequentemente em você, por causa da sua Mãe,[i] como vai ela? Desejo de todo coração o sossego do seu espírito por este lado. O meu, creio que já não pode sossegar mais, se não for no silêncio da morte. A mais recente aparição do médico foi pra nos dizer com franqueza que agora já não há mais nada a fazer e Mamãe está no declínio final. Oitenta e quatro anos de vida preocupada e uma arteriosclerose em último grau. O pior é que ela sofre, se irrita com as injeções fortificantes e não quer abandonar o trabalho dos filhos e netos. E a gente é obrigado a observar impassível a querida sofrer, é abatedor.

Lhe mando o meu abraço de ano-novo.

Mário

---

[i] Mário e Rodrigo — temperamentos muito diferentes, mas afinidades fundamentais. Uma delas seria o da particular relação de cada um com sua mãe. Consciente dessa particularidade, nessa carta Mário sai abruptamente do assunto de trabalho para se comunicar diretamente com o sentimento interior do amigo, afligido pela doença da mãe. Órfão de pai desde muito cedo, Rodrigo alimentava a constante preocupação de não deixar a mãe e a irmã sozinhas e se manter sempre por perto e solidário. Não saía de casa para o trabalho sem passar, diariamente, pela casa de sua mãe para pedir a bênção. Por sua vez, Mário explica ao amigo Paulo Duarte como compreende seu amor pela mãe: "nutrido de uma camaradagem absurda, sem o menor disfarce, sem a menor estupidez de discrição" (In: Paulo Duarte, *Mário de Andrade por ele mesmo*, op. cit., p. 181 [p. 290]).

Rio de Janeiro, 9 de janeiro de 1942

Senhor Professor Mário de Andrade:
Acusando recebimento de vosso relatório datado de 2 de janeiro corrente e relativo aos trabalhos que realizastes durante o mês de dezembro próximo findo, agradeço-vos vivamente pelas informações nele prestadas.

A esse respeito propósito tenho o prazer de comunicar-vos que o plano da vossa monografia sobre Frei Jesuíno do Monte Carmelo pareceu excelente, bem como muito animadores os esclarecimentos ministrados sobre o andamento do referido trabalho.

Aproveito a oportunidade para reiterar-vos os protestos do meu sincero apreço.
Rodrigo M. F. de Andrade
Diretor

Rio de Janeiro, 16 de janeiro de 1942

Senhor Professor Mário de Andrade
Acusando recebimento do relatório de vossas atividades correspondentes ao mês de dezembro último, agradeço-vos efusivamente pelas informações prestadas a respeito.

Com o objetivo de atender à vossa solicitação anterior, aproveito a oportunidade para remeter-vos inclusa uma reprodução fotográfica da pintura do teto da igreja do Carmo, de Mariana.

Quanto à foto da fachada da igreja do Carmo, de Angra dos Reis, estou providenciando para que a mesma vos seja remetida dentro do menor prazo possível.

Aproveito a oportunidade para renovar-vos os protestos do meu elevado apreço.
Rodrigo M. F. de Andrade
Diretor

São Paulo, 4 de fevereiro de 1942

Rodrigo

Estou desolado e mesmo bastante machucado.

O caso é o seguinte. O Saia, um pouco enxeridamente, sem ter as "Notas" junto, leu a redação deste meu trabalho e fez uma crítica arrasante. Acha que está anticientífico, muito literário,[i] e se não pronunciou a palavra "literatice", tenho a certeza que pensou nela. Não pronunciou por delicadeza. Em compensação acha que é trabalho de católico e se não pronunciou a palavra "papa-hóstia", deve ter pensado em coisa parecida. Não pronunciou porque sabia não ser a verdade "histórica".

Acha que dei excesso de importância aos frades carmelitanos na proteção outorgada a Jesuíno; acha que dei muita importância aos padres na proteção às artes etc. etc. e que tudo isso existia só em função histórica do momento. Acha que na parte psicológica eu me servi em demasia do texto do padre Feijó, que era um panegirista.

E enfim acha que não estudei, não acentuei a funcionalidade que a parte profana da existência, política, social etc. do tempo, poderia ter tido

---

[i] A discussão entre Mário e Luís Saia se dá em relação à primeira versão da monografia sobre o padre Jesuíno. Na última e definitiva versão, em 1945, havendo complementado sua pesquisa, Mário ofereceu a documentação necessária para iluminar a época e o meio que condicionaram o artista e a obra de "um vulto grandemente significativo da arte religiosa brasileira", no dizer de Rodrigo. A "feição de sociologia" que, na crítica de Saia, faltava à primeira versão foi, pois, complementada e incluída nas "Notas" — a última das três partes em que Mário dividiu, no final, sua monografia, iniciada pelos capítulos "Vida" e "Obra". Ainda que Mário afirme, na introdução da monografia, ter contido os arroubos literários na parte dedicada à obra, ali suas descrições e comentários críticos são acurados, eruditos, sensíveis e, por isso mesmo, não deixam de ser — com todos os arroubos de entusiasmo — os do autor de *Macunaíma*, dos *Contos de Belazarte* e do poeta de *Remate de males*. Retirados do contexto, os exemplos poderiam parecer literatura no mau sentido: e são literatura, no melhor sentido, às vezes até literatura interessada, ao mesmo tempo que a palavra de um importante e singular crítico de arte. Rodrigo diz melhor no prefácio à monografia de Mário: "[...] o trabalho se reveste de méritos excepcionais, não sendo dos menores a seriedade com que foi concebido, e também o de reunir a um critério rigoroso de análise técnica uma forma e um sabor literários que tornam particularmente amena a sua leitura" (In: Mário de Andrade, *Padre Jesuíno do Monte Carmelo*. Sphan, Serviço do Patrimônio Histórico e Artístico Nacional. Publicação n. 14. Ministério da Educação e Saúde, Rio de Janeiro, 1945). Uma edição crítica e atualizada deste estudo foi publicada com estabelecimento do texto por Aline Nogueira Marques e Maria Silvia Ianni Barsalini (Rio de Janeiro: Nova Fronteira, 2012).

na formação e realização artística de Jesuíno. Que há, portanto, toda uma feição da sociologia e da psicanálise que não tratei. Me arrasou.

Acabo de corrigir a datilografia do que escrevi. Estava disposto a escrever *mais uma* biografia do padre Jesuíno, estritamente científica, *o que não me custa nada*. Serão apenas uns dois dias de trabalho, pegando no já escrito e reduzindo a equação. E mandaria as duas versões pra você escolher. Nem perderei meu trabalho literário com isso, pois o desenvolvia numa novela romanesca bastante desenfreada, que a vida do padre dá bem pra isso.

Mas relendo, pra corrigir, o escrito, *desisti por agora*. Francamente acho que o Saia não tem razão. Parte das observações que ele faz, a parte mais justa, já eu mesmo faço nas Observações preliminares a esta *primeira* versão, e que o Saia leu. Acho também que é preciso estudar um bocado mais, à luz da sociologia contemporânea, as condições históricas que produziram o Pe. Jesuíno: Santos, Itu, a Capitania. Mas ainda não tinha dados suficientes pra isso e não o fiz *por enquanto* por isso. Quanto a fazer a psicanálise de Jesuíno, francamente! Fiz a psicologia dele, que me parece um bocado mais vasta que a psicanálise, e a levianice dele, suas falcatruas, a consciência penitencial, o messianismo autopunitivo, tudo isso sustento de faca desembainhada. O "complexo" de inferioridade já vem no padre Feijó. E é o principal, o que deu a criação dos Padres do Patrocínio e do templo. Quanto à literatura excessiva, meu Deus! Palavra de honra que reconheço a literatura, porém não o excesso de. Por mim, confirmaria o meu trabalho. O pau é que você é tão delicado e vou botar você na contingência sempre desagradável de dizer: Já que é fácil, exprimente outra versão. Lhe garanto que é facílimo. Suguei o que tinha nos meus livros, não tenho que pegar neles mais. É só pôr a minha versão ao lado da máquina de escrever, as Notas do outro lado, e ir batucando nas teclas o cozido sério e exato.

Lhe mando o trabalho como está, lhe pedindo por favor não mostrar a ninguém por enquanto. Já me chegaram novos documentos de Itu, que, se não descobrem a América, confirmam coisas, melhoram coisas e têm grande interesse. Aos 16 anos Jesuíno estava garantido em Itu, ganhando de fazer essas de defunto.[i] Frei José Rodrigues do Rosário França em 72 era presidente

---

[i] A antiga expressão "essas de defunto" refere-se ao estrado onde se colocam caixões para velórios. [N. E.]

do Hospício do Carmo em Itu. Tenho mais uma procuração de Jesuíno depois de viúvo, passada a pessoas de Santos, pra cuidarem de casas que ele possuía lá!!! A coisa está se esclarecendo... escuramente, como você vê. E parece que há um engano meu nas idas e vindas de Feijó. Engano meu, não!

Dos Autores, De Mons. Ezequias. Tenho que tirar isso a limpo.

Já principiei a escrever a parte "A Obra", mas tive que parar depois de umas dez páginas de escrita. É vaidade minha e nossa daqui, pretender uma crítica "científica" sobre a obra do padre. Pelo menos com os elementos que temos à mão. Sem certa documentação minuciosa não é possível continuar. Pretendo estes dias especificar bem *toda* a documentação necessária, que faremos fotografar. Só com as fotografias à mão, poderei continuar o trabalho. Enquanto as não tiver, farei pesquisas no Arquivo Público do Estado. Ah, mas tudo isto já falei no Relatório, desculpe. Os volumes de *Poesias*[i] que mandei pra aí, chegaram? Tanta gente reclama, que ando inquieto.

Me mande notícias de sua Mãe e seu sossego.

Ciao com abraço.

Mário

Caro Dr. Rodrigo.

Mário me fez ler esta carta. Afinal de contas quem ficou em feiura fui eu. De verdade achei e acho de uma forma geral que a redação escolhida — literária — não é a adequada. Aliás o Mário aceita também isto. Agora quanto ao papa-hostismo guardei da leitura que fiz sobretudo a impressão que foi trabalho escrito com... sentimento católico. Mas isto é uma coisa pessoal entre Mário e eu discutindo.

Mas afinal de tudo o que eu passei a achar muito engraçado é que o Mário dizendo "psicanálise do Jesuíno, francamente!" daí começa falando em *consciência penitencial, messianismo autopunitivo* e mais adiante aventura possíveis esclarecimentos a respeito da influência do *complexo de*

---

[i] Após o projeto de publicação das *Poesias escolhidas* que Mário, anteriormente, submeteu aos amigos literatos — Manuel Bandeira, Prudente e Rodrigo (ver cartas de 23 de maio de 1938 e de 13 de junho de 1938) —, em novembro de 1941 publica o título *Poesias*, que se constitui em uma seleção dos poemas incluídos em livros anteriores seguida de dois livros inéditos, *A costela do grão cão* e *Livro azul*. Ver Mário de Andrade, *Poesias*. São Paulo: Livraria Martins Editora, 1941. Disponível em: <www.bibliotecadigital.unicamp.br/document/?code=64515&opt=1>. Acesso em: 20 dez. 2021.

inferioridade do Jesuíno na construção do Patrocínio. Tudo puramente em termos de psicanálise.

O Mário pediu pra acrescentar este bilhete com abraços dele e meu
Saia

Rodrigo, é mentira do Saia, não usei no texto nem sequer a terminologia psicanalítica.
Ciao
Mário

São Paulo, 6 de fevereiro de 1942

Sr. Diretor do Serviço do Patrimônio Histórico e Artístico Nacional.
Venho apresentar a V.S.ª o relatório dos meus trabalhos no mês de janeiro p.p.

Como já vos comuniquei no relatório anterior, dediquei todo este mês à redação da monografia que me foi encomendada sobre a vida e a obra do pintor padre Jesuíno do Monte Carmelo. Além de comparecimentos à sede da Região, só isso fiz durante o mês e tenho o prazer de vos enviar junto a primeira parte do meu trabalho. Essa primeira parte se refere exclusivamente à "Vida" do artista.

Já iniciei também a redação da segunda e última parte: o estudo crítico da "Obra" de Jesuíno do Monte Carmelo, mas me vi obrigado a suspendê-la por algum tempo. Esta suspensão é devida à falta que me fazem numerosos documentos fotográficos dos trabalhos do artista. Sem eles me vejo absolutamente impossibilitado de estudar certos elementos técnicos que me permitirão, conforme as condições em que ainda estamos no Brasil, justificar ou negar a autoria de certas obras atribuídas ao padre.

É meu pensamento tornar essa parte do meu trabalho a mais técnica possível, e por isso mesmo nada posso continuar enquanto não possua os documentos necessários e suficientes para um estudo abalizado. Assim, o trabalho que farei agora será, antes de mais nada, com a documentação fotográfica já existente, delinear um mapa de elementos que, em seguida, o fotógrafo do Serviço obterá para continuação dos meus estudos.

Enquanto ele estiver nesse trabalho, continuarei minhas pesquisas nos arquivos, para completamento da minha monografia. Com a redação dela me surgiram numerosos problemas outros, que obrigam a pesquisas novas. Destas irei dando aviso a V.S.ª nos meus relatórios dos meses próximos.

Tenho o prazer de comunicar a V.S.ª que após a redação da parte do meu trabalho que aqui vai, já foram descobertos pelo meu colaborador, sr. Mauro de Almeida,[i] enviado por esta Região a Itu, alguns documentos novos que esclarecem, corrigem ou trazem luzes novas sobre a vida do padre Jesuíno.

Apresento a V.S.ª minhas saudações muito amigas.
Mário de Andrade

Rio de Janeiro, 21 de fevereiro de 1942

Meu caro Mário.

Não peço mais a você que me desculpe pelo atraso e pela irregularidade de minha correspondência, porque já desconto desde muito tempo sobre a sua indulgência, para esse efeito. De fato, o número de cartas, ofícios e telegramas que tenho de redigir cada dia é tal, que produz em mim um verdadeiro impedimento de escrever seja o que for, quando termina a labuta quotidiana.[ii]

Por isso mesmo, aproveito hoje a primeira hora da manhã, quando ainda não chegou ninguém aqui ao Serviço, para responder à sua carta do dia 4 e

---

[i] Mauro Pereira de Almeida, morador de Itu que se tornou colaborador de Mário de Andrade ao receber a encomenda de uma pesquisa local em função do levantamento biográfico sobre padre Jesuíno. Mauro apurou informações consultando manuscritos da Câmara Municipal, do Cartório do Primeiro Ofício e da Irmandade da Boa Morte e Assunção. Ver *Em busca da alma brasileira: Biografia de Mário de Andrade*, op. cit., p. 444. [N. E.]
[ii] Não há como deixar de registrar, nessas cartas que marcam o retorno de Mário a São Paulo, a diferença entre o estado de espírito de cada um dos correspondentes. De um lado, Rodrigo expressa, sem se queixar, a secura de sentimentos que vai se apoderando de seu ânimo no fim dos dias da "labuta" esterilizante, em que ele dava tudo de si e constatava insatisfatório o resultado que conseguia. De outro lado, liberado do que havia de negativo em sua entrega ao Departamento de Cultura e já distante do desgosto de ter sido dele afastado, Mário se mostra, agora, livre para concentrar-se na pesquisa sobre o padre Jesuíno com toda a força de seu interesse e com o entusiasmo com que sempre se entregou ao trabalho.

transmitir a você a impressão que tive com a leitura da primeira parte de seu trabalho sobre o padre Jesuíno.

Essa impressão, como o Saia lhe terá adiantado, foi a melhor possível. Achei não só adequada, mas admirável, em todos os sentidos, a forma adotada por você para a narrativa da vida do nosso pintor. As notas, por sua vez, me pareceram excelentes a todos os respeitos. Tive, pois, uma satisfação enorme, à vista da parte do trabalho já concluída e espero, com um interesse cada vez maior, pela segunda parte.

Quanto às objeções do Saia, de que você me deu conhecimento, penso que não são procedentes, com exceção apenas da que se relaciona com *a falta de dados um pouco mais profusos e precisos acerca das condições históricas de Santos, de Itu e de São Paulo, ao tempo do Padre Jesuíno*. A esse respeito, entretanto, é possível que você não tenha encontrado, nem tenha probabilidade de apurar nada de valioso para o fim visado, especialmente no tocante a Santos e a Itu. Em tais circunstâncias, melhor será não tratar do assunto.

De minha parte, as pequenas observações que me ocorreram, no decurso das duas leituras atentas que fiz do trabalho, anotei-as a lápis no próprio texto, para seu exame. Nenhuma delas tem importância maior.

Deixei de mostrar o texto ao Lucio, que é o melhor e mais seguro conselheiro a que se poderia recorrer, porque você me recomendou não passar o trabalho adiante, por enquanto. Limitei-me a ler para ele a primeira página, da qual gostou muito, mas abstive-me de ir além, embora tivesse desejo de dar-lhe conhecimento da parte referente às características da igreja do Patrocínio, tal como foi projetada e construída pelo padre Jesuíno. Ficará, porém, a consulta para quando estiver ultimada por você a versão definitiva.

Uma vez que você decidiu não incluir as notas por baixo das páginas, quem sabe se não valerá a pena incorporar o material do apêndice ao texto das próprias notas?

***

Os volumes das suas *Poesias*[i] entregues, logo que os recebi, aos respectivos destinatários. Se não lhe agradeceram pela remessa, é que procederam

---

[i] A mesma edição de *Poesias*. São Paulo: Martins, 1941.

tão repreensivelmente quanto eu, que reli com a emoção e a admiração de sempre os seus poemas, sem ter, no entanto, cumprido o dever de manifestar a você o meu reconhecimento. Peço a você que me perdoe a falta e aceite meus afetuosos agradecimentos, com um abraço muito apertado.
Do amigo velho
Rodrigo

P.S.: Minha mãe, felizmente, tem melhorado bastante, nos últimos tempos. E a sua? Veja se você, de vez em quando, dá uma fugida até cá, para conversar um pouco.

Rio de Janeiro, 23 de fevereiro de 1942

Senhor Professor Mário de Andrade:
Acusando recebimento do relatório referente aos vossos trabalhos durante o mês de janeiro próximo findo, agradeço-vos sinceramente pelas informações nele prestadas acerca de vossas valiosas atividades em benefício desta repartição.
Neste ensejo reitero-vos os protestos do meu elevado apreço.
Rodrigo M. F. de Andrade
Diretor

São Paulo, 27 de fevereiro de 1942

Rodrigo, meu velho.
Recebi sua carta e sugestões. Muito obrigado.
Porei as notas novas que você lembrou. Aliás a enumeração dos artistas que trabalharam em Itu pelo tempo de Jesuíno era mesmo intenção minha fazer. Só hesitava no lugar em que colocaria isso. E vejo que também a você o problema tipográfico da disposição das notas preocupou. Foi fácil resolver o caso a priori.
Faria o trabalho escorrido, com as notas depois delas. Mas o caso do Saia ter lido o trabalho sem as notas e ficar positivamente muito impressionado com a "literatura", a mim ainda preocupou mais. Francamente não sei como

Pinturas de padre Jesuíno, na Matriz de Itu (SP). Detalhes do forro da capela-mor.

fazer. O melhor era seguir a tradição, pôr a nota no baixo da página, em que vem a frase a que ela se refere. Mas a verdade é que, às vezes em duas frases de texto vêm três notas longas de duas ou três páginas de datilografia, o que torna impossível uma ordenação tipográfica aceitável, mesmo imprimindo as notas em tipo menor.

Francamente ainda não sei como resolva este problema que é, psicologicamente, grave, pra evitar má impressão em muitos leitores que não irão procurar as notas imediatamente no correr da leitura e ficarão tomados de sentimento de literatice. Pois se até o Saia, que não é qualquer um e sabia o que eu estava fazendo! Por mais que você, comigo, não tenha tido essa impressão e por mais que me lembre que o trabalho vai assinado e sob minha responsabilidade pessoal, eu não posso esquecer nem devo que se trata de um trabalho feito para e num Serviço público.

Não devo "perder a linha".

É uma trapalhada. E carece não esquecer que além das notas, virão os apêndices (documentação do tempo). É uma trapalhada! Quanto a estarem na datilografia cada nota numa folha, não se inquiete, é facilidade puramente datilográfica, que me permite acrescentar notas novas ou tirar outras, enquanto a coisa não está definitiva.

Não poderei nunca prescindir da opinião e conselhos do Lucio. Mas, por vaidade irresistível, fiquei contente de você não mostrar a ele a coisa tal como ainda está. Preciso estudar melhor certa terminologia técnica de artes, principalmente de arquitetura, que só sei em francês ou não sei em língua nenhuma. E quando não me ocorria ou não sabia o termo preciso, o substituía por um meu ad hoc, deixando o aperfeiçoamento pra depois, pra não... esfriar.

Me meti sério no estudo da obra do Jesuíno este mês, mas o mês acabou e praticamente não fiz nada! Aqui minha consciência me inquieta, embora saiba que você me conhece. Sempre trabalhei com muita lentidão e ainda agora, convidado pra fazer um curso sobre poesia popular na Faculdade de Sociologia, embora o assunto seja mais ou menos meu, pedi um ano pra me preparar. Mas fico aborrecido com a lerdeza do "meu" Jesuíno, por ser serviço público, por não ser uma revelação fundamental pro país.

Ainda outro dia, me levantei, peguei nas apenas 14 fotos das pinturas da matriz de Itu. Bem, o estudo me apaixonou porque tenho mesmo inteligência de rendeira, mas quando parei o exame porque positivamente meus olhos não davam mais nada, eram 21 horas! Garantidamente estudara umas dez horas no mínimo esse dia, tomara sim várias notinhas, mas o que mais me desesperava é que sabia menos que de manhã! Preciso mesmo ir aí pra lhe explicar melhor estas inquietações morais.

Fico abatido, não sei o que fazer.

De qualquer forma irei ao Rio em março.

É provável que na 2ª quinzena, pois me surgiu desde ontem a possibilidade de uma conferência na Casa do Estudante,[i] o que me fornece passagem e estadia aí. Se gorar, irei assim mesmo. E não se amole de não poder me escrever, lhe repito. Sei bem o que é sua vida e embora necessite

---

i Trata-se de "O Movimento Modernista", lida no Salão de Conferências da Biblioteca do Ministério das Relações Exteriores do Brasil, no Rio de Janeiro, no dia 30 de abril de 1942. [LCF] Ver nota ii, p. 318.

dos seus alvitres nesta minha encrenca com o peralta do Jesuíno, tudo tem tempo pra quando eu chegar aí.

Mas lhe agradeço a sua boa palavra sobre as *Poesias*. Realmente não carecia mais do que isso e sou intelectual e sentimentalmente bastante sadio pra não exigir dos amigos uma análise de 20 páginas e me xingarem de gênio. Mas não aceito o seu gostoso esforço de justificar o descarinho dos nossos colegas de repartição, não me enviando um abraço. Eu carecia desse abraço. Estou cada vez mais convencido de que existe na arte uma "necessidade de comunicação" que o nosso amigo Prudente nega. Meu livro é inquietante, isso é. Aliás não deixo de me divertir um bocado com isso. Não é ótimo mas está longe de ser péssimo e mesmo ruim, e na cambulhada de interesses e intenções com que desfiguro a naturalidade da "minha" poesia, é tal a soma de mal-estares e insatisfações que boto nos outros, que talvez não haja nada mais difícil pra maioria do que ter uma opinião garantida sobre mim.

Talvez só eu mesmo tenha uma, na preconcebida e jamais abandonada atitude de dar a toda a minha obra esse dinamismo e essa transitoriedade de um combate *em vida*.[i] Mas não imagine que esta segurança intelectual seja integralmente vivida, não. E cada vez que publico uma obra "importante" como as *Poesias* caio num abatimento grave, porque é quase deslumbrante a saudade em que fico… por tudo quanto eu deixei de ser. Bolas! Toca pra frente!

Até breve então. Que os céus cariocas se amoleçam pra me receberem com a doçura do calor que está fazendo aqui. Tivemos ontem uma noite mas tão macia que era de berrar de gozo. Me integrei no Todo Infinito, que foi aquela safadeza.

Com o abraço amigo do
Mário

São Paulo, 6 de março de 1942

Sr. Diretor
Venho apresentar a V.S.ª o relatório[ii] dos meus trabalhos no mês de fevereiro p.p.

---

[i] Sobre esta passagem, o texto de Lélia Coelho Frota, reproduzido aqui na p. 41, trata especial e detidamente. [N. E.]
[ii] Trata-se do "Segundo relatório", reproduzido no Apêndice desta edição, p. 471. [N. E.]

Durante o mês tive como principal tarefa preparar a obtenção de documentos fotográficos, principalmente de detalhes de obras, que me permitam estudo mais técnico da obra pictórica do padre Jesuíno do Monte Carmelo. Estabeleci, pelo estudo comparativo das fotografias que tenho em mãos, todo um mapa de documentos novos por obter. Esta documentação já está sendo colhida pelo fotógrafo do Serviço, desde o início do mês corrente.

Além desse trabalho básico do mês, dos comparecimentos regulares à Sede regional do Serviço e duma pequena viagem a Carapicuíba na companhia do assistente técnico, e a seu convite, apenas cuidei de pesquisar em livros e revistas alguns dados que me permitam dar maior clareza e firmeza à monografia que preparo.

Em nova visita de estudos à Ordem Terceira do Carmo, desta Capital, mais uma vez me convenci da importância das suas pinturas, principalmente dos seus tetos, sejam estas pinturas da autoria do padre Jesuíno ou não. Ora, com a remodelação urbanística fulminante que... assola atualmente S. Paulo,[i] a Ordem Terceira do Carmo parece destinada a desaparecer. Talvez sob o ponto de vista arquitetônico isto não seja um mal enorme. Mas encareço a V.S.ª a urgência de tombamento de todas essas pinturas, para que não se dê com elas o que aconteceu com os tetos da Ordem Primeira, destruídos com a destruição do convento.

Apresento a V.S.ª as minhas saudações muito cordiais,
Mário de Andrade

Rio de Janeiro, 13 de março de 1942

Senhor Professor Mário de Andrade.

Acusando recebimento de vosso relatório datado de 6 do corrente, referente às atividades que exercestes em benefício desta repartição durante o mês de fevereiro próximo findo, agradeço-vos vivamente pelas informações prestadas.

Com relação ao tombamento das pinturas do padre Jesuíno do Monte Carmelo, ou a este atribuídas, existentes na igreja da Ordem 3ª do Carmo dessa Capital, tenho o prazer de comunicar-vos que, atendendo à vossa

---

i Mário faz referência às intervenções do prefeito e engenheiro Prestes Maia em toda a cidade. [N. E.]

sugestão, providenciarei para inscrevê-las o mais breve possível nos Livros do Tombo a que se refere o art. 4º do Decreto-Lei n. 25 de 30 de novembro de 1937. Para esse efeito, porém, faltam a esta sede diversos esclarecimentos e dados que solicitei, nesta data, ao Dr. Luís Saia.

Atenciosas saudações.

Rodrigo M. F. de Andrade

Diretor

Rio de Janeiro, 14 de março de 1942

Meu caro Mário:

Peço a você o favor de tomar conhecimento da correspondência anexa e transmitir ao Sérgio Milliet a minha resposta, pedindo-lhe que me desculpe pelo atraso.

Não sei que confusão terá feito o Paulo Rossi,[i] a quem não vejo há muito tempo e que motivou a carta do Sérgio Milliet.

Veja se você consegue apurar de quem terá partido o convite que me foi atribuído, para que eu possa ser ainda de algum préstimo no caso.

Estou sobretudo encabulado de não poder assumir a paternidade daquele convite, pois acho que as conferências alvitradas seriam do maior interesse e utilidade para o Ministério.

Desculpe a importunação e o trabalho e, quando puder, faça o favor de devolver a carta do Sérgio Milliet.

Fico à espera de sua visita prometida ao Rio e consulto a você, a esse respeito, se não lhe convirá que eu remeta uma requisição de passagem de ida e volta, com direito a cabine, para o fim desejado. Sua viagem é de interesse do Serviço, justificando, pois, plenamente o transporte por conta da repartição.

Caso lhe convenha a requisição, avise com urgência, a fim de habilitar-me e providenciar.

Um abraço afetuoso de

seu

Rodrigo

---

[i] Provavelmente o pintor, desenhista e arquiteto paulista Paulo Cláudio Rossi Osir (1890- -1959), produtor dos azulejos desenhados por Candido Portinari, Volpi, entre outros artistas.

São Paulo, 17 de março de 1942

Rodrigo

Recebi sua carta no sábado, já era tarde. Mas ontem mesmo arranjei as coisas com o Sérgio e tudo ficou muito bem. Deve ter havido alguma leviandade sem importância e é muito difícil saber de quem, provavelmente de todos, um bocadinho pra cada um. *Parece* que o Rossi conversou com *parece* que a Lota Macedo Soares[i] ou alguém desses que estão querendo criar o Museu de Arte Moderna aí, pessoas que *parece* terem escutado alguma promessa provavelmente ministerial, em que *parece* que surgiu a imagem do Sphan. O Rossi insistiu com o Sérgio em se dirigir diretamente a você. A coisa fica assim bastante nas nuvens móveis mas não vale a pena você se amolar: o Sérgio é sujeito direito e compreende essas coisas. Não tem importância. De fato estou muito precisando passar alguns dias no Rio. Além de não poder mais de saudades, não posso continuar meu terrível *Padre Jesuíno* sem estudar certas coisas aí no Serviço.

Principalmente preciso positivamente ler a obra inteira do Pratt. Às vezes de um esclarecimento lateral, surge pro meu assunto uma verdade decisória. Ainda agora, por puro acaso, num documento de arrolamento de bens carmelitas, posterior à morte do Jesuíno, pude identificar definitivamente quem era (e onde morava) o tal frei Tomé que ensinara latim ao meu pintor. Minha suposição estava certa mas era sempre suposição: agora é verdade documental.

Mas me perdi. O fato é que aceitei fazer uma conferência sobre o Movimento Modernista,[ii] na Casa do Estudante do Brasil, só mesmo porque

---

i Maria Carlota (Lota) Costallate de Macedo Soares, arquiteta e paisagista, a idealizadora do parque do Flamengo, no Rio de Janeiro, cujo projeto paisagístico foi realizado por Roberto Burle Marx.

ii Dentre os escritos de Mário sobre o Modernismo, este talvez seja o mais emocionante e polêmico. Foi a conferência lida, a convite da Casa do Estudante do Brasil, em 30 de abril de 1942, na Biblioteca do Ministério das Relações Exteriores. Narrando a história inicial do movimento pelo interior dos acontecimentos e dos personagens e enfatizando o desequilíbrio — naquele momento — da relação entre o Rio e São Paulo, Mário diz que se o Rio era mais internacional, pelo seu desenvolvimento comercial e industrial, São Paulo era cidade espiritualmente mais moderna: ali "o espírito modernista e suas modas foram diretamente importados da Europa". Outra afirmação nova e corajosa do autor foi a de que o movimento modernista era nitidamente aristocrático, pela aristocracia intelectual e tradicional em São Paulo, diferente do Rio, onde havia, segundo ele, apenas a alta burguesia riquíssima. A par da intensidade da prática de libertação intelectual e dos costumes,

isso me obrigava a ir no Rio. Vou no dia 9 de abril pela Vasp, faço a conferência dia 10, sexta-feira, farreio o restico da sexta, mais o sábado e o domingo, e na segunda-feira seguinte apareço no Sphan com a cara bem fatigada e passarei a semana aí lendo e consultando. O que desejo especialmente consultar é toda a documentação do Sphan a respeito de pintura religiosa, sobretudo tetos de igrejas. De todo o Brasil. Você compreende: de tanto estudar e ver Jesuíno, acabei amando Jesuíno e desconfio que estou treslendo um bocado. As coisas dele me arrebatam e preciso adquirir mais equilíbrio. Além do valor crítico comparativo que poderei tirar desses estudos. Não sei se é possível a você mandar separar a documentação pictórica nacional que você tem aí, se for possível mande fazer. Se não, nos arranjaremos quando eu chegar aí.

A viagem de ida, a Casa do Estudante paga. Assim, em vez da sua sugestão das passagens, prefiro que o Sphan me pague a estadia de hotel apenas, a volta virei por mim. Mas conversaremos sobre isto, quando eu chegar aí.

Até breve com um abraço do
Mário

Rio de Janeiro, 19 de março [de 1942]

Meu caro Mário
Muito obrigado pela sua intervenção amiga junto ao Sérgio Milliet, que espero não tenha ficado injustamente desconfiado comigo. Você diz que

segundo Mário, o movimento foi essencialmente destruidor inclusive dos próprios intelectuais e artistas, porque "o pragmatismo das pesquisas sempre enfraqueceu a liberdade da criação". Anteriormente ao modernismo, repetindo estéticas já consagradas — diz Mário —, os artistas eliminavam o direito à pesquisa. A melhor razão de ser do modernismo, acrescenta, será a sistematização do direito antiacadêmico da pesquisa estética. Assim, a atualização da inteligência artística brasileira terá sido o problema essencial a ser resolvido pelo nosso modernismo. Entretanto, apesar de todas as conquistas, nesse momento Mário se acusa e solicita aos companheiros que se reconheçam na crítica que dirige especialmente a ele mesmo: não se mudou a atitude abstencionista, "faltou a angústia do tempo, maior revolta contra a vida como está". Agudizando a autocrítica, diz que, pensando dirigir sua obra no sentido anti-individualista, constata — no presente — que ela "é de um hiperindividualismo implacável", e que os modernistas da Semana de Arte Moderna de uma coisa não participaram: do "amilhoramento político-social do homem" (Mário de Andrade, "O Movimento Modernista". In: *Aspectos da literatura brasileira*. São Paulo: Martins, 1974, pp. 236, 240 e 253-5).

deve ter havido "alguma leviandade" no caso, mas a mim me parece que houve naquilo tudo uma leviandade enorme e imperdoável. Mesmo depois de suas palavras tranquilizadoras, tenho a impressão que o rapaz pode pensar, no fundo, que eu talvez desse a entender a alguém o propósito ou a promessa de convidá-lo para as conferências. A verdade, entretanto, é que nunca ouvi sequer aludir a esse projeto, nem acredito que o nosso ministro se tenha lembrado do Sphan para patrociná-la.

A própria Lota, que veio por duas vezes pleitear aqui do Lucio e de mim fotografias de monumentos brasileiros para uma exposição nos Estados Unidos, nunca tocou em semelhante assunto. E o Carlos Drummond, com quem ela tem estado em contato, para pleitear do Capanema algum auxílio para o mesmo fim, não tinha tampouco a menor notícia do convite ao Sérgio Milliet.

Francamente, não sei como explicar o que se passava. Mas o certo é que fiquei no maior constrangimento com esse episódio.

Quanto à sua próxima vinda, espero que não deixe de se realizar e estou certo de que será afinal proveitosa ao seu trabalho, uma vez que a documentação fotográfica existente no Serviço, sobre pintura religiosa no Brasil, já é bastante considerável, embora ainda deficiente e insatisfatória sobre diversos pontos de vista.

Uma vez que V. prefere viajar via aérea, concordo com o alvitre de correrem por conta da repartição as despesas com sua permanência no hotel, em lugar do custeio das passagens.

Um abraço afetuoso do
amigo certo
Rodrigo

Rio de Janeiro, 31 de março de 1942

Senhor Professor Mário de Andrade.

Atendendo à solicitação constante do telegrama do Dr. Luís Saia, hoje recebido, remeto-vos inclusa uma requisição de passagem destinada à vossa vinda a esta Capital.

Atenciosas saudações.
Rodrigo M. F. de Andrade
Diretor

São Paulo, 22 de abril de 1942

Sr. Diretor do Serviço do Patrimônio Histórico e Artístico Nacional.

Com bastante atraso devido a um esquecimento a que me levaram as preocupações importantes deste mês, só agora venho dar contas a V.S.ª do que fiz para o Sphan durante o mês de fevereiro p.p.

De acordo com o que lhe comuniquei no relatório do mês passado, o fotógrafo da 6ª Região está se dedicando a obter documentos fotográficos que permitam um estudo mais minucioso da obra pictórica do padre Jesuíno do Monte Carmelo, conforme o que lhe pedi.

Enquanto se acham interrompidos os meus estudos pela espera dessa documentação fotográfica, dediquei-me este mês a fazer pesquisas que por acaso venham a me permitir preencher as falhas numerosas de dados e datas da vida do meu biografado.

Além de algumas indicações de menor importância obtidas nos arquivos de Itu, pude afinal resolver decisoriamente quem foi frei Tomé que iniciou Jesuíno nos estudos eclesiásticos e porventura o induziu a eles. Isso graças a um documento de bastante importância, existente no Arquivo Público do Estado e que trata de um arrolamento dos bens carmelitanos. Creio que esse documento, que talvez faça reproduzir na íntegra na minha monografia, é desconhecido do Pe. Pratt e talvez lhe venha a ser útil. Farei tirar dele duas cópias, enviando uma delas a V.S.ª para, por seu juízo, ser enviada ao historiador carmelitano.

Com o auxílio do terceiro carmelitano, sr. Bráulio Silva, fizemos o Assistente Técnico e eu, uma visita de... memórias à Ordem Terceira do Carmo, desta Capital. Com efeito, o sr. Bráulio Silva, que conserva boa memória, embora, como em geral, desatenta dos casos e fatos que interessam particularmente ao Sphan, era tesoureiro da Ordem quando foi da última restauração da sua igreja. Pude assim, e com a assistência técnica de Luís Saia, obter alguns dados muito interessantes, que permitem estabelecer melhormente a autoria e proveniência das pinturas existentes na igreja, bem como explicar a razão de certos pormenores da concepção pictórica de Jesuíno, no teto dessa igreja. De tudo redigi um relatório, de que vos envio cópia anexa.

Apresento a V.S.ª as minhas saudações muito amigas,
Mário de Andrade

São Paulo, 3 de maio de 1942

Rodrigo

me sinto desgraçado, arre! com o que eu fiz pra você. Mas a conferência foi realizada numa atmosfera de tensão tamanha que, quando acabou, pra me *délasser*, caí numa farra ainda mais maior, que só me fez entrar no hotel às nove da manhã do dia seguinte! Está claro só me acordei lá pelas 17 horas, amargo e com vontade... de continuar. Foi o que eu fiz, virtuosissimamente. E no dia seguinte voei de manhã pra estas serras mais defensoras. Me perdoe não ter lhe dado nem um telefonema. Foi desleixo, foi imoralidade, foi ausência de mim.

Agora que volto a mim, venho lhe dizer bom-dia e pedir o perdão necessário com este abraço.

Mário

São Paulo, 6 de maio de 1942

Sr. Diretor do Serviço do Patrimônio Histórico e Artístico Nacional.

Venho dar contas a V.S.ª das pesquisas que realizei para esse Serviço durante o mês de abril p.p.

Primeiramente solicito de V.S.ª mandar corrigir na primeira frase de meu último relatório, datado de 22 de abril, a indicação "fevereiro", que se deve ler "março".

Excesso de trabalho com a fotografação nova de documentos arquitetônicos e seus pormenores na zona de São Sebastião impediu até agora o fotógrafo desta Região preparar os documentos que lhe pedi. Continuam assim interrompidos os meus estudos para a parte crítica sobre a obra do Pe. Jesuíno do Monte Carmelo.

Como é do conhecimento de V.S.ª estive durante uma semana no Rio de Janeiro para ler na íntegra a obra inédita do Pe. Pratt. Se essa leitura foi de pouca utilidade para a minha monografia em preparo, pude nela colher algumas informações úteis para esta 6ª Região. Também dessa leitura creio que pude fazer uma observação de algum interesse a respeito da arquitetura tradicional carmelitana, pelo menos no Brasil. Dela fiz participação ao dr. Lucio Costa. Trata-se do curioso dispositivo, tão bem exemplificado nas duas Carmos de Santos, nesta 6ª Região, das igrejas Primeira e Terceira serem construídas como corpos gêmeos de um mesmo edifício, com uma torre só

S. Paulo, 3-V-42

Rodrigo

me sinto desgraçado, arre! com o que eu fiz pra você. Mas a conferência foi realizada numa atmosfera de tensão tamanha que, quando acabou, pra me descansar, caí numa farra ainda mais maior, que só me fez entrar no hotel às nove da manhã do dia seguinte! Está claro só me acordei lá pelas 17 horas, amalgo e com vontade... de continuar. Foi o que eu fiz, virtuosissimamente. E no dia seguinte vooi de-manhã pra estas serras mais defensoras. Me perdoe não tr lhe dado nem um telefonema. Foi desleixo, foi moralidade, foi ausência de mim.

Agora que volto a mim, venho lhe dizer bom-dia e pedir o perdão necessário com este abraço.

fazendo de corpo central. Esse era o dispositivo das Carmos, de S. Paulo, e das de Angra dos Reis. Não posso garantir ainda se este curioso partido é exclusivamente carmelitano, nem se só é observado no Brasil, e nesta região central do país. Mas julgo fornecer a V.S.ª um problema por solucionar.

Ainda no Rio estudei a documentação pictórica do Serviço do Patrimônio Histórico e Artístico Nacional, em vista de compará-la com a obra do Pe. Jesuíno. Senti precisão desse estudo porque, como sempre sucede, a contemplação excessiva de uma obra e o interesse que depomos nela, nos faz com frequência perder todo equilíbrio crítico e dar excesso de valor ao que apenas é valor normal.

Senti muito os poucos dias que passei no Rio não terem me permitido também examinar os arquivos carmelitanos aí guardados e que devem conter vasta documentação referente a esta 6ª Região. Essa pesquisa talvez trouxesse algumas luzes para a minha monografia em andamento e não sei se resistirei ao desejo de realizá-la antes de dar por findo o meu trabalho.

Nas minhas pesquisas daqui, estudei os registros gerais da Câmara de Itu, de 1813 a 1819, com parcos resultados. Já foram de alguma utilidade as informações obtidas da irmã Maria Inês da Silva, pertencente à Congregação de S. José, e que foi contemporânea dos primórdios do Colégio do Patrocínio em Itu. E deixei para o fim a descoberta de um documento de importância grave para o meu trabalho, uma escritura de venda de terreno do Hospício do Carmo, em Itu, por 1771. Isso permite identificar o prior, aliás presidente, desse Hospício, na data em que Jesuíno rapazola foi para ele levado. Talvez mesmo (dependendo isto de maior estudo) seja esse presidente, o tal "prior" santista que levou Jesuíno de Santos para Itu — coisa que reza a biografia mais antiga do pintor sem esclarecer nomes nem datas. Como vê V.S.ª o documento é da maior importância para a parte biográfica do meu trabalho.

Apresento a V.S.ª minhas saudações amigas.
Mário de Andrade

Rio de Janeiro, 13 de maio de 1942.

Senhor Professor Mário de Andrade:
Acusando recebimento de vossos relatórios datados de 22 de abril próximo findo e 6 de maio corrente, com o resumo dos trabalhos que

realizastes durante os meses de março e abril de 1942, agradeço-vos sinceramente pelas valiosas informações prestadas àquele respeito.

Aproveito o ensejo para reiterar-vos os protestos do meu sincero apreço.
Rodrigo M. F. de Andrade
Diretor

São Paulo, 5 de junho de 1942

Sr. Dr. Rodrigo M. F. de Andrade

Venho dar contas a V.S.ª dos trabalhos realizados por mim para esse Serviço, durante o mês p.p.

Até agora, infelizmente, ainda não recebi do fotógrafo desta Região os documentos necessários para a continuação da minha análise da obra do Pe. Jesuíno do Monte Carmelo. Não sei a que atribuir semelhante demora e a meu pedido o Sr. Assistente Técnico desta Região já dirigiu carta ao Sr. Graeser, solicitando a entrega urgente das fotografias. Por certo a demora terá sua razão, pois o Sr. Graeser sempre foi cumpridor dos seus deveres.

Continuei porém a minha monografia, com pesquisas e leituras novas preenchendo-lhe as lacunas da parte biográfica. Também devido ao excesso de pessoas nomeadas no meu trabalho julguei útil organizar um fichário onomástico de todas elas, para meu uso, tornando mais fácil a consulta.

Estudei os "Autos de Prestação de Contas das Irmandades e Ordens Terceiras" existentes no Cartório do 1º Ofício de Itu, daí tirando algumas informações de pequena importância para a minha monografia e alguns nomes de santeiros e outros artistas.

De outras pesquisas em documentos antigos do mesmo Cartório obtive vários esclarecimentos, localização de terras, nomes de priores etc. Mas me parece já agora incontestável que pesquisadores desonestos passaram por Itu destruindo documentos, ou guardando-os para seu uso pessoal. Documentos que me seriam de grande importância. Assim do livro-índice do Cartório consta o nome de Frei Antônio da Penha de França,[i]

---

[i] Frade referido por Mário na monografia sobre o padre Jesuíno, na nota 8, como "Autor de umas notas históricas referentes à Capitania de São Paulo, principalmente a fatos relativos a sua Ordem". Foi, também, presidente do hospício ituano.

de importância capital para o meu trabalho. O documento que se refere a ele estaria, pelo livro-índice, no livro n. 3 (três), pág. 13. Este livro, na reforma do cartório passou a n. 8, mas deste a pág. 13 foi arrancada. Propositalmente? Parece mais que provável.

Obtive neste mês o inventário de mais um dos filhos do Pe. Jesuíno do Monte Carmelo. Documento de alguma utilidade, ele põe mais uma vez em relevo a ideia de que alguém andou roubando documentos em Itu. Se existem os inventários de todos os filhos de Jesuíno, por que não existe o deste? Não é possível interpretar esta perda como puramente ocasional.

Nada mais tenho a relatar a V.S.ª

O nosso pesquisador Sr. Mauro Pereira de Almeida vai nos deixar, solicitado por emprego de mais futuro. O Sr. Assistente Técnico obteve, no entanto, que ele permanecesse por mais dois meses à disposição do Serviço, para terminar as pesquisas nos cartórios ituanos.

Neste mês receberá V.S.ª a cópia do importante documento de 1827, a que já me referi em relatório anterior, contendo relação dos bens carmelitas da Ordem Primeira de S. Paulo.

Apresento a V.S.ª minhas saudações muito amigas,
Mário de Andrade

[São Paulo, junho de 1942]

Rodrigo

Por quarta ou quinta da semana estouro aí. Como só poderei ficar uns três diazinhos, lhe peço preparar, quando tiver um tempo, uma apresentação minha a quem de direito da Província Carmelitana daí, pra eu poder dar uma vista d'olhos nos arquivos e saber o que existe de documentação paulista neles.

Com as lembranças do
Mário

Rio de Janeiro, 8 de junho de 1942

Senhor Professor Mário de Andrade:
Atendendo à solicitação constante da carta do Sr. José Bento Faria Ferraz, hoje recebida, remeto-vos inclusa uma requisição de passagem destinada à vossa vinda a essa Capital.
Atenciosas saudações.
Rodrigo M. F. de Andrade
Diretor

Rio de Janeiro, 30 de junho de 1942

Meu caro Mário.
Para efeito da devida prestação de contas desta repartição perante o Tribunal competente, peço-lhe o favor de remeter-me com urgência um recibo da importância de Rs. 20:020$000 que foi depositada a seu favor no Banco da Lavoura de Minas Gerais, a fim de atender à despesa com seus vencimentos mensais durante o período compreendido entre junho do corrente ano e março de 1943, inclusive.
O recibo requerido deverá ser passado em três vias, a primeira das quais devidamente selada, redigido nos termos da minuta anexa e datado de qualquer dia útil do mês de junho corrente.
Antecipando sinceros agradecimentos, envio-lhe um cordial abraço.
Seu velho
Rodrigo

São Paulo, 7 de julho de 1942

Sr. Dr. Rodrigo Melo Franco de Andrade
Tenho o prazer de enviar a V.S.ª o relatório dos trabalhos que realizei para o Serviço do Patrimônio Histórico e Artístico Nacional durante o mês de junho passado.
Em primeiro lugar, encontrará V.S.ª junto a este a cópia da relação dos bens pertencentes à Ordem Carmelitana da Cidade de São Paulo.

Como já disse a V.S.ª o descobrimento deste relatório me foi de alguma importância para os trabalhos de pesquisa sobre o padre Jesuíno do Monte Carmelo. Por ele pude identificar definitivamente quem foi e onde morava o tal frei Tomé, de que falou um dos biógrafos do padre-pintor.

Mas pelo que li da obra inédita do Padre Pratt sobre a Ordem Carmelitana no Brasil, tive a impressão que ele não teve notícia deste documento. Como talvez lhe possa ser de algum proveito, julguei de bom aviso mandar copiar o documento, para que V.S.ª ajuíze da utilidade de enviá-lo ou não ao Padre Pratt.

Continuei as pesquisas em arquivos e livros, além do meu comparecimento diário à sede regional do Serviço do Patrimônio Histórico e Artístico Nacional. O que de mais interesse, imediato para o meu trabalho, posso comunicar a V.S.ª é a descoberta de uma fotografia representando a antiga capela-mor da Igreja do Carmo de Itu, anterior à reforma.

Quanto às fotografias que mandei tirar de obras e detalhes de quadros do padre Jesuíno, ainda não me vieram às mãos. Esta demora se deve à falta de verba necessária com que lutou o nosso fotógrafo. Mas por certo agora, solucionado o caso, por todo este mês receberei a aludida documentação fotográfica.

Durante este mês realizei uma rápida viagem ao Rio, como é bem do conhecimento de V.S.ª Tinha intenção de estudar, ao menos por alto desta vez, os arquivos da Província Carmelitana, do Rio de Janeiro. Como já comuniquei a V.S.ª é voz geral e tradição sabida que grande parte dos arquivos dos conventos paulistas, tudo o que existia pelo menos, foi uma vez enviado para a sede da Província. Que isto é certo prova-o o testemunho mesmo de frei Maurício Lans, com quem aí falei, o qual ainda aí no Rio, quando da sua chegada da Holanda, encontrou servindo de base para os sacos de batatas do convento, uma papelada velha. Referiu-me isto frei Maurício Lans e mais que lhe dando curiosidade de saber que papéis eram aqueles, verificou serem todos documentos da Ordem Carmelitana de Santos. Por sua ingerência foi a papelada enviada para Santos num baú. E pelos instintos naturais de paternidade que têm todos os descobridores, isto nos valeu frei Maurício Lans, quando prior do convento santista, ter organizado e posto em ordem o arquivo de lá.

Quanto porém aos arquivos provinciais aí do Rio, nada me soube dizer frei Maurício Lans. Nem me permitiu, aliás, examiná-los. Com a maior gentileza e graciosa elegância, na verdade o que recebi foi um "não" redondo — tendo aliás o ilustre frade, entre cigarros oferecidos e demonstrações de interesse pelo Serviço, garantido não poder se decidir nunca a publicar a documentação carmelitana do Brasil que conhece, por estar cheia de brigas e ser um exemplário da fragilidade humana. Da "fragilidade humana" sou eu que digo — da fragilidade carmelitana e desprestígio da Ordem e da Religião deve pensar o ilustre frade, como toda pessoa por demais comprometida com seu próprio estado. Enfim consentiu em chamar o arquivista do convento, o qual afirmou não existir, dos arquivos daí, documento algum relativo às casas paulistas. Provavelmente foram-se como as batatas.

Mas frei Maurício Lans, que já chamei ilustre por duas vezes, também o é por ter realizado a famosa reforma da igreja do Carmo em Itu quando foi presidente do hospício de lá, em 1918. Aproveitei-me disso para o entrevistar e ele me deu algumas informações sempre importantes, mas ainda não suficientes. Pretendo voltar à carga, talvez por todo este mês ou em qualquer mês próximo, quando estiver para redigir os meus estudos finais sobre a dita igreja. Por tudo isto farei o possível para me tornar amigo e estimado do pela terceira vez ilustre frade, na boa intenção de conseguir um pouco mais de justiça dos homens na voz da história.

Sem mais, apresento a V.S.ª as minhas saudações muito amigas,
Mário de Andrade

Rio de Janeiro, 10 de julho de 1942

Senhor Professor Mário de Andrade:
Acusando recebimento do vosso relatório datado de 7 de julho corrente e correspondente aos trabalhos que realizastes em benefício desta repartição durante o mês de junho próximo findo, apresso-me a agradecer-vos vivamente pelas valiosas informações prestadas, assim como pela cópia do importante documento que acompanhou o mesmo relatório.

Aproveito o ensejo para reiterar-vos os protestos do meu elevado apreço.
Rodrigo M. F. de Andrade
Diretor

São Paulo, 3 de agosto de 1942

Sr. Dr. Rodrigo M. F. de Andrade

Tenho o prazer de enviar a V.S.ª o relatório dos trabalhos realizados para o Sphan durante o mês de julho p.p.

Além do meu comparecimento de costume à sede desta Região, continuei meus estudos em documentos antigos.

Me dediquei especialmente a procurar documentação que me permita acrescentar ao meu trabalho sobre o Pe. Jesuíno do Monte Carmelo, uma descrição do que seria a situação social de Itu no último quarto do séc. XVIII e primeiro do seguinte. Já sobre isto falei com V.S.ª, ficando ambos concordes em que seria de muito interesse verificar isso, para de alguma forma compreender o surto artístico de Itu por esse tempo. Carece não esquecer que o século XVIII foi o século negro da história dos Paulistas e talvez o caso de Itu venha concorrer à tese, esposada entre nós por ex. pelo professor Roger Bastide,[i] de que os períodos de esplendor na criação artística não correspondem aos de grandeza político-econômica, mas lhe são imediatamente posteriores. Como "lei" a tese me parece abusiva, porém como psicologia social esclarece muita coisa.

---

[i] Roger Bastide veio ao Brasil — como outros professores franceses, italianos e alemães, entre os anos 1934 e 1944 — para dar aulas, diversificar a formação das especialidades profissionais e dotar de prestígio a recém-criada Universidade de São Paulo. Chegou à cidade em 1938, substituindo Claude Lévi-Strauss, como professor de sociologia. Muito interessado pelo país, Bastide adotou uma conduta diferente da maioria dos cientistas estrangeiros que, após viajarem pelo Brasil, levavam suas pesquisas para proveito de seus países de origem; Bastide, ao contrário, integrou-se à cultura brasileira sem deixar de lado a perspectiva francesa de sua formação. E o fez em diálogo com os alunos — que se tornaram professores importantes, como Antonio Candido e Florestan Fernandes — e com intelectuais influentes naquele momento, como Mário de Andrade e Gilberto Freyre. Entre seus maiores interesses estava o das alterações das cidades movidas pelo desenvolvimento industrial, sobretudo o caso de São Paulo, onde também estudou a influência dos imigrantes. A partir das viagens que realizou ao Nordeste, e do mergulho que fez na cultura popular, tornou-se profundo conhecedor das religiões afro-brasileiras. A observação sobre as igrejas antigas do Nordeste despertou em Bastide o interesse pelo barroco brasileiro, que ele associa à arquitetura moderna, o que aproxima seu pensamento ao dos intelectuais modernistas como Mário e Rodrigo. Escreveu *Imagens do Nordeste místico em branco e preto*, *O candomblé da Bahia*, *Sociologia do folclore brasileiro* e *As religiões africanas no Brasil*. Ver Fernanda Arêas Peixoto, *Diálogos brasileiros: Uma análise da obra de Roger Bastide*. São Paulo: Edusp, 2000; e *A viagem como vocação: Itinerários, parcerias e formas de conhecimento*. São Paulo: Fapesp; Edusp, 2015.

No trabalho de pesquisa nos arquivos posso enumerar para o mês o descobrimento de dois documentos que me alegraram muito. É bem irônica esta situação egoística do pesquisador que se enche de hosanas por um documentinho que nada transforma nem impulsiona... Enfim, com alguma melancolia, comunico a V.S.ª que dos arquivos da Câmara Municipal de Itu pude obter uma ordem régia datada de 1750 relativa a Teotônio da Silva Gusmão, mandando-o se transferir de juiz de fora da vila de Itu para o mesmo cargo no Mato Grosso. Este "dr. Teotônio" era uma das afirmações vagas dos documentos conhecidos, de que ninguém dava o nome todo, e que se sabia ser sobrinho de Alexandre de Gusmão. Agora a Ordem Régia, pelo menos pelo nome, confirma o sabido, e data o homem que uma testemunha do processo "De Genere" do padre Jesuíno, afirma ser o pai de Domingas Inácia de Gusmão, mãe do padre-pintor.

Por outro decreto de D. José sobre o terremoto de Lisboa, pude enfim descobrir a origem e justificativa de data da devoção de N. S. do Patrocínio. Fica assim esclarecido por que Jesuíno fazia questão jamais discutida de inaugurar a sua igreja no dia oito de novembro. Chega a ser quase tenebroso. Fora impossível até agora descobrir nada a respeito da devoção da Senhora do Patrocínio e sua data, embora nos podemos apontar ocorrêssemos da Cúria Metropolitana de São Paulo, e das irmãs de São José que mantêm desde início do funcionamento o colégio e igreja do Patrocínio, que Jesuíno construiu. Se não fosse a descoberta ocasional deste documento novo tudo ficava no ar.

Aliás, depois de escrita a vida do Pe. Jesuíno com suas quarenta e duas notas, que V.S.ª já leu, observo que tudo quanto temos achado, só serve para confirmar o que estava escrito nos Autores. Do ponto de vista histórico quase que o meu trabalho se resumirá a pôr dentro de uma ordem documental, o que os Autores antigos, à maneira do tempo, afirmaram pela sua própria e exclusiva autoridade, sem se preocupar em justificá-la. O que me inquieta é muito menos o anticientificismo deles, que a decadência de moralidade profissional com que hoje somos obrigados a tudo documentar pra que se acredite no que afirmamos. É triste.

Enfim, tenho o prazer de comunicar a V.S.ª que já principiaram a chegar as fotografias de detalhes e novas que solicitara do nosso fotógrafo regional, para elaborar a segunda parte do meu trabalho sobre o Pe. Jesuíno, o estudo analítico da obra dele. É mais que provável que por este mês terei comigo a documentação completa. Iniciarei imediatamente os estudos e redação dessa parte e última do meu escrito, deixando por agora quaisquer pesquisas.

Sem mais, apresento a V.S.ª as minhas saudações muito amigas.
Mário de Andrade

Rio de Janeiro, 6 de agosto de 1942

Senhor Professor Mário de Andrade:
Tenho o prazer de acusar recebimento do relatório referente aos trabalhos por vós realizados durante o mês de julho último e, bem assim, de agradecer-vos sinceramente pelas valiosas informações prestadas a respeito.

Aproveito o ensejo para reiterar-vos os protestos do meu elevado apreço.
Rodrigo M. F. de Andrade
Diretor

São Paulo, 14 de setembro de 1942

Sr. Dr. Rodrigo M. F. de Andrade
Tenho o prazer de vos enviar, como de costume, o relatório dos meus trabalhos para este Serviço durante o mês próximo findo.

Conforme anunciei no relatório anterior, recebi enfim a coleção de fotografias novas que pedira, constante de ampliações e detalhes de obras do Pe. Jesuíno do Monte Carmelo. Também o fotógrafo da Região, já agora com muito maior prática do que quando iniciou os seus serviços em 1937, tornou a fotografar a coleção de quadros de Jesuíno, na matriz ituana, conseguindo muito melhores provas.

De posse desta documentação nova, me dediquei imediatamente ao seu estudo e julgo hoje poder distinguir na obra do meu estudado uma evolução técnica e expressiva bastante coincidente com as reviravoltas de sua vida curiosa. Não quero ainda nada antecipar pois os meus juízos atuais ainda não se firmam numa convicção absoluta, e ainda estou naquela fase do advogado do diabo que procura todos os argumentos possíveis pra destruir as verdades alcançadas. E tanto mais me sinto no dever de ser comedido em minhas convicções que os detalhes e as ampliações de agora me obrigaram, com bastante desaponto, a voltar atrás a respeito de várias constâncias de técnica, especialmente desenhística, que pensava já poder fixar a respeito do pintor.

Me dedicara a estabelecer essas constâncias não só pelo valor crítico que isso podia ter, como porque talvez isso me permitisse identificar como de Jesuíno, outras obras existentes em Itu, Porto Feliz e nas Carmos de S. Paulo.

Este trabalho penosíssimo e que faz correr dolorosamente as horas às vezes sem nenhum resultado, me parece da maior utilidade a respeito da pintura religiosa em São Paulo. Principalmente das igrejas carmelitanas. Como sabeis a ordem carmelitana teve em nossa capitania um desenvolvimento e fastígio superior ao das outras ordens. A vocação franciscana, por exemplo, que fez do pobre profissional o grande distribuidor de ricos monumentos religiosos pelo Brasil todo, parece que não era lá muito do agrado dos bandeirantes. Então se apegaram à Senhora do Carmo bem mais caroável para as consciências faiscantes de ouro e pedras verdes.

O fato é que a gente poderá talvez falar até de uma pintura "carmelitana" em São Paulo, de tal forma foi nas igrejas da Senhora do Carmelo que a pintura mais se expandiu e brilhou aqui. O que comprova mais esta minha desconfiança é o mistério quase assustador das pinturas das duas igrejas carmelitanas de Mogi. Nada afirmo por enquanto, porém.

Estou portanto disposto a dedicar grande parte do meu trabalho nestes meses futuros a estudar em detalhe, especialmente de desenho, todas estas pinturas carmelitanas da capitania paulista. Será talvez o único jeito de pelo menos distinguir quantos pintores andaram por aqui, pois que os arquivos, como já vos dei conhecimento, foram destruídos quase por completo.

Sobre isto, aliás, desejava uma palavra vossa para me decidir. Se o trabalho é longo, creio que o resultado será muito pequeno para ser objeto de uma monografia especial. Talvez seja preferível incluir o resultado no próprio estudo sobre o padre Jesuíno, como digressão natural e complementar da obra carmelitana que ele nos deixou.

Sem mais, apresento-vos as minhas saudações muito amigas,
Mário de Andrade

São Paulo, 22 de setembro de 1942

Rodrigo

nem lhe conto que vida esta minha. Cheguei daí, caí doente sério, você nem imagina. Tenho vivido a maior parte do tempo de cama, não sei se é fígado, rins, deve ser tudo, um desânimo incrível.

Primeira vez na vida, que desânimo! Nem médico chamei. Uma vontade esgarçada, itinerante, sem a menor disposição pra decidir alguma coisa.

O que me inquieta é o Sphan. Praticamente não fiz nada e nem sei o que hei de dizer a você no relatório do mês. Me aconselhe: conto que estou doente ou minto?

Só de uns três dias pra cá me pus num trabalho vago, vago, e principiei o tal ensaio sobre a situação dos estudos de Folclore no Brasil, pro tal de *Handbook of Brazilian Studies*[i] do Rubens, que lhe falei. Sobre isto que lhe mando este bilhete. É que eu queria saber, mande me contar urgente por uma das suas funcionárias a que museu (nome dele) são destinadas as peças de escultura africana que você adquiriu pro Serviço e eu admirei aí. É pra contar no meu trabalho. É só. O Zé Bento está aqui em casa e lhe levará esta carta no correio. Com o abraço amigo do
Mário

Rio de Janeiro, 22 de setembro de 1942

Senhor Professor Mário de Andrade:

Com os melhores agradecimentos pelas valiosas informações prestadas no relatório de vossas atividades desenvolvidas durante o mês de agosto próximo findo, tenho o prazer de comunicar-vos que estou de pleno acordo com o vosso alvitre de incluirdes no ensaio sobre o padre Jesuíno as considerações que vos ocorrerem como resultado de vossos estudos sobre as pinturas carmelitanas na Capitania de São Paulo.

Aproveito o ensejo para renovar-vos os protestos do meu sincero apreço.
Rodrigo M. F. de Andrade
Diretor

---

i Este trabalho tomou corpo e se transformou no ensaio "Folclore", publicado no *Manual bibliográfico de estudos brasileiros*, organizado por Rubens Borba de Moraes e William Berrien, professor da Universidade de Harvard. [LCF]

Rio de Janeiro, 25 de setembro de 1942

Querido Mário:

Acabo, neste momento, de receber sua carta do dia 22 e fiquei extremamente aborrecido com as notícias que você me dá sobre seu estado de saúde. Acho imprescindível uma providência no sentido de você ser submetido a todos os exames médicos desejáveis para se apurar ao certo a causa de sua indisposição.

Se você estivesse ainda aqui no Rio, o nosso amigo Nava se incumbiria de tudo isso. Aí mesmo, porém, você terá certamente médico competente e de confiança para tomar a si a tarefa de restituir-lhe a *forma* excelente que sempre foi a sua.

Quanto ao relatório de suas atividades correspondentes a este mês, não se preocupe de modo algum com ele. Alegue o motivo da doença para explicar a produção menor, ou deixe de fazê-lo, se você preferir. Esta repartição, em grande parte, é criação sua e, portanto, tudo que ela realizar, ainda que sem sua participação direta, deverá ser levado à sua conta.

A respeito das peças de escultura africana a que você se refere, convirá registrar terem sido compradas diretamente pelo Museu Nacional e não por este Serviço, pois a despesa correrá por conta da verba da própria D. Heloísa e o material se destina mesmo às coleções daquele Museu. Foi o Serviço que tomou a iniciativa, mas isso não precisa de ser assinalado.

Não deixe de mandar notícias suas, sempre que você puder.

Faço votos por suas prontas melhoras e mando-lhe um abraço muito afetuoso.

Rodrigo

São Paulo, 2 de outubro de 1942

Sr. Dr. Rodrigo Melo Franco de Andrade

Apresento-vos o relatório dos trabalhos que executei para esse Serviço durante o mês de setembro p.p. De acordo com vossa anuência ao pedido do Dr. Rubens Borba de Moraes, diretor da Biblioteca Municipal de S. Paulo, que está agora organizando o *Handbook of Brazilian Studies*, pretendi dedicar minhas horas de trabalho a escrever um ensaio sobre a situação atual dos estudos de Folclore no Brasil. Este ensaio servirá de introdução à seção de bibliografia de Folclore brasileiro, do *Handbook* referido.

Infelizmente os meus trabalhos por enquanto, além de amargos, foram pouco proveitosos. Ando doente, como já sabeis, e agora a enfermidade se agravou bastante, me obrigando a ficar de cama grande parte do mês passado. Isso impediu o avanço normal do meu trabalho, pois mesmo a consulta numerosa de livros que sou obrigado a fazer, não pode ser feita em casa, por me faltarem vários desses livros na minha biblioteca. Assim mesmo o meu ensaio se acha bem adiantado e por certo o terminarei neste outubro.

O maior mal é que o estou escrevendo com desagrado instintivo. Realmente a situação técnica do Folclore no Brasil é muito precária, e se a honestidade me obriga a confessar isso em palavras que se esforçam por ser discretas, não deixa de ser bem desagradável confessar uma fraqueza nacional a estranhos. É sempre certo que os que lerão o meu escrito serão apenas profissionais, cientistas compreensivos, menos postos na vaidade das pátrias que na humanidade da ciência, mas isto não chega a me desanuviar. Minha amargura, no caso, é menos internacional que... interna. É aqui dentro do Brasil que os folcloristas menos contemplados, me xingarão de "detrator" da pátria. Farei todo o meu possível pra distribuir muitas carícias.

Em qualquer caso, assim termine o meu trabalho, enviarei cópia para vosso conhecimento.

Deixo-vos aqui as minhas saudações muito amigas.
Mário de Andrade

Rio de Janeiro, 17 de outubro de 1942

Senhor Professor Mário de Andrade:
Acusando recebimento do relatório de vossas atividades correspondentes ao mês de setembro próximo findo, agradeço-vos sinceramente pelas informações nele prestadas.
Atenciosas saudações.
Rodrigo M. F. de Andrade
Diretor

São Paulo, 4 de novembro de 1942

Sr. Dr. Rodrigo Melo Franco de Andrade

Junto vos remeto cópia do trabalho que, conforme vossa anuência, acabei de fazer para o *Handbook of Brazilian Studies*.

Cumpre avisar-vos que, a pedido do prof. Berrien e do sr. Rubens Borba de Moraes, serão omitidas na publicação as alusões a deficiências do fichário bibliográfico bem como, já nesta cópia, os critérios particulares que determinaram a organização dele pela professora Oneida Alvarenga, sob minha "supervisão" como está na moda se falar. Consideraram os organizadores do *Handbook* que mostrar nossas deficiências, com lealdade, seria prejudicial e que, pra exemplo, a alegação de que tal obra raríssima não pode ser consultada por não existir em São Paulo, não era justificável. Como se fosse possível ir consultar *O Carapuceiro* no Recife ou dezenas de obras na Biblioteca Nacional, com seus fichários desmantelados, onde existem (ou existiam, faz pouco) fichas escritas à mão pelos próprios consulentes. Mas parece que na América do Norte como agora está em uso o regime de tapar o sol com a peneira. Prefere-se que o livro seja atacado em suas deficiências facilmente encontráveis, que a professora Oneida Alvarenga seja taxada de inculta ou leviana, a que o *Handbook* se apresente na humildade dos seus defeitos naturais de primeira tentativa.

Também será cortada na publicação, com anuência mais gostosa minha, toda a parte referente ao "caso" Afrânio Peixoto e general Couto de Magalhães. Achou o prof. Berrien que tudo isso era muito "pessoal" e não devia figurar na impersonalidade blandiciosa do *Handbook*. Na verdade nada tenho pessoalmente contra o sr. Afrânio Peixoto que só conheço pela quase totalidade da obra e muito menos contra o ínclito general, desde muito puro espírito, provavelmente já uma estrelinha do céu, como imaginam os índios que ele tanto amou. Eram casos bem característicos de nossa leviandade folclórica. Era obrigatório citá-los dada a importância dos seus autores. Justamente outro caso, por ser "pessoal", o do ilustre sr. Gustavo Barroso[i] atribuindo aos *Congos do Ceará* celebração da

---

[i] Sobre Gustavo Barroso, ver nota ii, à carta de 1º de outubro de 1936. [N. E.]

memória da rainha banto Ginga Nbangi,[i] coisa que encontrei num único documento da Paraíba, e por isto com todas as aparências de interferência erudita, justo este caso eu cortara sem hesitar na minha primitiva redação manuscrita. Por ser "pessoal".

Mas, afinal das contas, é bom que não saia a exemplificação dos outros dois casos. Eles me desagradavam, não por serem pessoais, mas porque, principalmente a anedota incrível do sr. Afrânio Peixoto, iriam chocar por demais a ingenuidade rósea dos norte-americanos. É sempre desagradável, como já vos disse, estadear diante de estranhos, a nossa "malandragem", que jamais renderá domínios, nem Lights, nem Standard Oils. Fiquemos por aqui.

Parece que, com essas retiradas acomodatícias, o meu estudo agradou bem aos organizadores do *Handbook*. Mas ando tão longínquo que a opinião deles me é pouco menos que indiferente no momento. Ando muito... pessoal. Meu desejo é que o trabalho vos agrade, porque isso ao menos faz parte do meu cumprimento do dever.

Sem mais, apresento-vos minhas saudações muito amigas,
Mário de Andrade

Rio de Janeiro, 11 de novembro de 1942

Senhor Professor:
Tenho o prazer de acusar o recebimento de vosso ofício de 4 do corrente, ao qual juntastes vosso trabalho destinado ao *Handbook of Brazilian Studies*.

Agradecendo-vos vivamente a remessa de vossa notável contribuição para aquela publicação americana, aproveito o ensejo para reiterar-vos os protestos de minha cordial estima.
Rodrigo M. F. de Andrade

---

i Rainha do Ndongo, teve diversos nomes adaptados do quimbundo, como Nzinga, Jinga, Singa, Zhinga, Ginga e até um nome de batismo católico, dona Ana de Sousa. Importante personagem política da resistência ao colonialismo português na África. Teria vivido no século XVI, na região que hoje faz parte da Luanda, Angola. [N. E.]

São Paulo, 3 de dezembro de 1942

Sr. Dr. Rodrigo Melo Franco de Andrade

Paro neste momento o estudo dos quadros do padre Jesuíno do Monte Carmelo para distrair o espírito, vos enviando o relatório dos estudos que fiz para esse Serviço durante o mês de novembro p.p.

Voltei às minhas pesquisas sobre o nosso ínclito padre e, como tinha alguns documentos inéditos dos arquivos de Itu ainda não examinados, engolfei-me neles de novo, antes de continuar a análise das obras do pintor. Com pouco proveito, aliás. Em todo caso consegui levantar mais alguns nomes de presidentes do Hospício do Carmo em Itu e estou já agora com uma relação numerosa e bastante completa deles e de algumas de suas atividades. Dentre essas figuras destacou-se agora frei João Barbosa de Araújo Braga, que reedificou o templo do Carmo de Itu. Esta relação de frades presidentes será uma parte inédita e com alguma utilidade histórica do meu trabalho. Também consegui alguma coisa sobre ofícios e nomes de mestres de ofício vivendo em Itu até mais ou menos 1850. Se de nenhuma utilidade para mim, tudo isso vem acrescentar os fichários do Serviço do Patrimônio Histórico e Artístico Nacional desta Região — o que é também um dos meus destinos aqui. Além disso pude apenas colher informes sobre tratamento de escravos e as iniciativas da Câmara ituana e suas brigas com frades e vigários, a respeito de educação, instituição de aulas de primeiras letras, Latim, Filosofia, educandários para moças etc., no primeiro quartel do século passado.

Tudo isso mete-se na dança dos meus estudos e me deixa bastante inquieto. Se não afeta diretamente o padre Jesuíno do Monte Carmelo, diz respeito imediatamente a membros da família dele, o filho padre Elias que criou a Casa das Educandas, a filha Maria Teresa que dirigiu essa Casa, o sobrinho padre João Paulo Xavier que ele educou e deu latinista bom. Que esses filhos e sobrinhos são um prolongamento da psicologia criadora de Jesuíno não há que duvidar. Elias, Eliseu, Simão Stock são seres ativos criadores, inventadores de coisas, como o pai. Consegui juntar boa cópia de documentos inéditos sobre eles, que poderiam se justificar só por si. Talvez, porém, seja mais razoável separar apenas o Eliseu escultor de imagens e a interessante instituição da imagem de São Jorge em Itu, que é da autoria dele, e fazer disso uma comunicação para a revista do Serviço. E os outros documentos sobre o resto da família, dar notícia deles e o que contam, em notas apensas à monografia. Talvez eu seja obrigado este mês a ir ao Rio, para estudar a documentação de pintura do Serviço, e então decidirei como fazer, de acordo com vosso parecer.

Quanto à crítica da obra de pintura do padre Jesuíno é certo que lhe darei um bom impulso este mês de Dezembro. Não me atrevo a dizer que a terminarei dentro do mês. São tantos os problemas a esclarecer e o trabalho é de tal forma penoso e fatiga tanto a consulta e exame das fotografias adjuntadas, que nada posso garantir. Ainda ontem trabalhei o dia todo, desde as sete horas da manhã às 24 horas, apenas com um intervalo de duas horas em que tive que sair de casa. E no entanto escrevi quase nada! É certo que as coisas vão se esclarecendo aos poucos. Julgo ter descoberto o autor verdadeiro do excelente quadro do teto da sacristia que existe na Terceira carmelitana desta cidade, atribuído a Jesuíno. Creio ser de José Patrício da Silva, que agora estou quase na convicção de que foi mesmo, talvez mais que professor do Padre, verdadeiro colaborador dirigente, na série de quadros da matriz ituana. Foi este o problema que estudei na manhã de hoje, das sete às onze, quando parei para vos escrever. Já estava treslendo e de cabeça inchada. Também creio que o problema mais intrincado e difícil da obra jesuínica são esses quadros de mocidade. Se conseguir me libertar deles e lhes dar alguma solução, o mais irá fácil e agradável de dizer.

Desejava consultar-vos sobre a possível obtenção para esta Região, de algumas cópias de fotografias existentes aí no arquivo central. Cópias ou empréstimo, que me parece menos aconselhável. São imprescindíveis para continuação dos meus estudos. Enumero-as aqui:

1) — Foto da fachada da igreja e convento do Carmo, de Angra dos Reis.

2) — Foto do medalhão pintado no teto da nave da Carmo de Mariana.

3) — Foto do teto da igreja de Santa Teresa, Ordem 3ª do Carmo, de Recife.

4) — Foto da imagem de São Jorge atribuída ao Aleijadinho, e se possível uma relação das imagens de São Jorge já arroladas pelo Serviço do Patrimônio Histórico e Artístico Nacional no Brasil.

Sem mais, apresento-vos as minhas saudações muito amigas
Mário de Andrade

São Paulo, 3 de dezembro de 1942

Rodrigo

Quando acusar recebimento do relatório, me ajunte umas linhas suas dizendo o que você pensa deste problema. Na Vida e Notas consequentes, do *Padre Jesuíno*, fiz malabarismos do diabo mas consegui vencer dificuldades, imagino que com algum prejuízo do trabalho, escrevendo na terceira pessoa. "O que se quer dizer", "O mais provável" etc. Mas agora que estou escrevendo sobre a Obra e entra em importância intensiva a observação pessoal e a opinião crítica, estou completamente peado. Não há dúvida que a peia é um bem num trabalho desse gênero, prendendo o excesso de individualismo, mas creio não me deixar levar pelos excessos de opinião e sentimento pessoal. Tenho três anos de diretor do departamento oficial e tenho bem presente que o trabalho que estou fazendo é encomendado pelo Sphan. De resto é obra que se sujeitará preliminarmente às opiniões e crítica severa de você, do Lucio, do Saia. Ainda hoje andei dando murro em faca de ponta por mode um caso. Tenho (*Eu*) certeza de ter identificado o autor de um dos quadros mais lindos da pintura paulista, o teto da sacristia da Terceira do Carmo daqui. É o mesmíssimo José Patrício da Silva que pintou o teto da matriz ituana e jamais Jesuíno, como conta a tradição oral. Mas é uma identificação puramente de ordem crítica, derivada de cacoetes e semelhanças. Não é técnica nem documental. Eu mesmo, se me desse o espírito de porco podia discutir isso. Como fazer?

Usar a 1ª pessoa do plural, isso não faço. É um protocolo besta, antiquado, pedante, monárquico, que envergonharia a minha simplicidade. Usar a 3ª pessoa na Vida e a primeira na Obra, me parece uma pequena incongruência que dói à minha sensibilidade estética. Qual a opinião de você? Mande contar pra meu governo.

O estudo da obra do Jesuíno, se não me deixar histérico, me deixa louco de último grau. Hoje trabalhei nisso oito horas, só estudando os doze quadros da matriz de Itu (aliás o problema mais intrincado), e só fiz uma primeira redação do estudo referente à composição geral do quadro, figuras em geral e seus gestos e rostos em geral. Parei porque não podia mais. E é trabalho ali no duro, sem intervalo nem pra atender telefone e descontando a hora do almoço. Larguei porque não podia mais. Amanhã pretendo estudar detalhes de rosto, mãos, pés, planejamentos, e certos pormenores outros.

Minha convicção já está mais ou menos firmada, mais pra mais que pra menos. Foi mesmo nesses quadros que Jesuíno aprendeu a pintar, sob a direção imediata de José Patrício da Silva, que lhe deu mesmo o desenho da composição de 5 dos doze quadros, pelo menos de quatro, o fez pintar três gravuras, e só deixou Jesuíno pintar por si, com sua composição e meios adquiridos, os outros cinco quadros restantes. Creio mesmo que o Patrício meteu diretamente a mão dele em quatro quadros, se é que não os pintou sozinho — coisa que só posso decidir voltando a Itu. Mas isto duvido bem.

Afora isso pude identificar decisoriamente o Menino Jesus de Praga como de Jesuíno, e recusar pra sempre como dele, o teto de Porto Feliz, e os dois quadros do Batistério da matriz ituana — embora um seja cópia aumentada do Batismo, pintado por Jesuíno. Sairiam ambos da mesma gravura copiada? O Patrício teria indigitado Jesuíno a copiar esse quadro, de outro pintor? Seria este a copiar Jesuíno ou Jesuíno a ele? Estou completamente desvairado. Creio que irei no Rio lá pelo fim do mês e conversaremos. Se meu primo viador puder me levar, vou com ele, que de trem Deus te livre!

Com um abraço do
Mário

Rio de Janeiro, 26 de dezembro de 1942

Meu caro Mário.

A infinidade de aborrecimentos e o invencível atropelo deste Serviço não me têm permitido responder à sua carta, que data do dia 3. Por maior que seja o meu empenho em reservar uns momentos para escrever a você, cedinho — antes do expediente, ou de noite — quando abranda a lida rotineira, não consigo sossego nem de um instante para rabiscar o menor recado. Agora mesmo, enquanto alinhavo isto, sou interrompido incessantemente.

Apesar de tudo, vou continuando, pelo menos para lhe mandar um abraço afetuoso, com os melhores votos para que você tenha tido, com os seus, um feliz Natal.

Aproveito a toada para lhe dizer, a respeito de sua generosa consulta, que estou de pleno acordo com a adoção da 1ª pessoa do singular, para a sua crítica da obra do padre Jesuíno. Nem sempre o eu é odioso. E, quanto a você, achei sempre que a objetividade não lhe convém.

A ideia de vir ao Rio ainda este ano, calculo que você a tenha afastado, uma vez que estamos no dia 26 e não tivemos notícia de sua chegada.

Em todo caso, espero que você não adie pra muito tempo a viagem e que se demore um pouquinho mais, desta vez.

Estou certo de que o estudo feito por você, sobre a pintura do Padre, ficará tão bom quanto a biografia, que é das melhores coisas que você tem escrito.

Hoje não posso passar daqui. Espero sua chegada, para conversarmos longamente.

Com muitas visitas nossas à senhora sua mãe e recomendações a todos os seus, mais um abraço apertado do

seu

Rodrigo M. F. de Andrade

Rio de Janeiro, 2 de janeiro de 1943

Meu caro Mário:

Ainda a respeito do assunto de sua carta de 3 de dezembro próximo passado, comunico-lhe, a respeito das fotografias nela solicitadas, o seguinte:

1 — A foto da fachada da igreja do Carmo, de Angra dos Reis, ser-lhe-á remetida assim que volte de viagem o fotógrafo que a executou;

2 — A foto do medalhão pintado no teto da igreja do Carmo de Mariana também ser-lhe-á remetida oportunamente, porque anda extraviada na sala do Lucio e não temos o negativo correspondente;

3 — A foto do teto da igreja de Stª Tereza, Ordem 3ª do Carmo, de Recife, não existe no arquivo de documentação fotográfica do Sphan;

4 — Quanto às fotos das imagens de São Jorge já arroladas por este Serviço, remeto-lhe, inclusas, duas cópias das imagens existentes no Museu do Ouro de Sabará, e igreja Matriz do Pilar, de Ouro Preto, ambas atribuídas ao Aleijadinho. De referência às outras, possivelmente existentes, não foi tentada a sua seleção, pois as mesmas estão incluídas no arquivo de documentação geral e, por se achar muito ocupado o nosso pessoal, seria melhor você mesmo dar uma batida, por ocasião de sua vinda ao Rio.

Receba um abraço muito afetuoso do

seu

Rodrigo M. F. de Andrade

São Paulo, 7 de janeiro de 1943

Sr. Rodrigo Melo Franco de Andrade

Envio-vos o relatório dos estudos que realizei em dezembro p.p. para este Serviço. Pouco tenho a vos dizer, ou muitíssimo caso me animasse à impertinência de preocupar o vosso espírito com todos os resultados a que cheguei na parte já estudada da obra do padre Jesuíno do Monte Carmelo.

À medida que eu examinava exclusivamente essa terrível coleção de telas da matriz ituana, os problemas surgidos foram de tal ordem, que me obrigaram a um trabalho comparativo de elemento por elemento de cada quadro. É um trabalho de tal forma pormenorizado que hesito ainda em deixá-lo tal como está, na projetada monografia sobre o padre-pintor. Só mesmo depois de terminar todo o trabalho será possível decidir sobre a pertinência ou preciosismo de sua inclusão integral. Em todo caso, do assistente técnico do Serviço aqui, que exerce junto aos meus estudos mais ou menos o papel de Advogado do Diabo, ou "espírito de porco" como hoje mais expressivamente se diz, tive o prazer muito grato de ouvir que eu fizera trabalho exaustivo e de severa honestidade.

Neste mesmo espírito e intenção de fazer obra exaustiva continuei o estudo das outras obras de Jesuíno, tendo já examinado e discutido a obra que ele deixou na igreja carmelita de Itu. Iniciei agora a obra paulistana do artista e tanto esta como a fase final, os atormentados quadros da igreja do Patrocínio, terminarei certamente este mês.

Digo "certamente" porque o farei custe o que custar. A mim pessoalmente me irrita muito o prolongamento excessivo do meu trabalho. E ainda tenho tantas pesquisas a fazer! Nada disto me atormentaria se fosse obra exclusivamente minha, mas o fato de estar trabalhando para um serviço público que, se pode ter a vossa compreensão sobre a sua dificuldade e exigência de nenhuma pressa, à maioria parecerá inexplicável, está me tornando esta monografia uma verdadeira obsessão condenatória! Um remorso falso, derivado não do problema em si, mas das circunstâncias da nossa cultura e da nossa política. Exige-se obras, obras, espetáculos, menos que a pedrinha de alicerce bom. Ou pelo menos honesto — que é a minha aspiração. Por tudo isto desejo quanto antes pôr o ponto-final no meu estudo sobre o padre Jesuíno. Depois, que ele durma um bom sono de seis meses, que era o espaço mínimo exigido por Capistrano de Abreu para que um trabalho se justificasse às vistas do seu próprio autor. Enquanto isso farei outras pesquisas mais rapidamente frutíferas ou o que for de vossa determinação.

Sem mais, apresento-vos as minhas saudações cordiais.
Mário de Andrade

Acuso recebimento de vossa carta de 2 de janeiro p.p. com as duas fotografias de imagens de S. Jorge. Muito obrigado.

[Rio de Janeiro,] 19 de janeiro de 1943

Ao querido Mário, com um abraço afetuoso, agradeço pela bondade de seu telegrama de pesar.[i]
Rodrigo

Rio de Janeiro, 21 de janeiro de 1943

Sr. Professor Mário de Andrade:
Em aditamento ao meu ofício n. 48, de 16 do corrente, tenho o prazer de remeter-vos incluso uma fotografia da fachada principal do convento de N. S. do Carmo de Angra dos Reis.
Atenciosas saudações.
Rodrigo M. F. de Andrade
Diretor

---

i Trata-se da morte de Afrânio de Melo Franco, tio de Rodrigo, irmão de sua mãe e que o recebeu em sua casa, como mais um de seus filhos, depois que Rodrigo regressou da Europa, onde havia feito a primeira parte de seus estudos, então acolhido pelo outro tio, Afonso Arinos, o escritor regionalista. Afrânio de Melo Franco desempenhou importante papel em missões diplomáticas, inclusive na mediação dos conflitos do Chaco, que opunham Bolívia e Paraguai; e, também, na questão do porto de Letícia, disputado por Peru e Colômbia. Em uma dessas ocasiões, ainda jovem, Rodrigo viajou com ele, como secretário da missão. Mais tarde, Afrânio de Melo Franco foi nomeado por Vargas ministro das Relações Exteriores, quando introduziu a diplomacia pragmática, o pan-americanismo e presidiu a assinatura de importantes acordos comerciais.

São Paulo, 1º de fevereiro de 1943

Rodrigo

Amanhã parto pra Araraquara descansar. Desde dezembro de 41 que não vejo mato nem o descanso consequente e agora não me aguento mais. E estou com a saúde estragada por completo e deve ser do excesso de trabalho a que vim me entregando desde outubro até os dez primeiros dias de janeiro. Abusei do corpo e da cabecinha, fazem 20 dias que estou impossibilitado de trabalhar com qualquer espécie de normalidade. Sobretudo umas dores de cabeça pavorosas que os médicos não conseguem descobrir de onde vêm. Falam em meninges, nevralgias, excesso de trabalho, me obrigam a todos os exames possíveis e imagináveis, insistem no sangue apesar das negações de laboratório, me obrigam a tratamento de uma sinusite aparece-desaparece que o especialista nega ser a causa, me obrigam a quase seiscentos mil-réis com óculos novos (mais fracos, o especialista achando que eu estava com receitas ótimas!) e enfim, talvez a causa mais verdadeira, aludem a arteriosclerose em começo. Os exames todos satisfatórios. Apenas um figadozinho discretamente queixoso. Mas as dores de cabeça não param e depois desta última noite tão desagradável me resolvi agora cedo a partir. Não sei se tenho direito a estas férias, por isso mesmo é que estou lhe escrevendo fora do relatório. Careço das férias e aliás o trabalho foi tão vultuoso em dezembro e os dez primeiros dias de janeiro, que tenho muito o que contar. De resto V. sabe que trabalho comigo é mato e nunca andei contando seis horas de trabalhos oficiais por dia. Só o que fiz de 1 a 10 de janeiro, queria acabar o estudo da obra e o despertador me chamava às sete e sem outra coisa me jesuinizava até uma, duas da manhã; foi estupidez. Mas o homem é assustadoramente apaixonante, como você verá do relatório. Aliás me esqueci nele de acusar o recebimento das fotos que você me mandou, são-jorges e as duas Carmos de Angra dos Reis, muito obrigado.

Estarei como sempre: Ao cuidado do Sr. Pio Lourenço Correia — Araraquara — pra se V. precisar de mim. Ficarei lá quando muito até o dia 15 deste mês. Os médicos queriam dois meses de descanso, vê lá! O que mais me irrita é que sempre que vou em médico, todos me acham fatigado intelectualmente e falam em "dois" (sic) meses de descanso — isto desde rapazola. Afinal das contas é engraçadíssimo: porque sempre "dois"! Guarde esta para minha biografia: toda a minha vida andei precisando de dois meses de descanso e toda a minha escrituração é fruto de um fatigado intelectual. É de morrer de ceticismo terapêutico.

Lembrança ao Prudentinho. E este seu abraço amigo do
Mário

São Paulo, 2 de fevereiro de 1943

Sr. Dr. Rodrigo Melo Franco de Andrade.

De acordo com vossas determinações venho apresentar-vos relatório dos trabalhos que realizei durante o mês de janeiro p.p. para este Serviço.

Eu vos disse no meu relatório anterior que pretendia terminar este mês os estudos que estava fazendo sobre a obra pictórica do padre Jesuíno do Monte Carmelo. Com efeito esse meu trabalho se acha praticamente terminado. Completei o estudo de toda a obra e agora falta apenas pôr em redação definitiva o meu escrito. Não pretendo fazê-lo porém imediatamente, salvo parecer vosso em contrário. Acho preferível deixar isso para mais tarde porque ainda me restam muitas pesquisas a fazer, pesquisas estas que podem modificar talvez, algumas observações e mesmo conclusões a que cheguei. Além disso, depois do meu estudo já posto em redação sobre a vida do artista, documentos e pesquisas novas, vieram confirmar muitas das conclusões a que eu chegara no escrito de que já tivestes conhecimento. Há pois que fazer modificações numerosas, no sentido de retirar a minha argumentação e substituí-la pelos documentos achados que a vieram confirmar. Mas que a invalidaram, por inútil.

Quanto à obra pictórica do padre, cujo estudo terminei, cada vez me convenço mais de que, além do seu valor plástico incontestável, ela apresenta um valor psicológico talvez excepcional na história da pintura colonial brasileira. Que Jesuíno era um homem de vida interior interessantíssima não é mais possível duvidar. O simples caso da criação do grupo dos chamados "Padres do Patrocínio" que chegou a provocar a denominação abstrusa dada a Itu, de "Port-Royal brasileira", já basta para mostrar o que era esse homem.

No meu estudo da obra dele veio se firmando aos poucos em minha convicção o mulatismo revoltado do artista, um verdadeiro "complexo de inferioridade" convertido em afirmação orgulhosa do eu, provado em várias manifestações curiosíssimas.

Nossa Senhora do Carmo. Detalhe da pintura do forro da
capela-mor da Igreja Nossa Senhora do Carmo, Itu (SP), 1942.

Menino Jesus de Praga pintado por Jesuíno no coro
da Igreja Nossa Senhora do Carmo, Itu (SP), 1942.

Entre estas manifestações está, por exemplo, o caso delicioso dele ter pintado um anjo mulato no teto da capela-mor da Carmo ituana. Quando descobri isso, pedi a confirmação de várias pessoas para o que ainda considerava uma apenas presunção minha. Mas a confirmaram entre outros Luís Saia e a pintora Tarsila do Amaral.

Devotíssimo da Senhora do Carmo desde menino, obcecado pela devoção carmelitana durante quase toda a sua vida, era realmente estranho que Jesuíno não fosse terceiro carmelitano e se tenha, ao entrar para a vida religiosa, preferido padre secular e não regular carmelitano ou mais facilmente irmão leigo. Mas os Terceiros Carmelitanos sempre foram a nata das duas nobrezas de sangue e de dinheiro na Capitania. Jesuíno se vinga disso e disfarçadamente entre quase cinco dezenas de anjos que pintou no céu carmelitano de Itu, intromete um mulatinho, como protesto contra a lei tácita que o proibia de entrar na ordem da sua Senhora preferida.

Com semelhante pulga atrás da orelha, me botei a estudos mais atentos a respeito dos tipos pintados por Jesuíno e fiz descobrimentos que, dado esse elemento inicial, eram fáceis de fazer, mas que não deixam de ser de uma curiosidade e interesse importantíssimos no geral da pintura religiosa brasileira.

Assim, nesse mesmo céu carmelitano de Itu, um dos santos pontífices consagrados, se de tez disfarçadamente arianíssima, não deixa de ser, como tipo, *bel et bien* um mulato velho. Isto pra não dizer, com mais franqueza, um negro velho, desses que foram "escravos de meu avô" muito do nosso conhecimento.

Além desse mulato velho santificado pelo artista, são frequentes os "africanismos" escapados a ele, no traçar as suas fisionomias masculinas ou os anjinhos de corpo inteiro. Caso curioso: nas santas, não; não aparece nenhum "africanismo"... biotipológico. Dir-se-ia que na contingência de pintar a mulher, um impedimento qualquer o fazia se esquecer de sua mestiçagem. Ora se de um lado Jesuíno não se agradava muito da "parda forra" sua mãe, que o concebera fora de matrimônio, pois sempre que pôde nos documentos se recusou o nome de família Gusmão, que era o dela, por outro lado ele casara com mulher garantidamente branca e de estirpe. Mas não pretendo aventar hipóteses tão avançadas em meu trabalho. Elas vão aqui apenas para vosso conhecimento e porque estou convencido delas. Mas devo nunca me esquecer que talvez eu esteja conhecendo "demais" o meu biografado...

Mas a procura de "africanismos" nas fisionomias, me levou a um descobrimento novo, muito gracioso. É que entre as várias dezenas de anjos desse céu ituano, uma carinha Jesuíno repetiu integralmente no medalhão do Sr. Jesus de Praga que pintou para essa mesma Carmo de Itu.

Ora com esta verificação, o problema do retrato, da reprodução de uma pessoa viva e apreciada se impunha às minhas pesquisas. E foi ela que me levou a descobrir na tão dramática fase final da obra do artista a existência de um retrato incontestável. É um retrato de família, que poderá muito bem ser um autorretrato!

Com efeito, dos três santos masculinos que Jesuíno pintou na série de quadros existentes no Patrocínio, obra final do artista, dois são a mesma pessoa, sem contestação possível. E o caso é tanto mais determinante e conclusivo que os dois rostos estão em posições muito diferentes um do outro, tornando inadmissível a preguiça da cópia. De posse desta verdade me lembrei que o pintor Benício da Silva Dutra, tronco dos pintores Dutras de Piracicaba, nos deixara em aquarela o retrato do Padre Elias do Monte

Carmelo, um dos filhos de Jesuíno. A comparação é decisiva. Se hoje um documento ou tradição nos dissesse que este Elias e os dois santos de Jesuíno eram retratos de irmãos, ou de pai e filho, ou mesmo de uma só pessoa, não haveria ninguém bem-intencionado, creio que nem mesmo o sr. Feu de Carvalho, a pôr em dúvida a tradição.

Eu devo estar um bocado envaidecido com estas descobertas, e por isto oculto neste relatório os numerosos problemas outros que a minha fragilidade não me permitiu solucionar por enquanto. E talvez para sempre... Mas creio que, ao menos pelo que se conhece até agora da arte religiosa brasileira, como psicologia social, estas descobertas tornam o "caso" Jesuíno de um interesse enorme. E não é humildade nem mesmo vontade de elogiar, de que não estais precisado, reconhecer lealmente que nunca eu teria feito os estudos que realizei, não fosse a vossa intuição e determinação.

Saudações muito gratas
Mário de Andrade

Rio de Janeiro, 4 de fevereiro de 1943

Querido Mário.

Não posso lhe mandar senão este recado rápido, com o ofício junto. Apenas para lhe agradecer pela bondade extrema de sua carta do dia 1º e comunicar-lhe que aprovo muito sua iniciativa de descansar 15 dias em Araraquara, depois do esforço enorme despendido no estudo da obra do nosso padre Jesuíno. Estou ansioso por tomar conhecimento de seu trabalho, que estou certo representará uma contribuição importantíssima para o estudo da pintura tradicional do país.

As observações que você me transmite a respeito dele são de meu interesse excepcional. E, se a parte do ensaio relativa à obra ficar tão magistralmente redigida quanto a parte biográfica, o livro sairá de encher as medidas.

Espero que você tire todo o proveito desejável da permanência em Araraquara, regressando a São Paulo refeito e bem-disposto.

Com um abraço afetuoso, envia-lhe muitas saudades o
amg. obr.
Rodrigo

Rio de Janeiro, 4 de fevereiro de 1943

Senhor Professor Mário de Andrade.

Agradecendo-vos pelas valiosas informações prestadas no vosso relatório datado de 2 de fevereiro corrente, tenho o prazer de comunicar-vos que tive grande satisfação com a notícia de terdes terminado os vossos estudos sobre a obra de pintura do padre Jesuíno do Monte Carmelo.

Comunico-vos, outrossim, que me pareceram do maior interesse as conclusões que extraístes da análise crítica da obra do referido pintor.

Aproveito a oportunidade para reiterar-vos os protestos do meu elevado apreço.
Rodrigo M. F. de Andrade
Diretor

São Paulo, 12 de março de 1943

Rodrigo
Aqui lhe mando um abraço ao lado do relatório mensal. Mas é principalmente pra lhe informar da minha saúde que "ninguém sabe não", como diz o poeta. Araraquara não valeu de nada desta vez. Passo quase todo o tempo deitado e na semiobscuridade — único jeito de não ter dores de cabeça. Estou melhor, é certo, já não tenho mais aquelas dores que me paralisavam horas seguidas.

Mas dorzinhas ainda aparecem e desaparecem sem que ninguém saiba por quê. Enfim, já tenho mais esperança, e consigo amedrontado, trabalhar umas duas horas espaçadas por dia. Espero que tudo se resolva num ou dois meses, vamos a ver. O abraço amigo do
Mário

São Paulo, 12 de março de 1943

Sr. Rodrigo Melo Franco de Andrade
Venho apresentar-vos o relatório dos trabalhos que realizei para o Sphan durante o mês de fevereiro p.p.

Conforme vos disse no meu relatório anterior, tendo terminado, com os elementos que possuía, as anotações de ordem crítica relativas à obra pictórica do Pe. Jesuíno do Monte Carmelo, ao invés de pôr tudo isso em redação definitiva, me dedico atualmente a "catar" documentos e elementos que enriqueçam o trabalho e em principal lhe preencham as lacunas. Está claro que uma pesquisa deste gênero não se circunscreve exclusivamente a recolher dados que possam servir ao meu trabalho particular. Mas embora arquivos e museus paulistas sejam de uma pobreza de documentação artística que não raro atinge a penúria, os nossos fichários vão se aumentando paulatinamente.

Entre outras pesquisas realizadas, uma visita nova ao Museu da Cúria Metropolitana de São Paulo, agora que conheço regularmente a obra do Pe. Jesuíno, veio me trazer alguns problemas a mais, extremamente... desagradáveis.

Um deles aliás não se refere a Jesuíno propriamente, mas ao filho dele, escultor, o Eliseu, autor de um S. Jorge admirável. Sobre este e seu autor, eu vinha colecionando dados que já me pareciam importantes para uma comunicação de interesse para a revista do Serviço. A comunicação ainda pode e deverá ser feita. Mas o interesse dela diminuiu, pois o S. Jorge de Eliseu do Monte Carmelo não passa de uma cópia, mais bem-feita, de outra imagem mais antiga, que foi venerada aqui na capital e agora cavalga um canto do Museu da Cúria.

Dois casos, mais ou menos parecidos, e muito mais intrincados, descobri a respeito do Pe. Jesuíno. Nas minhas observações críticas eu não só já recusara ao meu biografado uma série de quadros provenientes do convento de Santa Teresa a ele atribuída, como duvidara fosse toda a série de um artista só. Esta dúvida não só se reforçou agora, como se complicou extraordinariamente por ter eu descoberto que alguns desses quadros são réplicas de outros, atualmente jogados no alto escuro e escuso das paredes de uma das escadarias do Museu. E ainda o problema de um dos quadros ituanos de Jesuíno, um Batismo de Cristo, problema já difícil de resolver por si por causa de uma réplica existente também em Itu, agora se complicou desesperadoramente, com uma réplica nova, existente no Museu.

Nada me foi possível estudar ainda. Esses quadros têm de ser retirados da escureza e altura em que morreram, têm de ser fotografados, mas tudo esbarra diante de sorrisos lerdos de funcionários pouco menos que analfabetos. Desanima a gente. O Museu da Cúria se não vive às moscas

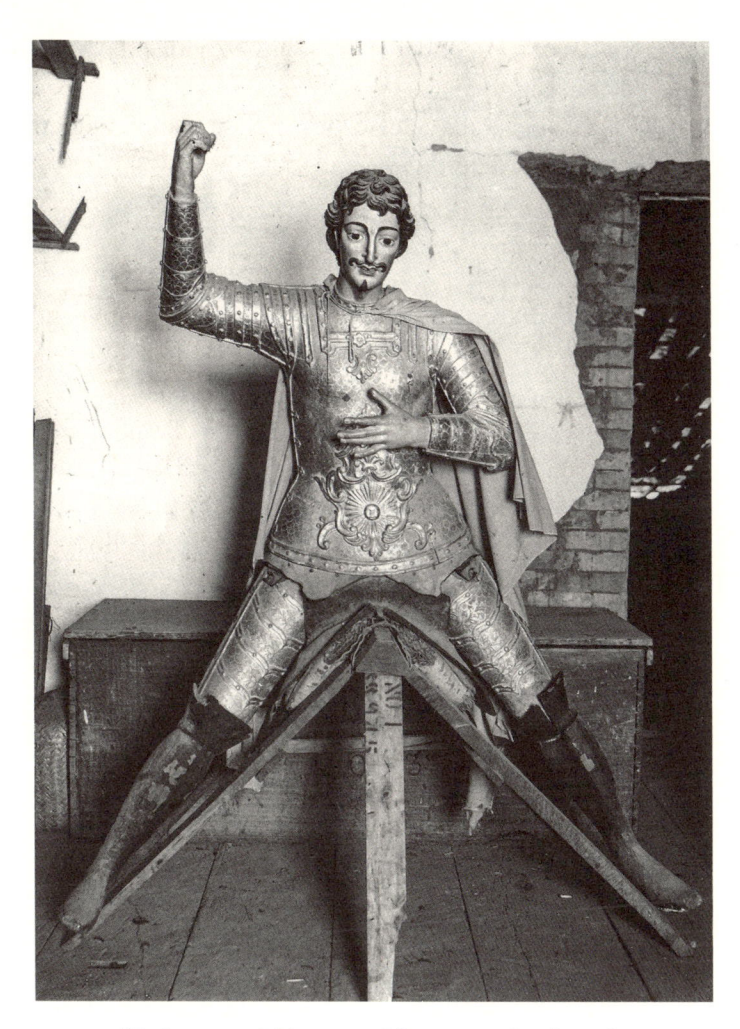

São Jorge esculpido em madeira encarnada e dourada.
Igreja Nossa Senhora do Carmo, Itu (SP).

é porque nem as moscas têm qualquer interesse nele. Vá agora a gente querer retirar de um lugar de fato o mais difícil e incômodo, um quadro enorme que incontestavelmente foi guindado ali "pra sempre"! Infelizmente parece que o espírito de eternidade das religiões se dilata para além do domínio inofensivo das almas do outro mundo. De maneira que arquivos como quadros, tudo é jogado eternamente nas regiões paradas de uma Terra sem Mal. E sem malícia. Que um funcionário do Serviço do Patrimônio malicie, e eis todo um paraíso que se inferniza de súbito, sem que os seus arcanjos lhe compreendam mais o único sentido paradisíaco de existência, a pasmaceira.

Em todo caso é de esperar que este mês tudo se resolva pelo milhor.
Com as saudações cordiais de
Mário de Andrade

Rio de Janeiro, 24 de março de 1943

Senhor Professor Mário de Andrade.

Agradecendo-vos pelas valiosas informações prestadas no vosso relatório datado de 12 de março corrente, faço votos para as novas pesquisas iniciadas no sentido de coligir maior número de elementos destinados a enriquecer o vosso trabalho sobre o padre Jesuíno, sejam as mais proveitosas possíveis.

Relativamente às pinturas existentes no Museu da Cúria, dessa cidade, atribuídas àquele artista, estou inteiramente de acordo com vossa sugestão, no sentido de serem elas fotografadas, malgrado as dificuldades encontradas por parte do pessoal do Museu aludido.

Aproveito o ensejo para reiterar-vos os protestos do meu sincero apreço.
Rodrigo M. F. de Andrade
Diretor

Rio de Janeiro, 12 de abril de 1943

Prezado Sr. José Bento.

Agradecendo-lhe por sua carta do dia 6, que só hoje, 12, me chegou às mãos, peço-lhe comunicar ao nosso amigo Mário de Andrade que não se preocupe com qualquer retardamento no seu relatório mensal.

Queira fazer-lhe uma afetuosa visita em meu nome e transmitir-lhe os melhores votos de pronto e completo restabelecimento.

Atenciosos cumprimentos do
Amº obº
Rodrigo M. F. de Andrade
Diretor

São Paulo, 1º de maio de 1943

Sr. Dr. Rodrigo M. F. de Andrade

Por falta minha de que me desculpo agora, deixei de vos enviar em princípios de abril o meu relatório do mês anterior. Dou conta, pois, do quanto foi feito nos dois meses p.p.

Aliás resumirei tudo pois estou de malas feitas para essa Sede. Aí relatarei em pormenor o que este relatório indica.

A respeito do padre Jesuíno do Monte Carmelo, descobrimos um documento novo bem desnorteante. Eu creio que podereis ajuizar o susto de um indivíduo que há perto de dois anos estuda um artista, lhe conhece o mais honestamente possível a existência passada inteira entre Santos, São Paulo e Itu, e que de repente se vê na conjuntura de imaginar o seu biografado em Goiás! Pois a esta probabilidade nos leva um recibo descoberto nos arquivos do convento do Carmo, de Santos, datado de 1806. A data é perfeitamente plausível, e que Jesuíno era de espírito aventureiro estamos cansados de saber.

Mas descobertas como esta e principalmente as de cópias, réplicas de obras como as que vos comuniquei no meu relatório anterior, me levam à convicção de que, dados os conhecimentos ainda tão deficientes que possuímos da documentação colonial, trabalhos de natureza crítica particularizada a um indivíduo ou monumento só podem sair muito imperfeitos. Está claro que não tenho a menor pretensão de fazer obra definitiva, mas a cada passo em que, em vez de me adiantar, tropeço, o que me assombra é o peso traidor de tudo quanto eu não sei.

Peço-vos desculpas pelo mau humor que porventura a vaidade terá infiltrado nessas considerações.

Além das pesquisas e leituras de documentos novos, concluí agora a relação dos presidentes do Hospício do Carmo, de Itu, cujos nomes me foi possível obter. Trabalho imprescindível para esclarecer vários problemas da biografia jesuínica. A relação não é completa mas se avantaja de muito sobre tudo quanto se conhecia a respeito.

Graças à sempre dedicadíssima interferência do assistente técnico desta Região, obtivemos do Cartório do 1º Ofício, de Itu, uma série de volumes de documentos do século XVIII, ilegíveis, convertidos a paralelepípedos pelo trabalho da traça. Sob nossa responsabilidade esses volumes foram entregues à seção de restauração da Divisão de

Documentação Histórica e Social, do Departamento de Cultura, desta Capital. O primeiro volume restaurado acaba de nos chegar às mãos, legível, útil, vivo.

Sem mais apresento-vos minhas saudações muito amigas.
Mário de Andrade

Rio de Janeiro, 2 de junho de 1943

Senhor Professor Mário de Andrade.

Acusando recebimento do relatório das atividades por vós exercidas durante o período de março a abril do corrente ano, o qual veio destinado a substituir o que deixastes em meu poder, relativo àquele mesmo período, e que ora vos devolvo junto, venho agradecer-vos vivamente pelas valiosas informações nele prestadas.

Aproveito o ensejo para reiterar-vos os protestos do meu elevado apreço.
Rodrigo M. F. de Andrade
Diretor

São Paulo, 12 de junho de 1943

Sr. Dr. Rodrigo M. F. de Andrade
De acordo com vossas determinações, venho apresentar o relatório dos trabalhos que realizei para o Sphan durante o mês de maio p.p.

Tendo chegado às minhas mãos o primeiro volume de documentos setecentistas restaurados pelo Departamento de Cultura e pertencente ao Cartório do 1º Ofício de Itu, dediquei-me a traduzi-lo. Trata-se de um volume de 134 folhas, de tal forma rendilhado pela traça que a sua leitura apresenta enorme dificuldade em muitas folhas. Mas a restauração cuidadosa me permitiu decifrá-lo na íntegra. Este era um volume de interesse muito especial para os estudos que venho realizando sobre o Pe. Jesuíno do Monte Carmelo. Estas 134 folhas de manuscrito encerram o inventário de D. Tereza de Jesus do Amaral, feito no ano de 1781.

A folha n. 90 vem um recibo de missas realizadas por ocasião da morte da inventariada e nessa relação é contemplado um Jesuíno Francisco com 1$000 por ter montado a essa. Não pode haver dúvida nenhuma que se trata do meu padre Jesuíno do Monte Carmelo, pois é inaceitável houvesse em Itu dois Jesuínos Franciscos trabalhando para os mesmos carmelitas. Ora, este documento tem importância excepcional pois é a data mais antiga em que podemos garantir a presença de Jesuíno em Itu. A restauração permitiu enfim fixar exato o ano da morte de D. Tereza (22-X-1781). Assim conseguimos saber que em 1781 Jesuíno Francisco já estava em Itu, com apenas 17 anos de idade.

Sem mais, apresento-vos minhas saudações respeitosas.
Mário de Andrade

Rio de Janeiro, 15 de junho de 1943

Sr. Professor Mário de Andrade:
Acusando recebimento de vosso relatório referente às atividades que realizastes para o Sphan, durante o mês de maio próximo findo, agradeço-vos vivamente pelas informações transmitidas a respeito dos novos dados conseguidos para a biografia do padre Jesuíno do Monte Carmelo.
Atenciosas saudações.
Rodrigo M. F. de Andrade
Diretor

São Paulo, 3 de julho de 1943

Sr. Dr. Rodrigo Melo Franco de Andrade
Tenho o prazer de vos apresentar o relatório dos trabalhos que realizei para o Sphan durante o mês de junho p.p.

Continuei a tradução de documentos setecentistas pertencentes ao Cartório do 1º Ofício, de Itu, que agora estão sendo restaurados.

Conforme conversa que tivemos aí no Rio, iniciei a redação final da parte sobre "A Obra", da monografia que estou escrevendo sobre o padre Jesuíno do Monte Carmelo. Espero que até o fim deste ano a monografia esteja terminada para que eu a exponha à vossa apreciação.

De acordo com o sr. Assistente, pretendemos iniciar agora o estudo dos arquivos da Terceira do Carmo desta Capital. Estes estudos serão feitos por José Bento Faria Ferraz. É muito provável que deles tiremos bom resultado não só para melhor conhecimento histórico do templo da Ordem, como a respeito do meu biografado.

Sem mais, apresento-vos minhas saudações muito amigas.

Mário de Andrade

Rio de Janeiro, 5 de julho de 1943

Senhor Professor Mário de Andrade:

Acusando recebimento do relatório referente aos trabalhos que realizastes para esta repartição durante o mês de junho próximo findo, agradeço-vos vivamente pelas valiosas informações nele prestadas.

Fiquei ciente das disposições adotadas no sentido de serem iniciados os estudos do acervo do arquivo da Ordem 3ª do Carmo dessa Capital, por intermédio do Sr. José Bento Faria Ferraz. Faço votos para que os resultados desses trabalhos sejam compensadores.

Atenciosas saudações.

Rodrigo M. F. de Andrade

Diretor

São Paulo, 2 de janeiro de 1944

Rodrigo

Duas palavras apenas pois tenho a felicidade de novo de exclamar que "estou ocupadíssimo!", é uma delícia. Aliás três palavras, de que a terceira que está me sendo pedra no sapato estes dias é sobre o Afonso Arinos. Se você se lembrar, quando estiver com ele, conte que soube das democracias[i] que fizeram

---

i A entrada do Brasil na Segunda Guerra, em 1942, fizera aparecer com clareza a contradição entre a oposição do governo ao regime ditatorial de Hitler, na Alemanha, e nosso regime interno, de negação às liberdades democráticas. Manifestações contrárias à ditadura do Estado Novo como a dos estudantes em favor dos aliados — caladas até então — começaram a se fazer ouvir. É nesse contexto e nesse sentido que, em outubro de 1943, políticos liberais, intelectuais e figuras de famílias tradicionais de Minas decidem assinar e divulgar o Manifesto dos Mineiros, que, em virtude da censura vigente no Estado Novo, para ser conhecido, foi jogado debaixo das portas das residências e obteve boa repercussão. O manifesto causou grande irritação a Vargas, que, até então, não havia mandado reprimir as posições liberais como fez com as de esquerda; ele decide, então, demitir os que, havendo assinado o

com ele e lhe mando a expressão da minha camaradagem. Não escrevo direto a ele porque essas coisas, é pau, não dão carta. A gente diz o que tem a dizer, fica tudo dito em cinco linhas, a gente fica com vergonha de acabar a carta e, eu pelo menos, tendo a fazer literatura, pra encomprilar um bocado mais a coisa.

A primeira palavra é pra você, abraço fiel de ano-novo que seja bom pra você com sua família toda. E vai também no abraço a minha gratidão pelo carinho de você pra com minha doença e tudo.

Estou enterrado no Jesuíno dos pés à cabeça. O que se explica nesta quarta palavra: enfim me endireitaram, parece que definitivo, no caminho da saúde. Quem principiou foi o nosso Nava que tirou a superstição de que eu estava sofrendo do coração. Superstição criada pelos médicos e não minha, eles é que só faltou dizerem que minha vida estava por um fio. O Nava acabou com a superstição, o que pude garantir aqui aos médicos novos. E estes então resolveram atacar enérgico, direto um tratamento de sangue. Foi entrar o arsenox e sair a dor de cabeça, uma coisa milagrosa. É um ano inteiro que eu joguei fora ou que jogaram fora pra mim os esculápios!... Estou num idílio com a Inteligência que você não imagina. Leio, estudo e escrevo vinte e quatro horas por dia.

De modos que o primeiro gesto da minha libertação foi me meter no mato cipoento das obras do nosso Jesuíno, é uma coisa louca. O problema mais detestável é logo no princípio a obra de mocidade do Jesuíno. Já tenho as notas de observação, tomadas como já lhe dei notícia nos últimos meses de 1942. E depois foi a doença. De forma que espero redigir toda a parte primeira, isto é, o estudo sobre a obra jesuínica na matriz de Itu, até fins deste mês. Lhe mandarei imediato cópia, pra você com o Lucio ajuizarem disso e me mandarem algum conselho sobre. Realmente é a parte mais intrincada e que me deixa mais indeciso se deve ir assim mesmo.

Mas a intenção desta, que é a segunda palavra, é outra. Tem trechos da minha monografia *meramente históricos e de consulta de livros e arquivos*, não

documento, achavam-se empregados em cargos públicos, além de influir para a demissão daqueles que tivessem emprego em firmas particulares.

O momento em que Mário escreve a carta de 23 de janeiro de 1944 coincide com o da repercussão do Manifesto dos Mineiros e das consequências sobre os manifestantes. Entre estes achavam-se Virgílio e Afonso Arinos de Melo Franco, primos de Rodrigo. Por haver assinado, Afonso foi demitido de seu emprego, como advogado do Banco do Brasil. É muito possível que sejam essas as democracias (liberdades indevidas, reações totalitárias?) que Mário diz terem sido cometidas contra Afonso Arinos. Ver *A Era Vargas: dos anos 1920 a 1945: Manifesto dos Mineiros*. Disponível em: Manifesto dos Mineiros | CPDOC (fgv.br). Acesso em: 20 dez. 2021.

críticos e de observação pessoal, muito perigosos de perdermos o Sphan e eu a prioridade da descoberta. Inda mais, um safadinho como o Nardy[i] é quase certo possuir documentação, provavelmente tirada de arquivos (roubada?...) que não cede a ninguém e pinga lento em artiguetes. E a importância colonial de Itu faz com que surjam novos pesquisadores das coisas de lá. Por outro lado certas pesquisas feitas por mim, se avançam bem sobre a bibliografia existente, não são no entanto completadas pelas nossas pesquisas. Ora versando o mesmo assunto eu temo que de repente um pândego qualquer, num artigo de jornal, descubra o que já descobrimos eu também e o Sphan por nós aqui. E perdemos uma prioridade elogiável e meritória e serei obrigado a citar o desgraçadinho. Ora a publicação de pesquisas exclusivamente dessa ordem arquival por mim para o Sphan, em artigos aqui, pode provocar duas coisas igualmente úteis: uma é conservar a nossa prioridade do que estamos descobrindo em arquivos o Zé Bento e eu; e outra é completarem outros pesquisadores o que, em nossas pesquisas, ficou incompleto por inexistência atual de arquivos e documentos. Os assuntos serão tais como "Relação cronológica dos presidentes do Hospício do Carmo em Itu", "Relação das obras atribuídas a Jesuíno do Monte Carmelo".

Me mande uma palavrinha sobre se você vê inconveniente na publicação já, em artigo, de assuntos assim. Lhe mandarei aliás preliminarmente sempre os artigos pra seu governo. Lembrança aos amigos do Sphan e guarde este seu abraço do
Mário

Rio de Janeiro, 4 de janeiro de 1944

Meu caro Mário.
Sua carta, que acabo de receber, me causou a maior satisfação. Apesar das boas notícias que o Saia me tinha trazido a seu respeito, supunha que lhe fosse ainda necessário algum tempo de repouso, antes de você retomar o trabalho. À vista, porém, do que você conta sobre o que já está fazendo,

---

[i] Francisco Nardy Filho (conhecido como Chiquito Nardy), importante historiador da cidade de Itu, autor de quatro livros intitulados *A cidade de Itu*. Foi membro da Academia Ituana de Letras. [N. E.]

verifiquei que, felizmente, sua saúde se restabeleceu quase por completo, uma vez que lhe permite trabalhar tantas horas por dia.

O que é preciso é você não abusar, a despeito da boa disposição atual. Tenho a impressão de que você talvez esteja praticando excessos, com os encargos que tomou.

Quanto ao seu recado para o inconfidente Afonso Arinos, não posso transmiti-lo imediatamente porque o destinatário aproveitou o ócio forçado da aposentadoria para vilegiaturar em Petrópolis. Logo, porém, que o encontre, não deixarei de dar conhecimento ao ensaísta da sua solidariedade.

Pelo jeito, aliás, desconfio de que você não sabe ainda ter o Nava também sido aposentado pelo mesmo motivo que o Afonso. E ele, igualmente, deverá seguir amanhã para Petrópolis, considerando que o clima da Serra é que é o adequado para os inconfidentes.

Com relação à conveniência da publicação imediata, em jornais, de alguns dados coligidos por você e pelo Zé Bento a respeito do padre Jesuíno e de assuntos ligados a este ou à sua obra, louvo-me inteiramente no que você julgar acertado ou oportuno fazer. Sem dúvida, será preferível para o Serviço que as suas publicações contenham o maior número possível de dados inéditos. Mas, se há risco da repartição e você perderem a prioridade da divulgação, é indubitável a conveniência de você antecipar a publicação em artigo.

Resolva, portanto, o que lhe parecer melhor e não deixe de me remeter os recortes dos jornais em que saírem os seus trabalhos.

Peço-lhe, entretanto, que envie também ao Serviço, independentemente da respectiva utilização, tudo quanto você e o Zé Bento forem coligindo com interesse para as finalidades da repartição, nas suas pesquisas de arquivo e bibliográficas.

Nesse sentido conversei aqui com o Saia, esclarecendo-lhe que estamos sempre inteiramente alheios ao andamento dos trabalhos que se realizam nessa Região para fins semelhantes aos empreendidos por nós. E isso importa em prejuízo para todo mundo.

Fico à espera da primeira parte que você promete mandar da sua crítica sobre a obra do padre Jesuíno. Confesso-lhe que é exatamente a parte que me interessa mais ou, pelo menos, a que me parece terá maior interesse.

E não deixe de mandar notícias.

Com os melhores votos pela sua felicidade em 1944, um abraço afetuoso de
seu
Rodrigo

São Paulo, 8 de janeiro de 1944

Rodrigo

São 16 horas e agora paro, não aguento mais. Cheguei na página 8 da datilografia da quarta versão (nalgumas coisas quinta!) do estudo dos doze quadros de Jesuíno na matriz de Itu.

Agora enfim parece que vai bem. Abandonei tudo. Ontem tive tamanho acesso de desespero, fiquei horroroso e era meia-noite, fiquei com vontade de tocar fogo no Sphan, no Jesuíno, a coisa não ia, e no entanto era já segunda orientação e terceira versão. Bebi um copo de leite bem frio e fui dormir. Mas só vendo que dia tinha passado com aquele pavor engrossando dentro de mim de que a coisa não prestava. Não é que não prestasse exatamente, mas, você verá depois, era coisa abusivamente individualista e audaciosamente interpretativa pra o Sphan encampar e publicar em livro. Vá que eu publique aquilo com a responsabilidade exclusiva do meu nome e na transitoriedade da revista, na revista do Sphan, isso ainda é concebível, mas não em livro.

Hoje levantei às sete, como sempre, nesta fase aflitiva de regularidade por incumbência médica, peguei de novo em tudo e no fim destas nove horas, oito, descontada a do almoço, cheguei na oitava página desta 4ª versão, arre. Uma hora pra cada página... Mas sei que esta dificuldade tamanha que estou sentindo é só pela complexidade e mistério dos problemas desta matriz de Itu, tudo o mais não tem mistério quase e são problemas fáceis. E também quando fiz os primeiros estudos comparativos destes quadros, foi naquela famosa explosão vital de outubro a dezembro de 42 que me deu de presente a doença do ano passado. Foi tudo feito em delírio, sem método nenhum e muito que eu tresli por causa disso. Tive e tenho que refazer tudo agora.

Mas não lhe conto esta trabalheira toda pra você ficar inquieto com a minha saúde. Esta carta é só pra lhe avisar que recebi a de você, cientifiquei os funcionários que aliás, está claro, nenhuma culpa atribuem a ninguém e sabem os esforços de você pra endireitar o caso deles. Mas como estava satisfeito com ter chegado nesta oitava página do meu escrito que agora parece ter tomado caminho certo, fui contar e encompridei a carta. Não se amole não com meu gosto de trabalho, é gosto só e porque sinto que a saúde aguenta bem. Parece mesmo incrível a rapidez com que a saúde vai voltando. Me dizem magro ainda, mas deve ser da alimentação sem muitas gorduras.

Por tudo, este abraço grato e amigo do
Mário

São Paulo, 27 de janeiro de 1944

Rodrigo

Vamos logo ao assunto que me preocupa, meu Deus! pelos outros, não por mim. Vai aqui uma inquietação nos funcionários subalternos do Sphan por causa do decreto aumentando ordenado dos funcionários públicos, até extranumerários, diaristas, tudo. Esperavam o aumento pelo mês de dezembro, aumento não veio. Falaram com o Saia que tomado de nem sei que delicadeza disse a eles que não tomava providência nenhuma. Agora (é de manhã) o Zé Bento aqui em casa me mostra um requerimento ao Saia pedindo esclarecer o caso, que o Saia então seria obrigado a mandar a você. Acho tudo isso muito besta, muito falso, muito burocrático, hipocritamente burocrático aqui pra Seção, e também não queria me amolar com isso, que eu estou bem, mas por causa do Zé Bento que vai casar (enfim!) resolvo me amolar. Você pode me esclarecer um bocado sobre tudo isso? É só. Estou plenamente afogado no Jesuíno da matriz de Itu, malditos e amaldiçoadérrimos apenas 12 quadros. Literalmente "afogado" é o termo. Você não imagina o mundo de escrituras jogadas no papel! Estou na quarta versão integral de vinte e tantas páginas-ofício datilografadas e desde a semana passada afinal o ronco anterior de que me metera em cavalarias abusivas principiou se tornando distinto, nítido, claríssimo. Creio que vou abandonar tudo e em vez de análise tão comprida e que "resultou inútil", como dizem os castelhaneiros, vou fazer uma coisa muito menos pretensiosa, aí dumas cinco páginas, dando um parecer cuidadoso e longínquo, em vez de pretender totalitariamente resolver o problema mais complicado que já topei no meio do caminho.

Farei portanto duas versões, esta simples e modesta que estou imaginando, e termino sempre a monstruosa que estou fazendo. Depois mandarei as duas e você me aconselhará sobre a preferível. Desde já acho que vai ser a mais modesta. Ai! tanto trabalho perdido! Mas levarei comigo em março a papelama enorme que escrevi pra você ver que não ando, nem andei vadiando. Você não carece disso, mas eu careço.

    Aliás essa história de trabalho, acho que andei com muita sede ao pote. O médico também acha. Estou me fortificando rápido, já tenho cores aprazíveis mas ainda devo estar muito enfraquecido. Me vieram, mas episódicas, aparece-desaparece, umas dorzinhas de cabeça. Só uma vez e poucas horas foi forte, e passou com cafiaspirina. Não tem importância, pois, é como as que sempre tive em vida, resultado de farra ou trabalho excessivo. Como não faço farra (*hélas!*) é excesso de trabalho. Tive que diminuir um bocado a dose. E é só. Acho que terminarei primeiro as duas versões e mandarei elas junto, de certo por meados de fevereiro. Assim você poderá comparar logo as duas.

    Ciao com o abraço do
Mário

Rio de Janeiro, 2 de março de 1944

Meu caro Mário.

    Desculpe a demora desta resposta. Continuo abafado com uma correspondência enorme nesta repartição, quase toda de assunto urgente. Por mais que me esforce, não consigo pôr a papelada em dia, nem, muito menos, escrever mais detidamente aos companheiros e amigos sobre qualquer assunto que não se enquadre nas fórmulas da redação oficial.

    Você sabe, entretanto, como são as coisas por aqui e, por isso mesmo, me terá relevado o atraso.

    Fiquei preocupado com o trabalhão que lhe está dando ainda a parte de seu livro sobre o Jesuíno, referente à obra do pintor. A despeito das informações tranquilizadoras que você me transmite acerca de sua saúde e de sua resistência, receio que o esforço prolongado demais, empregado na análise meticulosa das pinturas do padre e na própria composição de seu ensaio, produza efeito prejudicial a você.

    Por isso mesmo reitero-lhe com empenho o pedido anterior no sentido de você se poupar o mais possível em relação ao trabalho que tem em curso. Não há inconveniente em retardar um pouco mais a entrega definitiva de seus originais.

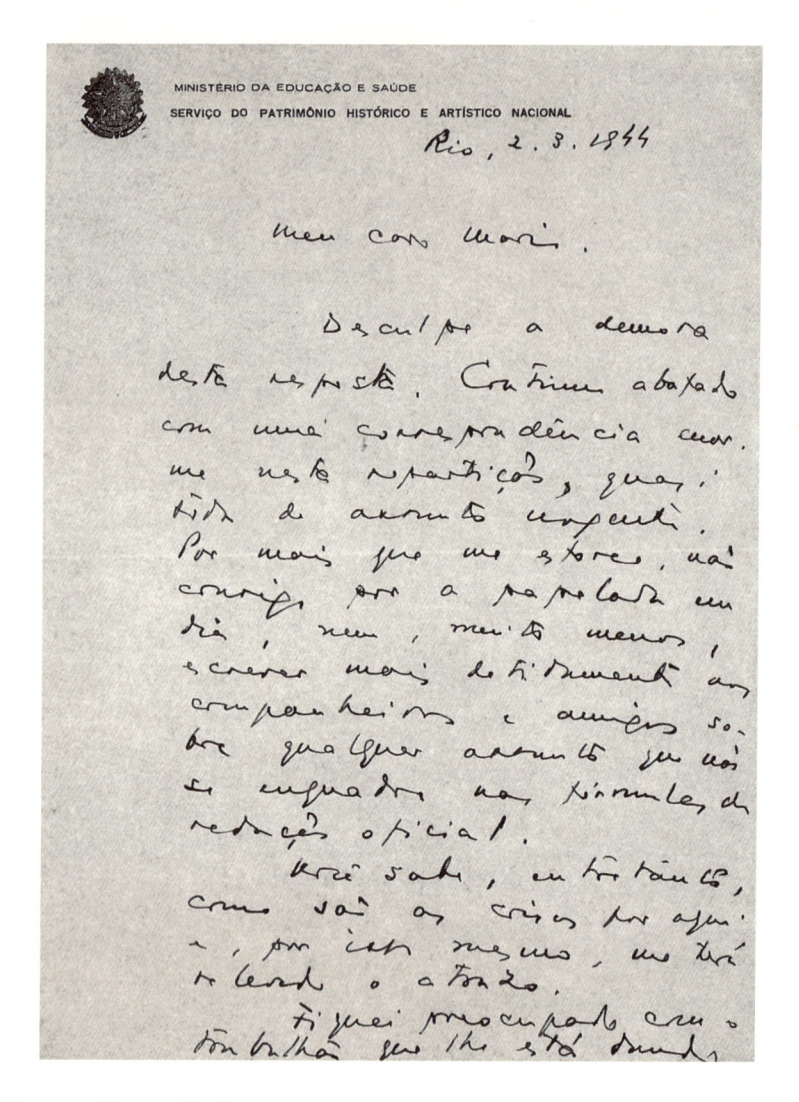

Estou, aliás, cada dia mais interessado em tomar conhecimento deles. E, se puder ir a São Paulo como desejo tanto, logo que certas complicações de utilização de verbas orçamentárias sejam destrinchadas, espero pedir aí a você que me leia o que já tem escrito.

Transmita muitas recomendações minhas aos seus e lembranças afetuosas aos companheiros do Sphan.

Um abraço apertado do
seu
Rodrigo

São Paulo, 2 de março de 1944

Meu caro Rodrigo

Lhe escrevo desolado. São 22 horas e acabo a leitura e correção que fiz hoje da cópia da primeira parte da "Obra" do meu maldito Jesuíno. Não é que eu ache exatamente péssimo o que eu fiz, psicologicamente é pior que se achasse péssimo. Eu estou desorientado, acho que me desorientei pelo menos nessa parte já feita e careço duma pessoa agora que tenha a coragem de me dizer que a coisa assim não vai. Tinha me proposto lhe mandar também a outra versão, pois o que lhe mando aqui é a quinta redação duma coisa que teve uma primeira versão, com duas redações integrais e outra abandonada em meio e mais esta versão, com duas redações de que uma abandonei também em meio. Mas acho inútil copiar e lhe mandar a outra versão, porque ainda é mais pormenorizada, mais audaciosa e aventureira nas opiniões e conclusões e ainda mais comprida!

Ora isso é absurdo. O trabalho fica todo desequilibrado, porque as partes seguintes, muito mais importantes como beleza e significação para a pintura religiosa desta zona, serão sensivelmente menores. Eu creio que fiz um pecado de vaidade e agora me castigam por isso. Quis fazer coisa "definitiva" ao menos como esmiuçamento técnico e além da experiência humana que me afirma nada existir de definitivo nesse mundo, eu não estava em condições pessoais de fazer o que entendi fazer. Não é humildade falsa não, Rodrigo, é verdade. E agora estou tonteado, não consigo ter a menor opinião mais legítima sobre o que eu fiz e de todos os cantos do meu ser me segredam que assim a coisa não vai. Preciso alguém que me diga isso, você, o Lucio. O Luís Saia não serve agora, ele exagera o cuidado pela minha saúde (estou passando muitíssimo bem, praticamente são) e o respeito pela nossa diferença de idade. De resto ele é um pouco culpado, deve se sentir um pouco culpado com o que sucedeu, porque viu o projeto, controlou minhas conclusões, me animou, viu o trabalhão que tive e agora fica assim desprovido de forças pra me dizer o "faça outra coisa".

Ora carece não esquecer que eu, apesar do ano licenciosamente gostoso do cinquentenário, ainda tenho força bastante para aceitar uma opinião, reconhecer um engano, e não será a primeira vez que jogo fora um trabalho e um tempo. Que nunca são perdidos, afinal. Isso é que eu exijo de você e do Lucio. A ideia que eu tive agorinha foi esta: não fazer tudo de novo, exatamente, mas retirar toda a argumentação comparativa e dar apenas o indispensável. Quer dizer: a dúvida (passando sobre ela levemente) da existência de mestre e discípulo e colaboração de ambos nos quadros, e as conclusões de ordem crítica. Enfim, aproveitar o escrito num resumo de umas oito páginas no máximo, evitando tudo quanto é, digamos, aventureiro.

O mais digno da minha parte, pra evitar de vocês um juízo sempre desagradável de dizer, era fazer já esse resumo, e mandar os dois pra escolha. Mas não quero, não sinto vontade de fazer isso já, porque já estou afundado desde segunda, no estudo da obra seguinte de Jesuíno, a pintura da Carmo ituana, muito mais agradável de sentir e de pensar. Confesso que estou com ódio das doze telas da matriz que deram nessa desorientação de agora. Mas não há de ser nada e sempre é tempo. Se vocês quiserem esperar a versão nova pra julgar, esperem, não faz mal. Primeiro continuo o estudo até o fim, e depois, mais sossegado e mais longínquo, farei ela mais facilmente e esperemos que sem tresler.

Não mando as fotografias pra controle, porque, você deve ter cópia de todas elas aí, as doze telas, as duas do batistério, o teto da capela-mor, tudo da matriz de Itu, e mais o quadro da sacristia da 3ª do Carmo de S. Paulo. Mas eu possuo a mais as fotos aumentadas de detalhes. Se precisar delas para julgar me avise logo. Estou com vontade de ir ao Rio lá de 15 a 20 deste mês e, se quiserem, levo as fotos comigo.

Ânimo, meu velho, e não tenha medo de me ferir. Com o abraço do
Mário

São Paulo, 16 de março de 1944

Rodrigo

só lhe escrevo pra me relatoriar. Aliás recebi sua carta e depois dela é que você deve ter recebido a primeira parte da "Obra" do Jesuíno. Por favor, não se amole em me responder nem acusar recebimento. Já concluí a parte seguinte, menorzinha e mais agradável sobre a Carmo ituana. Já estava a cópia no Sphan pra lhe ser mandada, mas retirei ontem de lá e resolvi reconsiderar o pedido que lhe fiz de leitura, agora, da primeira parte que já está aí. Essas reviravoltas e indecisões, não repare, são naturais na paixão em que estou de que o meu trabalho saia bom e agrade a você com o Lucio. Mas creio que já estou com mais bom senso e normalizado em mim, lhe dizendo que não leia isso já. Depois que o trabalho estiver todo concluído em redação, e em estado de receber apenas retoques e cortes e conselhos e opiniões de amigos, aí você, com o Lucio, e algum mais que você julgar necessário ou útil lerão todo o escrito e me dirão o que imaginam. Assim é muito mais lógico, mais fácil pra vocês, mais proveitoso pro meu trabalho.

Já entrei pela obra paulistana do padre. Não é de muita dificuldade também, mas tenho que ficar com ela meio no ar, por causa das pesquisas que o Zé Bento está fazendo nos arquivos da Terceira do Carmo. Algumas documentações colhidas são muito úteis, umas esclarecedoras, e confirmadoras. Mas outras, meu Deus! escurentadoras e despertando mais problemas! Tem cada documento que dá uma raiva. Desconfio que eu não nasci pra trabalhos como este, a "invenção" trabalha demais. Eu acho que não tive coragem de lhe contar na carta que foi com o meu trabalho, ai, um caso horrendo que me sucedeu. Os estudos comparativos pra isso foram especialmente feitos naqueles três meses fabulosíssimos pra mim de outubro a dezembro de 1942. Que meses sublimes eu vivi, seu Rodrigo! eu tinha de tudo aquele tempo: amor, saúde inquebrantável, álcool ótimo, de três a quatro maços de cigarro diário, o mais dolorido mas delirante caso de criação literária da minha vida com o *Café*,[i] e uma vontade devoradora de trabalhar. Trabalho de mais de doze horas quase todo dia, até quinze horas trabalhando por vezes! Foi assombroso. E nisso, uma coleção enorme de fotos espalhadas aqui no estúdio e eu comparando, pesquisando, escrevendo os resultados das pesquisas, tudo. Bom depois a doença veio em janeiro e foi aquele ano perdido.

Mas quando principiei escrevendo de novo em janeiro deste ano, nem merece apreço está claro, não me fiei só no que escrevera e fui revisar todas as pesquisas, todas as afirmações. Pois Rodrigo não lhe conto nada, nunca imaginei possível uma coisa assim. Tinha coisas que eu afirmava e que não eram absolutamente verdade!!! E mentia, Rodrigo! Está claro que não era mentira no sentido em que jamais me passou pela cabeça a intenção de enganar ninguém. Era, digamos: o sentimento, a paixão em que eu estava que mentia pra minha cabeça, e me enganava a mim mesmo. Parece absurdo mas é a mais assustadora das verdades. Eu decerto nasci pra mentir... como os poetas. Ou consertando: nasci pra ultrapassar as verdades, que fica mais agradável. Bom, até breve. A ideia de que você está pra vir a São Paulo nos

---

i Poema-ópera inacabado, escrito em parceria com Francisco Mignone. In: *Poesias completas vol. 2*. São Paulo: Martins, 1955.

deixa muito assanhados e felizes. Eu, parece que vou fazer uma extirpaçãozinha de amídalas, mas não tem importância. Talvez antes vá ao Rio, pra conversarmos. Isso aqui é relatório, não responda.
   Com o abraço mais amigo do
   Mário

[Rio de Janeiro,] 22 de março de 1944

ACABO RECEBER SUAS CARTAS DATADAS DOIS E DEZESSEIS CORRENTE ACOMPANHADAS PRIMEIRA PARTE SEU NOTAVEL TRABALHO REFERENTE OBRA PADRE JESUINO PT LOGO TENHA TERMINADO LEITURA ESCREVEREI MAS DESDE LOGO MUITO OBRIGADO RODRIGO M F DE ANDRADE DIRETOR DO SERVICO DO PATRIMONIO HISTORICO E ARTISTICO NACIONAL

São Paulo, 10 de abril de 1944

Rodrigo,
   por favor, não se amofine em responder. Lhe escrevo mais por esta precisão natural de funcionário, pra lhe pôr ao par do meu "funcionamento". Tinha lhe dito, creio, na última carta, que iria passar a Semana Santa aí no Rio, e havia de levar o Padre Jesuíno nas Carmos de São Paulo, continuação do meu trabalho. Não pude ir e se fosse ia com as mãos vazias. Não sei se lhe contei, creio que não porque ando chateado com essa história de "biografar" minhas "macacoas", mas andava sempre com uns pseudorreumatismos, que ultimamente quase me encarangavam dois, três dias seguidos. O que é, o que não é, afinal acabaram imaginando que era das amídalas que estavam infectadas e a lógica era extirpar as tais. Foi o que eu fiz, quatro dias de hospital, nenhum contratempo ofensivo mas na minha idade não é coisa como de criança nada. Muita dor principalmente que só principiou abrandando no décimo segundo dia. Isso me impediu a ida ao Rio, porque não tinha graça nenhuma viajar nem passear falando pouco porque a garganta ardia e só engolindo líquidos fáceis. Ainda estou nos líquidos e a garganta ainda raspa sozinha, mas é pouco e hoje recomecei os trabalhos interrompidos estes vinte dias. Interrompidos um pouco por impossibilidade, um pouco por chateação e um pouco bastante por vadiagem também. Não gosto de doença mas gosto

S. Paulo, 10-IV-44

Rodrigo,

por favor, não se amofine em responder. Lhe escrevo mais por esta precisão natural do funcionário, pra lhe pôr ao par do meu "funcionamento". Tinha lhe dito, creio, na última carta que iria passar a Semana Santa aí no Rio, e havia de levar o Padre Jesuíno nas Barmas de São Paulo, continuação do meu trabalho. Não pude ir e si fosse ia com as mãos vazias. Não sei si lhe contei, creio que não porque ando chateado com essa história de "biografar" minhas protegidas "macacôas", mas andava sempre com uns pseudo-reumatismos, que ultimamente quase me encarangavam dois, tres dias seguidos. O que é, o que não é, afinal acabaram imaginando que era das amígdalas que estavam infectadas e a lógica era extirpar as tais. Foi o que eu fiz, quatro dias de hospital, nenhum contratempo ofensivo mas na minha idade não é coisa como de criança nada. Muita dor principalmente que só principiou abrandando no décimo-segundo dia. Isso me impediu a ida ao Rio, porque não tinha graça nenhuma viajar nem passear falando pouco porque a garganta ardia e só engulindo líquidos fáceis. Ainda estou nos líquidos e a garganta ainda raspa sozinha, mas é pouco e hoje reiniciei os trabalhos interrompidos êstes vinte dias. Interrompidos um pouco por impossibilidade, um pouco por chateação e um pouco bastante por vadiagem também. Não gosto de doença mas gosto de saborear convalescença, sou um convalescente convicto. Aqui interrompi a escritura pra ver si "convalescer" tinha s mesmo, e tem.

Mas como não tenho desculpa mais pra não trabalhar, principiei hoje. Aliás principiei sobrecarregados porque acabo de receber encomenda urgente dum capítulo sobre "Arte" pra um livro sobre o Brasil que um tal de prof. Hill vai publicar pela Universidade de Ohio, você já ouviu falar nisso? A encomenda me veio pelo Artur Ramos e resolvi aceitar. Data: entrega a 30 de abril. Tamanho 5 a 6 mil palavras é tamanho que justifica síntese aperta-

de saborear convalescença, sou um convalescente convicto. Aqui interrompi a escritura pra ver se "convalescer" tinha s mesmo, e tem. Mas como não tenho desculpa mais para não trabalhar, principiei hoje. Aliás principiei sobrecarregado porque acabo de receber encomenda urgente dum capítulo sobre "Arte" pra um livro sobre o Brasil que um tal de prof. Hill vai publicar pela Universidade de Ohio, você já ouviu falar nisso? A encomenda me veio pelo Artur Ramos e resolvi aceitar. Data: entrega a 30 de abril. Tamanho 5 a 6 mil palavras. É tamanho que justifica sínteses apertadas e as minhas ignorâncias pouco humildes. Infelizmente não terei tempo, decerto, pra vocês aí me controlarem o escrito, mas lhe mandarei cópia assim mesmo. E as correções necessárias incluirei nalguma futura publicação portuguesa do escrito, os ianques que se brinquem.[i]

E é só. Agora vou preparar corpo e alma pra alguma futura e possível operação da úlcera. O que eu não aguento mais é isto de viver pajeando uma úlcera o resto da existência.

Com o abraço amigo do

Mário

Dia 13 — Rodrigo

Abro a carta pro seguinte: seria possível por qualquer funcionário aí, você me mandar uma relação dos principais, mas que importem mesmo, dos museus nacionais, estaduais e particulares do Brasil, que interessem pra conhecimento mais geral das artes plásticas no Brasil (artes eruditas), arquitetura, pintura, escultura, mobiliário, prataria, louçaria? É pro capítulo a que me referi acima. Aqui, o Serviço só tem documentação estadual e, percorrendo a revista, o que sei é só o seguinte:

Museu Histórico Nacional
Museu Nacional (Quinta)
Museu Nacional de Belas Artes
Museu Imperial Petrópolis
Museu do Ipiranga
Museu da Cúria Metropolitana
Museu Goeldi (assim como o Nacional pra artes etnográficas)
Museu Regional de Olinda

---

i Lembranças do herói "sem nenhum caráter" de Mário de Andrade. O verbo "brinquem" é substituto amável para a expressão chula, aqui reconhecível pelo "se", pronome reflexivo. São memoráveis no livro e no filme — *Macunaíma* — as brincadeiras do herói: "[...] brincaram. Depois de brincarem três feitas, correram mato fora fazendo festinhas um pro outro [...]".

Museu da Independência (Ouro Preto)
Museu do Ouro (Sabará)
Museu Mariano Procópio (Juiz de Fora) valerá a pena citar, no caso
Coleção Marques dos Santos (?) mobiliário Coleção José Mariano Filho (?) joias

Não citarei uma por uma, as igrejas quanto a prataria e móveis. Só museus e coleções particulares. Também coleções de obras estrangeiras, como Alberto Lamego (Est. do Rio) e Mindlin (S. Paulo) especializados em holandeses não cito. Só serve pra ianque vir aqui comprar.

Veja se pode me auxiliar um bocado, me perdoe. O tamanho do capítulo é tão desnorteante, nem grande nem angustiosamente pequeno que resolvi citar bom grupo de museus e bibliografia, pra auxiliar quem queira se documentar mais, lá na Dixie Land. Se o seu auxílio me vier até o dia 22 ou 23 é ótimo. Acho que não entrego o trabalho sem sua vista e a do Lucio. Não pra distribuir responsabilidade, aguento ela todinha, mas pra me sentir mais forte e de consciência mais fácil. Estou dando duro e achando horrível a coisa.

Ciao grato do
Mário

São Paulo, 2 de maio de 1944

Rodrigo *dear*,
aqui lhe mando à pressa o que escrevi sobre "ARTE" no Brasil. Não se esqueça, pra compreender minha desgraça, que se trata dum livro inteiro sobre o Brasil, que vai sair na Universidade de Ohio. Isso explica o não esclarecimento de certas palavras, "Inconfidência", "bandeirantes" que já deverão estar explicadas noutros capítulos. E tem tamanho imposto, 5 a 6 mil palavras. Desejava o seu conselho e se possível o do Lucio Costa, embora eu me reserve, está claro, a responsabilidade inteira do que escrevi.

Na verdade eu não desejo opiniões, nem ressalvas de coisas discutíveis. Sou palpiteiro mesmo, isso é sabido, e palpiteiro audacioso. Mas já é tarde pra discutir opiniões discutíveis, pois já devo ter entregue o escrito dia 31 de abril. De formas que o que eu peço por enquanto a vocês dois é a correção do que esteja positivamente errado, pra que ao menos de erros de ignorância e amadorismo excessivo eu me liberte.

Esses erros ainda terei tempo de consertar pois chego ao Rio no sábado, dia 6, pelo primeiro avião da Vasp. Procurarei imediato você, corrigirei a coisa aí mesmo, pra entregar nesse mesmo dia, se possível.

Desculpe mais esta chateação. O Saia me comunicou a sua carta sobre o aumento dos funcionários daqui. Acredite que está ótimo assim, não preciso de mais... pra meu remorso, e só preciso é que você não ignore a minha gratidão quotidiana. Talvez motivo mesmo da intensidade do remorso que me maltrata e abate nesta vida de inferno. Oh os visitantes estrangeiros malditos! Mas agora não me aguento mais, ando desesperado.

Com o abraço fiel do
Mário

Não corrigi os defeitos de cópia, não tive tempo, desculpe.

Rio de Janeiro, 22 de junho de 1944

Meu caro Mário

Acusando recebimento da sua carta, datada de 20 de junho corrente, e, bem assim, dos recibos que a acompanharam, agradeço-lhe pela presteza com que atendeu à minha solicitação naquele sentido.

Um abraço do
amigo velho
Rodrigo

São Paulo, 4 de agosto de 1944

Rodrigo

Faz tempo que não lhe escrevo, mandando as intrigas do meu trabalho pro Sphan. Se lhe escrevesse, seriam "intrigas" mesmo, falando mal de mim e do trabalho. Basta dizer que em julho cheguei a abandonar tudo, porque eram tais as imposições externas que eu não tinha liberdade suficiente de espírito. Me desesperei, resolvi acabar mesmo brutalmente com essas imposições externas, terminei à pressa e num trabalho danado de não sei quantas 24 horas por dia todos os compromissos que ainda tinha e acabei mesmo. No dia 30 último, era um domingo claro, mas o viandante que passasse por esta estrada simples da Lopes Chaves havia de escutar um bater datilográfico que não cessou das sete às 24 horas. Então fui dormir, pedindo a minha madrinha do Carmo que me protegesse em meu trabalho sphânico do dia seguinte. E um bocado pânico também. Na segunda, 31, peguei no Jesuíno, reli a parte carmelita da minha crítica, peguei no já destrinçado e no não destrinçado, cataloguei o resto que faltava e... agora lhe escrevo.

Acabo de terminar (arre!), são dez e vinte e quatro minutos, a destrinchação e escritura da parte crítica da "Obra", sobre as Carmos paulistanas. Ainda não reli, a papelada me abraça por todos os lados nesta secretária e mesa central de estúdio que estão desesperando de esperar você. Mas "sinto" que está bom. É, sinto a redação definitiva que apenas carece de pequeninas correções, clarezas de expressão, sonoridades e ritmos literários (que este "poeta" é incapaz de desleixar) e é só. Trabalho pra um dia talvez. Podia fazer isso hoje mesmo, ou amanhã, não faço. Vou deixar a coisa descansar longe de mim, e eu dela, uma semana, pra poder corrigir com olhos mais desapaixonados e menos coniventes. Amanhã é sábado, vou vadiar. Na segunda pego a etapa final, desagradável historicamente (ausência total de documentos) quanto à igreja do Patrocínio, mas agradável e a mais apaixonante quanto à crítica, provando, mas provando escandalosamente, sem contestação, a curiosidade absolutamente excepcional de Jesuíno em nossa vida artística do passado, o drama da sua vida mística refletindo na obra, o complexo de cor do mulato, as suas vinganças de homem marginal, as suas revoltas, e a sua vaidade de genealogista, retratando os filhos e talvez ele em figuras de santos. Não será trabalho longo (as Carmos paulistas deram 23 páginas), é só "Patrocínio" e as "Conclusões", e creio que duas semanas me bastarão pra isso.

Depois terei até dezembro, data que me dei, pra lhe entregar o trabalho completado. É coisa muito pra podar (acho que a monografia ficou grande por demais) e é nota muita pra ajuntar ao escrito, principalmente a parte biográfica. A data que me dei não é muita pra isso tudo, mas é enérgica e definitiva. Estou definitivamente chateado com as minhas perseguições morais a respeito do trabalho que faço e o tempo que dedico ao Sphan. Você não tem nada com isso e é inútil argumentar, o caso é meu. Então escrevi em letras de ouro e sangue na consciência: se não terminar meu Jesuíno a 31 de dezembro deste ano, me demito do Sphan. E como não posso me demitir, careço disso por enquanto, a verdade prática me obriga. Essa miséria humana das verdades práticas valerem mais que as verdades morais. É uma pena pra mim, mas sou igualzinho à difusa maioria desses imbecis chamados homens. Assim pelos primeiros dias de janeiro de 1945, o insofrido num avião de carreira partirá de sua cidade natal e irá buscar no ínclito edifício do Ministério da Educação na Capital desta democracia, as ativas moradas do seu diretor, e lhe depositar nas mãos igualmente ativas o seu "Jesuíno do Monte Carmelo" para juízo final e publicação. Lhe satisfaz assim?

Em setembro vou parar uns dias na cidade de Belo Horizonte, visitar os meus amigos de lá. E assim a minha vida está marcada e definitivada em anos, meses e semanas e dias. Sou da paz. Se o armistício vier tomo um porre. De champanha, que ainda sei duma *boîte* francesa aqui, onde ainda sobram algumas Roederer extrassecas, a seiscentos mil-réis cada. Mas o armistício vale isso. Beberei só, pensando trombudo no pior que então virá. Adeus. Este abraço do
Mário

São Paulo, 8 de dezembro de 1944

Meu caro Rodrigo

Estou muito cansado, mas achei graça de lhe escrever ainda hoje, porque acabo de passar a escritura de compra do sítio de Sto. Antônio, em São Roque.[i] Estou chegando de lá e apenas tomei um banho pra refrescar que não refrescou porque o calorão está amargando apesar de quase noite.

Está claro que você tem mais um pouso, e sua família pra quando quiserem, mas isto está de tal forma subentendido, que eu prefiro entrar logo no assunto. Você sabe que eu pretendo doar isso ao Estado, que hesitei de escrever com *E* grande, e a doação vai ser logo. Emprestei vinte contos pra completar o preço da compra, mas creio que pagarei isso fácil, se não surgir nenhum impedimento na minha vida. Mas o sítio está sem ônus nenhum e a doação podia ser feita até na própria escritura de

---

[i] Sobre a compra e doação do sítio de Santo Antônio ao Sphan, ver a introdução a este livro, "Mário de Andrade: uma vocação de escritor público". [LCF]

Mário no sítio Santo Antônio, São Roque (SP), 1940.

Mário, ao centro, por ocasião da compra do sítio Santo Antônio, 1944.

compra. Mas meu mano que é doutor e me dirige nessas coisas achou que ficava mais fácil assim, por motivos que ele me deu mas não lembro mais porque essas coisas não ficam na minha cabeça. No princípio estava disposto a doar apenas a parte que me interessa com sua paisagem, e é o que você deve saber pelo Saia, mas não aguentei com a sombra de mesquinhez que me pousou no coração, e vou doar a propriedade inteira. Nem sei como é que pude aguentar a primeira ideia algum tempo, deve ser distração.

Mas estou parolando. As condições da doação vão ser duas: uma que você já sabe, o usufruto em vida; a segunda é destinar aquilo a um repouso de artistas brasileiros. Esta segunda ideia me foi assoprada e apagou a primeira que destinava o sítio a colônia de férias pra operário. Esta última sempre tem um ranço de socialismo precavido, que desde

Rodrigo (o segundo da esq. para a dir.) no encerramento
do 1º Congresso de Escritores, 1945.

o princípio eu achava ruim. A outra, embora assoprada, eu achei mais minha. Agora a consulta. A quem eu devo fazer a doação? Minha ideia e meu desejo é doar ao Sphan, mas não sei se é conveniente ao Serviço a destinação preliminar, não sei de leis, nem nada. O que lhe peço é pensar e decidir, ou me aconselhar. E também me mandar dizer que passos preliminares e jurídicos devo fazer, pra fazer logo a papelada definitiva. Ficava bom definitivar a doação quando você surgisse por aqui, quando que você vem? O Saia hoje na viagem me disse que talvez não neste dezembro mais, mas lá pelo Congresso dos Escritores, em janeiro.[i] Eu confesso a você que estou intimamente desesperado com esse Congresso, ninguém sabe e lhe peço segredo disto. Comparecer? Não comparecer? Um Congresso de "Intelectuais" num regime destes, ou sai bagunça, tiro, prisão, ou é o avacalhamento da "Inteligentzia" nacioná. Não encontro argumento que me tire deste dilema porque não vejo possível um Congresso de Escritores não se pronunciar, agora, sobre o primeiro, senão único, alimento vital do que seja inteligência, liberdade de pensar. Você não acha? Estou atrapalhado, amargado, acho ridículo de semostração e se-dar-importância eu não comparecer, mas me sentirei aviltado comparecendo. E ainda não decidi se prefiro bancar o bestinha, se me humilhar.

---

i O Congresso ocorreu entre os dias 22 e 27 de janeiro, e contou com a presença de Rodrigo e de Mário, este na delegação de São Paulo. O debate sobre os direitos autorais se viu suplantado pelas questões políticas.

Chega. Você recebeu os dois primeiros livros das obras completas que lhe mandei?[i] Acuse recebimento só pra meu governo, quando me escrever sobre o caso do sítio.

Com um abraço do
Mário

Rio de Janeiro, 14 de dezembro de 1944

Meu caro
Mário:

Desculpe a demora indecente desta resposta à sua carta. Não tenho pensado em outra coisa senão em escrever a você, desde que a recebi, mas a confusão aflitiva da vida que levo aqui não me deixou até agora o menor sossego para lhe transmitir o que me tem ocorrido a respeito de suas consultas. Por isso mesmo decidi responder-lhe de qualquer maneira, correndo embora o risco de ser interrompido muitas vezes enquanto alinhavo estas coisas.

Quanto à doação do sítio de Santo Antônio, achei muito boa e interessante sua ideia de instituir ali um retiro para os artistas, mas receio que essa condição, importando em impor uma obrigação muito especial e talvez onerosa à União, dificulte bastante a respectiva aceitação.[ii] De fato, ficou assentado pela repartição competente o princípio de que independe de expressa autorização legal e até mesmo de autorização pessoal do presidente da República a aceitação de qualquer doação de imóvel que, ao órgão da administração federal interessado, pareça conveniente incorporar ao domínio da União. Uma vez, porém, que tal doação seja feita em termos que imponham determinada obrigação relativamente à destinação ou utilização do imóvel doado, quer parecer-me que não seria válida a sua aceitação sem autorização legal bem expressa.

---

i Os primeiros dois volumes das Obras Completas de Mário de Andrade, *Obra imatura* e *Poesias completas*, foram publicados, respectivamente, em 1943 e 1945. Aqui, provavelmente, alude aos volumes *Obra imatura* e a coletânea de crônicas *Os filhos da Candinha*, este último referido por Rodrigo mais adiante. [N. E.]

ii Após a doação e o restauro, o sítio Santo Antônio tornou-se um patrimônio público bem cuidado e visitável, mas nunca se destinou a ser um retiro de artistas. [N. E.]

Em tais circunstâncias, é claro que o objetivo visado por você ficará na dependência da vontade discricionária do nosso preclaro chefe, Dr. Getúlio Vargas.

Com relação ao Congresso de Intelectuais ou de Escritores, acho que suas ponderações têm a maior procedência. Penso também que a oportunidade e a ambiência são as mais impróprias possíveis para semelhante reunião. Li uma vaga notícia, num telegrama procedente de Belo Horizonte e publicado em algum jornal cujo recorte me foi remetido, que fui designado não sei por quem para representar no congresso os escritores mineiros, juntamente com o Fernando Sabino e não sei quem mais. Estou, porém, decidido a não comparecer, quer pelos fundamentos alegados por você, quer sobretudo por não ser escritor.

Não obstante, espero firmemente ir a São Paulo antes da reunião do congresso. Só ainda não compareci para não atrapalhar a vida do Saia, durante a fase dos exames. Logo em princípio de janeiro, senão ainda mais cedo, conto certo, no entanto, bater com amor à sua porta.

Recebi *Os filhos da Candinha* e deixei de agradecer a você pela remessa, em consequência do meu infindável atropelo. Desculpe a falta: você bem sabe que ela não poderia significar desinteresse pelo livro, uma vez que não há no Brasil ninguém a quem as suas letras causem tanto bem-estar como a este seu criado. Se deixo de manifestar essa sensação é por falta de tempo e de sossego, não por falta de [ternura] e reconhecimento. Abraço do seu

Rodrigo

P.S.: Quando é que você calcula ter completamente pronto, para impressão, o trabalho sobre o padre Jesuíno? Preciso muito saber se poderei incluir o livro na relação das primeiras publicações do Sphan para 1945.

São Paulo, 20 de dezembro de 1944

Rodrigo *dear*

lhe escrevo em Thunderbolt.[i] Recebi sua carta. Quanto à doação, conversaremos pessoalmente quando juntos.

---

i Mário estaria se referindo à velocidade do avião americano, que foi utilizado pela FAB exatamente no ano em que escreveu.

Sem dúvida, pode programar o "Jesuíno" para as edições sphânicas do ano que vem. A situação é esta: já acabei a redação completa, que entregarei pra seu controle e conselho bem como o do Lucio, dia 1 de janeiro como prometi. Bem, 1 de janeiro, significa que estará pronto nesse dia. Estou fraco de dinheiro e prefiro ver sua chegada aqui pra entregar. Mandar, só por portador, por causa da quantidade de fotos que vai junta, pra controle das afirmações críticas. E então combinaremos a arquitetura definitiva do volume.

Terei ainda algumas modificações a fazer. Não quero estudar mais os problemas, senão a coisa não acaba. As modificações possíveis são de umas pesquisas mandadas fazer em Itu e Santos (pequenas) de que ainda não recebi resposta. As afirmativas críticas. Tenho muitas que reverificar *in loco*, o que me obriga a ir a Itu por janeiro ou fevereiro passar lá uns três dias. Mas não creio que isso obrigue a modificações profundas. É uma reverificação, só pra desencargo de consciência.

Agora que estou copiando, noto um defeito forte. Como as partes diversas do trabalho foram feitas, cada uma numa época, há muitas repetições inúteis de dados, de argumentações e análises. Vou rever tudo, limpando o trabalho de repetições inúteis. Isso é fácil e o Saia vai me ajudar. Três dias de leitura do todo duma vez só dará unidade, rapidez, firmeza e diminuirá o tamanho do texto. Isso talvez, tudo isso e todas essas coisas, implicarão talvez uma recopiagem completa do trabalho, versão definitiva. Pra qual, está claro, entrarão os controles de você e do Lucio. Tudo, no máximo, estará pronto a 1 de março, dando dois meses pra tudo. Que acha? Não precisa responder, você programará ou não o livro pra 1945, se estiver certo assim. E me falará aqui.

Há o caso da linguagem. Francamente não estou disposto a abrir mão da minha linguagem, embora a tenha feito a mais discreta que pude... sentir. Aí você entra, tem que entrar com a sua autoridade indiscreta, tenha a paciência. Você corrige como quiser: eu abaixo a cabeça e obedeço, como funcionário. Ponha isso nas costas do Manuel... Sempre ficados todos nós certos que na inteira reedição do trabalho no conjunto das "obras completas" ele sairá como eu independentemente o escrever.

Ciao com abraço deste sempre
Mário

São Paulo, 10 de fevereiro de 1945

Rodrigo

Tenho que lhe escrever, mas faço às carreiras porque certas coisas é tão difícil de explicar! A [coisa] difícil de explicar é a seguinte: o *Padre Jesuíno do Monte Carmelo* eu quero e desde que ele principiou tomando corpo, dedicar a você, é possível? Entra um sentimento delicado seu nisso. Muito pensei, acho e sei por mim que você não terá razão pra recusar. Em todo caso se você praticar a mineirage exagerada de me pedir que a dedicatória não saia no livro editado pelo Sphan (acho exagerada a recusa porque se trata de eu um já funcionário do Serviço e, meu Deus! com o meu cartaz, quem. A não ser os cachorros, poderá dizer que dediquei pra ser editado e você editou por causa da dedicatória!), mais tarde o livro sairá um dia nas Obras Completas e então incluirá a dedicatória. Mas isso sempre me deixará desgostoso. Eu não é que deva esse livro a você, devo, mas eu queria que você sentisse no simples "A Rodrigo M. F. de Andrade", um sabor muito esclarecido e escolhido, e sendo de amizade verdadeira. Estava com tudo isto quase de cor pra lhe dizer bocoriamente aqui, mas quando chegou o momento fiquei tão amedrontado com o ambiente que ia ficar, que preferi deixar pra esta carta.

Ia pedir, mas afinal nem peço desculpa de não ter ido na Estação abraçar você, você compreende. Não iria por protocolo não: queria ir. Mas estava exausto com os fins finais do congresso, que pela primeira vez nele, não me deixei levar, escolhi um grupinho, com risco de ser indelicado. Mas pra ser mais eu e me expandir livremente. Eram os quatro vintanistas[i] que mais me dão o mistério, o insolúvel, mais me inquietam, mais me acaparam, mais amo: o Fernando Sabino e o Hélio, o Paulo e o Otto, do grupo dele. É que eu queria mesmo ir na Estação, se deu que chegando a hora de ir, lembrei de ir e quis ir. Menos quis que pretendi. Mas a vida estava tão alta e agradável que o seu bota-fora virara protocolo só. Se eu fosse não iria querendo bem você mas quase na presença dum rancor. Seria ofender você e me deixei ficar como devia e queria. É estranho como os homens são imperfeitos. Os amigos "do meu tempo" já

---

i Os quatro vintanistas: Fernando Sabino, Hélio Pellegrino, Paulo Mendes Campos e Otto Lara Resende. [LCF]

me atenazam porque eu só "estava com os mineiros", e parecia um "avô no meio dos meninos". E sempre as brincadeiras sempre desagradáveis do "mestre", "professor", discípulos... E ainda se fosse brincadeira só...

Deve ser difícil mesmo a gente aguentar o espetáculo de uma pessoa como eu, que vive minuto por minuto com uma intensidade e uma densidade absurda da vida do indivíduo na aceitação franca das suas tendências, sem nenhuma timidez ante a frouxeza e a flacidez das convenções. Isso é tão forte e decisório em mim que algumas frases ditas sobre mim e pra mim, através dos anos, não conseguem se desperdiçar no tecido da memória, se gravaram como prêmios justos e conseguidos com luta. Como aquela do Manuel verificando que eu, se amava, e amava demais, tinha uma incapacidade pra escolher, "tinha o amor do todo"; outra da Henriqueta Lisboa[i] descobrindo assustada a espontaneidade, a fatalidade da minha poesia mais voluntariosa e dirigida... Mais aquela do Paulo Prado,[ii] um dia num grupo estourando de supetão que "eu era o único brasileiro intelectual que ele conhecia, que levava inteira e exclusivamente, num ambiente impossível disso, uma vida de intelectual europeu". E, foi desagradável, ele hesitou e acrescentou: "Até nos seus divertimentos. Você é um monstro, Mário": Na verdade, Rodrigo, você não pode imaginar como vivi com uma prodigiosa intensidade, com uma monstruosa seriedade, o Congresso dos "Intelectuais". É certo que jamais me senti mais dentro da minha gente! Teve um instante, foi quando qualquer falador falou uma besteira, teve esse instante em que explodiu dentro da minha consciência a noção que aquele Congresso era um coroamento da "minha" carreira, da minha vida... Fiquei até com vergonha da imodéstia. Mas depois aceitei a ideia com toda a modéstia. Você não acha mesmo que sou eu, com toda essa assustadora sem-vergonhice vital, quem tem razão? Ou, melhor que razão, quem vive "mais"? No dia em que eu li pela primeira vez o "Noturno de Belo Horizonte"[iii] aqui em casa, no meio de todos esses paulistas escolados e desfibrados pela "discrição" social, de repente o grupo

---

[i] Grande voz da poesia brasileira contemporânea, Henriqueta Lisboa dedicou um dos seus mais extraordinários livros, *A face lívida* (1945), à memória de Mário de Andrade. [LCF]

[ii] O escritor e sociólogo Paulo Prado teve especial atuação na eclosão do Movimento Modernista e manteve, com Mário de Andrade, até a morte deste, relacionamento pautado pela amizade e pelo diálogo intelectual. [LCF]

[iii] O "Noturno de Belo Horizonte" foi incluído no livro *Clã do jabuti*. São Paulo: Ed. Piratininga, 1927. [LCF]

engrossou contra mim, e o Rubens Borba na frente, me apontando com o dedo... ameaçador, exclamou: Você acaba escrevendo letra pro Hino Nacional! (*avec l'assentiment des grands héliotropes...*) Eu meio que abaixei os olhos, falando de manso: "Pois, se precisar, escrevo mesmo". Dentro de mim havia um valor, um sabor de Joana D'Arc. A gente não precisa ser Joana D'Arc pra ter e preservar em si o sabor de Santa Joana.

Puxa, como eu estou me deixando escrever! Mas tenho mais um assunto, desculpe. Este é assunto mesmo. Desque você partiu levando o "meu" Jesuíno, me bateu uma consciência pavorosa de fracasso, de medo, de, enfim, de consciência na batata. A parte crítica não: estou mais ou menos bem sossegadinho, porque melhor não posso fazer. Só mesmo com conselhos de escolhidos, de você, do Lucio, eu posso anuir a consertos, e melhorar ou corrigir meu pensamento. A parte da biografia é que me atenaza, preciso reler, modificar. É preciso. Tive, com a fuga do livro pra aí, o que quer dizer que embora ainda não publicada, a obra principiou vivendo por si, sem minha autorização nem condescendência, tive a noção exata de que, se o tom ficção está certo pro caso, me deixei levar às vezes pra uma, como dizer, pra uma liberdosidade, uma licenciosidade literária, uma imodéstia no tratamento do tom. Sobretudo naquele refrão de Jesuíno tomar consciência de seu mulatismo, olhando na frente a mão mulata dele, pintando, tocando nos órgãos. É ter feito disso um refrão que tornou licenciosa a análise psicológica. Eu só podia fazer disso um refrão, se tratando de biografia histórica, se tivesse apoio bibliográfico. Como no caso do papagaio, no caso do remorso com as imagens etc., que são refrões apoiados na bibliografia. O caso da mão não tem esse apoio. Pode surgir, poderá, uma vez só, e então se justificaria literariamente, apoiado no marginalismo incontestável do homem, e apoiado na realidade do homem, por fatalidade profissional, pintor, tocador de órgão, ser obrigado a todo instante a estar enxergando a mão. Mas só. Vou no Rio em fins deste ou princípios de março. Levarei a bibliografia, os três desenhos que faltam, e combinaremos definitivo. Então quero modestizar mais a parte da vida, um pouco só, quase que apenas tirando o refrão da mão.

É só. Lembrança pra Graciema e o Rodrigo Luís.

E guarde o abraço amigo do

Mário

Rodrigo[i]
Contando o caso das Carmos ao Saia, diz ele que já fizera semelhante observação e até já falara comigo sobre. Paciência. É assim que a minha feliz memória me permite descobrir e inventar muitas coisas à custa da inteligência alheia.
Resta é o prazer, quase físico, do descobrimento, que esse não se tira.
Abraços
Mário

Rio de Janeiro, 12 de fevereiro de 1945

Meu caro Mário:
Aproveito esta segunda-feira de Carnaval para escrever a você com algum sossego a respeito do seu Jesuíno, que já é o nosso Jesuíno.
Apesar da trabalheira atrasada e de certa indisposição de saúde, terminei a leitura de seus originais na última sexta-feira e tratei logo de passá-los ao Lucio, empenhado em que ele os levasse para Correia, onde tinha de passar estes dias feriados e teria tempo suficiente para ler e anotar toda a monografia.
Quero, entretanto, transmitir a você o que me ocorreu, antes de trocar impressões com ele. Porque estou, francamente, possuído da maior e da mais emocionada admiração pelo seu trabalho. Não foi só a biografia do artista que me pareceu obra indiscutivelmente magistral e uma das coisas mais notáveis da sua prosa. Foi também a crítica da obra do Jesuíno, elaborada com uma sagacidade e uma força construtiva que, até agora, no Brasil, ninguém aplicou ainda a assunto de arte plástica. A qualidade e o poder da crítica são de tal ordem que chegou às vezes a dar pena de terem sido aplicadas a uma obra que talvez não merecesse estudo tão valioso. Entretanto, terminada a leitura, a conclusão que se impõe é a de o trabalho justificar plenamente tudo que você lhe deu, quer pela importância da personalidade do padre Jesuíno, quer pela originalidade e a significação nacional da obra do pintor paulista.
Graças à oportunidade providencial da viagem que fiz a São Paulo, pude aproveitar incomparavelmente melhor a leitura, do que se a tivesse

---

i Há menção ao assunto tratado com Luís Saia em carta de 27 de outubro de 1941. Apesar da ausência de datação deste bilhete, seguimos a edição do livro *Cartas de trabalho*, posicionando-o como um apenso a esta carta. [N. E.]

feito conhecendo as obras do padre apenas pelas fotografias. No entanto, já estou lamentando muito não poder voltar logo a Itu e à Carmo paulistana, para rever com outros olhos tudo o que você apurou e revelou na pintura do Jesuíno.

Assim que o Lucio me tiver devolvido os originais, pretendo relê-los e anotar algumas poucas objeções que me ocorreram a certos passos do texto, aliás sem nenhuma importância: — a respeito da significação de "frontal" e "frontão" relativamente a altares e outras coisinhas mínimas, além daquela imagem da *Miss* Caipira, creio que na conclusão, com a qual não pude simpatizar.

Quanto ao que é substancial na sua crítica, creio que não haverá nada de procedente a lhe opor, quer na parte de verificação de autoria, quer no tocante às etapas da evolução da obra do Jesuíno, ao caráter e ao valor de cada pintura e, finalmente, às suas decisivas *conclusões*.

Minha impressão, porém, tem o gravíssimo defeito de ser excessivamente leiga. A opinião do Lucio, no caso, é que interessa muito: ele deve estar, a esta hora, na intimidade do Jesuíno e ficou de registrar num bloco que lhe entreguei todas as observações que fizesse.[i] Espero, portanto, que no fim desta semana ou no princípio da outra já eu esteja habilitado a transmitir a você as notas dele, acompanhadas das pouquíssimas que me ocorreram. Logo em seguida, estou empenhado em providenciar no sentido de ser iniciada a impressão do volume. A esse propósito, quero consultar você desde já sobre a conveniência de fazermos a publicação nalguma tipografia paulista, não só para que você possa orientá-la e acompanhá-la mais de perto, mas também porque as tipografias daqui estão cada dia mais intoleráveis. Se lhe parecer acertado o alvitre, procure indagar quem é que poderia assumir a incumbência. Escolhida a empresa gráfica, haverá necessidade de escolher também o papel para o texto, as ilustrações e a capa, assentar definitivamente o número daquelas ilustrações e, finalmente, obter o orçamento do trabalho, com a tiragem de 2 mil exemplares do costume.

Desculpe a minha toada besta. Estou com uma perturbação extremamente desagradável no ouvido esquerdo e há vários dias que venho sentindo tonteiras etc.

---

[i] Lucio Costa viria a colaborar com a publicação póstuma do estudo, auxiliando o trabalho de edição chefiado por Rodrigo, para dispor as Notas e a Bibliografia que compunham a parte final da obra. Lucio fez ainda cinco desenhos para finalizar as conclusões de Mário a respeito da solução de Jesuíno para o traçado do nariz de figuras femininas e do pescoço de Cristo. [N. E.]

Muitas recomendações a sua mãe, por quem fiquei apaixonado. Saudades ao Saia, ao Zé Bento e aos outros amigos. Para você o abraço mais afetuoso do
Rodrigo

Rio de Janeiro, 14 de fevereiro de 1945

Querido Mário:
Já tinha escrito a você o que vai junto[i] quando recebi sua carta do dia 10, manifestando o propósito generoso de me dedicar o livro sobre o Jesuíno. Acrescento, portanto, este recado, que alinhavo na manhãzinha da quarta-feira de cinzas, depois de uma noite maldormida, para lhe dizer que a sua intenção me comoveu profundamente e que aceito a dedicatória tanto mais honrado quanto o livro me parece um dos mais admiráveis e importantes que você tem escrito.

No entanto, como ficará certamente esquisito que um volume da série das Publicações do Sphan seja dedicado ao respectivo diretor, talvez convenha que a dedicatória apareça somente na ocasião em que o livro for incluído na coleção da Martins das suas obras completas. Em todo caso, deixo a solução do problema ao seu próprio critério, sobretudo porque acho preferível imprimir o volume aí em São Paulo, sob as suas vistas.

Quanto às alterações que você ameaça fazer no texto da biografia do Padre, confesso-lhe que elas me angustiam. Já da outra vez, quando você me disse ter modificado em grande parte aquele texto, fiquei apavorado, pois tinha tido uma impressão admirável da versão primitiva. Felizmente, as emendas e acréscimos introduzidos por você não prejudicaram em nada aquela impressão, antes valorizaram ainda mais o trabalho. Mas, agora, será mesmo conveniente outra revisão? Você acha que precisa modificar alguma coisa? De minha parte, sinto que o que você chama de "licenciosidade", no texto, intensifica muito o sabor extraordinário da biografia. Não obstante, você decidirá o que for acertado.[ii]

---

[i] Carta adicionada e remetida no mesmo envelope da anterior. [N. E.]
[ii] Devido à viagem que fez a São Paulo na ocasião do I Congresso dos Escritores, apesar dos propósitos de Mário de retrabalhar o estudo — Rodrigo praticamente arrebatou a monografia do padre Jesuíno das mãos de seu autor, que invariavelmente corrigia, acrescentava e não

A última obra de Mário, publicada pelo Sphan em 1945.

    Conto com sua vinda no mês que vem para conversarmos. Antes disso, porém, hei de lhe transmitir a impressão do Lucio, que talvez hoje mesmo me devolva os originais.
    Muito e muito obrigado.
    Um abraço apertado do
    Rodrigo

considerava nunca pronto o seu trabalho. Rodrigo ficaria sem resposta a esta carta, escrita onze dias antes do falecimento de Mário.

MINISTÉRIO DA EDUCAÇÃO E SAÚDE
SERVIÇO DO PATRIMONIO HISTORICO E ARTISTICO NACIONAL

Rio, 14 de fevereiro 1945

Querido Mário

Já tinha escrito a você a carta que vai junto quando recebi sua carta do dia 10, manifestando o propósito generoso de me dedicar o livro sobre o Jesuíno. Agradecendo, portanto, êsse recado, que alinhavei na manhã cinzenta de quinta-feira, de cinzas, depois de uma noite mal dormida, para lhe dizer que a sua intenção me emocionou profundamente e que aceito a dedicatória tanto mais honrado quanto o livro me parece um dos mais admiráveis e importantes que você tem escrito.

No entanto, sua dedicatória certamente exigirá que um volume da série de Publicações do SPHAN seja dedicado ao respectivo diretor. Talvez convenha que a dedicatória apareça sómente na outra edição em que o livro for incluído na coleção de Reuniões das suas obras completas. Em todo caso, deixo a solução do problema ao seu próprio critério, sobretudo porque acho impossível o volume aí em São Paulo, sob as suas vistas.

Quanto às alterações que você aconselha fazer no texto da biografia do Pedro, confesso-lhe que elas me angustiaram. Já de outra vez, quando você me tinha modificado em grande parte aquele texto, e que aprovado, sobre feito tive uma impressão admirável do seu ótimo critério. Felizmente, as emendas e acréscimos introduzidos por você não prejudicaram em nada aquele impressão, antes valorizaram ainda mais o trabalho. Mas, agora, será mesmo conveniente outra revisão? Você acha que precisa modificar alguma coisa? De minha parte, digo-lhe que o que você chama de "decrescimento" nos finais, intensifica muito o sabor extraordinário da biografia. Não obstante, vou decidir o que for acertado.

Conte com uma visita ao mês que vem por cá conversarmos. Outro dia, precisando-lhe de lhe transmitir a impressão do Lúcio, que falando hoje mesmo me devolve os originais.

Muito, muito obrigado.
Um abraço afetuoso do
Rodrigo

CASA
ANTERO
MATOS
CARVALHO BRANCO & CIA.

compre aqui
LÂMPADAS PHILIPS

MACARRÃO
E
MASSAS
MARILÚ
E
PETYBOM
CEVADINHA
BISCOITOS
DUCHEN

UVAS
MAÇÃS
E
PERAS
BANANA
SECA

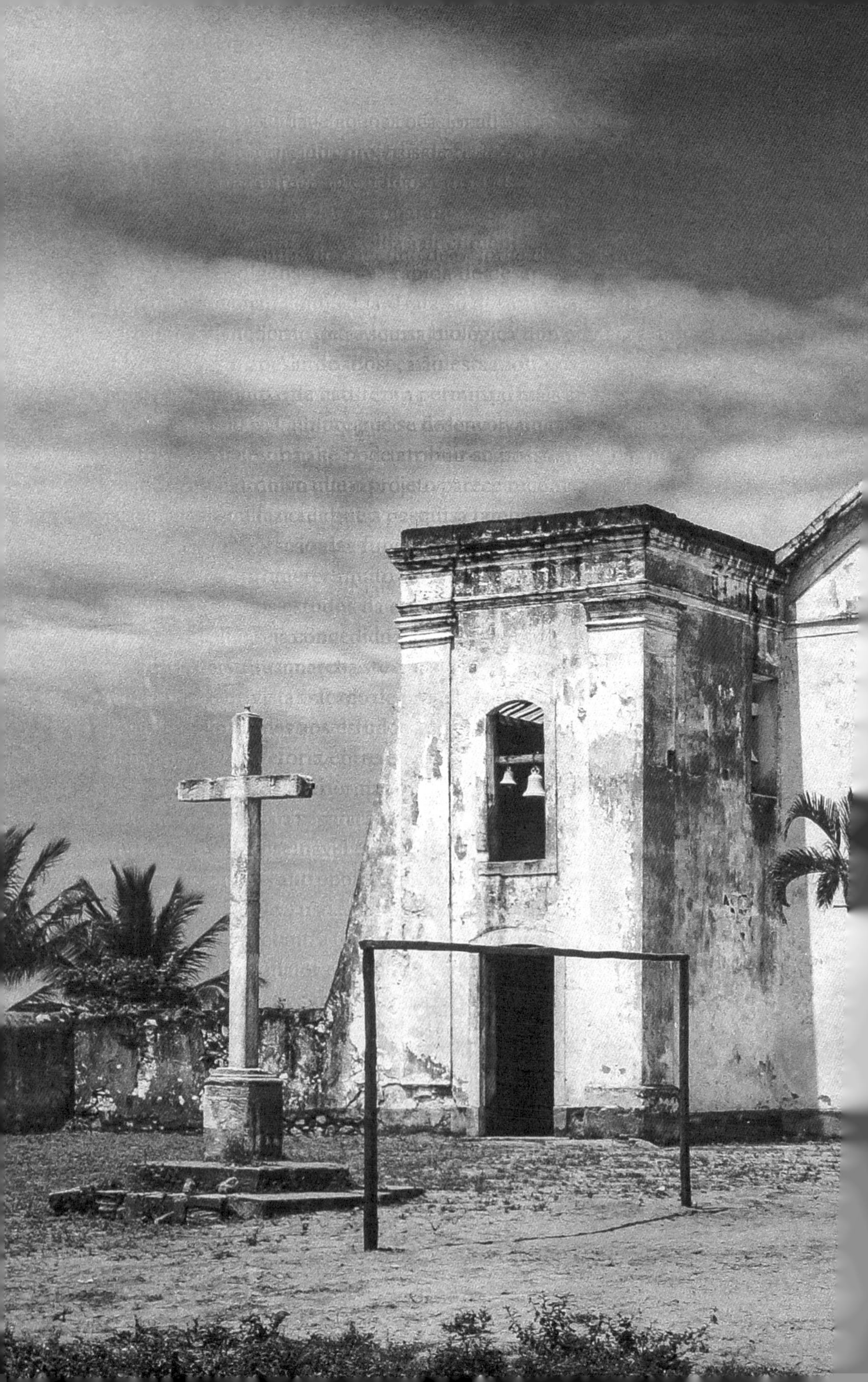

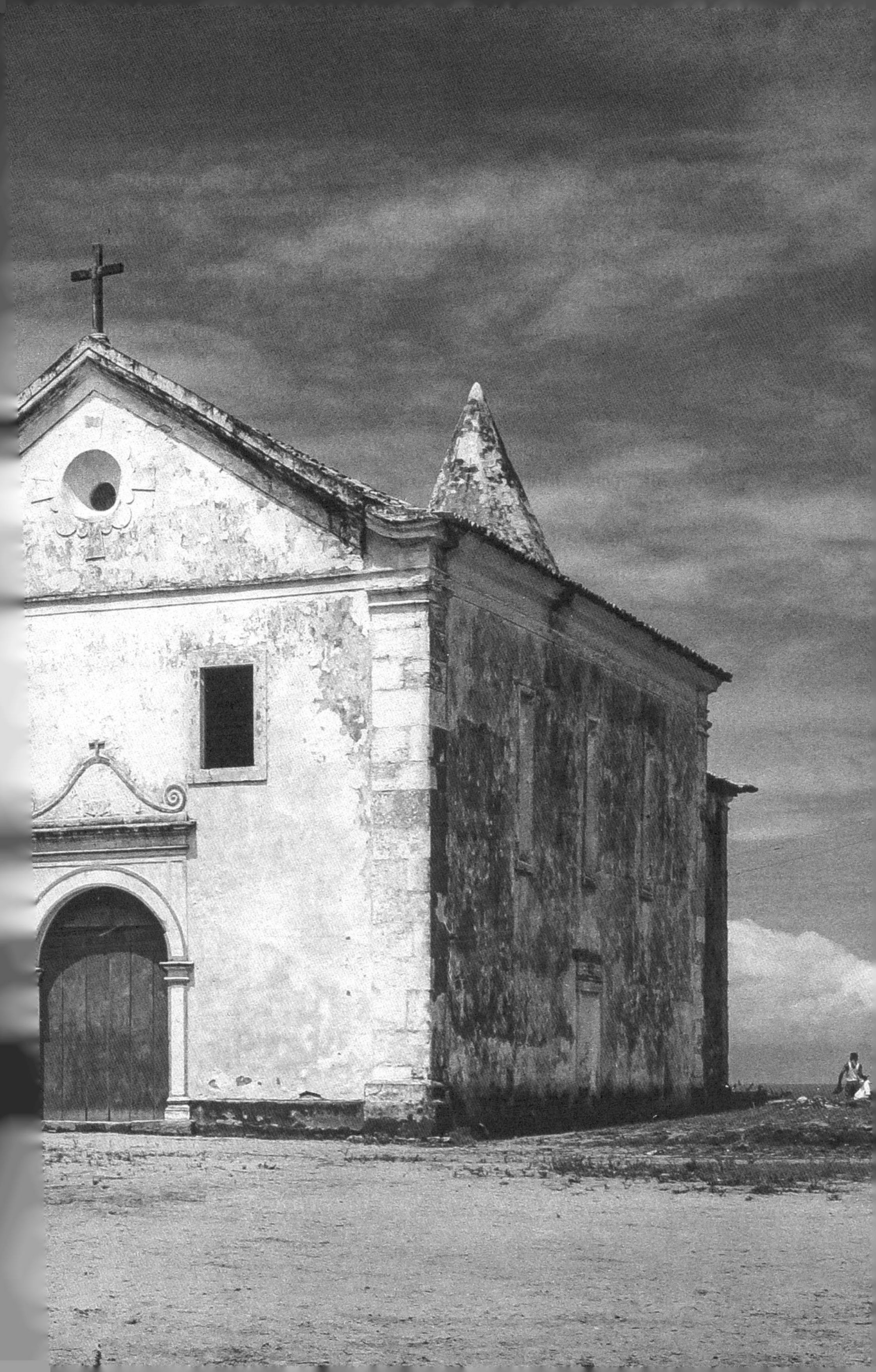

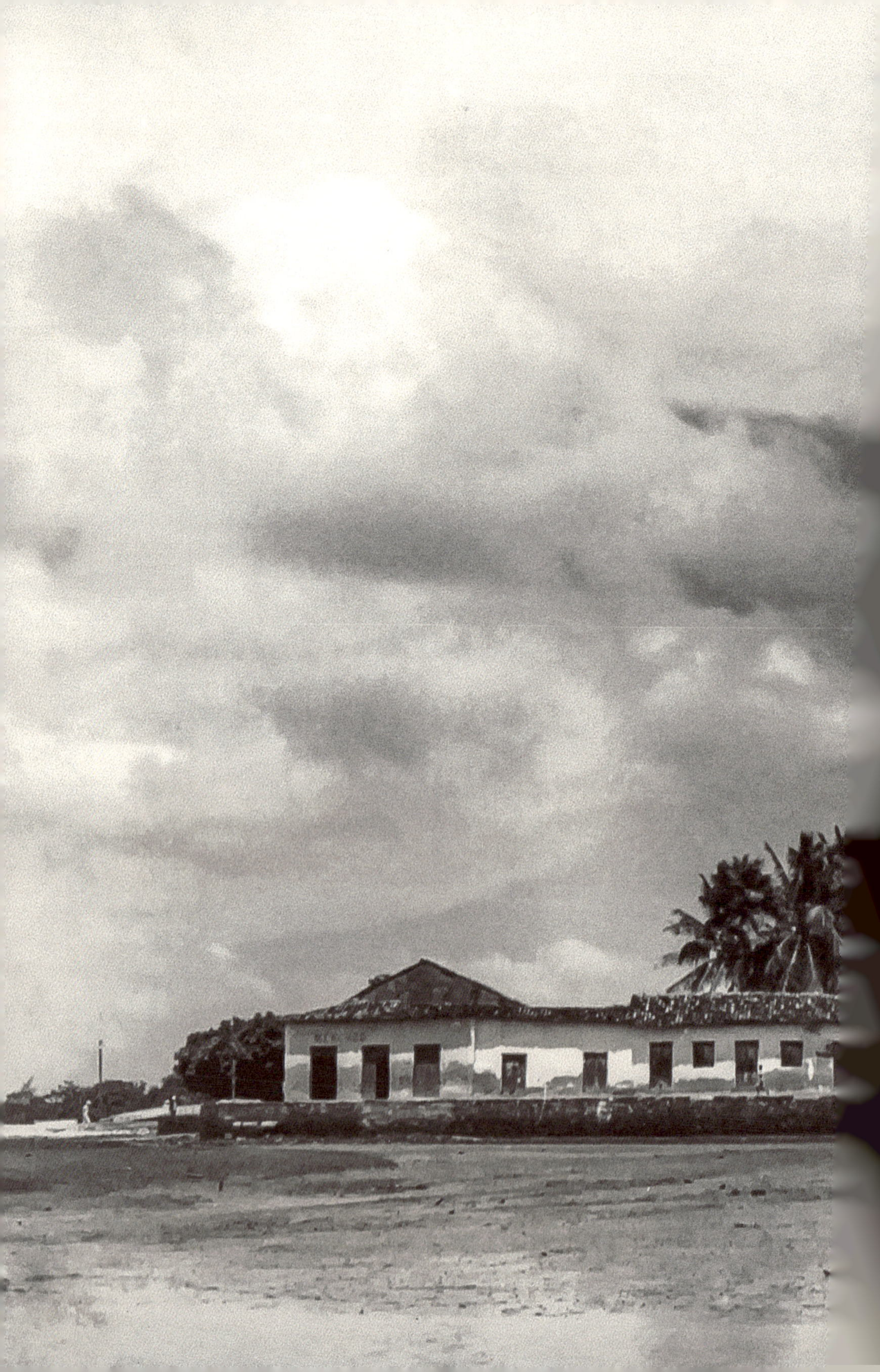

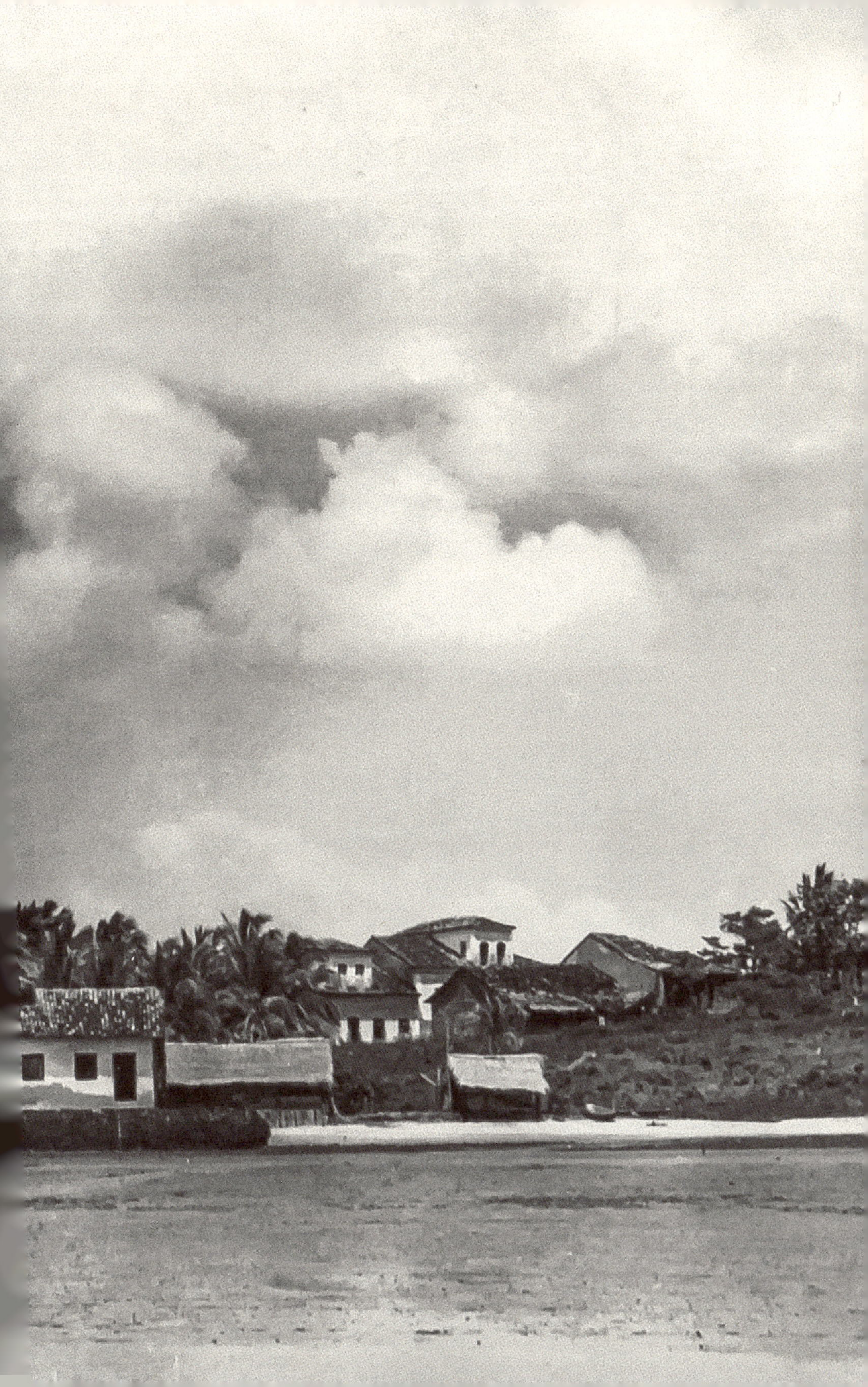

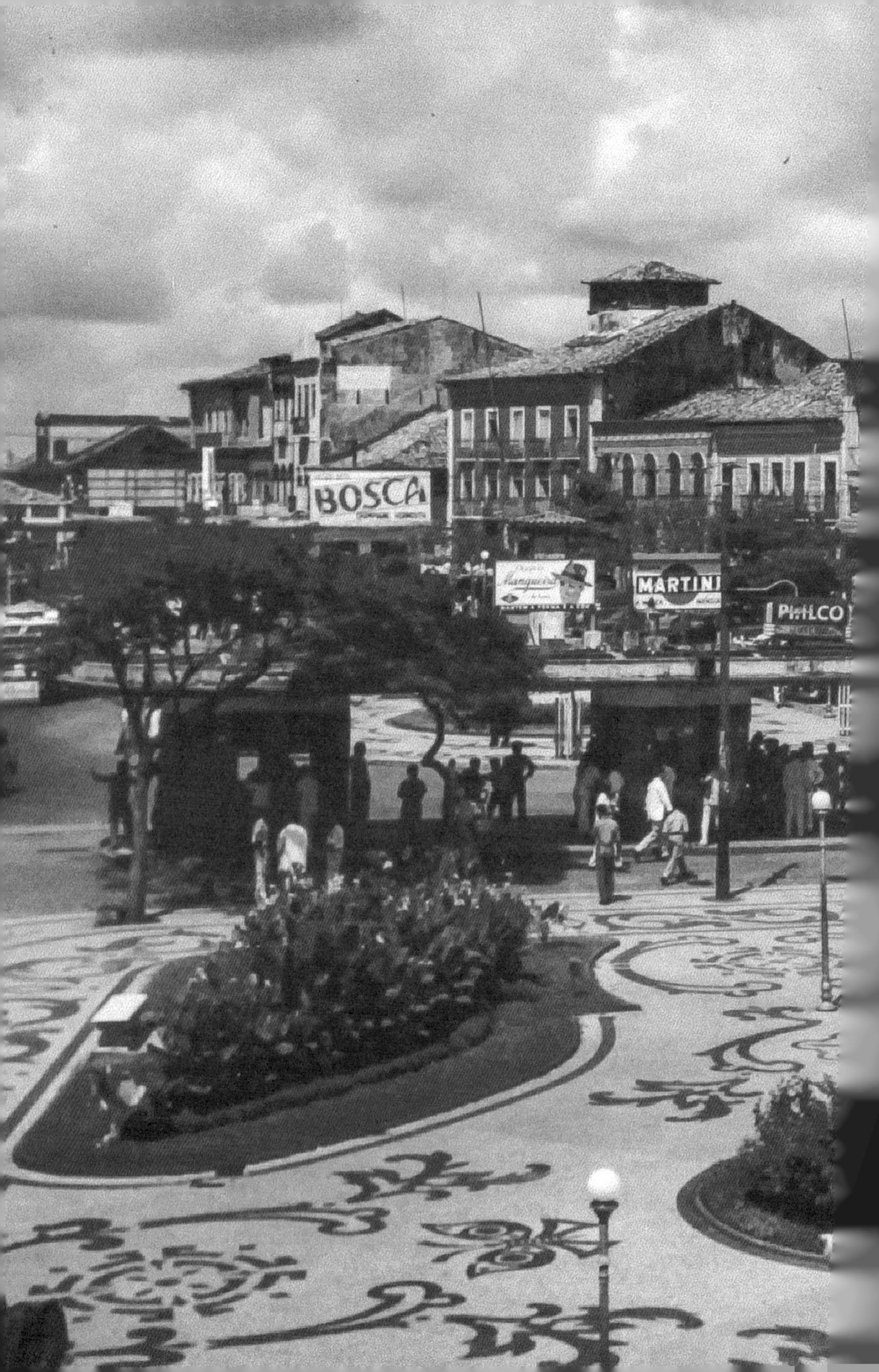
BOSCA
MARTINI
PHILCO

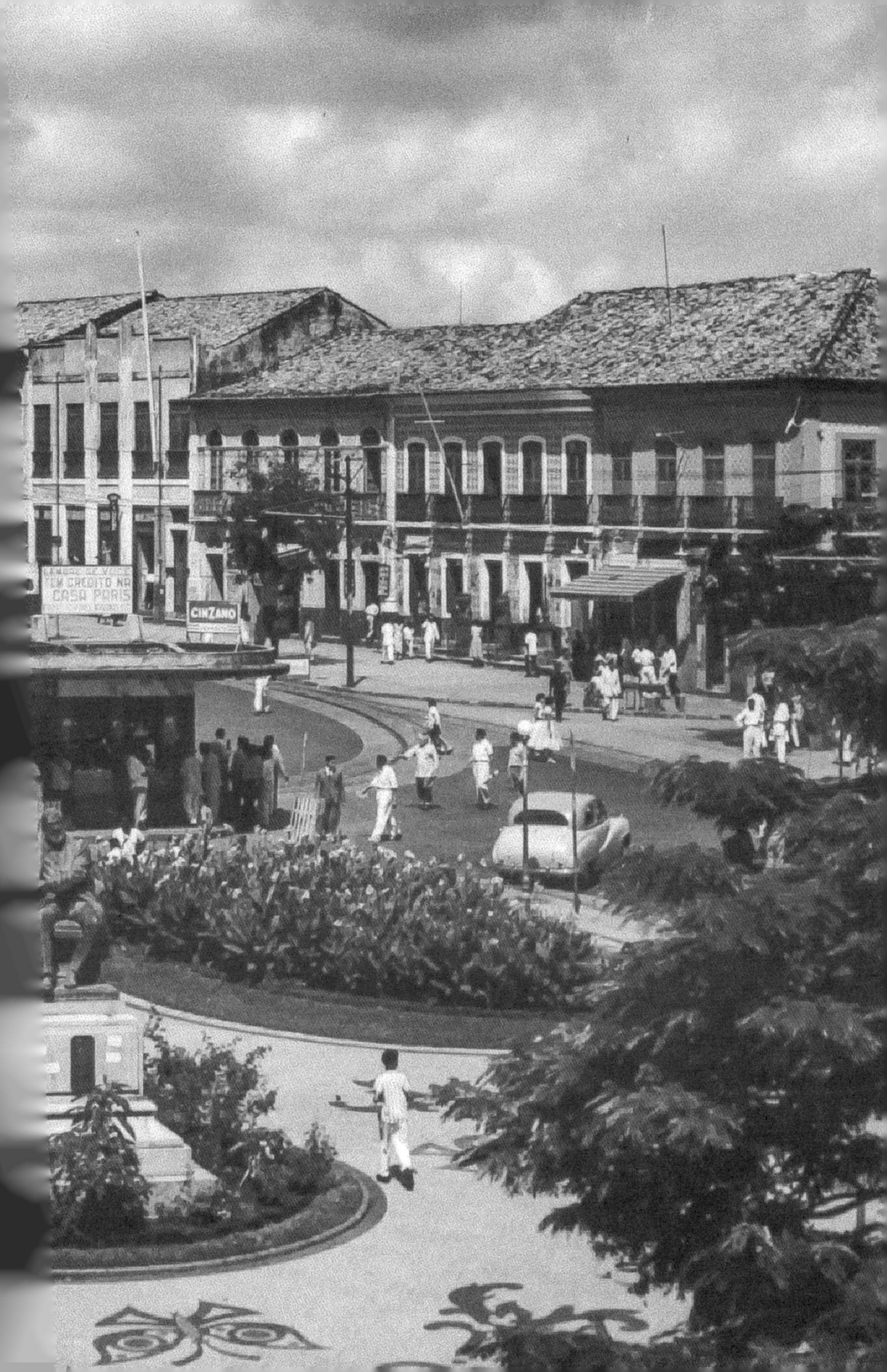
CASA PARIS
CINZANO

[Overlapping typewritten document fragments]

...to geral do patri-
...necessárias pa-
...do patrimô-
...ervação
...imô.
...tem por
...defender,
...outras
...ens, por outro,
...ditos (antropolo-
...justificativa de mo-
...o Museu Nacional, só lhe
...elasticidade administrativa
...dos métodos correntes na sciên-
...poderia e deveria ser concedido aos
...useu Nacional.

..., DE 30 DE NOVEMBRO...
...iza a proteção do patrimônio...
...cional.
...Estados Unidos do Brasil, usa...
... da Constituição, decreta:

...TÍSTICO NACIONAL
... artístico
... país e
... o a f...
...valor

Rio de Janeiro, 9

Carta de D. He...

Mello Franco de Andrade

...re amigo Dr. Rodrigo Mello Franco de And...
Junto devolvo-lhe o projecto d... "Serviço do Patrimôn...
e "Artístico Nacional", elabora... osso amigo Mário de...
Cabe-me agradecer-lhe a ho... dizer-lhe com t...
queza o meu modo de v... assegurar que, a
o projecto, só t... dos estudos et...
cos e o maio... ções culturais
advir p... ...ográficos
... ...tos anos
... ...ualquer

*Trabalho de Mário de Andrade,
feito a pedido do Ministro da Educação, Gustavo Capanema.*

A.N.
IVO

DO MINISTRO

PREFEITURA DO MUNICIPIO DE S.PAULO
DEPARTAMENTO DE CULTURA E DE RECREAÇÃO

Serviço do Patrimônio Artístico Nacional

CAP. I

...lidade : – O Serviço do Patrimônio Artístico Nacional, tem por
objetivo determinar, organizar, conservar, defender,
e propagar o patrimônio artístico nacional.
...te: ...organizar o tombamento geral do patri-
...onal;
...didas necessárias pa
...do Patrimô-

Apêndice

seu valor históric...

rte erudita nacional (5)

Incluem-se nesta categoria todas e quaisquer [...] de arte, de artistas nacionais já mortos, e [...] tistas vivos, as obras-de-arte que sejam pro[...] deres públicos, ou sejam reputadas "de méri[...]

São condições para que uma obra-de-arte de [...] nal vivo seja reputada "de merito naciona[...]

1 - Ter a obra conquistado ao artista qualque[...] gundo premio no ano final de curso em es[...] Belas Artes.

2 - Ter a obra conquistado ao artísti qualq[...] meiro premio em exposições coletivas o[...] res públicos.

3 - Ter a obra conquistado o título acima [...] quintos de votação completa do Consel[...] A.N.

Da Arte Erudita Estrangeira (6)

Incluem-se nesta categoria todas e [...] pura de artistas estrangeiros que [...] blicos ou sejam reputadas "de me[...]

que um artista estrangeiro seja [...]

1 - Figurar o artista em "História [...]

2 - Figurar o artista em museus of[...]

3 - No caso do artista ainda esta[...] das duas condições anteriore[...] tro quintos de votação compl[...] A.N. (7)

Anteprojeto de criação do Serviço do Patrimônio Artístico Nacional

Mário de Andrade
São Paulo, 24 de março de 1936

CAPÍTULO I

Finalidade: O Serviço do Patrimônio Artístico Nacional tem por objetivo determinar, organizar, conservar, defender e propagar o patrimônio artístico nacional.

Ao Span compete:

I. determinar e organizar o tombamento geral do patrimônio artístico nacional;

II. sugerir a quem de direito as medidas necessárias para conservação, defesa e enriquecimento do patrimônio artístico nacional;

III. determinar e superintender o serviço de conservação e de restauração de obras pertencentes ao patrimônio artístico nacional;

IV. sugerir a quem de direito, bem como determinar dentro de sua alçada, a aquisição de obras para enriquecimento do patrimônio artístico nacional;

V. fazer os serviços de publicidade necessários para propagação e conhecimento do patrimônio artístico nacional.

CAPÍTULO II

Patrimônio Artístico Nacional

Definição: Entende-se por Patrimônio Artístico Nacional todas as obras de arte pura ou de arte aplicada, popular ou erudita, nacional ou estrangeira, pertencentes aos poderes públicos, a organismos sociais e a particulares nacionais, a particulares estrangeiros, residentes no Brasil.

Ao Patrimônio Artístico Nacional pertencem:

I. Exclusivamente as obras de arte que estiverem inscritas, individual ou agrupadamente, nos quatro livros do tombamento adiante designados.

Estão excluídas do Patrimônio Artístico Nacional:

I. As obras de arte pertencentes às representações diplomáticas estrangeiras aqui acreditadas e as que adornam quaisquer veículos pertencentes a empresas estrangeiras, que façam carreira no Brasil;

II. as obras de arte estrangeira, pertencentes a casas de comércio de objetos de arte;

III. as obras de arte estrangeira, vindas para exposições comemorativas, educativas ou comerciais;

IV. as obras de arte estrangeira, importadas expressamente por empresas estrangeiras para adorno de suas repartições.

Distinções:

I. As obras de arte nacional pertencentes a casas de comércio de objetos de arte sujeitam-se também a tombamento, não podendo sair mais do país as que forem tombadas;

II. as obras de arte tombadas, pertencentes a particulares, poderão, por qualquer processo de transação, mudar de proprietário, desde que esta mudança não implique possibilidade de saírem do país;

a) em quaisquer casos de venda de obras de arte tombadas, o Span, pelo Governo Federal, e os poderes públicos do estado em que a obra de arte residir terão direito de opção na compra, pelo mesmo preço;

III. as obras de arte nacional ou estrangeira vindas para exposições terão alvará de licença para livre trânsito, fornecido pelo Conselho Fiscal do Span;

IV. estão no mesmo caso do número anterior, as obras de arte importadas para adorno de suas repartições, por empresas estrangeiras, mediante declaração expressa destas.

OBRA DE ARTE PATRIMONIAL

Definição: Entende-se por obra de arte patrimonial, pertencente ao Patrimônio Artístico Nacional, todas e exclusivamente as obras que estiverem inscritas, individual ou agrupadamente, nos quatro livros de tombamento. Essas obras de arte deverão pertencer pelo menos a uma das oito categorias seguintes:

1. Arte arqueológica;
2. Arte ameríndia;
3. Arte popular;
4. Arte histórica;
5. Arte erudita nacional;
6. Arte erudita estrangeira;
7. Artes aplicadas nacionais;
8. Artes aplicadas estrangeiras.

Das artes arqueológica e ameríndia (1 e 2). Incluem-se nestas duas categorias todas as manifestações que de alguma forma interessem à Arqueologia em geral e particularmente à arqueologia e etnografia ameríndias.

Essas manifestações se especificam em:

a) Objetos: fetiches; instrumentos de caça, de pesca, de agricultura; objetos de uso doméstico; veículos, indumentária etc. etc.;

b) Monumentos: jazidas funerárias; agenciamento de pedras; sambaquis, litógrifos de qualquer espécie de gravação etc.;

c) Paisagens: determinados lugares da natureza, cuja expansão florística, hidrográfica ou qualquer outra foi determinada definitivamente pela indústria humana dos Brasis, como cidades lacustres, canais, aldeamentos, caminhos, grutas trabalhadas etc.;

d) Folclore ameríndio: vocabulários, cantos, lendas, magias, medicina, culinária ameríndias etc.

Da arte popular (3). Incluem-se nesta terceira categoria todas as manifestações de arte pura ou aplicada, tanto nacional como estrangeira, que de alguma forma interessem à Etnografia, com exclusão da ameríndia.

Essas manifestações podem ser:

a) Objetos: fetiches, cerâmica em geral, indumentária etc.;

b) Monumentos: arquitetura popular, cruzeiros, capelas e cruzes mortuárias de beira-estrada, jardins etc.;

c) Paisagens: determinados lugares agenciados de forma definitiva pela indústria popular, como vilejos lacustres vivos da Amazônia, tal morro do Rio de Janeiro, tal agrupamento de mocambos no Recife etc.;

d) Folclore: música popular, contos, histórias, lendas, superstições, medicina, receitas culinárias, provérbios, ditos, danças dramáticas etc.

Da arte histórica (4). Incluem-se nesta categoria todas as manifestações de arte pura ou aplicada, tanto nacional como estrangeira, que de alguma forma refletem, contam, comemoram o Brasil e a sua evolução nacional.

Essas manifestações podem ser:

a) Monumentos (Há certas obras de arte arquitetônica, escultórica, pictórica que, sob o ponto de vista de arte pura, não são dignas de admiração, não orgulham a um país nem celebrizam o autor delas. Mas, ou porque fossem criadas para um determinado fim que se tornou histórico — o forte de Óbidos, o dos Reis Magos — ou porque se passaram nelas fatos significativos da nossa história — a Ilha Fiscal, o Palácio dos Governadores em Ouro Preto — ou ainda porque viveram nelas figuras ilustres da nacionalidade — a casa de Tiradentes em São João del-Rei, a casa de Rui Barbosa — devem ser conservadas tais como estão, ou recompostas na sua imagem "histórica".): ruínas, igrejas, fortes, solares etc. Devem pela mesma qualidade "histórica" ser conservados exemplares típicos das diversas escolas e estilos arquitetônicos que se refletiram no Brasil. A data para que um exemplar típico possa ser fixado: de 1900 para trás, por exemplo, ou de cinquenta anos para trás;

b) Iconografia nacional: todo e qualquer objeto que tenha valor histórico, tanto um espadim de Caxias, como um lenço celebrando o 13 de Maio. Pode ser considerado "histórico", para fins de tombamento, o objeto que conservou seu valor evocativo depois de trinta anos;

c) Iconografia estrangeira referente ao Brasil: gravuras, mapas, porcelanas etc. etc., referentes à entidade nacional em qualquer dos seus aspectos, História, Política, costumes, Brasil, natureza etc.;

d) Brasiliana: todo e qualquer impresso que se refira ao Brasil, de 1850 para trás. Todo e qualquer manuscrito referente ao Brasil, velho de mais de trinta anos, se inédito, e de cem anos, se estrangeiro e já publicado por meios tipográficos;

e) Iconografia estrangeira referente a países estrangeiros: incluem-se nesta categoria objetos que tenham conservado seu valor histórico universal de cinquenta anos para trás.

Da arte erudita nacional (5). Incluem-se nesta categoria todas e quaisquer manifestações de arte, de artistas nacionais já mortos, e também dos artistas vivos, as obras de arte que sejam propriedade de poderes públicos, ou sejam reputadas "de mérito nacional". São condições para que uma obra de arte de artista nacional vivo seja reputada "de mérito nacional":

1. ter a obra conquistado ao artista qualquer primeiro ou segundo prêmio no ano final de curso em escolas oficiais de belas-artes;

2. ter a obra conquistado ao artista qualquer espécie de primeiro prêmio em exposições coletivas organizadas pelos poderes públicos;

3. ter a obra conquistado o título acima referido por quatro quintos de votação completa do Conselho Consultivo do Span.

Da arte erudita estrangeira (6). Incluem-se nesta categoria todas e quaisquer obras de arte pura de artistas estrangeiros que pertençam aos poderes públicos ou sejam reputadas "de mérito". São condições para que um artista estrangeiro seja reputado "de mérito":

1. figurar o artista em Histórias da Arte Universais;

2. figurar o artista em museus oficiais de qualquer país;

3. no caso de o artista ainda estar vivo e não preencher nenhuma das duas condições anteriores, conquistar o título por quatro quintos de votação completa do Conselho Consultivo do Span.

Das artes aplicadas nacionais (7). Incluem-se nesta categoria todas as manifestações de arte aplicada (móveis, torêutica, tapeçaria, joalheria, decorações murais etc.) feita por artista nacional já morto, ou de importação nacional do Segundo Império para trás. Inclui-se ainda, dos artistas nacionais vivos, toda e qualquer obra de arte aplicada que pertença aos poderes públicos.

Das artes aplicadas estrangeiras (8). Inclui-se nesta categoria toda e qualquer obra de arte aplicada de artista estrangeiro, que figure em Histórias da Arte e museus universais.

LIVROS DE TOMBAMENTO E MUSEUS

O Span possuirá quatro livros de Tombamento e quatro Museus, que compreenderão as oito categorias de artes acima discriminadas. Os livros de tombamento servirão para neles serem inscritos os nomes dos artistas, as coleções públicas e particulares, e individualmente as obras de arte que ficarão oficialmente pertencendo ao patrimônio artístico nacional. Os museus servirão para neles estarem expostas as obras de arte colecionadas para cultura e enriquecimento do povo brasileiro pelo Governo Federal. Cada museu terá exposta, no seu saguão de entrada, bem visível, para estudo e incitamento do público, uma cópia do Livro de Tombamento das artes a que ele corresponde. Eis a discriminação dos quatro livros de tombamento e dos museus correspondentes:

1. Livro de Tombo Arqueológico e Etnográfico, correspondente às três primeiras categorias de artes, arqueológica, ameríndia e popular;

2. Livro de Tombo Histórico, correspondente à quarta categoria, arte histórica;

3. Livro de Tombo das Belas Artes/ Galeria Nacional de Belas Artes, correspondentes às quinta e sexta categorias, arte erudita nacional e estrangeira;

4. Livro de Tombo das Artes Aplicadas/ Museu de Artes Aplicadas e Técnica Industrial, correspondentes às sétima e oitava categorias, artes aplicadas nacionais e estrangeiras.

DISCUSSÕES

Primeira objeção: Objetos há que pertencem a mais de uma categoria: em que livro de tombamento inscrevê-los e, se pertencentes ao Governo Federal, em que museu colocá-los?

Resposta: Estas dúvidas existirão sempre e são próprias exclusivamente das mentalidades sem energia. É um simples caso de adoção de critérios preliminares. Basta que tais critérios sejam idôneos, razoáveis, não será necessário que eles decidam problemas estéticos insolúveis. Que critérios preliminares poderão ser adotados? Por exemplo:

1. Objeto que seja ao mesmo tempo histórico e de real valor artístico (a Casa dos Contos; o livro de Debret etc.) será tombado pelo valor histórico. Excetuam-se naturalmente quadros ou esculturas que tomaram por tema um assunto histórico, mas que são evocativos e não reprodutores do real (*O grito do Ipiranga* de Pedro Américo; a *Partida da monção* de Almeida Júnior);

2. Nas manifestações artísticas que ainda e sempre se discutirá se são de arte pura ou arte aplicada, fixar discricionariamente um critério qualquer, o mais geralmente seguido: colocar, por exemplo, a Arquitetura entre as belas-artes; colocar a pintura mural, em qualquer dos seus processos, também entre as belas-artes; a Numismática toda entre as artes aplicadas e da mesma forma toda a cerâmica, com exceção única das estátuas possíveis em tamanho natural, para jardins.

Segunda objeção: Um objeto histórico pertencente à atual Escola Nacional de Belas Artes, ou um quadro de Taunay pertencente ao atual Museu Histórico só porque pertenceu a D. João VI, devem então mudar de museu ou permanecer onde estão?

Resposta: Está claro, a meu ver, que o objeto histórico que está na Escola Nacional de Belas Artes deverá ir para o Museu Histórico, e acho que o quadro de Taunay deverá ficar onde está. Simplesmente porque D. João VI tem muito maior valor histórico que Taunay artístico, *pra nós*. Já se o quadro fosse de Rafael, de Rembrandt, de Delacroix, gênios universais, o quadro deveria ir para a Galeria de Belas Artes. Apenas se ajuntaria, ao seu título, a designação de seu acidental valor histórico.

Terceira objeção: Como fazer-se um livro de tombo único para reunir várias categorias de artes, como o primeiro, por exemplo, que reúne a Arqueologia desde os povos pré-históricos, cerâmica marajoara e pedras esculpidas dos astecas, a Etnografia Ameríndia e a Etnografia nacional e estrangeira?

Resposta: Um livro pode ter vários volumes. Faça-se um volume para a Arqueologia, outro para a Etnografia Ameríndia, outro para a Etnografia Brasileira, outro para a Etnografia Universal. Sou de opinião, ainda, que mesmo a parte arqueológica da etnografia ameríndia deverá ser reunida a esta e não à arqueologia universal, para obter-se maior unidade.

Quarta objeção: Por que o quarto museu é chamado Museu de Artes Aplicadas e Técnica Industrial? Então a técnica industrial é uma arte?

Resposta: Arte é uma palavra geral, que neste seu sentido geral significa a habilidade com que o engenho humano se utiliza da ciência, das coisas e dos fatos. Isso foi aproveitado para preencher uma feia lacuna do sistema educativo nacional, a meu ver, que é a pouca preocupação com a educação pela imagem, o sistema talvez mais percuciente de educação. Os livros didáticos são horrorosamente ilustrados; os gráficos, mapas, pinturas das paredes das aulas são pobres, pavorosos e melancolicamente pouco incisivos; o teatro não existe no sistema escolar; o cinema está em três artigos duma lei, sem nenhuma ou quase sem nenhuma aplicação. Aproveitei a ocasião para lembrar a criação dum desses museus técnicos que já estão se espalhando regularmente no mundo verdadeiramente em progresso cultural. Chamam-se hoje mais ou menos universalmente assim os museus que expõem os progressos de construção e execução das grandes indústrias, e as partes de que são feitas, as máquinas inventadas pelo homem. São museus de caráter essencialmente pedagógico. Os modelos mais perfeitos geralmente citados são o Museu Técnico de Munique e o Museu de Ciência e Indústria de Chicago. Imagine-se a "Sala do Café", contendo documentalmente desde a replanta nova, a planta em flor, a planta em grão, a apanha da fruta; a lavagem, secagem, os aparelhos de beneficiamento, desmontados, com explicação de todas as suas partes e funcionamento; o saco, as diversas qualidades de café beneficiado, os processos especiais de exportação, de torrefação e de manufatura mecânica (com máquinas igualmente desmontadas e explicadas) da bebida e enfim a xícara de café. Grandes álbuns fotográficos com fazendas, cafezais, terreiros, colônias, os portos cafeeiros; gráficos estatísticos, desenhos comparativos, geográficos etc. etc. Tudo o que a gente criou sobre o café, de científico, de técnico, de industrial, reunido numa só sala. E o mesmo sobre algodão, açúcar, laranja, extração do ouro, do ferro, da carnaúba, da borracha; o boi e suas indústrias, a lã, o avião, a locomotiva, a imprensa etc. etc.

PUBLICIDADE

O Span deverá ter necessariamente, pertencente ao seu próprio organismo, um serviço de publicidade. Em que consistirá essa publicidade?

1º) Na publicação dos quatro livros do tombo, assim que estes estiverem em dia, e na publicação anual de seus suplementos. Os livros do tombo devem ser publicados. Além de indispensáveis aos estudiosos, têm valor moral de incitamento à cultura e à aquisição de obras de arte.

2º) Na publicação da *Revista do Span*. A revista é indispensável como meio permanente de propaganda, e força cultural. Nela serão gradativamente reproduzidas também as obras de arte pertencentes ao patrimônio artístico nacional. Nela serão publicados os estudos técnicos, as críticas especializadas, as pesquisas estéticas, e todo o material folclórico do país.

3º) Na publicação de livros, de monografias com estudos biográficos, críticos, técnicos, descritivos, comparativos, dos autores, coleções e obras individualmente tombadas; catálogos dos quatro museus federais e outros regionais pertencentes aos poderes públicos; cartazes e folhetos de propaganda turística.

CAPÍTULO III
Organismo do Span

I. DIRETORIA
Definição: A Diretoria é o órgão gerador de todo o Serviço do Patrimônio Artístico Nacional. A diretoria compõe-se dum diretor diretamente subordinado ao ministro da Educação, e dos quatro chefes dos museus. O diretor terá voto decisório nas votações.

A Diretoria faz também os serviços da chefia da Seção dos Museus e da chefia da Seção de Publicidade, serviços que a ela diretamente competem.

O Gabinete da Diretoria compor-se-á dum secretário, dois datilógrafos, um contínuo e um servente, e quantos intérpretes guias (contratados) forem necessários.

II. CONSELHO CONSULTIVO
A Diretoria é assistida dum Conselho Consultivo composto de cinco membros fixos e vinte membros móveis. O Conselho Consultivo é presidido pelo diretor do Span que será um dos cinco membros fixos e terá voto de desempate. Os outros quatro membros fixos serão os quatro chefes dos museus. Para os vinte membros móveis serão escolhidos:

2 historiadores;
2 etnógrafos;
2 músicos;
2 pintores;
2 escultores;
2 arquitetos;
2 arqueólogos;
2 gravadores (artistas gráficos, medalhistas etc.);
2 artesãos (decoradores, ceramistas etc.);
2 escritores (de preferência críticos de arte).

a) Os membros móveis do Conselho Consultivo exercerão seus cargos *pro honore* em reuniões mensais, avisadas com antecedência de três dias e com a presença mínima de dez conselheiros móveis, três chefes de museus e do diretor.

b) as reuniões, e os casos excepcionais que exijam a votação completa dos 25 membros do Conselho Consultivo, podem ser realizadas por correspondência, dando os conselheiros o seu voto por escrito.

c) O Conselho Consultivo será renovado anualmente de dez dos seus membros móveis; sendo pois que, de início, um membro (o mais velho) de cada par terá apenas um ano de exercício. A todos os outros membros móveis caberá dois anos de exercício, não podendo nenhum membro ser reeleito sem o descanso de dois anos.

d) Cada par móvel do Conselho Consultivo será escolhido de forma a conter um representante com mais de quarenta anos de idade e outro com menos de quarenta, de preferência, um do par representando as ideias acadêmicas e outro as ideias renovadoras.

III. CHEFIA DO TOMBAMENTO

Definição: O Tombamento é o órgão organizador e catalogador do patrimônio artístico nacional. É dirigido pelo próprio diretor do Span e lhe compete determinar, com exposição de motivos, as obras a serem inscritas nos quatro livros de tombamento. A chefia do Tombamento, além do diretor, compõe-se de um arqueólogo, de um etnógrafo, dum historiador e dum professor de história da arte. Formam o gabinete da chefia do tombamento um secretário, dois contínuos, um servente e tantos datilógrafos quantos forem necessários ao serviço.

a) A Chefia do Tombamento fará diretamente o tombamento do Distrito Federal.

b) A Chefia do Tombamento organizará os quatro livros do tombo, os catálogos gerais e os catálogos particulares.

c) A Chefia do Tombamento é assistida de tantas Comissões Regionais de Tombamento quantos os estados do Brasil.

d) As Comissões Regionais, residentes nas capitais dos estados, serão compostas de um chefe com voto de desempate, e mais um arqueólogo, um etnógrafo, um historiador e um professor de história da arte. (Alguns destes membros, em último caso, por não existirem talvez em certas capitais, arqueólogos ou historiadores especialistas de arte, podem ser substituídos por literatos, pintores, músicos etc.)

e) As Comissões Regionais poderão exercer seu cargo *pro honore*.

Nota: Talvez seja preferível fixar-lhes ordenado, que poderá, quem sabe? ser pago pelos estados. Neste caso não se deverá fixar o ordenado, deixando este à decisão dos governos estaduais, pois as condições de pagamento do intelectual diferem enormemente de estado para estado. Ou então poderá fixar-se um ordenado puramente de honra, pago pelo Governo Federal.

f) As Comissões Regionais têm por finalidade escolher as obras dos seus estados respectivos que devam ser atingidas pelo Span e propor, à Chefia do Tombamento central, a inscrição dessas obras num dos quatro livros do Tombo. A função das Comissões Regionais (que para alguns estados será talvez deficiente) não é pois decisória. Só a Chefia do Tombamento central é que decide quais as obras a serem tombadas.

g) Cada obra a ser tombada terá sua proposta feita pela Comissão Regional competente acompanhada dos seguintes requisitos:

1. Fotografia, ou várias fotografias;

2. Explicação dos caracteres gerais da obra, tamanho, condições de conservação etc.;

3. Quando possível, nome do autor e biografia deste;

4. Datas;

5. Justificação de seu valor arqueológico, etnográfico ou histórico no caso de pertencerem a uma destas categorias;

6. No caso de ser obra folclórica, a sua reprodução cientificamente exata (quadrinhas, provérbios, receitas culinárias etc. etc.);

7. No caso de ser obra musical folclórica, acompanhará a proposta uma descrição geral de como é executada; se possível a reprodução da música por meios manuscritos; de descrição das danças e instrumentos que a acompanham, datas em que estas cerimônias se realizam, para a Chefia do Tombamento, de concerto com o Museu Etnográfico e Etnológico, mandar discar ou filmar a obra designada;

8. No caso de ser arte aplicada popular também deverá propor-se a filmagem científica da sua manufatura (fabricação de rendas, de cuias, de redes etc.).

IV. CONSELHO FISCAL

Definição: O Conselho Fiscal é o órgão policiador e protetor das obras tombadas. A ele compete mandar restaurar as obras estragadas; proibir, coibir, denunciar e castigar a fuga, para fora do país, das obras tombadas; decidir a exportação das obras de arte, cuja saída do país o Span permite; dar alvarás de entrada e saída das obras de arte residentes no estrangeiro, vindas para exposições de qualquer gênero ou para comércio.

Nota: A não ser em certos trabalhos facilmente determináveis como restauração, a permissão para restauração ou modificação de obras, bem como alvarás de licença, que podem todos ser exercidos pela própria Chefia de Tombamento e pelas Comissões Regionais: o Conselho Fiscal deve ser um organismo elástico, articulado com as alfândegas e guardas de fronteiras, sem número determinado de membros nem ordenados.

V. SEÇÃO DOS MUSEUS
Definição: A Seção dos Museus é o órgão conservador, enriquecedor e expositor do patrimônio artístico nacional pertencente ao Governo Federal, competindo-lhe:
a) Como já foi dito, a Chefia da Seção dos Museus é exercida pela própria Diretoria.
Nota: Por este processo evita-se a criação de mais um organismo que, independente, teria pouca finalidade; e evita-se mais funcionalismo.
b) Compete à Seção dos Museus organizar definitivamente os quatro museus nacionais pertencentes ao Span.
c) À Seção dos Museus compete organizar exposições regionais e federais, por meio da veiculação das obras tombadas pertencentes aos poderes públicos federal e estaduais e a coleções particulares.
d) À Seção dos Museus compete finalmente articular-se com os museus regionais pertencentes a poderes públicos, facilitar-lhes a organização; fornecer-lhes documentação fotográfica, discos e filmes; e distribuir-lhes subvenções federais.

VI. SEÇÃO DE PUBLICIDADE
Definição: A Seção de Publicidade é o órgão destinado a registrar, reproduzir e publicar todo o Serviço do Patrimônio Artístico Nacional. Compõe-se de uma chefia que é exercida pela própria Diretoria do Span e mais de:
1. Repartição foto-fono-cinematográfica;
2. Repartição de desenho e pintura;
3. Repartição distribuidora.
a) À Chefia da Seção de Publicidade, isto é, à própria Diretoria do Span competem a direção da *Revista Nacional de Artes* e a superintendência do serviço de tipografia e encadernação.
b) À repartição foto-fono-cinematográfica compete todo o serviço nacional de fotografia, fonografia e filmagem do patrimônio artístico nacional:

1. A Repartição fono-foto-cinematográfica é mandada pela Chefia de Tombamento, e executará os trabalhos por esta determinados.

2. Articula-se diretamente com os quatro museus nacionais para lhes fornecer toda a documentação de filmes, discos e fotografias.

3. Articula-se ainda com a Seção de Publicidade para fornecimento de discos, filmes e fotografias para a repartição distribuidora.

c) À repartição de desenho e pintura incumbe realizar toda a documentação que, pelas suas exigências de cor e detalhação, escapa aos processos mecânicos de reprodução.

1. Esta repartição articula-se diretamente com os museus de arqueologia, etnografia e artes aplicadas que determinarão os trabalhos a serem desenhados e aquarelados, e conservarão esses trabalhos.

2. A repartição de desenho e pintura articula-se ainda com a Seção de Publicidade para fornecimento de trabalhos de sua competência, por aquela seção solicitados.

d) À repartição distribuidora compete fazer a distribuição geral, dentro e fora do país, de todos os trabalhos executados pela Seção de Publicidade do Span.

1. *Revista Nacional de Artes*. A *Revista Nacional de Artes*, superintendida pelo Diretor do Span e dirigida pelo secretário da Diretoria, destina-se à publicação dos estudos feitos pelos quatro museus, que com ela se articulam pela Chefia da Seção dos Museus; à publicação dos estudos feitos pela Diretoria do Span ou por ela solicitados de personalidades nacionais ou estrangeiras; e finalmente à publicação de estudos e determinações da Chefia do Tombamento e, por meio desta, do Conselho Fiscal e das Comissões Regionais. A *Revista* só recebe, pois, material para publicação, da Diretoria, da Chefia do Tombamento e da Chefia da Seção dos Museus, que são os órgãos selecionadores com direito ao "imprima-se". A *Revista* articula-se também diretamente com a tipografia para efeitos de sua publicação e com a Seção de Publicidade para efeitos de sua distribuição.

PLANO QUINQUENAL DE MONTAGEM
E FUNCIONAMENTO DO SPAN

1º ano

I. Criação, instalação e início de funcionamento da Diretoria; Serviço de Tombamento Central; Conselho Fiscal; Serviços de Tombamentos Estaduais; Serviço de divisão lógica dos quatro museus.

II. Aquisição, instalação e início de funcionamento dos serviços de filmagem sonora e fonografia.

III. Instalação definitiva e limitada do Museu Arqueológico e Etnográfico.

2º ano

I. Terminação do serviço de tombamento geral, por nomes de artistas, obras agrupadas, coleções completas. Continuação do serviço de tombamento particular por obras destinadas individualmente.

II. Intensificação dos serviços de filmagem e fonografia, sempre com sentido etnográfico.

III. Continuação dos serviços da Diretoria, do Conselho Fiscal, dos tombamentos estaduais.

IV. Instalação definitiva e limitada do Museu Histórico Nacional.

V. Estudos para instalação no ano seguinte do gabinete fotográfico e da repartição de desenho e pintura.

3º ano

I. Continuação, desintensificação por diminuição de funcionários e de serviço, tradicionalização e fixação permanente de todo o serviço de tombamento, tanto central como estadual.

II. Continuação dos serviços da Diretoria e do Conselho Fiscal.

III. Instalação e início de funcionamento dos serviços de fotografia, desenho, aquarelagem e pintura.

IV. Terminação do serviço intensivo de filmagem sonora e fonografia etnográficas.

V. Instalação definitiva e limitada da Galeria de Belas Artes.

4º ano

I. Serviço permanente de tombamento.

II. Serviços permanentes da Diretoria e do Conselho Fiscal.

III. Serviços permanentes de fotografia, desenho, aquarelagem e pintura.

IV. Serviço permanente de filmagem sonora e fonografia etnográfica. Início dos serviços de filmagem de artes aplicadas.

V. Estudos para a criação do Museu de Artes Aplicadas.

VI. Estudos para aquisição e instalação do aparelhamento de reprodução tipográfica de fotografias e outras quaisquer imagens.

5º ano

I. Permanência metódica dos serviços:

    a) Diretoria;

    b) Tombamento;

    c) Conselho Fiscal;

    d) Filmagem sonora e fonografia;

    e) Fotografia e reprodução manual de imagens.

II. Instalação do aparelhamento tipográfico de gravação de imagens na Imprensa Nacional.

III. Preparos e instalação (sem início de serviço público) do Museu de Artes Aplicadas e Técnica Industrial.

IV. Instalação do Serviço de Publicidade e consequente início de publicação da *Revista Nacional de Artes*.

6º ano e seguintes

I. Permanência de todos os serviços.

    II. Inauguração do Museu de Artes Aplicadas e de Técnica Industrial.

    III. Publicação das primeiras monografias.

    IV. Publicação dos quatro livros de tombamento, a que depois seguirão suplementos anuais em opúsculos, denunciando as obras tombadas cada ano.

ANEXO — S.P.A.

Sugestões

os — Conseguir lei isentando de imposto alfandegári[o] arte pura estrangeira, ou nacionais de qualqu[er] importadas do estrangeiro.

Problema do Tombamento Estadual

II — monumentos, paisagens, quadros etc, residentes no[s] vezes será dificil á Chefia do Tombamento, só por escritas e fotografias, decidir si merecem tomba[mento,] ficarão dependendo de vistoria local e em tempo, [opportuna]mente, a Chefia do Tombamento enviará um comiss[ão de] especialistas, um historiador de arte, um hist[oriador] desempatador, que em uma viagem pelo país, tu[do verá e] final. Esta comissão será acompanhada dum fo[tógrafo que] tudo fotografará. Esta comissão não é de ab[soluta importân]tanto. O que é de absoluta necessidade é o [especialista em] cinematografia e o fonografista especializ[ados, para] cinematografar ou discar em documentação de absoluta perfeição tecnica, os objeto[s de arte,] antigas populares, monumentos, quadros [etc.]

Tombamentos em bloco e parc[iais]

III — [É] da maior conveniência que dos ar[tigos] [...] que deverá to[mbar]

Anexo

Sugestões

I. Impostos

Conseguir lei isentando de imposto alfandegário as obras de arte pura estrangeiras, ou nacionais de qualquer categoria importadas do estrangeiro.

II. Problema do Tombamento estadual

Os monumentos, paisagens, quadros etc., residentes nos estados, muitas vezes será difícil à Chefia do Tombamento, só por justificativas escritas e fotográficas, decidir se merecem tombamento. Essas obras ficarão dependendo de vistoria local e em tempo, no princípio anualmente, a Chefia do Tombamento enviará uma comissão de três especialistas, um historiador de arte, um historiador do Brasil, um desempatador, que, em uma viagem pelo país, tudo verá e dará laudo final. Esta comissão será acompanhada dum fotógrafo especialista que tudo fotografará. Esta comissão não é de absoluta necessidade, no entanto. O que é de absoluta necessidade é o fotógrafo, o técnico de cinematografia e o fonografista especializados, que possam fotografar, cinematografar ou discar, em documentação perfeitamente científica e de absoluta perfeição técnica, os objetos, os costumes, bailados, cantigas populares, monumentos, quadros etc.

III. Tombamentos em bloco e parciais

Será da maior conveniência que dos artistas nacionais mortos o Span determine quais os que deverá tombar pelo nome, quais os de que tombará apenas determinadas obras. Artistas há, como Pedro Américo, Almeida Júnior, Henrique Bernardelli, o Aleijadinho, o Mestre Valentim, Chagas o Cabra, Carlos Gomes, Machado de Assis, Gonçalves Dias etc., que não se discute se bons ou ruins, são protótipos da nacionalidade, pelo valor, pelo consentimento unânime, pela tradição, pela ação nacional que tiveram. As obras deles, manuscritos etc. não deverão de forma alguma fugir do país. Outros artistas menores há, porém, que não deverão ser assim tombados pelos seus nomes, e sim por certas determinadas obras, as pertencentes aos poderes públicos e as designadas como mais representativas do valor pessoal desses artistas. Mas seria odioso, por exagero de patriotismo, por egoísmo e até por prejudicial à propaganda do país, que, de artistas como Eliseu Visconti, Luciano Gallet, Leopoldo Silva, Goulart de Andrade etc., se proibisse que os manuscritos, quadros, esculturas saíssem do país. São poetas menores. Qual o critério a seguir pra semelhantes distinções? A não ser em casos excepcionais de genialidade indiscutida e aceita fora do Brasil também, só poderá ser tombado pelo nome um artista, passados dez anos de sua morte. Assim se evitam os acessos de sentimentalismo nacional e as campanhas dos amigos do morto desejosos de lhe proporcionarem essa homenagem póstuma, e consequentemente ingerência da politicagem, das estaduanices e outros vícios nacionais, no critério de tombamento do Span.

IV. Comissões dos Estados

Será de toda a conveniência que para nomeação das comissões estaduais de tombamento (caso estas sejam nomeadas e pagas pelos estados) a Diretoria do Span ou o Ministério da Educação ou o próprio Governo Federal sugiram aos Governos Estaduais alguns nomes que aqueles veriam "com gosto" nas comissões. Isso para evitar que os governos de certos estados ainda de organização por demais familiar nomeiem medalhões ou indivíduos inúteis. Sugerir alguns nomes para o serviço é bastante difícil.

No Rio Grande do Norte sugiro Luís da Câmara Cascudo, Antônio Bento de Araújo Lima.

Na Paraíba, Pedro Batista, José Américo de Almeida.

Em Pernambuco, Gilberto Freyre se impõe.

No estado do Rio, Alberto Lamego se impõe.

No Rio de Janeiro, Portinari, José Mariano Filho, Heloísa Alberto Torres, há muitos bastante bons para cada especialidade e isentos de paixões partidárias. José Mariano Filho tem o grave defeito das suas paixões, mas se a ele competisse propor o tombamento da arquitetura e mesmo qualquer arte colonial, ele seria de imprescindível auxílio.

Em São Paulo, Afonso de Taunay como historiador, Paulo Prado como cultura geral se impõem. Vittorio Gobbis[i] como especialista em pintura europeia antiga, num estado onde existem tantos Rafaéis, Ticianos e Rembrandts falsos, acho que se impõe também.

Nos outros estados não sei.

V. Intensificação inicial do Serviço

Acho que o Span deve iniciar-se num trabalho intensivo. Em seis meses a Chefia do Tombamento deverá ter prontos os quatro livros de tombamento, nas designações agrupadas. Não é difícil a essa chefia tombar por exemplo a cidade de Ouro Preto, o largo da igreja de S. Francisco em São João del-Rei, Olinda, tal morro no Rio de Janeiro, as igrejas de São Francisco em João Pessoa e em São Salvador, todo o largo em que está a matriz em Belém, Pedro Américo, Almeida Júnior, Carlos Gomes, Castro Alves, o Aleijadinho, Chagas o Cabra, o vilejo lacustre da boca do lago Arari e as jazidas funerárias do outro lado do mesmo lago em Marajó. Também as comissões estaduais deverão fazer esse trabalho intensivo em seis meses. Depois começará ainda intensivo o tombamento das coleções particulares, com exceção das que à primeira vista se impõem, como determinadas Brasilianas (o Livro é obra de arte), a casa do José Mariano aí no Rio, a coleção numismática Guinle etc.

VI. Prevenir contra a fuga das obras de arte

Como resultado da criação do tombamento, é provável que muitas obras procurem fugir do país, para escapar da prisão. Será preciso um dispositivo legal qualquer, logo de início, não permitindo que qualquer obra de arte de qualquer das oito categorias, dos períodos da Colônia e do Primeiro

---

i Trata-se do pintor italiano Vittorio Gobbis, ativo em São Paulo à época. [LCF]

Império, qualquer obra de arte nacional de autor já morto, e qualquer obra de arte erudita de autor estrangeiro célebre, saia do país sem permissão do Conselho Fiscal, que agirá intensivamente até concluído, em dois anos no máximo, o tombamento geral inicial.

VII. Filmotecas e discotecas

No aparelhamento tipográfico, fotográfico, cinegráfico e fonográfico do Span é que não é possível admitir nem sequer *discrição* financeira nenhuma. Não é possível conceber senão o bom e o melhor. O *luxo*. Chamam, no caso, de "luxo" o que é simplesmente buscar perfeição. Não se pretendem aqui papéis riquíssimos de Holanda ou algum "Velho Japão Imperial" para as revistas e as monografias. Papéis que permitam apenas excelente reprodução. Mas os processos gráficos de reprodução é que têm de ser da milhor qualidade, mesmo no início com a vinda de técnicos estrangeiros, aconselhavelmente alemães. As fotografias têm de ser da milhor qualidade, e as suas reproduções tipográficas da mais exata minuciosidade alcançada. O mesmo quanto a discos e filmes sonoros. É certo que o organismo completo fica num dinheirão, vários mil contos, que não atingirão no entanto 10 mil. Mas essa parte prática é indispensável que seja boa. É preferível não fazer, a fazer medíocre ou mesmo regular. Deve ser *muito* boa ou ótima. *Pode no entanto ser dividida em duas partes, de aquisição uma posterior à outra.* A parte que inicialmente tem de ser adquirida, e é de necessidade imediata, é o aparelhamento de filmes sonoros, fonografia e fotografia. Mesmo o aparelhamento fotográfico pode ser deixado para mais tarde, embora isto não seja aconselhável. A fonografia como a filmagem sonora fazem parte absoluta do tombamento, *pois que são elementos recolhedores*. Da mesma forma com que a inscrição num dos livros de tombamento de tal escultura, de tal quadro histórico, dum Debret como dum sambaqui, impede a destruição ou dispersão deles, a fonografia gravando uma canção popular cientificamente ou o filme sonoro gravando tal versão baiana do Bumba-meu-boi impedem a perda destas criações, que o progresso, o rádio, o cinema estão matando com violenta rapidez.

Feito este trabalho, "tombadas" as obras folclóricas que dependam de realização no tempo, então poderá se pensar em fotografar os monumentos plásticos, os edifícios, as paisagens, os quadros, os objetos de arte que o tombamento já preservara anteriormente da morte ou da fuga. E então pensar-se também, ou ainda mais tarde, na reprodução por meios gráficos de tudo isso.

É possível pois propor-se esta construção consecutiva de todo o aparelhamento:

1º ano — Verba para aquisição, instalação e início de funcionamento da seção de filmagem sonora e fonografia.

2º ano — Verba para intensificação da filmagem sonora e gravação fonográfica, na sua função etnográfica exclusivamente. (A gravação de música artística virá mais tarde, pois que esta não se perde.)

3º ano — Verba para aquisição, instalação e início de funcionamento do gabinete fotográfico. Verba para instalação da seção de desenho aquarelado e pintura, e seu consequente funcionamento. Verba para continuação do serviço de filmagem sonora e fonografia.

4º ano — Verba para continuação desses três serviços do ano anterior.

5º ano — Verba para instalação do aparelhamento tipográfico de reprodução de fotografias, aquarelas, pinturas. (Não será necessário serviço de tipografia completo, pois tanto a revista como as monografias podem ser executadas na Imprensa Nacional. Trata-se apenas de aperfeiçoamento completo do serviço de reprodução gráfica de imagens da Imprensa Nacional.) Início da *Revista Nacional de Artes*. Verba para continuação dos serviços de filmagem sonora, fonografia e fotografia.

6º ano e anos seguintes — Verba para continuação de todos os serviços já instalados. Publicação das primeiras monografias.

VIII. Museu Nacional

O Museu Arqueológico e Etnográfico será apenas uma reorganização do Museu Nacional da Quinta da Boa Vista. Este museu admirável é no entanto uma mixórdia, como o British Museum. Acho isso um defeito que provoca necessariamente a dispersão e a pouca eficiência de trabalhos. Ou converte-se o Museu Nacional exclusivamente num museu de História Natural, tirando-se dele a Arqueologia e a Etnografia; ou converta-se ele no projetado Museu Arqueológico e Etnográfico, tirando-se dele a parte de História Natural e fazendo um Museu de História Natural, anexo ao Jardim Botânico, completado este por um Jardim Zoológico enfim. Como o Jardim Botânico já está completo, talvez noutro lugar se fizesse o Jardim Zoológico centralizado pelo Museu de História Natural. Mas quem conheça o Museu Nacional, da Quinta da Boa Vista, sabe que o seu organismo é complexo por demais pra que tenha a eficiência correspondente à sua própria grandeza.

Carta de Heloísa Alberto Torres a Rodrigo M. F. de Andrade

Rio de Janeiro, 9 de maio de 1936

Ilmo. Sr. Dr. Rodrigo Melo Franco de Andrade

Meu ilustre amigo dr. Rodrigo Melo Franco de Andrade.

Junto devolvo-lhe o projeto do Serviço do Patrimônio Histórico e Artístico Nacional, elaborado pelo nosso amigo Mário de Andrade. Cabe-me agradecer-lhe a honra da consulta e dizer-lhe com toda a franqueza o meu modo de ver sobre o caso. Posso assegurar que, ao estudar o projeto, só tive em mente o desenvolvimento dos estudos etnográficos e o maior benefício que, das nossas organizações culturais, possa advir para o público.

Nada aconselha, na situação atual dos estudos etnográficos entre nós — situação que provavelmente se prolongará por muitos anos ainda —, o afastamento dos laboratórios de etnografia dos de qualquer ramo de estudo da história natural.

A cada passo a Seção de Etnografia do Museu Nacional recorre às instalações de química da Divisão de Mineralogia, para análises; requisita dessa mesma Divisão o preparo de lâminas para observação microscópica (cerâmica, rochas); consulta as seções de Botânica e de Zoologia para determinação dos elementos componentes de uma peça etnográfica; socorre-se ainda, com respeito à fito e à zoogeografia, de informações dessas seções no interesse imediato dos seus trabalhos.

Por tal forma está a pesquisa etnográfica ligada às ciências naturais que a sua instalação em laboratórios distantes só lhe poderia ser prejudicial. Fosse o novo museu etnográfico dotado de um etnobotânico e de um etnozoólogo, ainda assim não estaria suprida a falta, porque, em face de tantas especializações na botânica e na zoologia, um só naturalista em cada ramo não poderia dar conta do recado, e, por outro lado, implicaria isso a criação de cargos com atividade apenas ocasional. Seria uma dessas demasias ineficientes tão próprias dos projetos de *crianças grandes* que ainda somos no Brasil e que, me parece, já estamos em idade de ir procurando corrigir.

Bem sei que os estudos etnográficos precisam ser intensificados com urgência a fim de que se recolha a documentação que os restos das nossas populações indígenas, em via rápida de desaparecimento, ainda nos podem proporcionar.

O museu moderno de pesquisa biológica tem que ser eminentemente ativo; o nosso, apesar de idoso, não estagnou nos velhos moldes. O seu atual regulamento é de natureza a permitir o mais amplo progresso dos trabalhos científicos. Cumpre que se desenvolvam no laboratório e no campo as suas atividades; não se pode atribuir ao nosso museu etnográfico a função de museu-arquivo que o projeto parece recomendar. Em todo ele, apenas uma palavra faz crer que a pesquisa também é admitida; é quando emprega, na enumeração das funções do serviço, o termo "enriquecer" o patrimônio. É prometer muito pouco a quem precisa, antes de tudo, colecionar. O que os estudos da etnografia e a pesquisa científica em geral clamam que lhe seja concedido é uma organização administrativa que não constitua peia à sua marcha.

Do ponto de vista traçado de programa de trabalhos, o projeto não abre novas possibilidades aos estudos antropológicos; na administração, interpõe uma nova diretoria entre eles e o ministro a quem estão hoje diretamente subordinadas as normas que o regulamentam. Mais embaraços.

Se, por um lado, a separação da Seção de Etnografia das outras seções do Museu não é aconselhável e acarretaria desvantagens, por outro o seu divórcio dos estudos antropológicos propriamente ditos (antropologia física, psicologia racial etc.) não encontraria justificativa de modo algum. À Seção de Antropologia, como a todo o Museu Nacional, só lhe faltam verbas (pessoal e material) e maior elasticidade administrativa para desenvolver suas atividades dentro dos métodos correntes na ciência mundial. Todo esse melhoramento poderia e deveria ser concedido aos estudos etnográficos dentro do Museu Nacional.

Que vantagem adviria para o público com a criação do novo Museu Etnográfico?... Um prejuízo certo ocorreria: o deslocamento da figura do homem, do seu ambiente natural, geológico, botânico, zoológico, perturbando a visão do conjunto do quadro em que se vem processando a sua evolução.

Admitamos que se pudesse remediar a todos esses inconvenientes criando o Serviço do Patrimônio Artístico, Histórico e *Antropológico* Nacional, e instalado em edifício anexo ao/ou próximo do Museu de História Natural, ainda surgem considerações muito ponderáveis. Uma, de natureza tradicionalística, não pode deixar de ser tomada em conta no momento em que se pretende organizar a defesa do patrimônio histórico do Brasil: é o golpe desferido a uma instituição de 118 anos de existência e que, malgrado a incompreensão de sua finalidade, pela maioria dos governos, tem conseguido levar e manter em alto nível o nome do Brasil por todo o mundo, na divulgação do que a nossa terra tem de mais belo: a sua natureza e a sua gente. A organização desses trabalhos de defesa não pode ser iniciada pela mutilação de um instituto centenário e glorioso, quando um dos primeiros monumentos nacionais a serem tombados pelo Serviço projetado deveria ser certamente o Museu Nacional.

Vamos que se considerasse esse argumento como de caráter puramente sentimental (todo o serviço de defesa do patrimônio não o é menos) e como tal desprezível em face de grandes benefícios com que seria galardoado o novo museu de etnografia; vamos admitir que todos os inconvenientes acima apontados fossem sanados pelas medidas indicadas; que fosse a nova instituição dotada de verbas largas e de processos administrativos consoantes aos seus propósitos, há ainda um aspecto que não pode deixar de ser lembrado: abandonado o nosso nome tradicional, num país, como o nosso, em que nem sempre se compreende a significação de instituições que não apresentam uma finalidade prática imediata, seriam sacrificadas as nossas verbas numa primeira oportunidade de corte orçamentário e, mais miseráveis que o paralítico da fábula de Florian, não teríamos mais o cego em quem nos arrimar, enquanto não ressurgissem dias melhores. (Isto é o que se chama, em bom português, literatice e da mais barata.)

O projeto, que indica tantas medidas de valor no tocante à história e à arte, parece quase que só ter tomado em consideração este aspecto da vida dos nossos selvícolas; não consultou absolutamente o interesse das ciências antropológicas, e é a favor delas que eu pugno.

Penso que se poderia estabelecer uma colaboração estreita entre a Seção de Etnografia do Museu Nacional e o "Serviço", uma verdadeira articulação entre as duas entidades e da qual poderia resultar benefício considerável para este sem prejuízo dos trabalhos que aquela levasse a efeito. Todo o material de etnografia constaria do tombamento, os técnicos do Museu

Nacional colaborariam no Conselho Consultivo do Sphan, organizariam relações de jazidas etnográficas a serem tombadas, levantariam mapas com a distribuição geográfica dos monumentos a serem protegidos, elaborariam monografias a serem publicadas pelo Sphan. Por seu lado o Sphan providenciaria melhores condições para o desenvolvimento dos trabalhos da Seção de Etnografia do Museu Nacional.

Na segunda-feira, lhe remeterei o regulamento do Conselho de Fiscalização de Expedições Artísticas e Científicas no Brasil e indicação precisa sobre dois trabalhos, um de Alberto Childe e outro de Raimundo Lopes (ambos do Museu Nacional), visando proteção a jazidas e monumentos culturais.

Aí vão consignadas as considerações, não de "uma mentalidade sem energias" a que se refere o nosso amigo Mário, mas de uma servidora do Museu, que dedica, ao desenvolvimento dos estudos etnográficos em nossa terra, todo o seu cuidado.

Ponho-me à sua disposição para quaisquer outros esclarecimentos que se tornem necessários e para começar a trabalhar logo que quiser. Desejaria tanto que a contribuição do Museu Nacional pudesse ser das *primeiras* em todos os sentidos.

Muito cordialmente.
Heloísa Alberto Torres

MINISTÉRIO DA EDUCAÇÃO E SAUDE

DECRETO-LEI N. 25

DE 30 DE NOVEMBRO DE 1937

Organiza a proteção do patrimônio
histórico e artístico nacional

SERVIÇO GRÁFICO
1938

Decreto-Lei n. 25, de 30 de novembro de 1937

Organiza a proteção do patrimônio histórico e artístico nacional

O Presidente da República dos Estados Unidos do Brasil, usando da atribuição que lhe confere o art. 180 da Constituição, DECRETA:

CAPÍTULO I
Do Patrimônio Histórico e Artístico Nacional

Art. 1º Constitui o patrimônio histórico e artístico nacional o conjunto dos bens móveis e imóveis existentes no país e cuja conservação seja de interesse público, quer por sua vinculação a fatos memoráveis da história do Brasil, quer por seu excepcional valor arqueológico ou etnográfico, bibliográfico ou artístico.

§ 1º Os bens a que se refere o presente artigo só serão considerados parte integrante do patrimônio histórico e artístico nacional, depois de inscritos separada ou agrupadamente num dos quatro Livros do Tombo, de que trata o art. 4º desta lei.

§ 2º Equiparam-se aos bens a que se refere o presente artigo e são também sujeitos a tombamento os monumentos naturais, bem como os sítios e paisagens que importe conservar e proteger pela feição notável com que tenham sido dotados pela natureza ou agenciados pela indústria humana.

Art. 2º A presente lei se aplica às coisas pertencentes às pessoas naturais, bem como às pessoas jurídicas de direito privado e de direito público interno.

Art. 3º Excluem-se do patrimônio histórico e artístico nacional as obras de origem estrangeira:

1) que pertençam às representações diplomáticas ou consulares acreditadas no país;

2) que adornem quaisquer veículos pertencentes a empresas estrangeiras, que façam carreira no país;

3) que se incluam entre os bens referidos no art. 10 da Introdução do Código Civil, e que continuam sujeitas à lei pessoal do proprietário;

4) que pertençam a casas de comércio de objetos históricos ou artísticos;

5) que sejam trazidas para exposições comemorativas, educativas ou comerciais;

6) que sejam importadas por empresas estrangeiras expressamente para adorno dos respectivos estabelecimentos.

Parágrafo único. As obras mencionadas nas alíneas 4 e 5 terão guia de licença para livre trânsito, fornecida pelo Serviço do Patrimônio Histórico e Artístico Nacional.

CAPÍTULO II
Do Tombamento

Art. 4º O Serviço do Patrimônio Histórico e Artístico Nacional possuirá quatro Livros do Tombo, nos quais serão inscritas as obras a que se refere o art. 1º desta lei, a saber:

1) no Livro do Tombo Arqueológico, Etnográfico e Paisagístico, as coisas pertencentes às categorias de arte arqueológica, etnográfica, ameríndia e popular, e bem assim as mencionadas no § 2º do citado art. 1º.

2) no Livro do Tombo Histórico, as coisas de interesse histórico e as obras de arte histórica;

3) no Livro do Tombo das Belas Artes, as coisas de arte erudita, nacional ou estrangeira;

4) no Livro do Tombo das Artes Aplicadas, as obras que se incluírem na categoria das artes aplicadas, nacionais ou estrangeiras.

§ 1º Cada um dos Livros do Tombo poderá ter vários volumes.

§ 2º Os bens, que se incluem nas categorias enumeradas nas alíneas 1, 2, 3 e 4 do presente artigo, serão definidos e especificados no regulamento que for expedido para execução da presente lei.

Art. 5º O tombamento dos bens pertencentes à União, aos estados e aos municípios se fará de ofício, por ordem do diretor do Serviço do Patrimônio Histórico e Artístico Nacional, mas deverá ser notificado à entidade a quem pertencer, ou sob cuja guarda estiver a coisa tombada, a fim de produzir os necessários efeitos.

Art. 6º O tombamento de coisa pertencente à pessoa natural ou à pessoa jurídica de direito privado se fará voluntária ou compulsoriamente.

Art. 7º Proceder-se-á ao tombamento voluntário sempre que o proprietário o pedir e a coisa se revestir dos requisitos necessários para constituir parte integrante do patrimônio histórico e artístico nacional, a juízo do Conselho Consultivo do Serviço do Patrimônio Histórico e Artístico Nacional, ou sempre que o mesmo proprietário anuir, por escrito, à notificação, que se lhe fizer, para a inscrição da coisa em qualquer dos Livros do Tombo.

Art. 8º Proceder-se-á ao tombamento compulsório quando o proprietário se recusar a anuir à inscrição da coisa.

Art. 9º O tombamento compulsório se fará de acordo com o seguinte processo:

1) o Serviço do Patrimônio Histórico e Artístico Nacional, por seu órgão competente, notificará o proprietário para anuir ao tombamento, dentro do prazo de quinze dias, a contar do recebimento da notificação, ou para, se o quiser impugnar, oferecer dentro do mesmo prazo as razões de sua impugnação.

2) no caso de não haver impugnação dentro do prazo assinado, que é fatal, o diretor do Serviço do Patrimônio Histórico e Artístico Nacional mandará por simples despacho que se proceda à inscrição da coisa no competente Livro do Tombo.

3) se a impugnação for oferecida dentro do prazo assinado, far-se-á vista da mesma, dentro de outros quinze dias fatais, ao órgão de que houver emanado a iniciativa do tombamento, a fim de sustentá-la. Em seguida, independentemente de custas, será o processo remetido ao Conselho Consultivo do Serviço do Patrimônio Histórico e Artístico Nacional, que proferirá decisão a respeito, dentro do prazo de sessenta dias, a contar do seu recebimento. Dessa decisão não caberá recurso.

Art. 10. O tombamento dos bens, a que se refere o art. 6º desta lei, será considerado provisório ou definitivo, conforme esteja o respectivo processo iniciado pela notificação ou concluído pela inscrição dos referidos bens no competente Livro do Tombo.

Parágrafo único. Para todas os efeitos, salvo a disposição do art. 13 desta lei, o tombamento provisório se equiparará ao definitivo.

CAPÍTULO III
Dos efeitos do Tombamento

Art. 11. As coisas tombadas, que pertençam à União, aos Estados ou aos Municípios, inalienáveis por natureza, só poderão ser transferidas de uma à outra das referidas entidades.

Parágrafo único. Feita a transferência, dela deve o adquirente dar imediato conhecimento ao Serviço do Patrimônio Histórico e Artístico Nacional.

Art. 12. A alienabilidade das obras históricas ou artísticas tombadas, de propriedade de pessoas naturais ou jurídicas de direito privado sofrerá as restrições constantes da presente lei.

Art. 13. O tombamento definitivo dos bens de propriedade particular será, por iniciativa do órgão competente do Serviço do Patrimônio Histórico e Artístico Nacional, transcrito para os devidos efeitos em livro a cargo dos oficiais do registro de imóveis e averbado ao lado da transcrição do domínio.

§ 1º No caso de transferência de propriedade dos bens de que trata este artigo, deverá o adquirente, dentro do prazo de trinta dias, sob pena de multa de dez por cento sobre o respectivo valor, fazê-la constar do registro, ainda que se trate de transmissão judicial ou *causa mortis*.

§ 2º Na hipótese de deslocação de tais bens, deverá o proprietário, dentro do mesmo prazo e sob pena da mesma multa, inscrevê-los no registro do lugar para que tiverem sido deslocados.

§ 3º A transferência deve ser comunicada pelo adquirente, e a deslocação pelo proprietário, ao Serviço do Patrimônio Histórico e Artístico Nacional, dentro do mesmo prazo e sob a mesma pena.

Art. 14. A coisa tombada não poderá sair do país, senão por curto prazo, sem transferência de domínio e para fim de intercâmbio cultural, a juízo do Conselho Consultivo do Serviço do Patrimônio Histórico e Artístico Nacional.

Art. 15. Tentada, a não ser no caso previsto no artigo anterior, a exportação, para fora do país, da coisa tombada, será esta sequestrada pela União ou pelo estado em que se encontrar.

§ 1º Apurada a responsabilidade do proprietário, ser-lhe-á imposta a multa de cinquenta por cento do valor da coisa, que permanecerá sequestrada em garantia do pagamento, e até que este se faça.

§ 2º No caso de reincidência, a multa será elevada ao dobro.

§ 3º A pessoa que tentar a exportação de coisa tombada, além de incidir na multa a que se referem os parágrafos anteriores, incorrerá nas penas cominadas no Código Penal para o crime de contrabando.

Art. 16. No caso de extravio ou furto de qualquer objeto tombado, o respectivo proprietário deverá dar conhecimento do fato ao Serviço do Patrimônio Histórico e Artístico Nacional, dentro do prazo de cinco dias, sob pena de multa de dez por cento sobre o valor da coisa.

Art. 17. As coisas tombadas não poderão em caso nenhum ser destruídas, demolidas ou mutiladas, nem, sem prévia autorização especial do Serviço do Patrimônio Histórico e Artístico Nacional, ser reparadas, pintadas ou restauradas, sob pena de multa de cinquenta por cento do dano causado.

Parágrafo único. Tratando-se de bens pertencentes à União, aos estados ou aos municípios, a autoridade responsável pela infração do presente artigo incorrerá pessoalmente na multa.

Art. 18. Sem prévia autorização do Serviço do Patrimônio Histórico e Artístico Nacional, não se poderá, na vizinhança da coisa tombada, fazer construção que lhe impeça ou reduza a visibilidade, nem nela colocar anúncios ou cartazes, sob pena de ser mandada destruir a obra ou retirar o objeto, impondo-se neste caso a multa de cinquenta por cento do valor do mesmo objeto.

Art. 19. O proprietário de coisa tombada que não dispuser de recursos para proceder às obras de conservação e reparação que a mesma requerer levará ao conhecimento do Serviço do Patrimônio Histórico e Artístico Nacional a necessidade das mencionadas obras, sob pena de multa correspondente ao dobro da importância em que for avaliado o dano sofrido pela mesma coisa.

§ 1º Recebida a comunicação, e consideradas necessárias as obras, o diretor do Serviço do Patrimônio Histórico e Artístico Nacional mandará executá-las, a expensas da União, devendo as mesmas ser iniciadas dentro do prazo de seis meses, ou providenciará para que seja feita a desapropriação da coisa.

§ 2º À falta de qualquer das providências previstas no parágrafo anterior, poderá o proprietário requerer que seja cancelado o tombamento da coisa.[i]

§ 3º Uma vez que verifique haver urgência na realização de obras e conservação ou reparação em qualquer coisa tombada, poderá o Serviço do Patrimônio Histórico e Artístico Nacional tomar a iniciativa de projetá-las e executá-las, a expensas da União, independentemente da comunicação a que alude este artigo, por parte do proprietário.

Art. 20. As coisas tombadas ficam sujeitas à vigilância permanente do Serviço do Patrimônio Histórico e Artístico Nacional, que poderá inspecioná-las sempre que for julgado conveniente, não podendo os respectivos proprietários ou responsáveis criar obstáculos à inspeção, sob pena de multa de cem mil-réis, elevada ao dobro em caso de reincidência.

Art. 21. Os atentados cometidos contra os bens de que trata o art. 1º desta lei são equiparados aos cometidos contra o patrimônio nacional.

CAPÍTULO IV
Do direito de preferência

Art. 22. Em face da alienação onerosa de bens tombados, pertencentes a pessoas naturais ou a pessoas jurídicas de direito privado, a União, os estados e os municípios terão, nesta ordem, o direito de preferência.[ii]

---

[i] Tanto quanto o tombamento de bens no Iphan, o cancelamento de tombamento previsto neste parágrafo, de acordo com o disposto no artigo 1º da lei n. 6292, de 1975, "dependerá de homologação do ministro de Estado da Educação de Cultura, após parecer do respectivo Conselho Consultivo".

[ii] Todo este artigo foi revogado pela lei n. 13105, de 2015.

§ 1º Tal alienação não será permitida, sem que previamente sejam os bens oferecidos, pelo mesmo preço, à União, bem como ao estado e ao município em que se encontrarem. O proprietário deverá notificar os titulares do direito de preferência a usá-lo, dentro de trinta dias, sob pena de perdê-lo.

§ 2º É nula alienação realizada com violação do disposto no parágrafo anterior, ficando qualquer dos titulares do direito de preferência habilitado a sequestrar a coisa e a impor a multa de vinte por cento do seu valor ao transmitente e ao adquirente, que serão por ela solidariamente responsáveis. A nulidade será pronunciada, na forma da lei, pelo juiz que conceder o sequestro, o qual só será levantado depois de paga a multa e se qualquer dos titulares do direito de preferência não tiver adquirido a coisa no prazo de trinta dias.

§ 3º O direito de preferência não inibe o proprietário de gravar livremente a coisa tombada, de penhor, anticrese ou hipoteca.

§ 4º Nenhuma venda judicial de bens tombados se poderá realizar sem que, previamente, os titulares do direito de preferência sejam disso notificados judicialmente, não podendo os editais de praça ser expedidos, sob pena de nulidade, antes de feita a notificação.

§ 5º Aos titulares do direito de preferência assistirá o direito de remissão, se dela não lançarem mão, até a assinatura do auto de arrematação ou até a sentença de adjudicação, as pessoas que, na forma da lei, tiverem a faculdade de remir.

§ 6º O direito de remissão por parte da União, bem como do estado e do município em que os bens se encontrarem, poderá ser exercido dentro de cinco dias a partir da assinatura do auto de arrematação ou da sentença de adjudicação, não se podendo extrair a carta, enquanto não se esgotar este prazo, salvo se o arrematante ou o adjudicante for qualquer dos titulares do direito de preferência.

CAPÍTULO V

Disposições gerais

Art. 23. O Poder Executivo providenciará a realização de acordos entre a União e os estados, para melhor coordenação e desenvolvimento das atividades relativas à proteção do patrimônio histórico e artístico nacional e para a uniformização da legislação estadual complementar sobre o mesmo assunto.

Art. 24. A União manterá, para a conservação e a exposição de obras históricas e artísticas de sua propriedade, além do Museu Histórico Nacional e do Museu Nacional de Belas Artes, tantos outros museus nacionais quantos se tornarem necessários, devendo outrossim providenciar no sentido de favorecer a instituição de museus estaduais e municipais, com finalidades similares.

Art. 25. O Serviço do Patrimônio Histórico e Artístico Nacional procurará entendimentos com as autoridades eclesiásticas, instituições científicas, históricas ou artísticas e pessoas naturais ou jurídicas, com o objetivo de obter a cooperação das mesmas em benefício do patrimônio histórico e artístico nacional.

Art. 26. Os negociantes de antiguidades, de obras de arte de qualquer natureza, de manuscritos e livros antigos ou raros são obrigados a um registro especial no Serviço do Patrimônio Histórico e Artístico Nacional, cumprindo-lhes outrossim apresentar semestralmente ao mesmo relações completas das coisas históricas e artísticas que possuírem.

Art. 27. Sempre que os agentes de leilões tiverem de vender objetos de natureza idêntica à dos mencionados no artigo anterior, deverão apresentar a respectiva relação ao órgão competente do Serviço do Patrimônio Histórico e Artístico Nacional, sob pena de incidirem na multa de cinquenta por cento sobre o valor dos objetos vendidos.

Art. 28. Nenhum objeto de natureza idêntica à dos referidos no art. 26 desta lei poderá ser posto à venda pelos comerciantes ou agentes de leilões, sem que tenha sido previamente autenticado pelo Serviço do Patrimônio Histórico e Artístico Nacional, ou por perito em que o mesmo se louvar, sob pena de multa de cinquenta por cento sobre o valor atribuído ao objeto.

Parágrafo único. A autenticação do mencionado objeto será feita mediante o pagamento de uma taxa de peritagem de cinco por cento sobre o valor da coisa, se este for inferior ou equivalente a um conto de réis, e de mais cinco mil-réis por conto de réis ou fração que exceder.

Art. 29. O titular do direito de preferência goza de privilégio especial sobre o valor produzido em praça por bens tombados, quanto ao pagamento de multas impostas em virtude de infrações da presente lei.

Parágrafo único. Só terão prioridade sobre o privilégio a que se refere este artigo os créditos inscritos no registro competente, antes do tombamento da coisa pelo Serviço do Patrimônio Histórico e Artístico Nacional.

Art. 30. Revogam-se as disposições em contrário.

Rio de Janeiro, 30 de novembro de 1937, 116º da Independência e 49º da República.
GETÚLIO VARGAS
Gustavo Capanema

Primeiro relatório de
Mário de Andrade para o Sphan

São Paulo, 16 de outubro de 1937

Ex.mo Sr. Dr. Rodrigo M. F. de Andrade
Diretor do Serviço do Patrimônio Histórico e Artístico Nacional.

Como Assistente Técnico do Sphan para esta Sexta Região, venho apresentar a V. Ex.ª o relatório das primeiras pesquisas, realizadas no estado de S. Paulo, a respeito de monumentos arquitetônicos de valor histórico ou artístico, dignos, a meu ver, de tombamento federal.
Para este relatório, ou melhor, para o Serviço, já foram realizadas viagens para S. Roque, Cotia, Itaquaquecetuba, Mboy, Voturuna, Sto. Amaro, S. Miguel, Itu, Porto Feliz, Sorocaba, S. Luiz do Paraitinga, Ubatuba, Parnaíba, Pirapora, Barueri, Cabreúva, Atibaia, Perdões e Biacica.
Nas primeiras viagens, tentou-se vários processos de tirar fotografias, sempre dignas da importância do Sphan, mas que não exigissem fotógrafo especialista. Semelhante tentativa pretendia diminuir o custo do serviço fotográfico. Teve-se porém que desistir dessa possível economia, pois o grande número de fotografias falhadas ou incorretas não só depreciava o Serviço, como implicava gastos mais pesados, exigindo retorno a lugares e coisas cujas fotografias falhavam.
O relatório que agora apresento a V. Ex.ª não se refere especialmente aos lugares já visitados. É antes um trabalho de visão geral do estado, proveniente de pesquisas históricas. Assim, nem todos os monumentos recenseados foram vistos e estudados por mim, o que pode implicar revisão futura de alguns dados, e certamente acrescentamento de documentação e descrição.
Cumpre também esclarecer que, de alguns monumentos, especialmente os da capital de S. Paulo, não foi possível ainda tirar fotografias. Sacristães e outras pessoas competentes opõem recusas ora formais ora

evasivas a esse trabalho, apesar das credenciais que apresento. É facilmente perceptível a desconfiança dessas pessoas, devida alguma rara vez à ignorância, e muitas à má vontade contra um Serviço que felizmente irá cercear os direitos de estrago e modificações defeituosas, de monumentos dignos de conservação.

Cumpre-me ainda lembrar mais uma vez o que já afirmei a V. Ex.ª verbalmente. Não é possível esperar-se de S. Paulo grande coisa com valor artístico tradicional. As condições históricas e econômicas deste meu estado, a contínua evasão de paulistas empreendedores para outras partes do Brasil nos sécs. XVII e XVIII, o vertiginoso progresso ocasionado pelo café, são as causas principais da nossa miséria artística tradicional. Ou ruínas de quanto o progresso rastaquera não cuidou de conservar, ou precariedades duma gente dura e ambiciosa, que menos cuidava de delícias que aventura. Se é sempre certo que sobram aos paulistas mil meios de se consolar de sua pobreza artística tradicional: consolação não modifica a verdade. E esta é a que V. Ex.ª surpreenderá da enumeração que segue:

São Paulo e seus arredores
Ordem Terceira de N. S. do Carmo

Edifício concluído em 1775. Tem sido bastante repintado, mas não sofreu modificações profundas de estrutura. Falta documentação fotográfica. Na estampa n. IX do opúsculo de Ricardo Severo *A arte tradicional do Brasil*, vem ela reproduzida, junto ao convento do Carmo já destruído. Altares de talha, de interesse relativo. Imagens em madeira, também de relativo interesse. Teto com pinturas figurando carmelitas beatos. Conserva atualmente uma interessante coleção de quadros que pertenceram ao convento de Sta. Teresa, já destruído.

Nossa Senhora da Boa Morte

Construída pela Irmandade dos Homens Pardos de N. S. da Boa Morte. Inaugurada a 25 de agosto de 1810. Edifício pobre de gosto e de embelezamento. Faltam fotos.

Convento de N. S. da Luz

Este convento foi fundado em 1603 por Domingos Luís, "o Carvoeiro". O edifício passou por várias reformas, sendo a mais importante a de 1844, que lhe deu o aspecto atual, que é bastante curioso. Obra merecedora de tombamento pela curiosidade dos seus dispositivos arquitetônicos, e pelo seu valor histórico. Com efeito, a confraria foi instituída por iniciativa da freira Helena, filha de Francisco Vieira Calassa e Maria Leme do Prado, sob a direção espiritual de frei Antônio de Sant'Ana Galvão, e com o amparo de D. Luís Antônio de Souza Botelho Mourão, Morgado de Mateus, governador da Capitania. Faltam fotos.

São Benedito e São Francisco

Igreja franciscana, situada paredes-meias ao convento de S. Francisco, onde se instalou a Faculdade de Direito de S. Paulo. O convento de S. Francisco foi fundado aproximadamente em 1644. Em 1772 foram eretas na igreja do convento as irmandades de S. Benedito e S. Francisco de Assis. O aspecto atual, com leves modificações ulteriores que não o prejudicaram, data de 11 de setembro de 1788. É uma das poucas relíquias coloniais existentes na cidade de S. Paulo, com interessantes dispositivos arquitetônicos internos, e boa talha nos altares. Merece tombamento imediato. Faltam fotos.

N. S. dos Remédios

Pertencente à Irmandade de N. S. dos Remédios, ereta em 17 de julho de 1912. Não se conhece por enquanto a data de sua instituição. A fachada do edifício atual traz no frontispício a data de 1812, fachada toda de azulejos azuis. Nesta igreja se reuniam os abolicionistas de 1888, chefiados por Luís Gama e outros. As fotos da fachada já se acham na sede central do Sphan.

Igreja de S. Gonçalo

Está entregue atualmente aos padres da Companhia de Jesus. Edificada em 1757, vem sofrendo numerosas reformas através dos tempos. Parece no entanto conservar o que de essencial tinha no seu aspecto primitivo. A sua reforma última foi realizada em 1935 pelo arquiteto Rafael Montefort. Nesta reforma é que se colocaram nela as relíquias históricas da antiga igreja do Colégio, fundada em 1554, natalício de S. Paulo, e demolida em 1897. Essas relíquias são: um disco de granito, com 60 cm de diâmetro, onde estão gravadas as letras JHS (colocado sobre a porta principal de S. Gonçalo); o mostrador do relógio da torre, também de granito, e com um metro e vinte de diâmetro (colocado na nova torre). A igreja ainda conserva outras relíquias da antiga igreja do Colégio, tais como quatro bolas de granito, pertencentes ao antigo relógio, castiçais, urnas e imagens. Do disco de granito e do mostrador vem documentação fotográfica na *Revista do Arquivo do Departamento de Cultura*, n. XII.

Igreja de São Miguel

Uma das relíquias históricas do estado. Foi construída no séc. XVII pelos paulistas Fernão Munhoz e padre João Álvares. Importantíssimo documento arquitetônico, por ser uma das raras igrejinhas nossas com alpendre na frente. Ameaçando ruína, foi com certa inteligência reformada em 1927, reforçando-se-lhe a taipa com uma esteira de lajes de Itu. Já não se poderá dizer o mesmo quanto à pintura interna, que foi desastrosa. Tomaram a iniciativa desta reforma o dr. Ismael Bresser, o então prefeito de S. Paulo, dr. Pires do Rio, e o historiador Afonso de Taunay. Situada na localidade de S. Miguel, à beira da estrada de rodagem Rio-S. Paulo, esta igrejinha valiosíssima sofreu recentemente a perda duma cômoda antiquíssima e da porta entalhada da sacristia, vendidas pelo padre que dela tomava conta. Por iniciativa deste Serviço, que forneceu funcionários do Departamento de Cultura, que também é dirigido por este Assistente Técnico, e especialmente do dr. Paulo Duarte, está se fazendo um inquérito e demais pesquisas necessárias para repor na igrejinha os seus pertences roubados. Esta igreja já foi fotografada por este Serviço. Envia-se como anexo (foto n. 1) apenas o entalhe da mesa de comunhão que bem prova a sua antiguidade. Segundo crê o Assistente Técnico, na reforma de 1927, retirada que foi a mesa de comunhão para consertos de qualquer ordem, foi ela depois reposta errado. É mais provável que as duas figuras antropomorfas, de que uma é vista na fotografia, estivessem primitivamente colocadas no centro da nave, servindo de comunicação entre esta e a capela-mor. Atualmente estão dispostas junto à parede, esquipaticamente. Averiguações ulteriores decidirão do problema, providenciando então este Serviço a reposição. Não seguem também as fotos do exterior por não estarem ainda reveladas. Ver-se-á na foto da fachada a data de 1622.

Capela de Santo Antônio

Deste importantíssimo documento arquitetônico antigo, já o Assistente Técnico enviou um estudo e boa documentação fotográfica, para ser publicado na *Revista do Sphan*. Apenas lhe parece necessário acrescentar que, caso se faça o tombamento, este deve estender-se à casa-grande próxima da capela, e de que esta é apenas um anexo. Essa casa-grande, muito embora em ruínas, destruída em parte, é documento de grande valor histórico e arquitetônico. Cogita-se aqui em adquirir toda esta propriedade, conforme parecer do Assistente Técnico, ou pelo menos a capela. Com a campanha iniciada pelo dr. Paulo Duarte, o prestígio que ela teve, a boa vontade que encontrou nos meios profanos, é muito provável que se consiga este *desideratum*, reforçando-se então a casa-grande, reconstruindo-se o que for reconstruível, adaptando-lhe as instalações internas, fortificando-se a capela e cuidando-se de suas admiráveis pinturas internas, fazendo-se da propriedade uma colônia de férias, e lugar de visita turística.

Município de S. Roque
Casa-grande do sítio Velho

Ainda no município de S. Roque, que é de grande importância histórica por nele ter imperado o patriarca paulista Pompeu de Camargo, existe esta casa-grande, chamada Sítio Velho, no lugar incertamente denominado por uns Pinheiros, e por outros Santo Antônio de Cima. Esta casa-grande, embora muito arruinada, mostra nitidamente o plano primitivo. Realiza um retângulo. No seu plano primitivo, as duas extremidades desse retângulo mantinham simetricamente divisões mais ou menos iguais. No meio da fachada principal se abria uma varanda no próprio corpo do retângulo, avançando para dentro do edifício, de maneira que a cobertura de quatro águas se realiza perfeitamente. Nas pontas da cumeeira desta cobertura, ainda se conservam as antefixas ornamentais. Uma parte da ala esquerda do edifício foi demolida, e no resto, acrescentadas algumas paredes de pau a pique, inclusive na área do alpendre, que, exatamente como no caso da casa-grande do sítio de Santo Antônio, citado no número anterior, foi aproveitada (aqui só em parte) para compartimento de residência dos atuais moradores. A capela desta casa-grande está localizada na ala direita do edifício, comunicando-se para o interior da casa e para o alpendre. Se a talha desta capela é pobre, existem, porém, painéis importantes no seu teto e no fundo do altar, bastante conservados para permitir uma reconstituição honesta e completa. É tradição que nesta capela tenha oficiado o padre Belchior de Pontes. Coisa mais que provável, pela importância da família que aí residiria primitivamente, e que tudo autoriza afirmar ser contemporânea da construção da capela de Santo Antônio anterior. Esta casa-grande está recenseada por Ricardo Severo, no seu estudo "A arte tradicional no Brasil" (com foto) publicado na *Revista do Brasil*, abril de 1917. Ainda não foi fotografada para este Serviço.

Sítio do Colégio

Estas ruínas, situadas também no município de S. Roque, são a casa-grande em que residiu o padre Guilherme Pompeu de Camargo. Está enormemente arruinada e, conforme a conjetura de alguns, só conserva uma ala, que ainda serve de moradia, apesar de seu estado ruinoso. É um problema de arquitetura que, talvez, pesquisas ulteriores mais demoradas venham elucidar. Talvez não mereça tombamento federal, tanto mais que a lei estadual produzida pelo Sphan, e que caminha com celeridade para sua aprovação, cuidará do caso. No momento, e devido à urgência de remessa deste Relatório, não pode o Assistente Técnico indicar quais os proprietários destes três monumentos históricos do município de S. Roque. Assim tenha informes certos, comunicará a essa Diretoria.

Igreja e convento de Mboy

Notabilíssima construção seiscentista, porventura o mais ingente documento de arquitetura religiosa da época existente no estado. A edificação parece dever-se a Fernão Dias o Velho, e foi primeiro administrador do templo o padre Belchior de Pontes. O templo está enormemente danificado, e o convento, desabitado, em ruínas. A fachada da igreja, reformada neste século, foi na realidade deformada com impetuosa estultice. Conservam-se, porém, fotografias do aspecto anterior, como, por exemplo, no livro de Joaquim Gil Pinheiro *Memórias de Mboy*, por onde será possível retrazer o monumento ao seu aspecto antigo. No interior, a talha grandiosa e pesada, folheada a ouro, apresenta um estado enormemente ruinoso e quase no mesmo caso estão as pinturas do teto, portas, armários etc. A reconstituição deste monumento exige desgraçadamente grandes despesas. As fotos feitas para o serviço ainda não estão reveladas.

Capela de N. S. da Conceição

Em Voturuna. Segue em anexo a sua ficha de tombamento, fotos e planos.

Matriz de Itapecerica

Esta igreja é bem importante pelo seu tamanho. Pias de pedra, candelabros, madeira trabalhada, taipas coloniais. Está passando por reformas já muito adiantadas, dirigidas por pessoas completamente ignorantes de estilo e tradição. O teto da nave foi revestido de forro comum, e vários outros elementos estruturais da construção, como a fachada, por ex., foram prejudicados por modificações contrastantes com a arquitetura primitiva. Existe, na parte externa esquerda da igreja, para solucionar a irregularidade do terreno, um exemplo muito interessante, de que não conheço outro exemplar, de contraforte com base de chanfro amortecido em voluta. De grande interesse documental e bastante nobre. A documentação fotográfica está sendo tirada agora, pois que as primeiras fotos, assim como de todos os outros lugares já visitados de que a documentação fotográfica está faltando, falharam.

Ruínas em Santo Amaro

Na histórica Santo Amaro, atualmente subprefeitura anexa à municipalidade de São Paulo, nada mais lembra o passado, senão ruínas. A igreja reformada em 1924 da maneira mais lastimável, por um sacerdote, que sequer supunha a existência da história. Na intenção de aumentar a nave, mutilou, arrasou tudo, queimando, vendendo, pondo fora talha e outros pertences tradicionais. Quatro belíssimos lustres de bronze cinzelado e pérolas de cristal lapidado foram vendidos por ninharia, hoje ornamentando residências paulistanas. De antigo ainda restam dois altares em péssimo estado de conservação, o de S. Vicente de Paula e o de S. Benedito, ambos interessantes ainda, pois parecem pertencer ao séc. XVII. Estão conservadas também duas imagens antigas (fotos n. 2 e 3) de que se envia documentação que será posteriormente substituída. A imagem de Sto. Amaro (foto n. 3), conforme a tradição e com muita possibilidade de acerto, parece ser a imagem primitiva, cedida por dona Suzana Rodrigues a Anchieta.

Além disso, só existe ainda em Santo Amaro, digna de tombamento, uma casa particular (foto n. 4) ainda habitável, apesar do seu estado ruinoso. Esta casa teria sido residência, senão do próprio Borba Gato, da sua família. Ultimamente cuidou-se da destruição dessa casa, e sua reconstrução (!), para efeitos de alargamento de rua. Graças à intervenção do Departamento de Cultura, foi obstado o descarinho. Provavelmente se livrará o edifício dos prédios vizinhos, ficando ele como elemento de contemplação numa pequena praça; e, reforçado e acomodado inteligentemente em seu interior, convertido numa biblioteca popular ou museu municipal. Esta foi a proposta do Departamento de Cultura.

E só ruínas autênticas... As fotos n. 5 e 6 representam a casa da primeira fundição de ferro da região, talvez do Brasil. A árvore que se vê cresce dentro do forno. A foto n. 7 representa uma das taipas da casa-grande do Morumbi, onde se fez, no Brasil, a primeira plantação de chá. Ainda não se visitou este local. O prédio colonial era de sobrado, com onze cômodos no pavimento térreo, e doze no superior. Em 1825 era propriedade de João Rudge (V. *Estado de S. Paulo* de 3 de janeiro de 1935).

Arquitetura civil em São Paulo

A bem dizer, não existe na capital de S. Paulo mais nenhum prédio de residência que se conserve digno da atenção federal. Um serviço estadual, a meu ver, especioso, poderá tombar alguns prédios destes, porém será mais empecilho que guarda de tradição. Propriedades como a *casa velha do Tatuapé*, propriedade de Elias de Albuquerque, que pertenceu a Melo Franco, pai da condessa de Rio Claro; a *casa velha da Vila Leopoldina*, perto da balça do Tietê, lado esquerdo, em cujo forro se teria achado uma escritura de Afonso Sardinha; a *casa velha de Caxingui*, Pinheiros, à margem do Pirajussara, que a tradição diz ter pertencido ao padre Belchior de Pontes; a *casa da Marquesa de Santos* à rua do Carmo, onde atualmente está instalada a Companhia de Gás, e em que viveu um tempo a aristocracia do clero paulista, palácio episcopal que foi — edifício aliás bastante bem conservado em sua fachada do século XVIII, pois que pertenceu ao brigadeiro Joaquim José Pinto de Morais

Leme, de quem a marquesa o adquiriu em 31 de maio de 1834; a *casa colonial em Vila Maria* (Cidade Jardim), propriedade de Rafael Vidal; a *casa velha do bairro do Limão*, pertencente agora ao dr. Francisco Perucci, onde se encontravam a marquesa de Santos e Pedro I; o sobradão colonial do padre Feijó, na Água Rasa, onde vive atualmente o Instituto Anália Franco, cuja capelinha ainda guarda imagens e a pia batismal dos tempos de Feijó, e, afirmaram, ainda existem instrumentos agrícolas e restos da primitiva plantação de chá; a *casa de Couto Magalhães* na Ponte Grande, atualmente sede duma associação esportiva, com seu desengonçado torreão, encimado por cúpula metálica, onde esteve um telescópio; e que guarda ainda na cimalha as iniciais do general, dos tempos em que foi presidente de província; a *casa velha* do Jabaquara, que se chamou "sítio da Ressaca" nos tempos em que pertenceu ao padre Domingos Gomes Albernás, que aí mantinha oitenta cabeças de gado em 1694, edifício que traz na fachada a data de 1719; a *casa-grande* do Anastácio, colonial, onde se hospedou Pedro II (V. foto n. 8); *a residência do Brigadeiro Luís Antônio de Souza*, na esquina da rua José Bonifácio com a de S. Bento, em cuja parte térrea está agora a Mercearia Carioca, onde parava o Brigadeiro em 1818 e depois o barão de Souza Queiroz; *o sobrado da rua de Santo Amaro*, colonial, propriedade que foi do negociante Borba Cujo, e onde se instala um dos maiores cortiços de S. Paulo; a *residência do padre Ildefonso*, na esquina da praça João Mendes, em frente à igreja dos Remédios, onde viveu esse independentíssimo sacerdote — o que no dia da Independência gritou no Teatro da Ópera: "Viva o primeiro rei brasileiro!"; e ainda a *casa do dr. João Mendes* na praça deste nome... Edifícios tais estão completamente deformados muitos, outros menos, têm interesse histórico mais estadual que nacional propriamente; quase nenhum, ou nenhum interesse artístico. Cumprirá sempre fotografá-los, tomar-lhes detalhes de construção, e pormenores de técnica de construção, para estudos. E isto esta região está fazendo já. Não parece porém ao Assistente Técnico mereçam do Sphan os cuidados de tombamento federal.

Outras capelas e igrejós

Ainda em S. Paulo e pelos seus arredores há que lembrar mais alguns casos de arquitetura religiosa, que ainda não foram estudados por este serviço.

Santa Cruz dos Enforcados. Esta capelinha, datada de 1821, foi construída por causa do dramático episódio do enforcamento de Francisco José das

Chagas, o Chaguinhas. Sofreu recentemente uma reforma tão radical, que melhor se diria foi reconstruída. Não houve critério algum de tradição, e nem mesmo de estilo. Se alguma talha em barroco singelo mais gracioso se conservou, altares, cornijas, sanefas, tudo se acha desfigurado pela pintação violenta e novos elementos decorativos.

Capela de Santa Cruz, no Lajeado Velho. Templo quase centenário, sendo que a data do frontispício é errônea, 1883, conforme Afonso A. de Freitas (*Rev. do Inst. Hist. de São Paulo*, XXIII, 326).

Capela dos Aflitos. Data do séc. XVIII e se erguia no cemitério em que se enterravam principalmente enforcados. O patíbulo ficava pouco mais acima, onde hoje está o largo da Liberdade.

Igreja de Santo Ângelo, curiosas ruínas coloniais, do séc. XVIII, provavelmente. Conserva ainda uma porta de madeira trabalhada, conforme informação recebida.

Capela de N. S. do Acari. Construção do séc. XVIII já em ruínas, que fica na Vila Conceição, além do Jabaquara, onde se presume teria vivido a Santo André da Borda do Campo, de João Ramalho. Foi fundada por 1735-6, pelo padre Salvador Pires Santiago (V. *Estado de S. Paulo* de 3 de janeiro de 1935).

Igreja de Guarulhos, que também é muito antiga. Conserva no frontispício as armas do império.

Igreja de N. S. das Mercês. Segundo arco da estrada de rodagem Santos--S. Paulo.

Capela do Bom Sucesso, em Caieiras.

Capela do Sr. Bom Jesus da Cabeça, no Cabuçu. Digna de estudo, embora parcialmente reconstruída em 1922, ao que informam.

O caso de Biacica

A quatro quilômetros de S. Miguel existe, ou existiu, a capela de Biacica num alto, a cavaleiro do rio Lajeado, que primitivamente se chamou Imbiacica. Faz poucos anos que o seu proprietário atual reformou totalmente a capela, ou construiu edifício novo em seu lugar, uma casa de campo. O certo é que o aspecto primitivo desapareceu totalmente no exterior, com a construção dum aliás esplêndido terraço, e compartimentos laterais que são hoje quartos de dormir e instalações sanitárias. A parte central desta casa de campo é a primitiva capela, transformada a nave em sala de estar e a capela-mor em sala de jantar. Na frente do edifício ainda vivem os jerivás que aí viu Afonso A. de Freitas quando descreveu a capela em 1925 (*Rev. do I. H.*, XXIII, 323). O problema de Biacica é interessante porque o atual proprietário, de bem surpreendente bom gosto, se orientou no sentido de dar à nova casa de campo um aspecto internamente eclesiástico, não só conservando possivelmente a talha aproveitável, como lhe acrescentando talha colonial baiana da mais perfeita e admirável, bem como prataria tradicional. Se é certo que se tem a impressão misturada de estar em casa liberdosamente de campo e ao mesmo tempo numa capela, o riquíssimo material reunido é tão bonito que não se chega a verificar o desacerto da mistura. Quase agrada, e as revoltas são mais de raciocínio que de sensação. Dever-se-á tombar este problema? Se o edifício nada mais representa da tradição e da graça ainda aí percebida por Afonso A. de Freitas, as talhas nele embutidas são tradicionais e ótimos exemplares. É um como que edifício coleção, de que o próprio lugar, e a própria estrutura interna das salas coletivas... pertencem à coleção. Pretende o Assistente Técnico solicitar permissão para fotografar algumas peças desta coleção, para que o Sphan decida sobre o seu tombamento.

Atibaia e perdões
Igreja do Rosário

A primeira referência a esta igreja de Atibaia data de 1763. Neste ano o Relatório da Irmandade consigna uma verba paga a Baltazar de Godoi Camargo "pelo trabalho de aprumar e dirigir as taipas da capela do Rosário". Em 1765 a comissão de obras da igreja era composta de Lucas de Siqueira Franco, José de Godoi Morais e Inácio Alves Cardoso. Em 1783 a igreja ainda não estava concluída. Novos andaimes foram armados para conclusão das obras, agora sob as vistas de Francisco Xavier Cesar, João Franco do Prado e do vigário Padre Manuel Jacinto de Sampaio. Recentemente esta igreja foi reformada, embora conserve ainda a taipa primitiva. Recebeu fachada nova que, parece, deformou por completo o aspecto primitivo. Não foi porém possível receber informação decisiva a este respeito, dependendo esta opinião de informações posteriores. É igreja pobremente revestida de altares de talha pouco interessante, que se julgou desnecessário fotografar. Aliás a hora tardia da noite, 19 horas e pouco, em que foi vista, durante uma cerimônia, impediria esse trabalho. Não merece tombamento federal.

Igreja Matriz

O seu orago é S. João Batista. O templo atual é o mesmo, edificado de 1794 a 1798 pelo capitão-mor Francisco da Silveira Franco e padre José Francisco Aranha de Camargo, então vigário da freguesia. Em 1840 um raio partiu a taipa da torre, tendo esta que ser reconstruída, do que se incumbiu José Lucas da Silveira Campos. Em 1878 novo raio inutiliza a torre nova outra vez, que foi mais uma vez reconstruída. Em 1899 esta terceira torre, feita às pressas, ameaçava ruir. Foram obrigados a desmanchá-la, construindo-se então a torre atual, que briga bastante com a vetustez pesada do resto do edifício. Internamente o templo foi modificado em 1908 pelo seu vigário, o padre Kohly, que a ladrilhou e tirou as arcadas antigas em madeira dos arcos laterais, conforme é da tradição da taipa, substituindo-as por cimentação errônea. Será possível voltar à tradição, mais perfeita e mais rica coisa que o templo merece. Quanto às imagens antigas, que foram substituídas por outras de quinquilharia moderna feita em série (entre elas o orago), foram enterradas perto do altar-mor. Ainda foram conservadas em uso algumas imagens antigas em madeira, das quais a melhor, uma realmente ótima Sant'Ana, foi fotada para o Serviço. O altar-mor é em talha antiga folheada a ouro sobre fundo branco já bem patinado pelo tempo, o que lhe dá uma admirável cor. Talha apenas regular como técnica, assim como a dos outros quatro altares tradicionais, estes de ruim barroco, deselegantes, e aliás, moderna e horrendamente repintados. Três ótimos lustres em pérolas de cristal lapidado. Se este templo não tem beleza alguma que o saliente, salienta-se pela sua grandeza, perfeição admirabilíssima da taipa que adquiriu uma consistência granítica. Mas o que mais exalta este edifício notável é a grandeza e originalidade do seu plano arquitetônico. Por tudo isto merece tombamento federal. Foram tiradas as fotos que se julgou necessárias e os planos da construção, no dia 12 de outubro p.p. Como os auxiliares do Serviço, fotógrafo e engenheiro, se entregaram depois a outras pesquisas e trabalhos, tanto fotos como planos seguirão mais tarde.

Santuário do Sr. Bom Jesus dos Perdões

No mesmo dia foi estudado e fotografado este notável santuário, que fica no lugar chamado Perdões, entre Atibaia e Nazaré. Sem possuir o tamanho grandioso da matriz de Atibaia, este templo é também bastante curioso nos seus dispositivos internos. A talha não só é de melhor estilo como bem mais perfeita como técnica. Lustre de cristal lapidado, da mesma época que os de Atibaia. Algumas boas imagens antigas de madeira, entre as quais uma só, dos Passos, representando Cristo ajoelhado sob o peso da Cruz. O Senhor dos Perdões do altar-mor é também muito bom. Não é contudo a imagem primeira do santuário. Esta, menor, acha-se atualmente num altar da sacristia. Se me não engano, este santuário data dos princípios do séc. XVIII. Infelizmente a documentação recolhida a respeito acha-se nas mãos dum dos Auxiliares do Serviço, ausente de S. Paulo, em pesquisas, na data em que se escreve este relatório. De resto, há que fazer mais pesquisas de arquivos, que serão relativamente fáceis, pois que todos os livros de tombo antigos, tanto deste santuário como os de Atibaia, Nazaré e demais redondezas, se acham recolhidos ao arquivo do bispado de Bragança, segundo informações recolhidas.

S. Luiz do Paraitinga e Ubatuba
Matriz de S. Luiz do Paraitinga

Este templo foi de tal forma reformado ou deformado que são desastrosos os prejuízos causados na arquitetura, sob o ponto de vista tradicional. Guarda no seu acervo, parte em uso, parte guardado, objetos e imagens de algum interesse, principalmente um Sto. Antônio em madeira e a prataria.

Capela das Mercês

Esta pequena capela (fotos n. 9 e 10), de pouco interesse arquitetônico, está completamente arruinada por dentro, e fora de uso. No seu interior guarda-se a mesa, subido na qual diz que pregou frei Antônio de Sant'Ana Galvão. Afirmam que a mesa guarda a impressão dos pés ilustres, o que a inquieta dúvida do Assistente Técnico não conseguiu verificar. Na residência fronteira do sr. Idalício dos Santos, exposta ao azar, brilha a notável imagem de N. S. das Mercês, pertencente a esta capela.

Fórum

Posterior a 1860, mas de algum interesse pelo estilo tradicional e pelo equilíbrio encantador da sua massa, é o Fórum de S. Luiz do Paraitinga. Desgraçadamente falharam as fotos pretendidas. O edifício está ameaçando ruína, e já com parte do teto desabado. Foi por isso interdito e não se o pôde examinar internamente. É de crer-se aliás tenha já o edifício sofrido alguma reforma. Não é de acreditar tenha ele a porta de entrada num dos lados e não na fachada principal, orientada para a praça, e para onde espia o sótão delicioso. Entrando em conversações com o então prefeito de S. Luiz, sr. Antônio Cembranelli (23 de junho p.p.), soube o Assistente Técnico que este prontificava-se a consertar o teto desabado e pôr o edifício em estado de servir, caso fosse cedido pelo estado à municipalidade de lá. Imediatamente, com promessa de permissão de sua assistência nas possíveis reformas, procurou o Assistente Técnico ser intermediário das transações. Conseguiu facilmente o interesse do sr. Secretário da Justiça, levou-lhe em mãos os papéis oficiais e... a parte de boca e deste Serviço foram feitas com a necessária rapidez. Mas o caso tem que ir à Câmara Estadual, e há o papelório. Não consta que nada se tenha feito de mais útil até agora, e a estação das chuvas chegou. O caso está assim atualmente reduzido a uma torcida entre o ímpeto cego das chuvadas de outono e a lerdeza igualmente enceguecida da burocracia. De resto, o prefeito já mudou, por coisas transitórias de política, certamente menos dignas de tombamento que este delicioso edifício. Há que tombá-lo, bem como conservar de qualquer forma, por tombamento talvez, toda essa praça da matriz que ele encara dum canto e meio do alto. A fotografia n. 11 mostra um dos cantos desse largo de imperial passado.

Residência Guizard

Em Ubatuba haveria que tombar o... sentimento da cidade. Não sendo mais só passado, nem tendo sequer de longe a importância artística e o caráter duma Ouro Preto, por ex., o tal ou qual isolamento em que viveu até recentemente lhe permitiu conservar um quê deliciosamente imperial e sossegado. Mas sequer o largo da matriz, apesar de manter bons aspectos antigos, tem o valor documental e a unidade do de S. Luiz do Paraitinga. A matriz, apenas se poderá dizer que apresenta algumas imagens de interesse, e certos elementos decorativos que se diriam "segundo império", cuja expansão em S. Paulo já se está estudando. De maior importância é a estrada de rodagem de pedra que sobe o contraforte da serra do Mar e leva a S. Luiz do Paraitinga. Datará provavelmente dos últimos anos da Colônia ou princípios do Império, trabalho ciclópico de comovente grandeza, em que o automóvel chacoalha com muita dor.

Digno de tombamento em Ubatuba existe o prédio em que atualmente reside a família Guizard, de Taubaté, e é propriedade dela. Trata-se dum edifício interessantíssimo tanto do ponto de vista histórico como arquitetônico, de caráter apalaçado. É tradição que seu traço e cantaria vieram trazidos de Portugal, assim como de mais sete outros edifícios já desaparecidos, e de que restam apenas as ruínas de um. Vinha essa pedra como lastro dos navios que buscavam as mercadorias dum comerciante português, que no prédio ainda restante residiu. Edifício de admirável equilíbrio de massas, infelizmente as fotos conseguidas (n. 12 e 13) nada revelam do que é verdadeiramente. No *Estado de S. Paulo* de 1º de setembro p.p., ele aparece numa fotografia paisagística, bem mais reconhecível em sua beleza de fachada. A decoração interna, a óleo, dos salões, bem como os curiosos painéis do corredor de entrada, representando figuras mitológicas, são do maior interesse. As estatuetas e vasos da cimalha, bem como as telhas de arremetação do telhado são de porcelana. Está bem conservado e a família que o possui, em que há um historiador, sabe o que possui.

Parnaíba
Matriz de Parnaíba

É um templo importante pelo seu tamanho e datará provavelmente do séc. XVIII. Estão ainda se fazendo as pesquisas necessárias, bem como a série dos planos arquitetônicos. O templo sofreu uma reforma importante nos fins do século passado, mas, ao que parece, sem que os estudos já feitos sejam suficientes para confirmar esta suposição, essa reforma não atingiu o plano primitivo em sua estrutura.

Foto n. 14: Base decorada do púlpito.

Foto n. 15: Detalhe da decoração do arco que liga a nave ao altar-mor.

Ambas estas decorações mostram inusitado estilo, mais original que bonito. Nos cantos dos painéis de madeira do púlpito observa-se o elemento decorativo em leque, muito usado em certas regiões paulistas no Primeiro Império. É o elemento predominante nas decorações de teto, em Ubatuba, tanto das construções religiosas como civis. Reaparece na igreja de Cabreúva.

Foto n. 16: Porta principal da igreja. É de crer-se que a envasadura superior tenha sido aberta na reforma da igreja, com intenção de maior iluminação interna, o que depende de confirmação.

Santos e arredores

(Esta região ainda não foi estudada para o Serviço. As primeiras viagens para aí projetadas, houve que adiá-las por causa das chuvas.)

Forte de S. Tiago ou S. João

Situado na Bertioga. Construído em 1557 pelo capitão-mor Jorge Ferreira, no mesmo lugar altamente histórico onde existiram o fortim dos irmãos Braga, de 1547 e o reconstruído em 1552, para substituir o primeiro, destruído pelos Tamoios. O nome de S. João lhe foi dado no séc. XVIII, quando da sua reforma ou remodelação, efetuada no governo de D. Luís Antônio de Souza, que o rearmou. Sua derradeira atividade data da Independência, quando o vistoriou o marechal Daniel Pedro Muller, em nome do Governo. Está ruinoso. Será talvez o primeiro trabalho a fazer-se nesta Região, fortalecer-lhe as pedras, guardando-lhe o belíssimo perfil. (Foto n. 17.)

Forte de S. Felipe ou S. Luís

Na ponta norte da ilha de Santo Amaro, fronteiro à Bertioga. Foi construído por Brás Cubas, capitão-mor, em 1552. Seu primeiro artilheiro, assim como do forte de S. Tiago, de que se tratou anteriormente, foi o saboroso Hans Staden. Seu primeiro condestável, com jurisdição sobre toda a barra e sítio da Bertioga, foi Pascual Fernandes, com Brás Cubas, um dos principais fundadores de Santos. Recebeu o nome de S. Luís quando da sua remodelação no século XVIII, efetuada por D. Luís Antônio de Souza, o benemérito capitão-general de S. Paulo. Também a sua derradeira atividade data da vistoria do marechal Muller, na Independência. Também de pedra como o anterior está um montão disforme de ruínas inexpressivas, a julgar-se pelo que diz a foto n. 18.

Fortaleza da Barra Grande ou de Santo Amaro

Foi iniciada em 1584, no quarto ano de reinado de Felipe II de Espanha e I de Portugal. Armaram-no com as peças e equipamentos tomados ao galeão corsário de Edward Fenton, pelo comandante André Higino, oficial do almirante castelhano D. Diogo Flores de Valdez, no ano anterior, quando aquele corsário penetrara no porto de Santos. A fortaleza da Barra Grande, no séc. XVIII, serviu de presídio político, pra castigo daqueles que, em S. Paulo ou nas Minas Gerais, desagradavam de alguma forma o Rei ou seus prepostos no Brasil. Foi renovada no séc. XVIII e sua atividade veio até nossos dias, antes de construírem o forte de Itaipu. (Fotos n. 19, 20, 21 e 22.)

Forte da Praia do Góis

Foi construído entre os anos de 1766 e 1767, pelo capitão-general D. Luís Antônio de Souza, para proteger a retaguarda da fortaleza da Barra Grande, e evitar assim desembarque de forças na praia de que esta fortaleza tem o nome. Sua última atividade data da revolta de 93, última vez que mereceu guarnição e recebeu algumas peças de artilharia. Em ruínas, conforme indica a foto n. 23.

Forte de Vera Cruz de Itapema

Em ruínas, ou melhor, desaparecido, só lhe restam as muralhas, aproveitadas para a construção do posto fiscal de Itapema. É construção dos fins do séc. XVI ou princípios do seguinte. Sua derradeira vida guerreira data da guerra do Paraguai, e já estava em ruínas no fim do século passado. A foto n. 24, reprodução dum quadro do historiador Benedito Calixto, mostra como teria sido o gracioso porte da construção primitiva. É porém provável que o historiador, também pintor, tenha exagerado a esbeltez das vigias, que, neste quadro, discrepam bastante das vigias tradicionais dos outros fortes ainda existentes.

Ruínas da igreja de N. S. das Neves

Restos do primitivo engenho e capela da Madre de Deus, construídos em 1532 pelo fidalgo Pero Góis, nas terras de sesmaria a ele concedidas por Martim Afonso de Souza. No séc. XVIII os escravos negros alteraram a invocação da capela reconstruída para N. S. das Neves, protetora dos escravos. Incendiou-se em meados do séc. XIX e nunca mais foi reconstruída. Trata-se do lugar em que foi construído o primeiro engenho existente neste sul, lugar da maior tradição. A foto n. 25, reprodução dum quadro de Benedito

Calixto, mostra o que sobrava de tão grandes passados em 1898. Ainda não conseguiu o Serviço informações sobre o estado atual da construção. Provavelmente pouco mais que nada...

Ruínas do engenho de S. Jorge dos Erasmos

Sua história é bem conhecida. Trata-se do antigo engenho do Senhor Governador, ou do Trato, iniciado em 1534 por João Veniste e outros, de sociedade com Martim Afonso. Foi vendido muitos anos depois a Erasmo Scheter, de que tomou o nome. Reconstruído algumas vezes, foi definitivamente abandonado no séc. XIX, quando a indústria açucareira transferiu-se definitivamente para o planalto. É o terceiro engenho da Capitania, e não o primeiro, como afirmam alguns, desavisadamente. Não sabe ainda este Serviço qual o estado atual destas ruínas. (Fotos n. 26 e 27.)

Mais algumas ruínas

Por toda a região de Santos ainda se dispersam algumas ruínas de boa tradição. Não sabe porém este Serviço qual a situação atual, se ainda dignas de respeito, se disformes. Talvez a mais importante delas seja a capela de Santo Amaro, reformada, ou mesmo talvez reconstruída totalmente no séc. XVIII (1742 exatamente), mas que vem de 1540, em que a erigiu o nobre genovês José Adorno. Ainda em 1934, por indicação da fotografia n. 28, tinha uma fachada digna de se conservar. A foto n. 29 quererá talvez dizer o que ainda sobra agora, tudo dependendo porém de inspeção nova.

Ruínas do engenho dos Chaves, no Guarujá. As fotos n. 30 e 31 dão ciência do seu estado atual.

Ruínas do convento de S. João, na ilha, defrontando a Bertioga. Séc. XVII.

Ruínas da igreja dos Jesuítas, nos Macacos, Guarujá. Séc. XVII.

Ruínas jesuíticas do Coatinga, na várzea deste nome, em propriedade do sr. Edistio de Camargo.

Ruínas do Barnabé, no alto da ilha deste nome, atualmente propriedade da Cia. Docas de Santos. Se estas mesmas ruínas datam já de 1820, o lugar é mais que histórico, casa dos Padres que foi, depois de ter sido a residência de Brás Cubas, que aí criou os primeiros animais domésticos, galinhas e porcos, trazidos para o Brasil.

Capela do Monte Serrate

Erguida em 1602 e 3 por ordem de D. Francisco de Souza, no alto do antigo morro de S. Jerônimo, que por isso tomou mais tarde o nome de monte Serrate. Aí viveu por muitos anos o famoso beneditino frei Gaspar da Madre de Deus, falecido em Santos e enterrado no mosteiro de S. Bento. Doada esta capela aos beneditinos a 27 de abril de 1656, apesar das remodelações, conserva a mesma estrutura de trezentos anos atrás.

Mosteiro de S. Bento

Fundado em 1650, em terras de Bartolomeu Fernandes Mourão, filho do mestre Bartolomeu Fernandes, o Ferreiro, vindo na armada de Martim Afonso. Este mosteiro foi construído junto a uma capela existente desde princípios do mesmo século, sob a invocação de N. S. do Desterro, nome que ainda tinha o morro no século passado. É um monumento arquitetônico dos mais curiosos da cidade.

Carmo e Ordem Terceira

Foto n. 32. A igreja do Carmo foi iniciada em 1599 no mesmo lugar em que se acha atualmente, e terminada muitos anos depois. A instalação dos carmelitas em Santos data aliás de 1580, sob a chefia de frei Domingos Freire, na igreja de N. S. da Graça, a antiga igreja santista construída por José Adorno em 1562, doada ao povo por ele, e demolida, ah! em 1908, pra alargamento da rua José Ricardo. A igreja da Ordem Terceira do Carmo consta ser construção do séc. XVIII, lá pelo seu meio, ocasião em que se reformou também o convento e igreja do Carmo seus vizinhos. O conjunto é de gostosa e nacionalíssima harmonia.

Igreja e convento de Santo Antônio do Valongo

Foto n. 33. Fundação de 1640, por frei Pedro de S. Paulo, frei Manuel dos Santos, frei Francisco de Coimbra, frei Bernardino da Purificação, frei Tomé da Madre de Deus e os leigos frei Domingos dos Anjos e frei Antônio de S. José, estes como mestres de obras. Em junho desse mesmo ano ficava pronto o convento provisório, e o definitivo já era iniciado em 1642 por frei Manuel dos Mártires. A igreja, construída depois do convento, só se inaugurou com a primeira missa aí rezada a 24 de março de 1691. Em 1860 foi demolida toda a ala esquerda do convento, para construção da estrada de ferro Inglesa, e instalação de sua linha. Diz-que se deram então fatos curiosos conservados na tradição da cidade. Por detrás da ala destruída, ficava o antigo cemitério santista, que precedeu a abertura do atual, em Paquetá, em 1852.

Casa do Trem

Interessantíssima construção, por muitos títulos digna de tombamento federal, datada do tempo do capitão-mor Gonçalo Couraça de Mesquita, quando, por ordem do Rei, se estabeleceram em Santos os primeiros quartéis (séc. XVII). Com pequena diferença de pormenores, é a mesma edificação seiscentista. Fotos n. 34, 35 e 36.

Igreja de S. Francisco de Paula

Este templo, que fica ao lado do hospital da Santa Casa da Misericórdia, conserva ainda, com pequena mudança, o mesmo aspecto que adquiriu com a sua reforma de 1935 e 36. Data também desta reforma a construção do hospital, o terceiro da Misericórdia, cujo centenário foi celebrado em setembro do ano passado. A primitiva construção da igreja é porém anterior a isso de mais ou menos sessenta anos, e teve como primeiro orago a S. Jerônimo. A troca de invocação data de princípios do séc. XIX, por provisão do bispo D. Mateus de Abreu Pereira.

Capela de Sant'Ana do Acaraí

Em S. Vicente. Ruínas. Aí foi batizado o futuro frei Gaspar da Madre de Deus, nascido naquela cidade a 9 de fevereiro de 1715 e morto em Santos, diz que a 28 de janeiro de 1800, sem prova decisiva.

Igreja e convento de Itanhaém

Foto n. 37. É dos mais importantes monumentos históricos de São Paulo. Construção jesuítica, em parte já arruinada, o "convento do morro", na verdade "conv. de N. S. da Conceição", foi mordido por um incêndio que dum lado o destruiu. No governo do dr. Washington Luís cuidou-se de sua reparação, parada em meio por esgotamento de verba. A igreja até hoje é conhecida popularmente pelo nome de igreja de Anchieta, tradição digna de crédito, pois do tempo dele data a construção. Um púlpito reconhecidamente quinhentista que a igreja conserva foi com toda a certeza pisado pelo homem admirável. Incontestavelmente digno de tombamento federal.

Matriz de Itanhaém

Foto n. 38: Interessantíssima construção, certamente quinhentista, documento da nossa arquitetura religiosa primitiva, como tal citada por Ricardo Severo em "A arte tradicional no Brasil", in *Revista do Brasil*, abril de 1917.

Itu, Porto Feliz e Sorocaba
Matriz de Itu

Se a parte externa desta igreja nada vale, com suas remodelações, nela viveu um Deus faustoso. Os altares setecentistas são da melhor talha e as paredes se povoam de quadros muito curiosos. Desta matriz o Serviço já tirou documentação fotográfica numerosa, ainda em parte não revelada, por falta de material adequado para boas cópias, no mercado.

Foto n. 39: Altar de conjugação da nave com a capela-mor, lado esquerdo.

Foto n. 40: Pormenor, mostrando o agenciamento de ligação da nave com a capela-mor, parede e alguns pertences desta.

Foto n. 41: Parte central da nave.

Foto n. 42: Credência, sacrário e alguns quadros, do destruído convento de S. Francisco de Itu, atualmente guardados na matriz.

Foto n. 43: Cadeira de couro, desse mesmo convento, conservada na matriz.

Igreja de Santa Rita

Em Itu. Deixa-se de enviar imediatamente mais pormenores sobre esta igreja, por estarem os dados colhidos nas mãos dum dos auxiliares do Assistente Técnico, o qual está viajando para o Serviço. Foto n. 44.

Igreja do Carmo

Em Itu. Templo de grande importância pelos documentos de arte de talha e pintura que conserva. Não são enviados maiores dados neste relatório pelas razões expostas acima.

Foto n. 45: Altar da capela do jazigo.
Foto n. 46: Anjos imperfeitos.
Foto n. 47: Sant'Ana (madeira).
Foto n. 48: O santo desconhecido (madeira).
Foto n. 49: Santo Elias (madeira).
Foto n. 50: Uma santa desconhecida (madeira).
Foto n. 51: Um esplêndido S. Jorge (madeira).
Foto n. 52: O crucifixo (madeira).
Foto n. 53: O Senhor morto (madeira).
Foto n. 54: São Domingos (madeira).
Foto n. 55: Objetos fora de uso (madeira).
Foto n. 56: Cristo sob o peso da cruz (quadro a óleo).
Foto n. 57 a 62: As imagens dos Passos (madeira).
Foto n. 63: Pintura central do teto da nave.

Outras igrejas de Itu

Outras igrejas há, em Itu, apresentando um ou outro detalhe de algum interesse, esta pinturas, aquela imagens, outra talha. Não julga este Assistente Técnico mereçam elas tombamento federal, deixando que disso cuide o Serviço estadual, em vias de ser fundado. Aliás, é certo que a fusão de vistas e colaboração dos dois Serviços é que produzirá resultados excelentes, pela escassez das verbas federais. Destas outras igrejas que serão sempre objeto de estudo e de documentação fotográfica para este Serviço, já foram tiradas algumas fotografias. São elas:

Foto n. 64: Altar-mor da igreja de S. Bom Jesus;
Foto n. 65: Altar de S. José, da igreja de S. Bom Jesus;
Foto n. 66: Detalhe da igreja de N. S. do Patrocínio.

Matriz de Porto Feliz

Conforme o depoimento do dr. F. A. Veiga de Castro, data a fachada desimportante desta igreja de 1883, "e o restante dos princípios do século passado, se não do fim do anterior". Deste restante a importância não é muito grande, como se percebe das fotos n. 67, 68 e 69.

Casas residenciais

Após a viagem a Porto Feliz, recebeu o Assistente Técnico indicação de duas residências de Porto Feliz dignas de serem estudadas. São elas a *casa do sargento-mor Antônio José de Almeida*, que atualmente serve de Hospital da Santa Casa, e o *sobrado do tenente-coronel José Manuel de Arruda*. Só pesquisas ulteriores decidirão do valor atual delas, sendo sempre certo que nada mais chamou a atenção dos pesquisadores, por qualquer maior importância, para este Serviço.

Vila Bela e São Sebastião
Fortes de Vila Bela

Os fortes que defendiam Vila Bela datam todos do começo do séc. XVII, edificados por 1720. Não sabe ainda este Serviço qual o estado atual deles. O forte de Vila Bela está ao lado esquerdo da cidade. Foi invadido pelo mar e alguns dos seus canhões, soterrados a meio, inda foram vistos pelo historiador Benedito Calixto. O *forte da Feiticeira*, em frente à ponta do Araçá, diz-que ainda guarda cinco canhões. A *fortaleza da Ponta das Canas*, próxima do farolete de igual nome, tem os seus baluartes de cantaria. O *forte do Rabo Azedo*, historicamente o mais importante de todos, também se diz conserva algumas peças, seis ou oito de grande calibre, datadas do séc. XVIII. Foi este forte que, segundo a tradição, bateu o navio corsário de Sarandi, comandado pelo almirante Brown, quando da guerra cisplatina, em 1826.

Engenho d'Água

É possível que Vila Bela guarde alguma arquitetura residencial importante, pelo menos digna de estudo, como demonstram as fotos n. 76 e 77, que reproduzem a moradia chamada Engenho d'Água, de boa taipa.

Colégio de Itu

Este importante edifício de Itu é arquitetura bastante antiga. Nele esteve instalado durante longos anos um dos colégios tradicionais de São Paulo, que tinha, anexo, um templo de boas proporções. Atualmente o colégio é sede do 2º Regimento de Artilharia Montada, e a sua igreja foi russamente convertida em dormitório. As credenciais dos auxiliares deste Serviço não foram consideradas suficientes para permissão de entrada e estudos.

Residência Geribello

Em Itu não se descobriu nada de arquitetura civil que tivesse importância global. Foram apenas tomadas algumas fotos de pormenores, para objeto de estudos e documentação. O mais importante desses pormenores é incontestavelmente o representado pela foto n. 70, a mais curiosa que preciosa entrada da residência do atual sr. Geribello.

Igreja de Santo Antônio, em Sorocaba

A visita a Sorocaba, que durou meio dia, causou algumas decepções. A ausência do bispo e a do prior do convento de S. Bento impediram se fotografasse este edifício e a obtenção de dados históricos, de que o sr. bispo é abundante. Conseguiu-se felizmente fotar a pobre fachada da velha e bastante arruinada igreja de Santo Antônio e o seu altar-mor (fotos n. 71 e 72).

Igreja de Santa Clara

A igreja e o convento de Santa Clara, apesar dum primeiro susto feminino das senhoras freiras, puderam ser vistos, o convento de longe, a igreja em seu interior. É também arquitetura religiosa das mais antigas de Sorocaba, e sua importância é relativa, como demonstram as fotos n. 73, 74 e 75.

Fortes de São Sebastião

Há que estudar também os fortes de São Sebastião, da mesma época (1720) que os de Vila Bela. São eles o *forte da Cidade* de que talvez ainda sobrem os canhões no lugar ainda hoje conhecido por "velho cais". O *forte do Pontal da*

Cruz com seu cruzeiro de pedra e suas lendas. E também os seus canhões e balas soterradas. A *fortaleza de Sapituba* que tem cinco canhões. A *fortaleza da Ponta do Araçá*, fronteira à ilha das Cobras e debruçada sobre o mar, a cinquenta metros de altura. Canhões sobre a pavimentação corajosa de enormes lajes. Enfim, cite-se também a *Casa do Trem*, a "Casa dos Trens Bélicos", bem mais recente, datada de 1825, e mandada erguer pelo governador Lopo da Cunha d'Eça e Costa. Ruínas já sem teto, em cujo recinto crescem grandes árvores. Das raízes destas ainda se desenterram balas e granadas de vário feitio e calibre, "instrumentos e artigos bélicos totalmente desconhecidos e estranhos para nós" e mesmo canhões de pequeno calibre, que Benedito Calixto ainda viu.

Convento de São Francisco

Notável arquitetura jesuítica, hoje em ruínas, cujo estado este Serviço ainda não sabe definir. Em São Sebastião.

Matriz e Fórum de São Sebastião

As fotos n. 78, 79 e 80 permitem ainda supor que tanto a matriz como a Cadeia e Fórum de São Sebastião merecem estudo.

Iguape e Cananeia

Poucas são as referências úteis obtidas pelo Serviço sobre esta zona tradicionalíssima. O sr. Geraldo de Rezende Martins chega a propor seja Cananeia convertida em monumento nacional, no seu livro *Cananea* publicado este ano, e impresso na Gráfica Olímpica, do Rio de Janeiro. Será talvez demasiadamente olímpico o sr. Geraldo de Rezende Martins, muito embora a vetustez histórica de Cananeia obrigue ao maior respeito. Há que estudar nela a matriz, de construção quinhentista. No lugar dos estaleiros quinhentistas, onde muita caravela se construiu, ainda existem os argolões de ferro, presos às rochas, onde as embarcações eram amarradas. Estão junto ao obelisco comemorativo do aportamento da esquadra de Martim Afonso de Souza as peças de artilharia que pertenceram à antiga fortaleza do Pontal da Trincheira, no extremo sul da ilha Comprida, fronteiriço à entrada da barra. Há que buscar as ruínas desta construção, devida a Rui Moschera, em 1544.

Em Iguape diz-que sobram ruínas de algum interesse. Chafariz. Obelisco. Fonte antiga de N. S. de Lourdes.

Vale do Paraíba

Esta interessante região tradicional de São Paulo também ainda não foi pesquisada para o Serviço. Apresentam-se apenas as poucas indicações que seguem.

Igreja de São Francisco das Chagas de Taubaté

Catedral do bispado. Arquitetura colonial. A pintura da capela dos Passos é de 1614.

Convento de Santa Clara

Em Taubaté. Prédio assobradado, já em grande parte reconstruído. Ficaram da primitiva construção, que é dos fins do séc. XVII, a torre de cantaria e toda a fachada. Possui um grande relógio inglês de 1720.

Igreja do Rosário

Em Taubaté. Construção colonial.

Capela do Pilar

Também em Taubaté. Conserva ainda o seu aspecto colonial. Nela os bandeirantes faziam suas rezas ao partir para o sertão.

Casas-grandes de Bananal

Nas proximidades de Bananal ainda se erguem mais ou menos afeiçoadas ao tempo de agora, vultuosas casas-grandes de taipa. Conforme indicação colhida por este Serviço, as mais importantes delas são as das fazendas Resgate, Três Barras e Bocaina.

Campinas

Em Campinas, apesar de datada do séc. XIX, há que tombar a célebre talha dos altares da catedral.

Conclusão

Não pretende sequer de longe este Assistente Técnico ter apresentado aqui uma relação completa, e muito menos todos os dados necessários a cada monumento recenseado. Foi simplesmente a urgência pedida por esse Serviço central para este primeiro relatório, que levou a este recenseamento sumário, escasso de pormenores descritivos e até mesmo históricos. Nem sequer foi possível enviar as perto de 150 fotografias já tiradas expressamente para o Sphan porquanto, como ficou dito, houve falta de material adequado para cópias no mercado. De tantas falhas, apenas se consola o Assistente Técnico, recordando que o estudo já enviado sobre a "Capela de Santo Antônio, de São Roque" poderá dar, a essa Diretoria, melhor amostra do que é pretensão deste Serviço fazer.

As fotografias 24 × 30 que são as que pertencem ao Sphan foram tiradas pelo fotógrafo Germano Graeser, da firma Graeser & Cia., de São Carlos. Os planos arquitetônicos, bem como os dados sobre o material técnico das construções e alguns dados descritivos são da autoria do engenheirando Luís Saia. A maioria dos dados históricos foram coligidos pelo historiador Nuto Sant'Anna.

Na esperança de, por alguma forma, ter contribuído para o brilho desse Serviço e correspondido à confiança de V. Ex.ª, envio a V. Ex.ª

Cordiais saudações.
Mário de Andrade
Assistente Técnico da Sexta Região

Segundo relatório de Mário de Andrade para o Sphan

São Paulo, 28 de novembro de 1937

Compõe-se este Relatório de duas partes, contendo:
Pasta I: Relatório dizendo de vário assunto e tratando em especial da pintura religiosa em Itu.
Pasta II: Documentação fotográfica comprovante, contendo trinta e três números de documentos, com sua numeração e títulos indicados no verso.

Exmo. Sr. Dr. Rodrigo M. F. de Andrade
Diretor do Serviço do Patrimônio Histórico e Artístico Nacional
Como Assistente Técnico do Sphan para esta Sexta Região, venho apresentar-vos o *Segundo Relatório* das pesquisas que estou realizando em S. Paulo.

Suspensão das pesquisas no lugar

Infelizmente, como aliás já vos dei conhecimento, o tempo das águas, este ano, se manifestou com tal violência, que várias regiões do estado de S. Paulo estão inundadas, com enormes prejuízos materiais. Assim mesmo, tanto este Assistente como seus auxiliares tentaram ainda algumas viagens e obter fotografias. Os resultados foram desastrosos. Semana e meia gastas na região de Santos e municípios vizinhos, pelos auxiliares do Serviço, foram quase perdidas. Outra viagem deste Assistente à Bertioga foi de todo em todo infrutífera. Ainda por cima a nova coleção de fotos, obtida pelo fotógrafo do Serviço, pelas mesmas razões, perdeu-se de quase metade.

Diante destas dificuldades e tendo em vista a despesa inútil que tais viagens estavam custando, este Assistente suspendeu as pesquisas desse gênero, à espera de dias mais firmes.

Não tendo ainda prontas muitas fotografias de exteriores e interiores de igrejas, outras que as já enviadas no Primeiro Relatório, prefere-se por isso circunscrever este *Segundo Relatório* ao envio duma coleção de fotos que dá bem o sentido do que é a pintura religiosa de Itu, e seu estado atual.

Museus e coleções particulares

Por outro lado, e com auxílio do Departamento de Cultura da Municipalidade de S. Paulo, que pôde tomar ao seu cargo o trabalho, enviou-se um milheiro de circulares por todo o estado, a autoridades civis e eclesiásticas, bem como a particulares da burguesia, solicitando indicassem nome e residência dos museus e colecionadores particulares que conhecessem, bem como a natureza das coleções. Várias respostas já chegaram, de prefeitos do interior, bastante desilusórias por enquanto. Mas como este trabalho está apenas iniciado, não perde este Assistente a esperança de reunir mais alguns números à série de museus e colecionadores particulares que já recenseou.

O forte de São Tiago ou São João, na Bertioga

Outra iniciativa tomada pelo Assistente Técnico foi propor, à Sociedade dos Amigos da Bertioga, o encargo de restauração do forte de São Tiago, situado na Bertioga e de que já se falou à p. 17 do *Primeiro Relatório*.[i]

Este forte está bastante danificado pelo tempo e ameaçando ruína. Ora trata-se justamente de um dos mais deliciosos perfis de arquitetura militar colonial que possuímos e há que conservá-lo. Na quebra da praia, olhando o mar e as águas mais sombrias do rio, entestando o maciço montanhoso da ilha de Santo Amaro, o forte de São Tiago é de uma expressão magnífica. No primeiro século defendeu Santos dos Tamoios que, vindos do mar, desejariam atacar a vila pelas costas. Hoje é simplesmente gracioso. As suas pedras enérgicas, a sua plataforma de vasta perspectiva, as suas vigias pueris, são duma elegância arquitetônica impecável. O dedo do tempo, que é o maior de todos os feitiços, transformou Hércules na própria Ônfale.

O forte compõe-se de três construções distintas, forte, habitação e capela.

---

i Nesta publicação na página 458. [N. E.]

A capela que fica na parte de Nordeste está completamente arruinada, sem possibilidade de restauração. As versões sobre a imagem nela venerada são mais ou menos vagas. Diz o atual zelador do forte, sr. José Epifânio da Silva, ter ela, há uns cinquenta anos, sido transportada para outra fortaleza que ignora. Outros moradores da Bertioga informaram porém, a este Assistente, que a última imagem conservada nesta capela já não era o seu orago, mas sim outra, proveniente do fronteiro convento de S. João (ilha de Sto. Amaro), para aí levada quando a capela deste convento ruiu. E que esta imagem é que fora levada para "outro forte", que ninguém sabe ao certo qual. Falaram no forte de Itaipu, o que, em melhores dias, será fácil de verificar.

Com a mesma técnica de construção da capela, de pedra, com os interstícios cheios à canjicada, está construída a habitação anexa, que servia de alojamento aos soldados do forte. A sua fachada corre na linha sudeste-noroeste, e está separada do corpo do forte por pequena parede, com portão comunicante de 1,10 de largura. A habitação está afastada da linha da fachada lateral do forte, de 4,56, e se compõe de cinco dependências. A cobertura é de duas águas, telha-vã e o piso empedrado.

O forte, em seu estado atual, consta de um grande bloco retangular maciço, com suas paredes de pedra, cheios os interstícios de canjicada de pedra e areia, possivelmente ligada com óleo de baleia. A altura do bloco, do piso interno à calçada de pedra em que se assenta, é de 2,74 m. O piso interno, que mede 24,76 por 7,10, é revestido de lajes de pedra com área média de 90 centímetros quadrados. Sobre este piso assentaram modernamente um desastrado poste de linha telefônica.

Envolvendo toda a volta do piso, e subindo a uma altura mínima de 0,53, há uma parede de resguardo com 1,12 de espessura. Na fachada principal este envoltório está aberto de viseiras rasas, em quatro lugares. Na fachada de sudoeste surgem uma viseira e um pilar de 1,06 de largura por 0,75 de altura, com coroamento repartido em duas quedas iguais, de pequeno declive. Na fachada oposta à principal, até 4,90 dos lados, continua o envoltório, desaparecendo aí. No piso sem resguardo se localiza a escada de acesso, que tem 1,80 de largura e onze degraus. Na quarta fachada o envoltório ruiu.

Nos dois cantos do retângulo, limitando a fachada principal — sul e este — se localizam as duas vigias do forte. São cilíndricas e construídas de pedra canjicada. A entrada para elas se faz por meio duma abertura de

40 centímetros de largura. Aos dois lados das vigias o envoltório do piso se eleva mais, de maneira a proteger melhor o acesso às vigias. A altura destas, do piso do forte à cobertura, é de dois metros. A cobertura abobadada é da mesma técnica de construção. As vigias servem por três olhais de 0,20 × 0,10, abertos a 1,60 de altura. Sustentam a estrutura das vigias, coroamentos inferiores, de forma cônica, lisos.

Da calçada onde se assenta o forte à altura do piso, as paredes apresentam uma graciosa inclinação de reforço.

Pelas informações obtidas da gente do lugar que assistiu aos trabalhos da formidável tempestade de 1934, existe uma escada soterrada na areia, da banda do nascente. Falaram mais que a calçada do forte, hoje só visível num trecho da fachada principal, o envolve todo. Dantes, contando a parte soterrada, dizem que o forte media nove metros de altura, o que parece exagero.

Como localização topográfica a planta retangular do forte, de 27 metros por 25 metros, dispõe-se de tal maneira que a fachada principal (a maior) guarda a linha sudoeste-nordeste, a fachada nordeste olhando para o mar, e a sudoeste voltada para o canal que liga Bertioga a Santos.

O forte de S. Tiago necessita reparos urgentes. O paredão da fachada principal sofreu uma rachadura de alto a baixo, e o peso do material que enche o bloco esforçou a fachada nordeste que está cedendo. Já está quase vertical e a sua vigia, pendendo para terra, ameaça ruir.

A Sociedade dos Amigos da Bertioga tem feito o seu fragorzinho pelos jornais, dizendo-se ciosa e apressada em levantar esse recanto do esquecimento, saneá-lo, conservar-lhe os monumentos históricos e transformá-lo em lugar de veraneio e turismo. O lugar serve certamente para tudo isso e a Sociedade dos Amigos da Bertioga parece mesmo animada de muito boa vontade e notícias nos jornais.

Infelizmente ainda não correspondeu com alguma eficiência de ação à proposta deste Assistente, o que levou a retardar até agora os estudos para restauração do forte de São Tiago. Nenhuma resposta se obteve até agora, nenhum estudo a Sociedade fez, como prometeu. Assim que o tempo firmar, este Assistente dará as providências necessárias para isso.

As pinturas rupestres de Sant'Ana da Chapada

Este Assistente chama vossa atenção para a interessantíssima comunicação publicada no n. XL da *Revista do Arquivo*, do Departamento de Cultura, sobre "As pinturas rupestres de Sant'Ana da Chapada (Mato Grosso)", pelo dr. Herbert Baldus.[i]

Este Assistente já anotara entre as pesquisas a fazer, essa importante obra indígena, que lhe fora comunicada pelo prof. Claude Lévi-Strauss,[ii] da Universidade de S. Paulo. A documentação, agora revelada pelo dr. Herbert Baldus, demonstra o valor, talvez excepcional, dessas pinturas. Poderia este Assistente propor ao dr. Baldus, etnólogo bastante conhecido, uma viagem de pesquisas novas a Mato Grosso, para mais profundos estudos dessas pinturas e obtenção de melhores fotografias. Com essa documentação, em grandes pranchas, faríamos um álbum para a coleção do Sphan. Mas antes de qualquer iniciativa a respeito, quer este Assistente ouvir a palavra dessa Diretoria, ficando à espera dela.

Fotos a serem trocadas no Primeiro Relatório

Como ficou dito no Primeiro Relatório, várias das fotos teriam de ser futuramente trocadas, quer por pertencerem a coleção particular (enquanto não se tiravam outras melhores, especiais para o Sphan), quer por terem saído imperfeitas. Seguem agora as fotos n. 64, 67 e 68 (numeração do Primeiro Relatório), que deverão ser trocadas pelas que estão aí. Tereis a bondade de mandar que voltem, para este Assistente, as duplicatas defeituosas que estão aí.

A pintura religiosa na região de Itu

Com a coleção de fotografias que segue em anexo, tentou-se dar o sentimento do que foi e o que resta da pintura religiosa em Itu. Faltam dolorosamente neste relatório nomes de artistas e datas. Quanto a estas, o que mais este Assistente pode avançar, por enquanto, é que datam as mais antigas

---

i Herbert Baldus, etnólogo alemão, regeu a cadeira de Etnologia Brasileira na Escola de Sociologia e Política da USP. [LCF]

ii Claude Lévi-Strauss, professor de sociologia, de 1935 a 1939, da então recém-criada Universidade de São Paulo. A Sociedade de Etnografia e Folclore, criada por iniciativa de Mário de Andrade em correlação com trabalhos desenvolvidos pelo Departamento Municipal de Cultura, realizou inúmeras investigações científicas, de que resultaram os filmes entre os índios do Mato Grosso citados na carta de 29 de julho de 1936. Estes filmes ficaram guardados em arquivos da prefeitura de São Paulo e, identificados como registro feito por Claude Lévi-Strauss, foram editados por Maria Rocha Miranda, antropóloga da Embrafilme. [LCF]

do séc. XVIII, provavelmente algumas sendo já pelo menos do começo do séc. XIX.

Quanto a nomes de pintores, a não ser três telas de Almeida Júnior existentes na matriz de Itu, e que não revelam a grande época ou toda a força do artista (as reproduções seguirão em outro relatório), não foi possível por enquanto fixar nenhum decisoriamente.

É tradição oral, colhida pelo Serviço, que por Itu trabalharam sistematicamente, na pintura religiosa, três artistas. Um deles seria de Santos; outro o ituano Miguel Arcanjo Benício da Silva Dutra, o Miguelinho, que parece ter iniciado a tradição artística desta família de pintores medíocres de Piracicaba; e finalmente um pintor de Jundiaí, de que se ignora o nome.

Da coleção de fotos que segue no anexo julga este Assistente distinguir a mão de pelo menos quatro artistas.

Quatro, sem contar as duas grandes telas que iniciam esta coleção (fotos n. 1 e 2) e adornam, logo à entrada, as paredes laterais da nave da igreja matriz da vizinha cidade de Porto Feliz. A primeira destas telas é cópia do célebre afresco de Da Vinci sobre a Ceia. A segunda, representando as Bodas de Caná, guarda todas as aparências duma cópia também, sem que este Assistente a possa identificar por enquanto. Pinturas muito frias e sem maior interesse ostentam de mais curioso sobre as mesas de festim, frutas nacionais. A longa talhada de melancia em frente ao Cristo, da Ceia, é uma nota indigesta de deliciosa ingenuidade. Não é possível deixar de sorrir diante do caso nacional desta mesa bem fornecida. O copista seria brasileiro, ou português com larga prática da mesa farta nacional... Não se conteve, não compreendeu a mística frugalidade da mesa de Da Vinci, encheu pratos vazios com talhadas de melancia, pôs doces gordos de caldas e uns talheres de muito boa educação. Talvez mais pela abundância da mesa posta que pelas talhadas duma melancia possivelmente nativa, estes quadros revelam o Brasil...

Das paredes laterais da capela-mor e da nave da matriz ituana pende uma boa coleção de interessantíssimos quadros (fotos n. 3 a 15). Não serão telas bonitas, o desenho é deficiente, de grande convencionalismo sem liberdade. O artista possuía porém um instinto bastante vivo da composição e possivelmente alguma prática de ver. As paisagens das telas n. 12 e 13 não permitem imaginar um completo autodidata. Por outro lado, o emprego sistemático da esquematização triangular (fotos n. 3, 4, 6) revela alguma consciência acostumada às tradições. Mas o artista por si mesmo, e como melhor de suas qualidades pessoais, tinha o dom da composição. Observe-se mesmo a audácia de compor, revelada pela foto n. 10, que chega a ser original. E ainda sob o mesmo ponto de vista, peças como as fotos n. 5, e principalmente n. 4, parecem a este Assistente alcançarem a excelência.

O colorido desta coleção de telas é sem grande interesse de originalidade, notando-se sempre o sombreado violento, acusador bastante áspero dos volumes das carnes, que é de muita tradição na pintura religiosa nacional, pelo menos de São Paulo.

Serão todas estas telas de um mesmo artista? Sobre este assunto não fez ainda este Assistente mais que uma análise perfuntória, porém é de imaginar-se que sim. O processo de obter a triangulação esquemática ou o enchimento de um dos ângulos superiores da composição por meio de cabeças aladas de anjos; o mesmo caráter de inabilidade no desenho de perfis; o corte muito idêntico de nariz nos rostos masculinos em três-quartos (comp. foto n. 13 o Cristo, foto n. 7; foto n. 5, foto n. 8, foto n. 14 o Cristo, e mesmo os perfis de Sérgio e do pontífice na foto n. 15); a extrema parecença dos pontífices nas fotos n. 7 e 15, a cujo desenho de fisionomia ainda se poderia ligar o homem vestido de claro da foto n. 5; a quase cópia de rosto do apóstolo a quem Cristo lava os pés (foto n. 10) e do apóstolo que lhe está à direita na Ceia (foto n. 14), e que ainda se repete no homem da Visita de Sant'Ana e Maria (foto n. 8); várias outras identidades de estilo e de desenho, parecem permitir, com segurança, afirmar-se que todos estes quadros são da autoria de um só artista.

A coleção está bem danificada pelo tempo, as próprias fotografias o demonstram.

Afora esta coleção de painéis ituanos, envia este Assistente mais outra, constando de fotos tiradas das pinturas dos tetos da Carmo e da Igreja Matriz.

Francisco Nardy Filho (*A cidade de Itu*, S. Paulo, 1928, I volume) trata largamente da construção e equipamento destes dois importantes edifícios.

Não consegue porém nos esclarecer (sequer trata do assunto!) o primeiro problema que surge na igreja e convento do Carmo, que é a existência real de duas igrejas: a que está servindo, e outra pouco menor, abandonada e muito arruinada, a que chamam atualmente de "Capela Velha". Desta não trata Francisco Nardy Filho, e mesmo a sua descrição implica a não existência do que existe!

Conforme diz ele, estribado em decisórias razões, o convento do Carmo é de fundação proximamente posterior a 1719. Mas já existia então em Itu a Ordem Terceira do Carmo, cuja data mais antiga conhecida é apenas de dois anos anterior àquela fundação, 1717.

E mais não diz o escritor, passando a tratar imediatamente da construção da igreja do Carmo, de que esclarece apenas ter sido seu começo "uma pequena capela constando só de capela-mor e sacristia" e que "somente em 1779 é que foi construído o corpo da igreja", já decidido aliás desde 1777.

A capela Velha de forma alguma se pode acomodar a essa descrição, pois é uma igreja completa, com capela-mor e nave (esta atualmente convertida numa sala de aulas, aquela totalmente abandonada) quase do mesmo tamanho da igreja atual.

Tratar-se-á duma capela interna de convento, para uso de frades? É difícil aceitar-se semelhante hipótese, dado o vulto da construção, e a sua disposição, separada do convento, pela igreja em serviço. Tratar-se-á de uma capela usada pelos Terceiros Carmelitas, anterior à fundação do convento?[i] É hipótese bastante atraente, que não condiz porém com os dados fornecidos por Nardy Filho (infelizmente sem datas quanto a esta afirmativa) de ter existido como começo da igreja do Carmo uma "pequena capela constando só de capela-mor e sacristia". O próprio estado ruinoso da abandonada capela Velha não implica só por si maior antiguidade. Interiormente despojada de todos os seus elementos de serviço e ornato, mesmo altares, só dela não tiraram os painéis do teto da capela-mor em caixotões, representados pelas fotos de n. 16 a n. 23.

Para disposição real destes painéis dá-se o esquema que segue:

Este Assistente considera bem notáveis estas pinturas, pela sua severidade muito ibérica e mesmo denunciando segurança de mão e de estilo. Apenas discrepam da firmeza do desenho os dois painéis de enchimento (fotos 16 e 19) representando anjinhos. Se é certo que também nas decorações que seguirão, dos tetos da Carmo e da matriz ituanas, veremos ainda anjinhos mal desenhados, estes da capela Velha são especialmente antipáticos. Pesados, pelas pernas e torsos grossos em excesso, a que o processo de determinar violentamente os volumes pelo jogo das sombras rápidas e curtas ainda mais avoluma, falta em principal a estes anjinhos naturalistas

---

[i] A tradição oral diz que, de fato, esta capela Velha era dos Terceiros do Carmo. [Nota de Mário de Andrade]

aquele caráter alado do menos pesado que o ar. Em língua de hoje se diria que lhes falta linha aerodinâmica... Positivamente os anjinhos da pintura religiosa de S. Paulo desmentem as tradições duma terra que se orgulha de ter gerado Gusmão e abrigado Santos Dumont. Dir-se-ia faltar, aos descendentes dos aspérrimos bandeirantes, o senso da infantilidade e da graça. E deve ser verdade.

Mas nos outros painéis, principalmente nos dois centrais (fotos n. 17 e 18) e ainda no admirável da foto n. 20, há uma real habilidade de fatura aliada aliás a um tal ou qual misticismo, certa sensibilidade mística, interioridade de criação — dons muito ausentes na pintura religiosa de São Paulo. As fotos demonstram perfeitamente o estado desastroso de ruína em que se acha esse teto, digno de cuidadosa conservação. Será possível restaurá-lo? Este Assistente, caso seja aprovado por essa Diretoria, e para isso pede autorização, mandará o técnico de restaurações Vitorio Gobbis a Itu, estudar o problema. Ou restaurar, ou retirar esses quadros do lugar e conservá-los mais protegidamente.

Já com o teto da capela-mor da atual Carmo estamos diante de uma espécie de obra-prima (fotos n. 24 a 30).

Afirma Francisco Nardy Filho que tanto este painel como os quadros que adornam a matriz de Itu já estudados (fotos n. 3 a 15) são todos da autoria do pintor Jesuíno Francisco de Paula Gusmão (op. cit., pp. 76 e 120). O escritor, parece a este Assistente, de não muito grande perspicácia intelectual e de bastante discutível julgamento artístico. É ituano que com enorme facilidade admira as coisas de Itu, pouco distinguindo entre a curiosidade e o valor estético. Mas a sua obra, baseada, ao que parece, em documentação pesquisada, respira um ar de seriedade histórica. É certo que, no caso, o escritor não cita as fontes de que se serviu para se garantir na sua afirmativa, mas parece provável não tenha inventado nada.

Saint-Hilaire, que esteve em Itu por 1820, portanto quarenta anos após a inauguração da Matriz, fala nestas pinturas todas. Ao se referir à Matriz afirma que o "teto da capela-mor tem pinturas que mostram que o autor nascera com disposições naturais e que, para tornar-se verdadeiro artista, só lhe faltava ter visto bons modelos" (Saint-Hilaire-Leopoldo Pereira, *São Paulo nos tempos coloniais*, S. Paulo, 1922, p. 184). Também Nardy Filho cita este passo, mas traduzido desonestamente, pois fala em "belas pinturas" e "qualidades admiráveis", coisa que não diz o texto de Saint-Hilaire, confrontado na edição original por este Assistente. E ao tratar da Carmo, duas páginas adiante, Saint-Hilaire esclarece: "o teto e as paredes têm muitas pinturas, e estas, ainda que estejam longe de ser boas, revelam entretanto verdadeiro talento, *e assim como grande parte das que ornam a igreja matriz, são obra de um padre que nunca aprendera desenho e só havia saído de Itu para ir ordenar-se em S. Paulo*".

Teria se servido Nardy Filho para afirmar, apenas da boca tradicional das pessoas do lugar e já velhas? Talvez seja o mais provável. Também este Serviço ouviu versões diferentes e, para esclarecer este problema, se acaso faltarem melhores documentos contemporâneos das pinturas e que digam sobre elas, o melhor é esperar uma pesquisa de técnicos profissionais, capazes de, pelo exame das obras, determinar se pertencem ao mesmo artista.

Porque, à primeira vista, tudo parece recusar sejam os quadros da matriz e este painel do teto da Carmo, obras do mesmo Jesuíno Francisco de Paula Gusmão.

É certo que certas fisionomias de velhos (comp. fotos n. 15 e 24) com muito boa vontade nossa, apresentam alguma semelhança vaga, mas, contra esta argumentação, surgem mais numerosos argumentos se opondo à identidade da mão. O mais decisivo de todos, parece a este Assistente, seja a enorme diferença de desenho. O artista dos quadros da Matriz tinha na verdade muito pouco desenho, sobretudo do rosto humano. Os seus perfis são pura e simplesmente incorrectos. E apresenta cacoetes de má anatomia, preguiçoso da observação e da beleza, que lhe tornam quase todos os rostos antipáticos e distantes de nós. Haja vista a maneira com que frequentemente aproximava as sobrancelhas uma da outra, endurecendo a suavidade dos rostos dos homens, e mesmo às vezes das mulheres, como a da fotografia n. 12.

No pintor da Carmo nenhuma destas esquerdices. E principalmente, como psicologia de criador, nada dessa ausência do prazer da vida. Há de fato entre o teto da Carmo e os quadros da Matriz uma diferença de sensualidade, muito difícil de transpor. O painelista da Carmo era como que um renascente italiano. Os seus patriarcas, as suas santas e mesmo os seus anjinhos têm todos rostos simpáticos, de gente sadia, bem nutrida, que gosta de agradar e agrada. Todo o painel, neste sentido, respira um ar de felicidade, a que os festões de rosas e o borboleteamento dos anjinhos dá uma nota muito viva de alegria. Inda mais, as fisionomias são todas sorridentes, mesmo quando não estão sorrindo. Este Assistente não hesita mesmo em afirmar que, sob este ponto de vista, o pintor deste painel atinge as raias do grande artista, pelo poder de exteriorização psicológica de que era capaz. Rostos como os dos patriarcas das fotos n. 26 e 30 expõem uma felicidade, uma alegria interior admiráveis.

E há o movimento. O patriarca de que o anjo segura o báculo (foto n. 30), o papa lindo (foto n. 24), os quatro santos do grupo central e a bonita Senhora do Carmo são todas figuras desenhadas com verdadeira volúpia de movimento, e verdadeira elegância de atitude. Há que notar ainda a apresentação festiva da Senhora, com os dois anjos lhe abrindo o manto, que cria uma composição triunfal, bastante inédita — a não ser que seja mesmo uma invenção do artista.

No pintor dos quadros da Matriz, nada disso, nem nada que permita prever uma evolução futura neste sentido. Se o painelista da Carmo é um renascente italiano, o pintor da Matriz está mais próximo da Espanha e às vezes mesmo das Flandres ainda isentas de italianismos pictóricos. É seco, é duro. Não respira nenhuma sensualidade, nenhuma felicidade, e principalmente nenhuma alegria. E quando quer ser feliz, nos temas em que visivelmente se esforçou em busca do agradável (fotos n. 4 e 5), em vez da volúpia de viver, que é o signo do painelista da Carmo, atinge quando muito um ar "família", acomodado, sossegado e com bastante açúcar. No presépio da foto n. 5, sem parecer, lembra Murilo, o ar "murilo", aquela virtuosidade sem gosto dos incapazes de pecar.

A provar-se que os quadros da Matriz e o teto da Carmo são do mesmo artista, o que parece impossível a este Assistente, teremos que buscar as causas não da evolução, da mudança.

Jesuíno Francisco de Paula Gusmão nasceu em Santos, era casado e muito piedoso da Virgem do Carmo. Depois de morta a mulher, fez-se frade carmelitano, tomando o nome de Jesuíno do Monte Carmelo. Ao dizer de Nardy Filho, este artista só exerceu a pintura antes de se ordenar, e devido ao seu valor reconhecido, trouxeram-no de Santos para executar as pinturas de Itu. Estes informes únicos, desprovidos de datas, permitem supor que Jesuíno Francisco de Paula Gusmão, artista digno de memória, foi de preferência o autor do teto da Carmo. Simples suposição, por enquanto.

Mas esta suposição contradiz a notícia de Saint-Hilaire quase contemporânea das pinturas, de o teto e os desaparecidos quadros das paredes da Carmo e "grande parte das pinturas que ornam a igreja matriz" terem sido obra de um mesmo pintor ituano, padre, que jamais saíra de Itu senão "para ir ordenar-se em S. Paulo"...

Jesuíno Francisco de Paula Gusmão também foi padre, aliás freire. Nardy Filho não o diria santista, sem definitiva base, isso é mais que provável. Tanto mais que o seu ituanismo exaltado, que o fez ver com olhos de rojões os adjetivos "belo" e "admirável" no comedido texto de Saint-Hilaire, não daria a Santos um título de glória pertencente a Itu. Referir-se-ão Saint-Hilaire e Nardy Filho ao mesmo artista? Teria sido o francês mal informado quanto aos pormenores da vida do pintor? Ou terem existido pinturas, quadros hoje desaparecidos, nas paredes laterais da Carmo, do mesmo autor dos das paredes laterais da Matriz, contribuiu para esta confusão de "mesmos", que fez os escritores imaginarem o "mesmo" artista no teto de uma igreja e nos quadros da outra...

Este problema da pintura religiosa ituana ainda se dificulta, com outra "espécie" de obra-prima suntuosíssima que é o teto da Matriz (fotos n. 31 a 33).

As duas frases de Saint-Hilaire citadas não permitem inferir que ele queira se referir a um mesmo artista. Nardy Filho foge de falar sobre este teto da Matriz. E este por si, apesar de algumas parecenças vagas (os perfis das figuras no medalhão central com os dos quadros) ou coincidências de solução (três anjos segurando a legenda superior e dois a inferior ao medalhão, e mesmo dispositivo no teto da Carmo), apesar de parecenças e coincidências, nos leva a supor um terceiro artista. Que não parece um autodidata, e sim um técnico nutrido de muitos recursos europeus de decoração barroca. Haja vista as vivazes molduras do medalhão, e principalmente a audaz continuação dessas molduras, segmentando o resto do teto em seis partes. Também os festões floridos são muito mais ricos de elementos florísticos que os da Carmo, e o artista ainda se utiliza de arvoretas festivas pra decorar os vazios nascidos no entroncamento do teto com as paredes. Aliás o decorador da Carmo não teme os vazios, jogando as suas figuras sobre fundo branco, ao passo que o decorador da Matriz enche os seus fundos de nuvens e céus, tornando todo o teto uma concepção painelística fechada. A impressão que se tem deste teto é simplesmente esplêndida. Se uma análise mais sossegada permite distinguir, principalmente nos rostos de perfil do medalhão central e nos corpos desgraciosos dos anjinhos, falhas desagradáveis de desenho, o conjunto é admirável, convencendo quase definitivamente pelo esplendor decorativo. O artista possuía um grande instinto da decoração barroca.

Conclusão

Tem-se que não exaltar por demais para não perder o equilíbrio dentro das grandes obras dos homens. Tem-se porém que não sofrer daquele muito americano complexo de inferioridade que a inexistência dum Miguelanjo ou dum Rubens nos faz ver as obras nossas por uma janela humilde de acomodados inferiores. A pintura religiosa em Itu é de grande importância artística. São artistas de vastas qualidades a que, como diz Saint-Hilaire, faltou apenas a convivência com a tradição dos séculos e os bons modelos.

Não se recorda agora o relator se foi Martius ou o próprio Saint-Hilaire quem observou serem as igrejas brasileiras no geral muito claras e impróprias ao recolhimento da oração. Ainda este último, ao tratar da Carmo de Itu, insiste que "é talvez iluminada demais para um templo". Ideia de rezador europeu. Ideia de quem não sabe rezar à brasileira, rezar conjuntamente com muitos pecados, rezar entre promessas à Senhora e chamados à benzedeira mais sórdida, rezar de barriga cheia e uma alma cheia da mais paralógica ingenuidade. Uma grande inocência. Difícil de garantir se lastimável.

É possível que o teto da Carmo fuja muito aos cânones da decoração europeia. Porém, menos que imaginar por isso deficiência, não seria mais lógico olhar uma obra assim por olhos que não estejam facetados à europeia?... Por que, antes de salientar deficiência, não salientaríamos a originalidade! Templos claros por demais. Pintura clara por demais, cândida, sem fundos. Mas feliz. Uma grande mistura de ingênua religiosidade e mesa farta. Daí uma vaga semelhança com a voluptuosidade da pintura renascentista italiana. Mas não passa duma coincidência, que o relator acentuou, apenas porque não tinha senão esse elemento, desesperantemente europeu, para se fazer compreender.

Se o teto da matriz de Itu nos atrai logo, familiarizados com essa tradição erudita europeia a que ele mais docilmente se afaz, parece a este Assistente que o teto da Carmo terá maior valia tanto nacional como universal. Porque apresenta formas mais representativas de nós, mais originais, mais contribuidoras.

Pela importância porém que todas têm para o complexo que somos, propõe este Assistente sejam todas estas pinturas, bem como as igrejas em que estão e todo o seu acervo antigo, objeto de tombamento federal.

Mário de Andrade
Assistente Técnico da Sexta Região

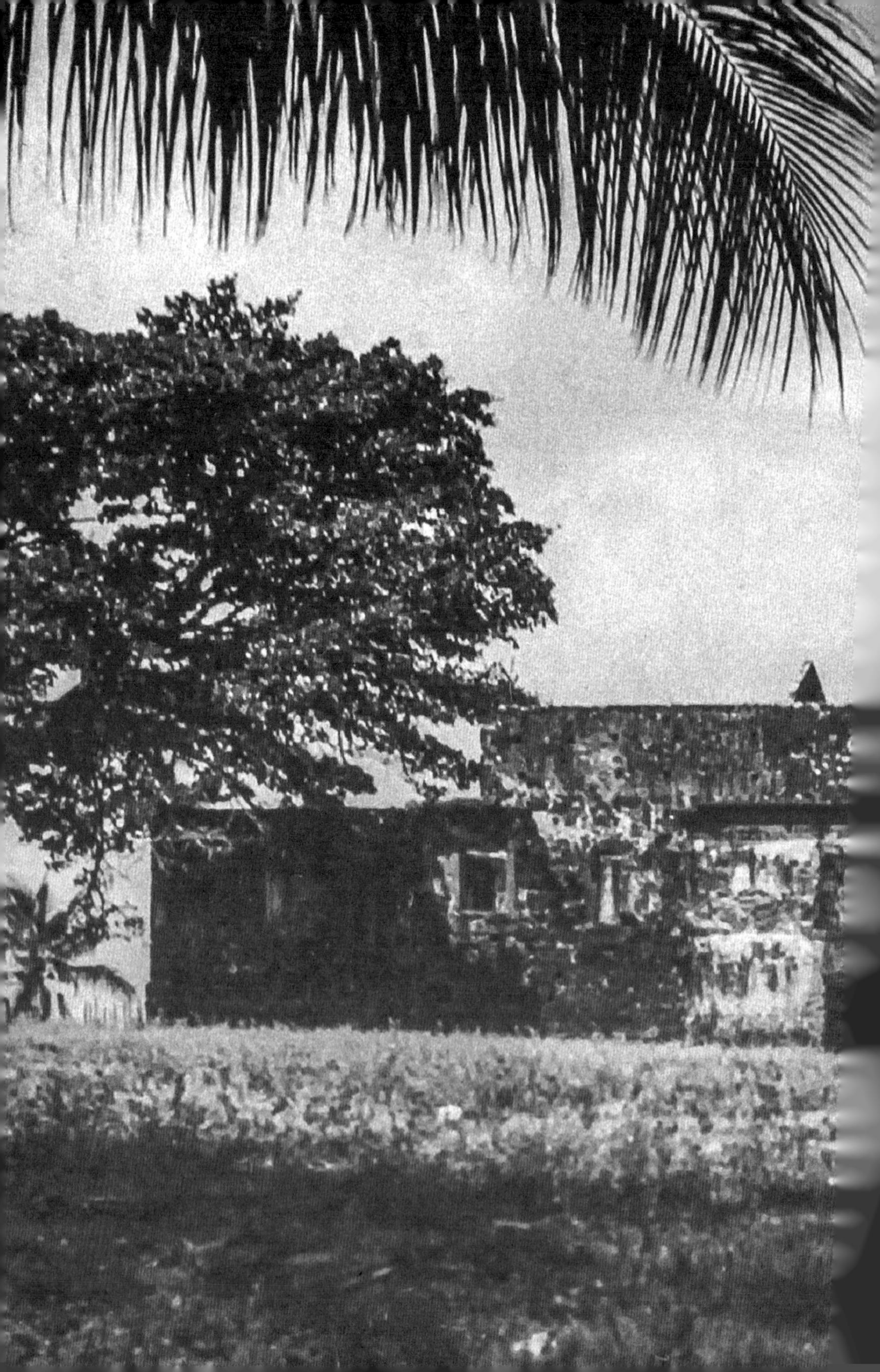

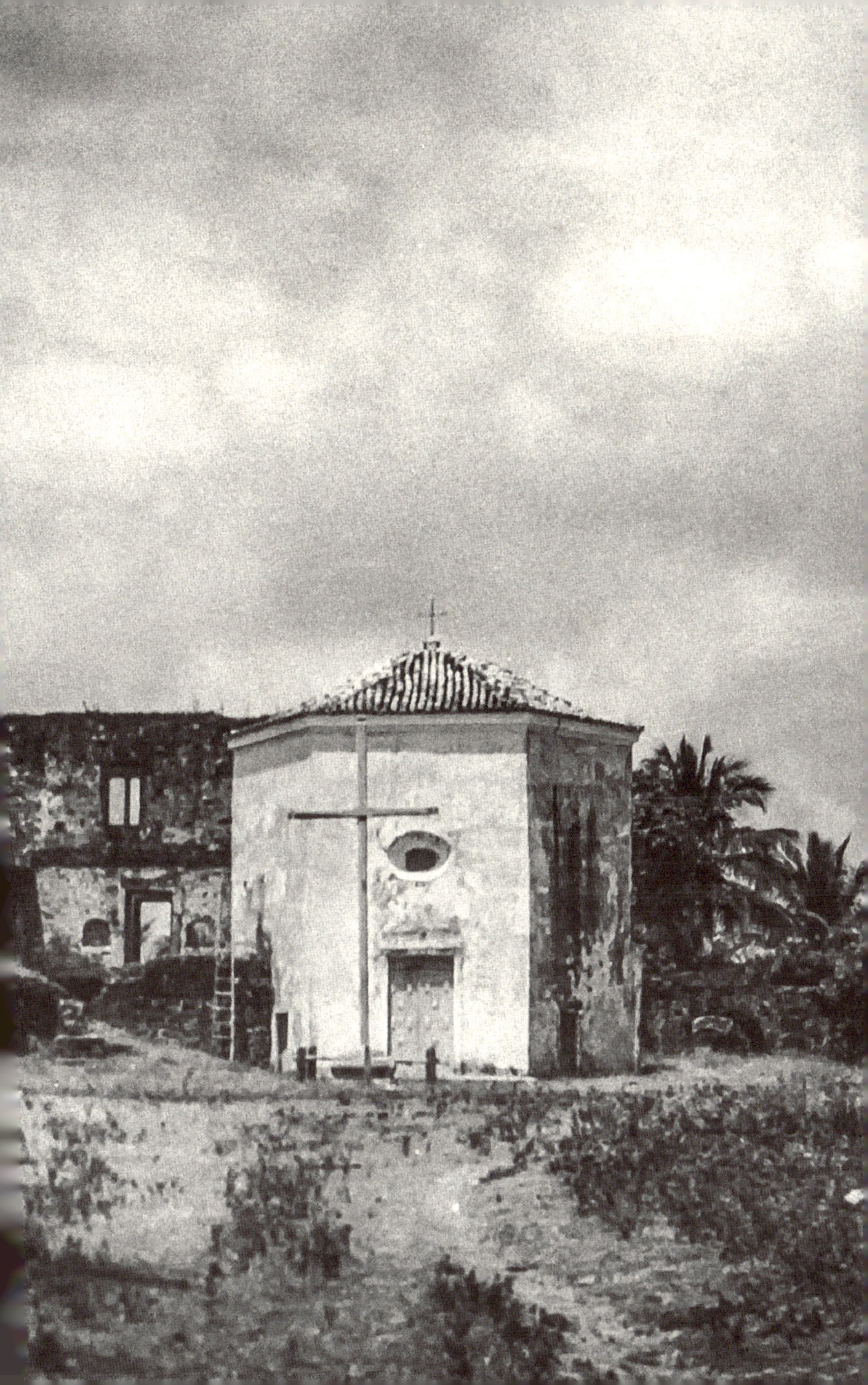

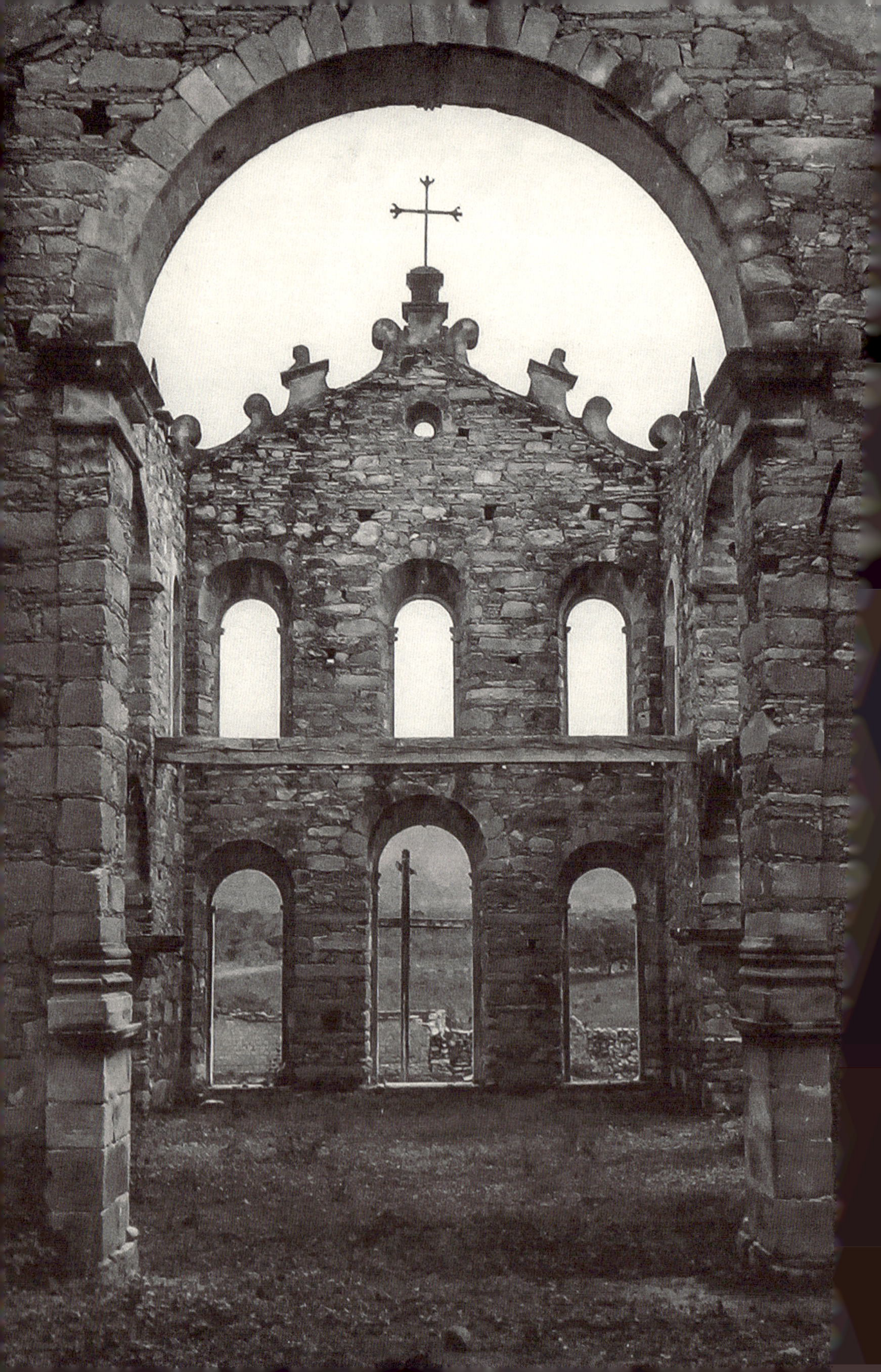

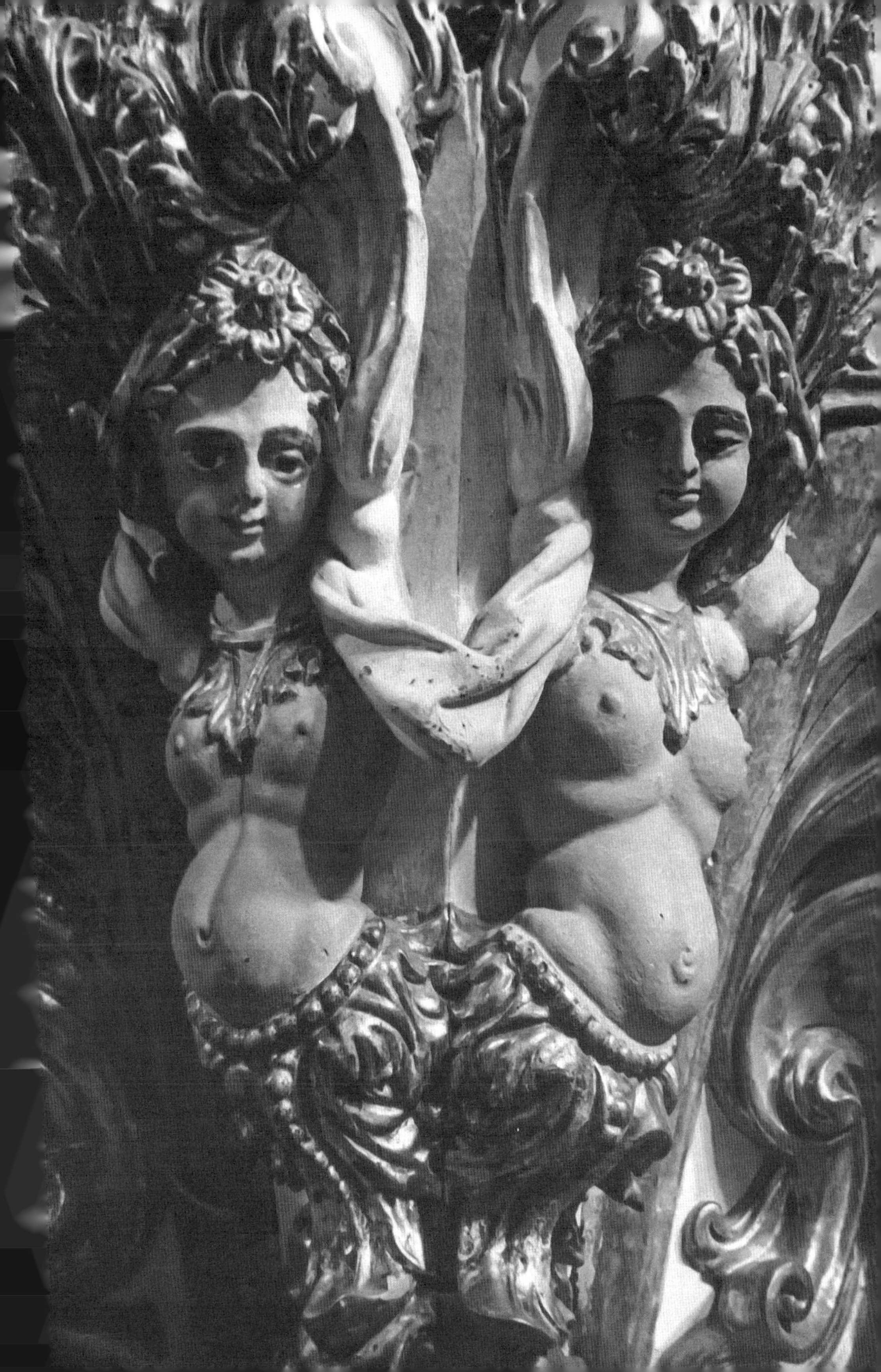

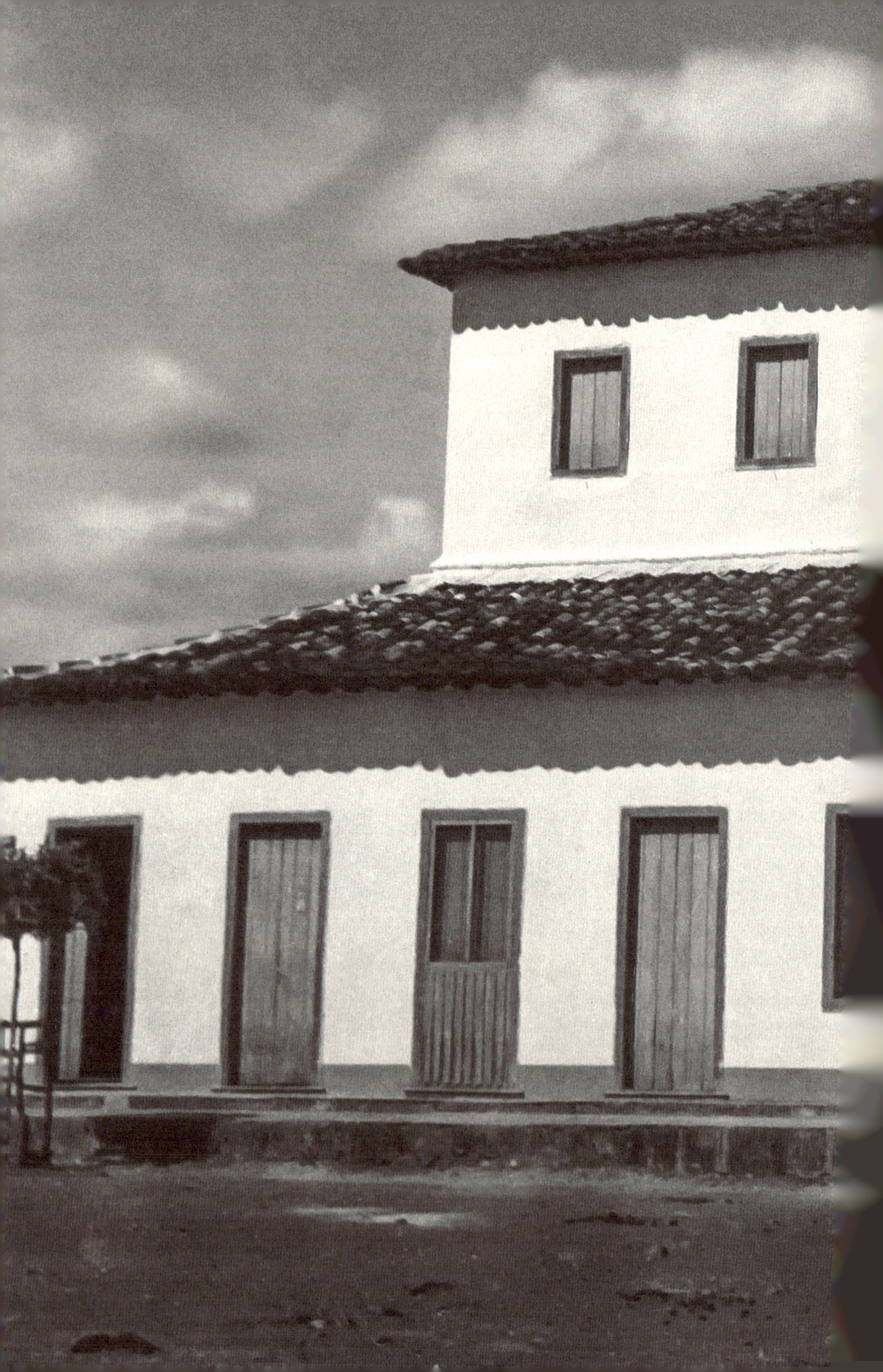

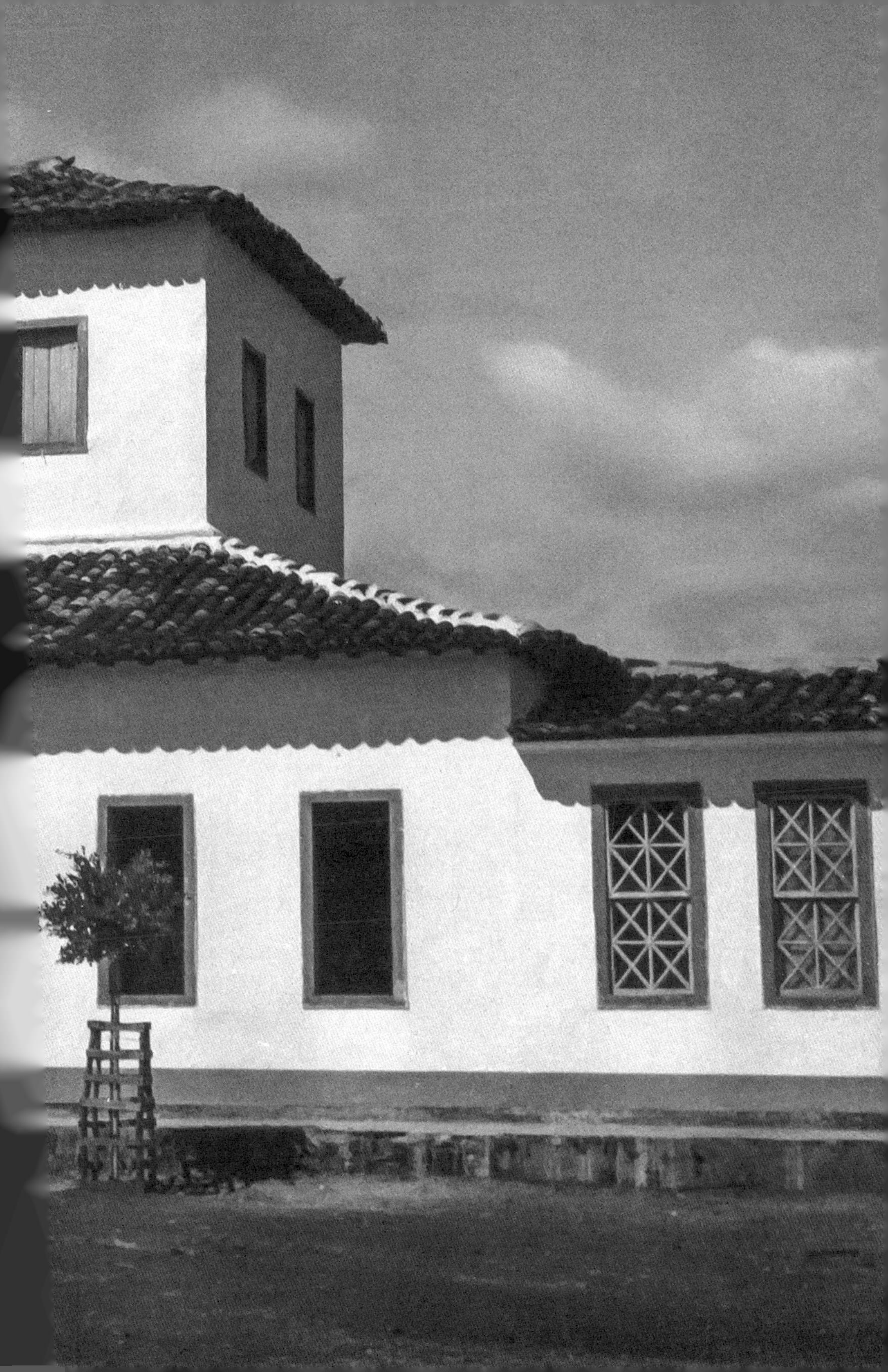

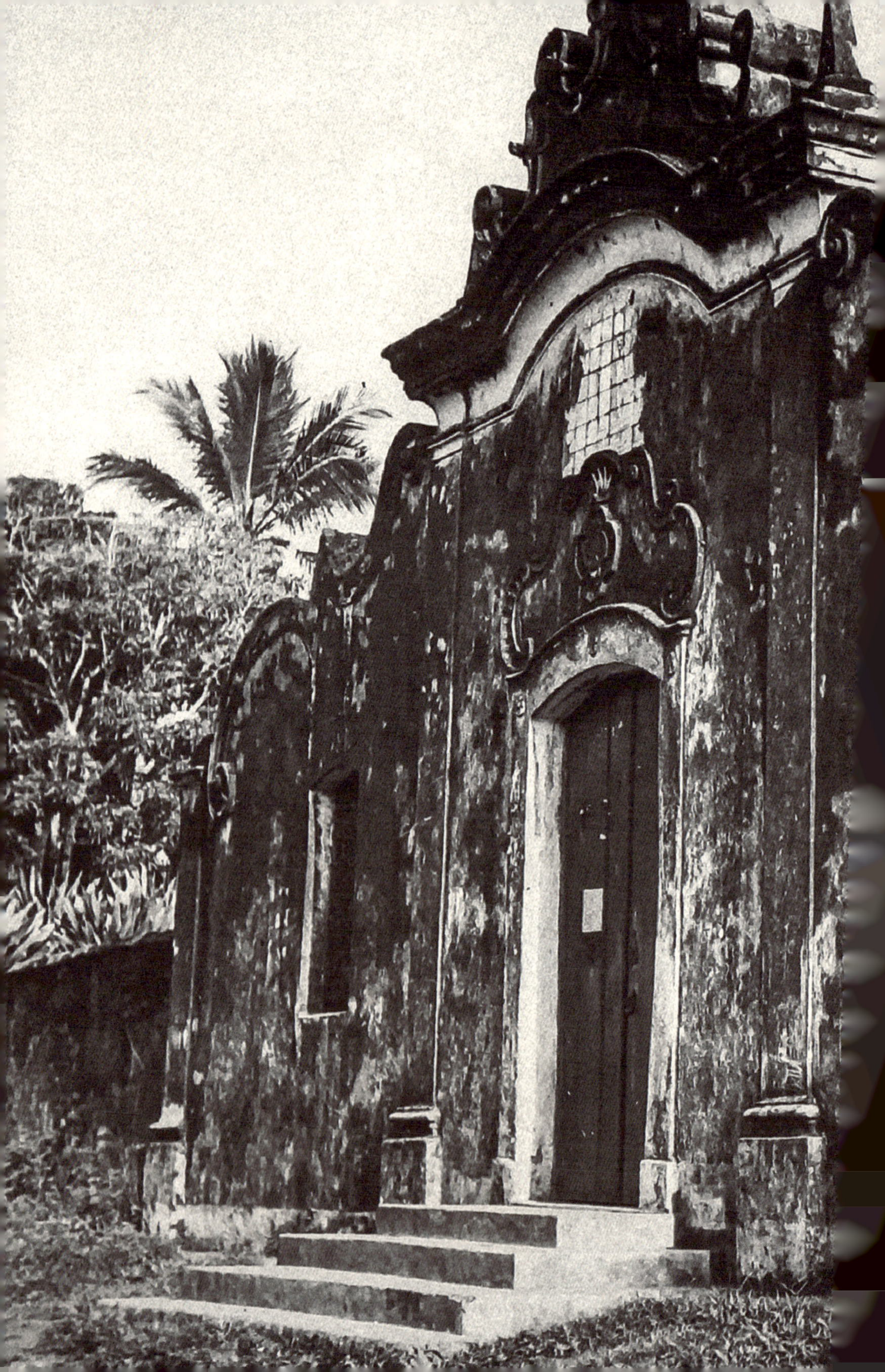

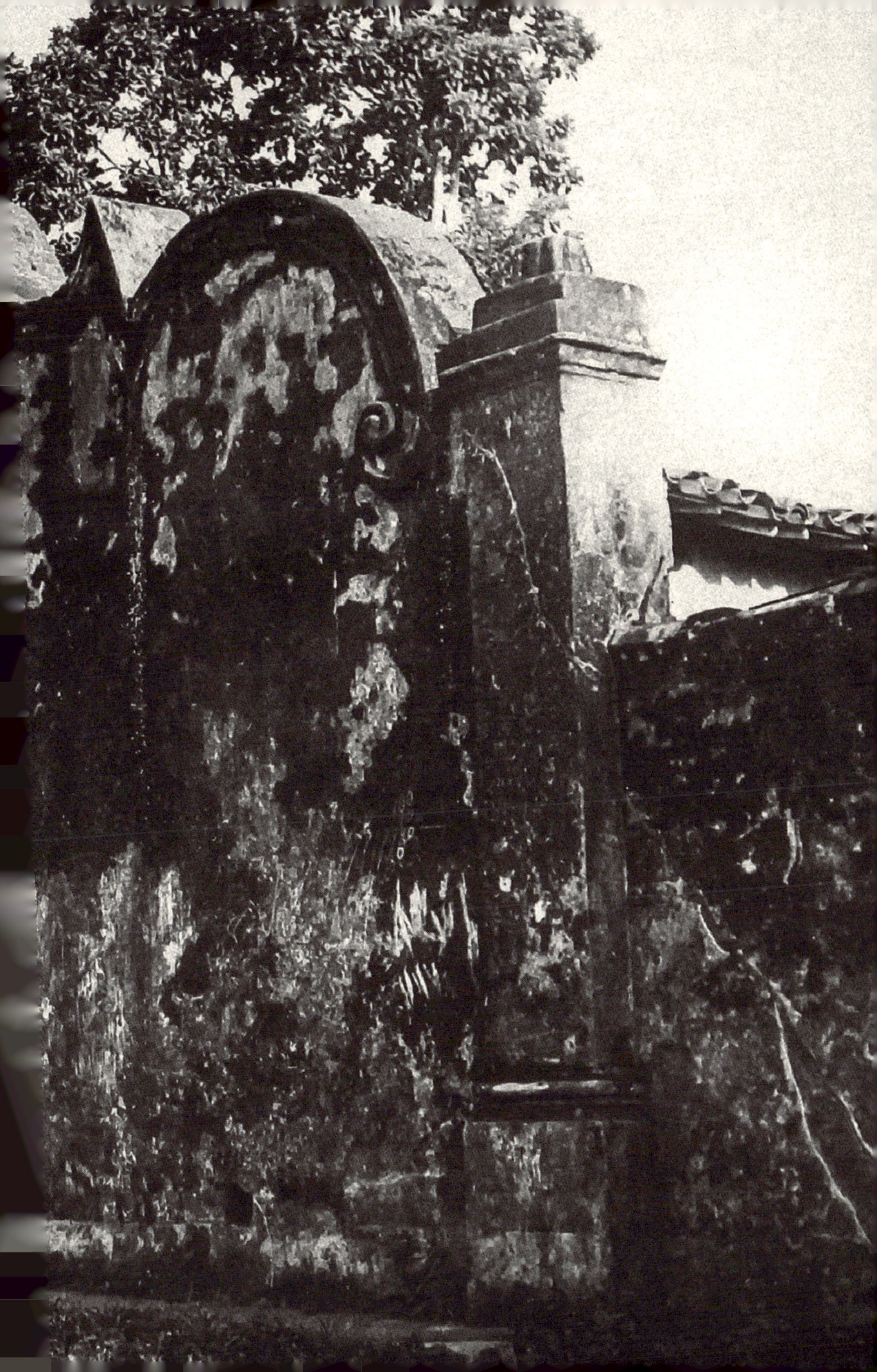

Agradecimentos

Maria de Andrade

Agradecemos especialmente ao Instituto do Patrimônio Histórico e Artístico Nacional (Iphan) e ao Instituto de Estudos Brasileiros (IEB-USP), que cederam e priorizaram, durante o período da pandemia, a digitalização do conjunto dos manuscritos e datiloscritos aqui reproduzidos. Agradecemos particularmente ao Arquivo Central Noronha Santos e à Superintendência da Regional São Paulo. Foram também de fundamental importância a contribuição do Arquivo Museu de Literatura Brasileira da Casa de Rui Barbosa (AMLB-CRB), na pessoa de sua diretora Rosângela Florido Rangel, e a cessão das imagens pelo Instituto Pedras (SP), na pessoa de seu diretor e ex-presidente do Iphan, Luiz Fernando de Almeida, que viabilizou a inclusão dos ensaios de importantes nomes da fotografia do Iphan. Nosso reconhecimento ao diretor do Departamento de Cooperação e Fomento do Iphan, Raphael João Hallack Fabrino; à coordenadora-geral de Pesquisa e Documentação, Lia Motta; ao então diretor da Divisão de Editoração e Publicações, André Botelho Vilaron; e à chefe do Arquivo Central do Iphan, Andressa Aguiar, que nos permitiram o acesso aos originais guardados no Arquivo Central do Iphan, Seção Rio de Janeiro. Agradecemos particularmente ao fotógrafo Oscar Liberal, cuja colaboração foi essencial à pesquisa iconográfica, sendo nossa lupa no imenso universo do arquivo iconográfico do Iphan, quando a pandemia nos impedia de fazer a pesquisa presencial. Agradecemos ainda à Marcella Tamm, pelas reproduções do acervo de Clara de Andrade; a Jurema Machado, João Legal (Iphan-BA), Zulmira Pope e Grace Elizabeth de Oliveira, que nos assessoraram na pesquisa histórica e iconográfica; e a Augusto Massi, Maria Cecília Londres Fonseca, João Barille, Jorge Coli e Eduardo Roxo, com quem contamos para solucionar desafios de pesquisa. Por fim, agradecemos à família Buarque de Holanda e ao Arquivo Central Siarq-Unicamp pela cessão do retrato histórico de Sérgio Buarque de Holanda que enriquece esta edição.

Agradecemos a João Lanari Bo pelo incentivo fundamental, e a Ana Cecilia Impellizieri Martins, que teve participação no movimento embrionário deste projeto.

Créditos dos ensaios fotográficos

Os ensaios fotográficos apresentados neste livro integram o acervo do Arquivo Central do Iphan e são de autoria de Erich J. Hess, Herman (Germano) Graeser, Marcel Gautherot e Pierre Verger, incansáveis fotógrafos cuja atuação pública foi de fundamental importância nas primeiras décadas da atividade de preservação do Iphan, para o alcance nacional da pesquisa, documentação e tombo do patrimônio histórico e cultural brasileiro.

Erich Joachim Hess

(pp. 12-21)

Mercado de Diamantina (MG), em 1938.
Primeira viagem de Hess a serviço do Iphan.

Cachoeira (BA).
Casa de Câmara e Cadeia
(Paço Municipal), c. 1939.

Cachoeira (BA).
Coro e nave da capela de Nossa
Senhora da Ajuda, c. 1939.

Laranjeiras (SE).
Engenho Retiro: casa e capela
de Santo Antonio, c. 1939.

Porto Seguro (BA).
Casario, c. 1939.

Herman Graeser

(pp. 62-9)

Santana de Paraíba (SP).
Vista, s.d.

Santos (SP).
Igreja da Ordem Terceira de
Nossa Senhora do Carmo, s.d.

Ilha Bela (SP).
Fazenda São Matias, s.d.

Santos (SP).
Imagem de S. Benedito em madeira, convento
da Igreja de São Francisco do Valongo.

Ilha Bela (SP).
Engenho d'Água (antes da restauração), s.d.

Marcel Gautherot

(pp. 394-401)

São Luís (MA).
Praça João Lisboa (largo do Carmo), s.d.

Cabo (PE).
Convento de Nazaré, 1955.

Alcântara (MA).
Vista, 1949.

São Luís (MA).
Praça João Lisboa, s.d.

Pierre Verger
(pp. 484-91)

Mata de São João, Tatuapara (BA).
Capela da Conceição, s.d.

Rio de Contas (BA).
Ruínas da Igreja Sant'Ana, 1951.

Salvador (BA).
Detalhe do púlpito do convento
da Igreja São Francisco, 1946.

Livramento do Sobrado (BA).
Casa Joaquim Nora, s.d.

Salvador (BA).
Capela de São Gonçalo do Retiro, 1951.

Créditos das imagens

Documentos

Os originais das cartas de autoria de Mário de Andrade foram reproduzidos a partir do acervo do Iphan, preservadas pelo Arquivo Central do Iphan, Seção Rio de Janeiro, que também ofereceu a esta edição todos os documentos relativos à criação e à legislação do Iphan, e a carta de Heloísa Alberto Torres.

Os originais das cartas escritas por Rodrigo M. F. de Andrade foram reproduzidos a partir do acervo de Mário de Andrade, guardado e preservado pelo Instituto de Estudos Brasileiros (IEB-USP).

A documentação composta de periódicos foi reproduzida a partir da Hemeroteca da Biblioteca Nacional.

Todos os esforços foram feitos para determinar a origem e a autoria das imagens deste livro. Diante da eventual ausência de créditos, a editora terá prazer em identificar fontes faltantes, caso identificadas e reivindicadas.

Iconografia

Arquivo Central do Iphan, Seção Rio de Janeiro

- p. 4   Retrato de Rodrigo M. F. de Andrade. Foto de Marcel Gautherot, s.d.
- p. 5   Retrato de Mário de Andrade em sua biblioteca, s.d.
- p. 22   Exposição de Candido Portinari, 1936.
- pp. 48-9   Mário de Andrade com crianças em Belém, 1927.
- p. 96   Mário de Andrade com busto, c. 1936.
- p. 98   Heloísa Alberto Torres, s.d.
- p. 101   Mário de Andrade no divã, c. 1935.
- p. 139   Mário de Andrade, Luís Saia e Bruno Giorgi, 1944.
- p. 176   Capela do sítio Santo Antônio, São Roque (SP). Foto de Germano Graeser, s.d.
- p. 177   Planta da capela de Santo Antônio, por Luís Saia, 1937.
- p. 180   Leleta, Lucio Costa e Augusto Meyer nas ruínas da Igreja das Missões, 1937.
- p. 202   Forro da Igreja do Carmo de Itu (SP). Foto de Herman Graeser, s.d.

p. 203 Anjos imperfeitos da Igreja do Carmo de Itu (SP). Foto de Herman Graeser, s.d.

p. 218 Retrato de Herman Graeser, ou "Germano", s.d.

p. 221 A Nossa Senhora do Carmo de Jesuíno. Pintura no teto da capela-mor. Itu (SP). Foto de Herman Graeser, 1942.

p. 222 Anjinhos pintados por padre Jeuíno no teto da capela-mor da Igreja de Nossa Senhora do Carmo, Itu (SP). Foto de Herman Graeser, 1942.

p. 229 Mário em sua mesa de trabalho em casa, *c.* 1937.

p. 245 Lucio Costa na Divisão de Estudos e Tombamentos do Iphan, s.d.

p. 313 Pinturas (detalhes) da Matriz de Itu (SP), s.d.

p. 349 Pintura de Nossa Senhora do Carmo no forro da Igreja Nossa Senhora do Carmo, Itu (SP). Foto de Herman Graeser, 1942.

p. 350 Pintura do menino Jesus de Praga na Igreja Nossa Senhora do Carmo de Itu (SP). Foto de Herman Graeser, 1942.

p. 379 Mário de Andrade no sítio Santo Antonio, São Roque (SP). Foto de Herman Graeser, 1940.

p. 380 Mário de Andrade na ocasião da compra do sítio Santo Antonio, 1944.

p. 521 Ex-votos, Canindé (CE). Foto de Marcel Gautherot, s.d.

Iphan Regional (SP)

p. 190 Fachada da capela de Voturuna (SP). Foto de Herman Graeser, 1937.

p. 191 Altar-mor da capela de Nossa Senhora da Conceição, Voturuna (SP). Foto de Herman Graeser, 1937.

p. 204 Forte de São Tiago e São João, Bertioga (SP). Foto de Herman Graeser, 1937.

pp. 212-3 Interior da Igreja da Ordem Primeira do Carmo, em Santos (SP). Fotos de Herman Graeser, 1937.

p. 215 Interior da Igreja Nossa Senhora do Rosário, Mboy (atual Embu das Artes). Foto de Herman Graeser, 1937.

p. 226 Pintura do forro da sala de visitas do capitão-mor de São Sebastião, representando o Rio de Janeiro em 1771. Foto de Herman Graeser, 1940.

p. 355 São Jorge esculpido em madeira na Igreja Nossa Senhora do Carmo, Itu (SP), s.d.

Arquivo Museu de Literatura Brasileira, Casa de Rui Barbosa,
Inventário Rodrigo M. F. de Andrade

p. 31   Manuel Bandeira jovem, s.d.
p. 75   Manuel Bandeira e Rodrigo, Rio de Janeiro, c. 1928.
p. 88   Rodrigo com seu filho Rodrigo Luís, c. 1934.
p. 134   Retrato de Rodrigo ao lado de Manuel Bandeira em recepção, s.d.
p. 198   Lucio Costa e Rodrigo no Forte de Santa Cruz, Niterói. Foto de Erich Hess, 1939.
p. 239   Rodrigo e Gilberto Freyre, 1931.
p. 244   Rodrigo de Andrade, acompanhado por Afrânio de Melo Franco, s.d.
p. 246   Rodrigo e equipe em lombo de burro, s.d.
p. 247   Rodrigo em viagem oficial a Mariana (MG), s.d.
p. 248   D. Helvécio Gomes e Rodrigo junto aos profetas de Aleijadinho, Congonhas do Campo (MG), s.d.
p. 249   Rodrigo e Erich Hess na Granja das Margaridas, Barbacena (MG), s.d.
p. 249   Rodrigo junto ao profeta de Aleijadinho, s.d.
p. 381   Rodrigo no encerramento do 1º Congresso de Escritores, 1945.

Arquivo IEB-USP

p. 53   Desenho de Mário de Andrade, Igreja do Carmo, São João del--Rei (MG), 1924. Lápis sobre papel quadriculado, 10,5 × 15, 1 cm.
p. 151   Mário de Andrade no Congresso da Língua Cantada, 1937.

Arquivo Central Siarq-Unicamp

p. 81   Sérgio Buarque de Holanda, Berlim, 1930.

Arquivo pessoal de Rodrigo M. F. de Andrade

p. 90   Retrato de Manuel Bandeira reproduzido no livro *Homenagem a Manuel Bandeira*, óleo por Frederico Maron.
p. 276   Alberto Lamego, s.d.
p. 293   Rodrigo e sua mãe, Dhalia Melo Franco de Andrade, s.d.

Instituto Moreira Salles

p. 269   Vista da rua Marconi, centro, Rio de Janeiro. Foto de Hildegard Rosenthal, 1940.

Projeto Portinari

p. 87   Retrato de Lolita Alcântara Machado, por Candido Portinari.

Imagens de capa, quarta capa e versos de capa

capa: Mário de Andrade e Rodrigo M. F. de Andrade em exposição de Candido Portinari [detalhe], Palace Hotel do Rio de Janeiro, 1936. Arquivo Central do Iphan; quarta capa: Rua do Amparo, Diamantina (MG). Foto de Erich Hess, s.d. verso de capa: Portada da Catedral Basílica de Salvador, Salvador (BA). Foto de Stille Pinheiro, 1941; verso de quarta capa: Largo da Igreja de São Cosme e Damião, Igarassu (PE). Foto de Marcel Gautherot, s.d.

Todas as imagens de capa foram gentilmente cedidas pelo Arquivo Central do Iphan — seção Rio de Janeiro.

Índice remissivo

Números de páginas em *itálico* referem-se a ilustrações

A

abolicionistas, 445
"abraço do muito seu negro" (expressão de Rodrigo M. F. de Andrade), 200*n*
Abreu, Capistrano de, 345
acã (termo tupi), 198, 200
Adorno, José, 460-1
África, 338*n*
"africanismos" nas fisionomias de artes sacras (na percepção de Mário de Andrade), 36, 351
Água Rasa, sobrado colonial do padre Feijó na (São Paulo, SP), 451
Aguirre, João Batista de Campos, 59, 122*n*
Airosa, Plínio, 198, 200
Alagoas, 144
Albernás, Domingos Gomes, 451
Albuquerque, Elias de, 450
Alcântara Machado, Antônio de, 24, 25, 30, 73, *76*, 86, 95*n*, 102*n*, 182
Alcântara Machado, José de, 182*n*
Aleijadinho (Antônio Francisco Lisboa), 36, 52-3, 73, 77, 109, 137*n*, *248-9*, 340, 344, 422-3
Aleijadinho e Álvares de Azevedo, O (Mário de Andradre), 73*n*
"Aleijadinho, O" (Mário de Andrade), 36, 73*n*
Alemanha, 82, 90*n*, 107, 360*n*

"Alguns aspectos da cultura artística dos Pancarús de Tacaratú" (Estevão Pinto), 200*n*
Almeida Júnior, 235-6, 241-3, 271, 410, 422, *423*, 476
Almeida, Antônio José de, 465
Almeida, José Américo de, 422
Almeida, Mauro de, 287, 297, 310
Almeida Prado, Antônio de, 95*n*
Almeida Prado, Yan de, *76*, 77, 105
"Alpendre nas capelas brasileiras, O" (Luís Saia), 159*n*
altares barrocos *ver* talha, altares de
Alvarenga, Oneyda, 33, 44-5, 124*n*, 195, 337
Álvares, João, 446
Alves, Castro, 423
Amaral, d. Tereza de Jesus do, 358-9
Amaral, Tarsila do, *101*
Amaro, santo (imagem das ruínas em São Paulo, SP), 450
Amazônia, *48-9*, 235*n*, 407
Amelinha (Sylvia Amélia de Melo Franco), 85*n*
Américo, Pedro, 410, 422-3
Anápolis (GO), 138*n*
Anchieta, José, padre, 450, 463
Andrada, Antônio Carlos Ribeiro de, 145*n*
Andrada e Silva, José Bonifácio de, 251
Andrade, dr. Carlos Morais, 145, 217
Andrade, Dhalia M. F. de, *293*
Andrade, Goulart de, 422
Andrade, Graciema M. F. de, 74*n*, 114*n*, 210, 387

Andrade, Mário de, *5*, *22*, 23-38, 41-7, *48*, 50-3, 54*n*, 55-6, *57*, 58-60, 73*n*, 74*n*, 81*n*, 83*n*, 84*n*, 85*n*, 92*n*, 95*n*, 96, *101*, 104*n*, 105*n*, 107*n*, 108*n*, 112*n*, *113*, 114*n*, 117*n*, 121*n*, 122*n*, 124*n*, 133*n*, 137*n*, 138*n*, *139*, 144*n*, 145*n*, 146*n*, *151*, 157*n*, 158*n*, 159*n*, 161*n*, 164*n*, 165*n*, 170*n*, 195*n*, 197*n*, 201*n*, 205*n*, 207*n*, 212*n*, 214*n*, 217*n*, 229, 230*n*, 234*n*, 240*n*, 242*n*, 247*n*, 251*n*, 253*n*, 257*n*, 259*n*, 260, 261*n*, 262*n*, 264-5, 268*n*, 274*n*, 277*n*, 288*n*, 289*n*, 295*n*, 297*n*, 304*n*, 306*n*, 308*n*, 310*n*, 318*n*, 319*n*, 330*n*, 361*n*, 374*n*, *379-80*, 382*n*, 386*n*, 389*n*, 390*n*, 475*n*, 478*n*
Andrade, Oswald de, 74*n*
Andrade, Renato Morais, 217*n*, 295*n*
Andrade, Rodrigo M. F. de, *4*, *22*, 23-35, 37-8, 41-2, 44, 47, 51, 55-6, 58-9, 73*n*, 74*n*, *75*, 76*n*, 77*n*, 79*n*, 82*n*, 84*n*, 85*n*, *88*, 92*n*, 95*n*, 99*n*, 107*n*, 110*n*, 114*n*, 117*n*, 121*n*, 130*n*, 138*n*, 148*n*, 157*n*, 158*n*, 169*n*, 170*n*, 179*n*, 181*n*, 182*n*, 187*n*, 193*n*, 196*n*, 197*n*, *198*, 200*n*, 210*n*, 217*n*, 227*n*, 235*n*, 238*n*, *239*, 240*n*, *244*, 246-7, 247*n*, 248-9, 251*n*, 257*n*, 259*n*, 261*n*, 266*n*, 267, 275*n*, *293*, 297*n*, 300*n*, 302*n*, 304*n*, 306*n*, 310*n*, 330*n*, 346*n*, *381*, 389*n*, 390*n*
Andrade, Rodrigo Luís M. F. de (filho), *88*, 387
Angra dos Reis (RJ), 305, 324, 340, 344, 346-7
Anhaia Melo, 95*n*
anjinhos barrocos, 221, 351, 478-80, 482
anteprojeto de criação do Serviço do Patrimônio Artístico Nacional, *94*, 405-19; *ver também* Sphan (Serviço do Patrimônio Histórico e Artístico Nacional)
Antônio, santo (imagem na matriz de São Luiz do Paraitinga, SP), 455
Antônio da Penha de França, frei, 325, 326
Antônio de S. José, frei, 461
"Antropólogo no Museu: Edgar Roquette-Pinto e o exercício da antropologia no Brasil nas primeiras décadas do século XX, Um" (Rita de Cássia Melo Santos), 100*n*

"Apontamentos para a história da arte no Brasil: a pintura mineira anterior a 1750" (Rodrigo M. F. de Andrade), 38
"Apontamentos" (Azevedo Marques), 289
Araraquara (SP), 58, 295, 300, 347, 352, 353
Araújo Braga, João Barbosa de, frei, 339
Arcebispado de São Paulo, 181
Ariel (revista), 77*n*, 117*n*, *117*
Arquidiocese do Rio de Janeiro, 181*n*
arquitetura civil em São Paulo (SP), 450-1
Arquitetura colonial e "as sábias lições" de José Marianno Filho, A (Bernardi), 110*n*
Arquivo-Museu de Literatura Brasileira (Fundação Casa de Rui Barbosa), 114*n*, 179*n*
Arruda, José Manuel de, 465
"Arte religiosa no Brasil em Minas Gerais" (Mário de Andrade), 52
Arte tradicional no Brasil, A (Ricardo Severo), 105, 444, 448, 463
Artes plásticas no Brasil, As (Mário de Andrade), 36
artistas brasileiros, critérios de tombamento de, 422
Artistas coloniais (Rodrigo M. F. de Andrade), 38
Aspectos da literatura brasileira (Mário de Andrade), 44*n*, 319*n*
Aspectos das artes plásticas no Brasil (Mário de Andrade), 36*n*, 73*n*
Assis, Machado de, 98*n*, 179*n*, 422
Associated Press, 82*n*
Atibaia (SP), 198, 443, 453-5
"Avô presidente, O" (Gilda de Mello e Souza), 43*n*
Azevedo, Fernando de, 95*n*, 284

B

Bahia, 102, 144, 148, 224, 238, 247
Baldus, Herbert, 475
Bananal (SP), 468
Banco do Canadá *ver* Royal Bank of Canada
Bandeira, Manoel (pintor), 79

Bandeira, Manuel, 24, 30, *31*, 32, 45-6, 60, 74, *75*, 79, 85*n*, 87, 89, *90*, 90*n*, 95, 97-8, 100-1, 103, 111-2, *113*, 115, 117, 135-6, 171, 174, 195, 238*n*, 251, 257*n*, 308*n*
Banguê (Lins do Rego), 126
Barbosa, d. Marcos, 181*n*
Barbosa, Rui, 408
Barnabé, ilha (Santos, SP), 460
Barrès, Maurice, 257*n*
Barreto, Plínio, 95*n*
barroco, 36, 53, 157*n*, 221, 330*n*, 452, 454
Barros, Adhemar de, 197*n*, 227*n*, 253*n*
Barros e Azevedo, José Filadelfo de, 267
Barroso, Gustavo, 102, 130*n*, 182*n*, 337
Barsalini, Maria Silvia Ianni, 306*n*
Bastide, Roger, 330
Batismo de Cristo (quadro de Jesuíno do Monte Carmelo), 343, 354
Batista, Nair, 266, 301
Batista, Pedro, 422
batistério da matriz de Itu (SP), 343, 370; *ver também* igreja matriz de Itu (SP)
Bauer, Leticia, 179*n*
Belazarte (Mário de Andrade), 30, 85-6, *86*, 306*n*
Belém do Pará, *48-9*, 423
Belo Horizonte (MG), 76*n*, 145, 187, 201, 205, 378, 383
beneditinos, 196, 461
Benedito, são, 67, 449
Bernardelli, Henrique, 422
Bernardi, Tiago Costa, 110*n*
Bernardino da Purificação, frei, 461
Berrien, William, 47*n*, 334*n*, 337
Bertioga (SP), 29, 54, 198, 201, 205-8, 210, 221, 224, 458, 460, 471-4
Biblioteca Nacional (Rio de Janeiro), 337
Biblioteca Pública Municipal (São Paulo), 96*n*, 216-7
"Bilhetes do Rio" (Flávio de Campos), 251
Blackmann (pintor), 297
Boletim de Ariel (revista), 77*n*, 117*n*, *117*
Bolívia, 346*n*
Bom Jesus dos Perdões (SP), 198, 454-5
Bopp, Raul, 179*n*
Borba Gato, Manuel de, 450

bororo, indígenas, 51
Bosi, Alfredo, 83*n*
Brás, Bexiga e Barra Funda (Alcântara Machado), 74*n*
Brasília, 197*n*
Brasilianas (coleções de livros), 423
Bresser, Ismael, 446
Bretas, Rodrigo José Ferreira, 109
"brincar" (uso peculiar do verbo por Mário de Andrade), 374*n*
British Museum, 425
Broca, Brito, 74*n*
Brown, almirante, 465
Burle Marx, Roberto, 318*n*

C

Cadeia de São Sebastião (SP), 467
Calil, Carlos Augusto, 240*n*
Calixto, Benedito, 459-60, 465, 467
Câmara Cascudo, Luís da, 422
Camargo, Baltazar de Godoi, 453
Camargo, Edistio de, 460
Camargo, Eduardo, 175, 190, 192
Camargo, José Francisco Aranha de, padre, 454
Camargo, Pompeu de, 447-8
Campinas (SP), 97, 194, 469
Campo de São Francisco (São João del-Rei, MG), 79
Campos Filho, Paulo Barbosa de, 253*n*
Campos, Bernardino de, 73
Campos, Cantídio de Moura, 95*n*
Campos, Deoclécio Redig de, 193, 195
Campos, Flávio de, 251
Campos, Francisco, 25, 84*n*, 145
Campos, José Lucas da Silveira, 454
Campos, Paulo Mendes, 385*n*
Campos, Silva, 299
Cananea (Geraldo de Rezende Martins), 467
Cananeia (SP), 467
Candido, Antonio, 30, 43, 74, 197*n*, 257, 330*n*
Canísio, frei, 288
cantaria, baluartes e torres de, 148, 457, 465, 468

Capanema, Gustavo, 24, 26-7, 41, 92*n*, 100, 104, 105, 107, 110, 114, 120-3, 125, 127-8, 130, 133, 139-40, 146-7, 149, 164*n*, 165-7, 170, 182, 192, 197, 212*n*, 223-4, 227, 257-8, 262*n*, 267, 268, 320, 441
capela da Madre de Deus (Santos, SP), 459
capela das Mercês (São Luiz do Paraitinga, SP), 455
capela de Biacica (São Paulo, SP), 452
capela de N. S. da Conceição (Serra do Voturuna, SP), *190*, 449
"Capela de N. S. de Sant'Ana, A" (Epaminondas de Macedo), 182*n*
capela de N. S. do Acari (São Paulo, SP), 452
capela de Nossa Senhora da Conceição (Santana de Parnaíba, SP), 189*n*
capela de Sant'Ana do Acaraí (São Vicente, SP), 462
capela de Santo Amaro (Santos, SP), 460
capela de Santo Antônio (São Paulo, SP), 447
capela de Santo Antônio (São Roque, SP), 59-60, 157*n*, 159, 171, 174, 176, *176-7*, 448, 469
"Capela de Santo Antônio, A" (Mário de Andrade), 59*n*, 157*n*, 158*n*, 171*n*, 174, 176, 469
capela do Bom Sucesso (Caieiras, SP), 452
capela do Monte Serrate (Santos, SP), 461
capela do Pilar (Taubaté, SP), 468
capela do Sr. Bom Jesus da Cabeça (Cabuçu, SP), 452
capela dos Aflitos (São Paulo, SP), 452
capela Santa Cruz dos Enforcados (São Paulo, SP), 451
Capela Sistina (Vaticano), 193*n*
Capela Velha (Itu, SP), 478; *ver também* igreja do Carmo (Itu, SP)
carajá, indígenas, 50
Cardoso, Inácio Alves, 453
Carlos & Mário. Correspondência de Carlos Drummond de Andrade e Mário de Andrade (org. Lélia Coelho Frota), 35*n*, 84*n*, 104*n*, 114*n*, 205*n*
carmelitas, 36, 290, 306, 318, 321, 324, 326, 328, 359, 444, 461, 478; *ver também* Ordem Terceira do Carmo
Carneiro, David Antonio da Silva, 224, 275

"Carta do padre Jesuíno do Monte Carmelo, Uma" (Mário de Andrade), 161*n*, 288*n*
Cartas e mais documentos que se acharam no Arquivo dos Regulares da Companhia, no Colégio do Pará (Biblioteca Lamego), 283
Carvalho, Feu de, 352
Carvalho, Flávio de, 53
Carvalho, Vicente de, 207
casa da Marquesa de Santos (São Paulo, SP), 450
casa de Mário de Andrade (rua Lopes Chaves, São Paulo, SP), 209, 377
Casa do Trem (Santos, SP), 462, 467
Casa-grande & senzala (Gilberto Freyre), 235*n*, 238*n*
casa-grande do Anastácio (São Paulo, SP), 451
casa-grande do Morumbi (São Paulo, SP), 450
casa-grande do sítio Velho (São Roque, SP), 447-8
casas antigas em Porto Feliz (SP), 465
casas-grandes de Bananal (SP), 468
Casassanta, Mário, 145-6
Castañon, Júlio, 117*n*
Castro, F. A. Veiga de, 465
Catedral da Sé (Diamantina, MG), 181
Catedral de Campinas (SP), 469
Catedral de São Francisco das Chagas (Taubaté, SP), 468
Cavalcanti, Eufrásio Cunha, 272
Cavaquinho e saxofone (Alcântara Machado), 74*n*
Caxingui, casa velha de (São Paulo, SP), 450
Cembranelli, Antônio, 456
cemitério de Paquetá (Santos, SP), 462
Cesar, Francisco Xavier, 453
Chagas, Francisco José das (Chaguinhas), 451-2
Chagas, o Cabra (escultor), 422-3
Chapa Única (bancada congressista, anos 1930), 73*n*, 86
Chateaubriand, Assis, 73*n*, 76, 77*n*
Childe, Alberto, 430
Cidade de Itu, A (Francisco Nardy Filho), 362*n*, 477
Clã do jaboti (Mário de Andrade), 386*n*

claridade/iluminação das igrejas brasileiras, 483
clippings de jornais, 171*n*
Código Civil Brasileiro, 261, 263, 434
Coimbra, Francisco de, frei, 461
Coleção José Marianno Filho, 375
Coleção Marques dos Santos, 375
coleções particulares, 375, 416, 423, 472
Colégio de Itu (SP), 466
Colégio de Santo Alexandre (Belém do Pará), 277
Colégio do Patrocínio (Itu, SP), 307, 309, 324, 331, 351
Colômbia, 346*n*
Companhia de Jesus, 277, 284, 445; *ver também* jesuítas
Congonhas do Campo (MG), 52, 79, 137*n*, 149, *248*
Congresso da Língua Nacional Cantada (1937), 137, 144, 146, 150, *151*, *153*, 179
Congresso de Instrução Primária (Belo Horizonte, 1927), 200, 205
Congresso de População (França, 1937), 51, 151*n*
Congresso Nacional de Escritores (São Paulo, 1945), 58, 381, *381*, 383, 385-6, 390*n*
Conselho de Fiscalização das Expedições Artísticas e Científicas no Brasil, 130, 430
Conselho Federal do Serviço Público Civil, 167
Conselho Nacional de Proteção aos Índios, 92*n*
Constituição brasileira (1934), 25, *26*, 74*n*, 122*n*
Constituição brasileira (1937), *26*
Construções carmelitanas brasileiras: Inventário sistemático das construções carmelitanas — igrejas, conventos e ordens terceiras e de alguns outros templos sob o título de Nossa Senhora do Carmo, existentes no Brasil (André Pratt), 283*n*
construções coloniais em Taubaté (SP), 468
Contos de Belazarte (Mário de Andrade), 30, 85-6, *86*, 306*n*
"Contra o vandalismo e o extermínio" (campanha de Paulo Duarte, 1937), 159*n*

convento de Itanhaém (SP), 462-3
convento de N. S. da Luz (São Paulo, SP), 445
convento de Santa Clara (Sorocaba, SP), 466
convento de Santa Clara (Taubaté, SP), 468
convento de Santo Antônio do Valongo (Santos, SP), 461-2
convento de São Francisco (São Paulo, SP), 445
convento de São Francisco (São Sebastião, SP), 467
convento do Carmo (Angra dos Reis, RJ), 340, 346
convento do Carmo (Itu, SP), 477-8
convento do Carmo (Santos, SP), 287, 357
convento do Carmo (São Paulo, SP), 444
Corrêa, Pio Lourenço ("tio" Pio), 58, 295*n*, 347
Corrêa, Roberto Alvim, 187, 189
Correspondência Mário de Andrade & Manuel Bandeira (org. Marcos Antonio de Moraes), 85*n*
Costa, Lucio, 84*n*, 110, 148*n*, 179*n*, *180*, 197, *198*, 245, *245*, 266, 311, 314, 320, 322, 341, 369-70, 375, 384, 388, 389, 391
Costela do grão cão, A (Mário de Andrade), 308*n*
Couto de Barros, Antonio Carlos, 73, 92, 95*n*, 111, 115, 118-9, 121
Couto, Ribeiro, 30, 87, 90, 115, 118
Crônicas da província do Brasil (Manuel Bandeira), 79*n*, 117*n*
Cruls, Gastão, 117*n*
Cubas, Brás (capitão-mor do séc. XVI), 458, 460
cultura popular, 24, 28, 159*n*, 330*n*; *ver também* folclore
Cúria Metropolitana de São Paulo, 299, 331, 354

D

D'Eça e Costa, Lopo da Cunha, 467
Da Vinci, Leonardo, 476
Danças dramáticas do Brasil (Mário de Andrade), 195*n*

Das faculdades e origem das ideias do espírito humano (José Ferreira Bretas), 109n
Debret, Jean-Baptiste, 111n, 410, 424
decreto-lei nº 25, de 30 de novembro de 1937 (Lei brasileira de preservação do patrimônio histórico e cultural), 26, 26, 105n, 106, 107n, 212n, 227n, 237, 272, 273, 302n, 317, 433-41, *431*; *ver também* Sphan (Serviço do Patrimônio Histórico e Artístico Nacional), 433
Departamento do Patrimônio Histórico e Artístico do Estado de São Paulo (projeto), 120n, 121n, 196
Departamento do Patrimônio Histórico e Artístico Nacional (Dphan), 107n
Departamento Municipal de Cultura (São Paulo), 24-8, 30, 32-3, 41-3, 46-7, 50-2, 54-5, 59, 81n, 95n, 96n, 97, 102n, 103-4, 108n, 111, 112n, 122n, 138-40, 151-2, 154-5, 159n, 165n, 179n, 195n, 197n, 223, 230, 232, 234n, 235, 237, 240n, 241, 253n, 261n, 310n, 358, 446, 450, 472, 474-5
"Desenho preparatório para a 'Libertação de São Pedro', obra da escola de Raphael na Biblioteca Nacional do Rio de Janeiro, Um" (Deoclécio Redig de Campos), 193n
Diamantina (MG), 181, 182, 246
Diário Nacional (jornal), 73n
Diário Oficial, 154-5, 227
Diários Associados, 76n, 82n
Dias, Fernão (o Velho), 448
Dias, Gonçalves, 422
Dias, Helcia, 266n, 301
Dicionário musical brasileiro (Mário de Andrade), 195n
Discoteca Pública Municipal (São Paulo), 33, 104n, 108, 195n, 255
Domingos dos Anjos, frei, 461
Drummond de Andrade, Carlos, 24, 33-5, 44-5, 84n, 89-90, 104, 114-5, 137, 145-6, 166, 205, 257, 320
Duarte, Paulo, 29, 42-6, 51, 54-6, *57*, 59, 95n, 96n, 102n, 121-3, 125, 127, 144n, 154, 159n, 164n, 170, 185-6, 192, 196, 197n, 204, 206-7, 212, 234, 237, 241, 251, 304n, 446, 447

Duguay-Trouin, René, 226
Dutra, Benício da Silva, 351, 476
Dutra, Miguel Arcanjo Benício da Silva, 476

E

Elias do Monte Carmelo, padre, 339, 351-2
Eliseu (escultor, filho de Jesuíno do Monte Carmelo), 339, 354
Em busca da alma brasileira: biografia de Mário de Andrade (Jason Tércio), 217n, 253n, 272n, 310n
"Em torno de velórios" (Sérgio Buarque de Holanda), 31n
Embu das Artes (SP), 164n
Empalhador de passarinho, O (Mário de Andrade), 45n, 52n
Engenho d'Água (moradia de taipa em Vila Bela, SP), 465
"Enterro de Seu Ernesto, O" (Rodrigo M. F. de Andrade), 126
Escola Nacional de Belas Artes (Rio de Janeiro), 84, 267, *267*, 411
Escola Nova (grupo), 261n
Escultura popular brasileira (Luís Saia), 51
Espanha, 458, 481
Esperança, A (jornal), 289n
Estado de S. Paulo, O (jornal), 95n, 121n, 159n, 164n, 171n, 193, 234, 241, 251, 252, 253, 260, 450, 452, 457
Estado Novo (1937-45), 25, 32, 42, 122n, 183n, 197n, 214n, 215n, 217n, 227n, 234n, 262n, 267, 360n
Estados Unidos, 107, 259n, 300n, 320, 433
Estética (revista), 85
Estrela da manhã (Manuel Bandeira), 136
Eu sou trezentos — Mário de Andrade: vida e obra (Eduardo Jardim), 197n, 262n
Europa, 51, 150, 182n, 187, 275, 318n, 346

F

Face lívida, A (Henriqueta Lisboa), 386n
Faculdade de Direito de São Paulo (Largo de São Francisco), 445

Falcão, Joaquim, 108*n*
Faria, Castro, 291
Faria, Octávio de, 115
fazendas de Bananal (SP), 468
Feijó, Diogo Antônio, padre, 306-8, 451
Felipe II, rei da Espanha, 458
Fernandes, Bartolomeu (o Ferreiro), 461
Fernandes, Florestan, 330*n*
Fernandes, Pascual, 458
Ferraz, José Bento Faria, 104*n*, 262, 270, 271, 285, 294, 299, 302, 327, 334, 356, 359-60, 362, 364, 366, 371, 390
Figueiredo, Jackson de, 182*n*
Filhos da Candinha, Os (Mário de Andrade), 382*n*, 383
filmes etnográficos entre os indígenas do Mato Grosso (anos 1930), 108, 112, 475*n*
Flamengo, parque do (Rio de Janeiro), 318*n*
Flandres (Bélgica), 481
Flores de Valdez, Diogo, 458
Florian, Jean Pierre Claris de, 429
folclore, 47, 50-1, 59, 103, 138*n*, 159, 160, 243, 334-6, 407, 475*n*
Fonte antiga de N. S. de Lourdes (Iguape, SP), 468
Ford (montadora), 206
fortaleza da Barra Grande ou de Santo Amaro (SP), 458-9
fortaleza da Lage (Rio de Janeiro, RJ), 226
fortaleza do Pontal da Trincheira (Ilha Comprida, SP), 467
forte da Bertioga (SP), 54, 207, 221
forte da Praia do Góis (Guarujá, SP), 459
forte de Itaipu (Praia Grande, SP), 459, 473
forte de São Felipe ou São Luís (Ilha de Santo Amaro, SP), 458
forte de São Tiago ou São João (Bertioga, SP), *204*, 458, 472-4
forte de Vera Cruz de Itapema (Guarujá, SP), 459
fortes de São Sebastião (SP), 466-7
fortes de Vila Bela (atual Ilhabela, SP), 465
Fortificações da Baía (Silva Campos), 299
Fórum de São Luiz do Paraitinga (SP), 455-6
Fórum de São Sebastião (SP), 467
Foujita, Tsugouharu, 90, 115

França, 51, 90*n*, 122*n*, 259*n*, 275*n*
França, José Rodrigues do Rosário, frei, 307
francesismos na correspondência de Rodrigo e Mário, 259*n*
Franco, Francisco da Silveira, 454
Franco, Lucas de Siqueira, 453
Freire, Domingos, frei, 461
Freitas, Afonso A. de, 452-3
Freyre, Gilberto, 79*n*, 90, 114, 126, 200*n*, 216*n*, *216*, 235, 238*n*, *239*, 257, 330*n*, 423
Frieiro, Eduardo, 145-6
Frota, Lélia Coelho, 24*n*, 28*n*, 35*n*, 41*n*, 54*n*, 84*n*, 114*n*, 315*n*
funcionárias do Sphan, 266*n*, 275*n*
Fundação Nacional Pró-Memória, 41, 107*n*

G

Gallet, Luciano, 422
Galvão, Antônio de Sant'Ana, frei, 445, 455
Gama, Luís, 445
Gaspar da Madre de Deus, frei, 461-2
Geribello, sr., 466
Ginga, rainha de Angola, 338
Giorgi, Bruno, *139*, *267*
"Girassol da madrugada" (Mário de Andrade), 104
Gobbis, Vittorio, 423, 479
Godofredo Filho, 238
Goiânia (GO), 138*n*
Goiás, 43, 357
Góis, Pero, 459
Gomes, Carlos, 97, 108, 232, 422-3
Governo Federal, 130*n*, 163-4, 406, 409-10, 415-6, 422
Graeser, Germano (Herman Hugo), 54, 185, *218*, 219, 262, 325, 469
Grito do Ipiranga, O (tela de Pedro Américo), 410
Guarujá (SP), 460
Guarulhos (SP), 452
Guerra da Cisplatina (1825-8), 465
Guerra do Paraguai (1864-70), 459
Guimaraens Filho, Alphonsus de, 207*n*
Guimaraens, Alphonsus de, 52

Guizard, família, 456-7
Gusmão, Alexandre de, 303, 331
Gusmão, Bartolomeu de, 303
Gusmão, Domingas Inácia de, 331
Gusmão, família, 303, 351
Gusmão, Jesuíno Francisco de Paula (pintor sacro) *ver* Jesuíno do Monte Carmelo, padre
Gusmão, Teotônio da Silva, 331

H

Há uma gota de sangue em cada poema (Mário de Andrade), 43
Handbook of Brazilian Studies (org. Moraes e Berrien), 47, 334-8
Helena, freira, 445
Hess, Erich, *249*
Higino, André, 458
Hill, prof., 374
História concisa da literatura brasileira (Alfredo Bosi), 83*n*
Hitler, Adolf, 127, 360*n*
Holanda, Sérgio Buarque de, 24, 30-1, 74, *81*, 82, 85*n*, 87, 89, 115
Homenagem a Manuel Bandeira (org. Rodrigo M. F. de Andrade), 89*n*, *91*, *113*, 98*n*
Hospício do Carmo (Itu, SP), 308, 324, 339, 357, 362

I

Iglésias, Francisco, 82*n*
igreja das Mercês de Cima (Ouro Preto, MG), 73
igreja de Guarulhos (SP), 452
igreja de N. S. da Graça (Santos, SP), 461
igreja de N. S. das Mercês (estrada de Santos-São Paulo, SP), 452
igreja de N. S. do Patrocínio (Itu, SP), 311, 331, 345, 377, 464
igreja de N. S. dos Remédios (São Paulo, SP), 445
igreja de Nossa Senhora da Boa Morte (São Paulo, SP), 444
igreja de S. Francisco de Paula (Santos, SP), 462
igreja de S. Gonçalo (São Paulo, SP), 445-6
igreja de Santa Clara (Sorocaba, SP), 466
igreja de Santa Rita (SP), 463
igreja de Santa Teresa (Recife, PE), 340, 344
igreja de Santo Ângelo (São Paulo, SP), 452; *ver* capela de Santo Antônio (São Roque, SP)
igreja de Santo Antônio (Sorocaba, SP), 466
igreja de Santo Antônio do Valongo (Santos, SP), 461-2
igreja de São Benedito e São Francisco (São Paulo, SP), 445
igreja de São Francisco das Chagas (Taubaté, SP), 468
igreja de São Francisco Xavier (Niterói, RJ), 149
igreja de São Miguel (São Paulo, SP), 446-7
igreja do Carmo (Angra dos Reis, RJ), 305, 324, 340, 344, 347
igreja do Carmo (Itu, SP), *202-3*, 220, *221-2*, 298-9, 328-9, 339, *349-50*, 350-1, 370, 464, 477-80, 483
igreja do Carmo (Mariana, MG), 29, 305, 340, 344
igreja do Carmo (Santos, SP), *212-3*, 461
igreja do Carmo (São João del-Rei, MG), 53
igreja do Carmo (São Paulo, SP), 316, 444
igreja do Rosário (Atibaia, SP), 453
igreja do Rosário (Taubaté, SP), 468
igreja dos Remédios (São Paulo, SP), 451
"Igreja dos Remédios, A" (Nuto Sant'Anna), 59, 158*n*, 171*n*
igreja e convento de Itanhaém (SP), 462-3
igreja e convento de Mboy (atual Embu das Artes, SP), *215*, 448-9
igreja matriz de Atibaia (SP), 198, 454
igreja matriz de Itanhaém (SP), 463
igreja matriz de Itapecerica (SP), 449
igreja matriz de Itu (SP), 35, *313*, 314, 332, 340-1, 343, 345, 361, 365-6, 370, 463, 476-83
igreja matriz de Porto Feliz (SP), 289, 465
igreja matriz de Santana do Parnaíba (SP), 54, 457
igreja matriz de São João del-Rei (MG), 210

igreja matriz de São Luiz do Paraitinga (SP), 455
igreja matriz de São Sebastião (SP), 467
igreja matriz de Tiradentes (MG), 210
igreja matriz de Ubatuba (SP), 456
igreja matriz do Pilar (Ouro Preto, MG), 344
Iguape (SP), 467-8
Ildefonso, padre, 451
Ilha Comprida (SP), 467
Ilustração Brasileira (revista), 105
Inah (esposa de Prudente de Morais), 75
Indaiá, praia do (Bertioga, SP), 206, 207
indígenas, 50-1, 107-8, 112, 164, 240, 255, 275*n*, 337, 475
Instituto Anália Franco (Água Rasa, São Paulo), 451
Instituto Brasileiro do Patrimônio Cultural (IBPC), 107
Instituto de Artes (Universidade do Distrito Federal, RJ), 34, 55, 261*n*, 262*n*, 268
Instituto do Livro, 33, 55, 251, 255
Instituto Histórico e Geográfico de Pernambuco, 238*n*
Instituto Histórico e Geográfico de São Paulo, 170, 240, 287
Instituto Nacional de Música, 84
Instituto Nacional do Livro, 179*n*, 268*n*
International Council of Museums (Icom), 92*n*
"Inventários e Testamentos" (Arquivo do Estado de São Paulo), 34, 56, 268*n*, 282, 285-6
Iphan (Instituto do Patrimônio Histórico e Artístico Nacional), 24, 77*n*, 107*n*, 108*n*, 138, 158*n*, 173*n*, 181*n*, 210*n*, 438*n*; *ver também* Sphan (Serviço do Patrimônio Histórico e Artístico Nacional)
Irmandade dos Homens Pardos de N. S. da Boa Morte, 444
Itália, 194*n*
Itanhaém (SP), 205, 214, 462-3
Itápolis (SP), 51
Itinerário de Pasárgada (Manuel Bandeira), 74*n*, 75*n*, 98*n*, 136*n*
Itinerários (Alphonsus de Guimaraens Filho), 207*n*
Itu (SP), 29, 35, 42, 190, 220, 228, 287-90, 294, 297, 307-8, 310*n*, 311-2, *313*, 314, 321, 324-6, 328-33, 339-41, 343, 345, 348, *349-50*, 350-1, 354, *355*, 357-9, 361-2, 365-6, 370, 384, 389, 443, 446, 463-4, 466, 471-2, 475-83

J

Jabaquara, casa velha do (São Paulo, SP), 451
Japão, 300*n*, 424
Jardim Botânico (Rio de Janeiro), 92, 425
Jardim, Eduardo, 197*n*, 262*n*
jerivás (palmeiras), 453
Jesuíno do Monte Carmelo, padre, 29, 34-8, 42, 56, 58-9, 268, 283, 285-7, 289-92, 294-5, 297-300, 302-5, 306*n*, 307-9, 310*n*, 311-2, 314-6, 318-9, 321-2, 324-6, 328, 330-4, 339-43, 345, 348, *350*, 350-9, 361-2, 364-7, 369-70, 372, 377-8, 383-4, 387-90, 479-82; *ver também* Padre *Jesuíno do Monte Carmelo* (Mário de Andrade)
jesuítas, 275*n*, 277, 289*n*, 301, 460
Jesus Cristo, 193*n*, 256*n*, 354, 389*n*, 455, 464, 476-7
Joana D'Arc, Santa, 387
João Batista, São, 454
João Mendes, praça (São Paulo, SP), 451
João Pessoa (PB), 423
João VI, d., 411
Jornal do Commercio, 79, 134, 136
Jornal, O, 23, 30, 73*n*, 76, 77*n*, *78*, 79, *80*, 82
José I, d. (rei de Portugal), 331
Juanita (mulher de Paulo Duarte), 54, 207
Juiz de Fora (MG), 210, 375
Jundiaí (SP), 476

K

kadiweu, indígenas, 51
Klaxon (revista), 73*n*, 77*n*
Kohly, padre, 454

L

Lallet, Confeitaria (Rio de Janeiro), 87
Lamego, Alberto, 275, *276*, 277-9, 282-4, 286, 375, 423
Lanari, Amaro, 109*n*, 272-3
Lans, Maurício, frei, 328-9
Lara, Cecilia de, 74*n*
Lara, conde de, 280
Laranja da China (Alcântara Machado), 74*n*
Leão, Carlos, 178
Lei brasileira de preservação do patrimônio histórico e cultural *ver* decreto-lei nº 25, de 30 de novembro de 1937
Leite, Serafim, 271, 299
Lembrança de Mário de Andrade. 7 cartas (Rubens Borba de Moraes), 46*n*, 56*n*
Leme, cardeal, 181*n*
Leonardo da Vinci, 476
Leopoldina, imperatriz, 235*n*
Leopoldo e Silva, d. Duarte, 181*n*, 299
Léry, Jean de, 111*n*
Lévi-Strauss, Claude, 50-1, 250, 330*n*, 475
Lévi-Strauss, Dina, 50-1
Liberdade, largo da (São Paulo, SP), 452
Lições de português (Sousa da Silveira), 98*n*
Licurgo (tirano de Esparta), 127
Lido (restaurante carioca), 87
Lima, Alceu Amoroso, 182, 261*n*
Lima, Antônio Bento de Araújo, 422
Lima, Jorge de, 79*n*, 115
Lima Júnior, Augusto de, 130*n*
Limão, casa velha do bairro do (São Paulo, SP), 451
Lins do Rego, José, 90, 115, 117*n*
Lisboa, Henriqueta, 386
Lisboa, terremoto de (1755), 331
Livro azul (Mário de Andrade), 104*n*, 308*n*
"Livros: Novidades" (Carlos Drummond de Andrade, artido de 1958), 45*n*
Lobato, Monteiro, 102*n*
Lolita (Maria Emília, mulher de Alcântara Machado), 86, 87
Lopes, Raimundo, 51, 430
Lopes Chaves, rua (casa de Mário de Andrade, São Paulo, SP), 209, 377
Lopez, Telê Porto Ancona, 58
Lourenço Filho, 261*n*
Luís, Domingos, 445
Lux Jornal Recortes, 171

M

Macedo Soares, Lota de, 318, 320
Macedo, Epaminondas de, 182, 245
Machado, Aníbal, 114
Machado, Leão, 51
Macunaíma (filme de Joaquim Pedro de Andrade), 374*n*
Macunaíma (Mário de Andrade), 30, 43, 46, 54, 86, 169*n*, 205, 295*n*, 306*n*, 374*n*
mães, relação peculiar de Mário e Rodrigo com suas, 304*n*
Mafuá do malungo (Manuel Bandeira), 74*n*, 75*n*
Magalhães, Aloísio, 108*n*
Magalhães, Couto, 451
Magalhães, Couto de, 337
Maia, Prestes, 197*n*, 253*n*, 316*n*
Mana Maria (Alcântara Machado), 74*n*
Manifesto dos Mineiros (1943), 360*n*
Manual Bibliográfico de Estudos Brasileiros (org. Moraes e Berrien), 47, 334*n*
Manuel dos Mártires, frei, 462
"Mapa da Província do Brasil da Companhia de Jesus", 277, 284
Maranhão, 51, 148
Marconi, rua (escritório do Sphan), 230*n*, 269, 270
Maria Emília (Lolita, mulher de Alcântara Machado), 86, 87
Maria Teresa (filha de Jesuíno do Monte Carmelo), 339
Mariana (MG), 52, 79, 149, 247, 340
Marianno Filho, José, 110, 375, 423
Marinho, Terezinha, 73*n*, 148*n*
"Mário de Andrade ficcionista" (Cavalcanti Proença), 44*n*
Mário de Andrade por ele mesmo (org. Paulo Duarte), 42*n*, 43*n*, 45*n*, 46*n*, 51*n*, 55*n*, 59*n*, 95*n*, 102*n*, 144*n*, 151*n*, 164*n*, 197*n*, 212*n*, 304*n*

Mário de Andrade, um pouco (Oneyda Alvarenga), 45*n*, 124*n*
Maron, Frederico, 90, *90*, 115
Marques, Aline Nogueira, 306*n*
Marques, Azevedo, 289
Martins, d. Gerardo, 181*n*
Martins, Geraldo de Rezende, 467
Martins, Judith, 266*n*, 301
Mato Grosso, 51, 108, 112, 168, 240, 272-3, 286, 291, 331, 475
Matos, Dalmo Belfort de, 50
Mauss, Marcel, 51
Mboy, assentamento jesuítico de (atual Embu das Artes, SP), 164*n*, 212, 214, 241, 443, 448-9
Me esqueci de mim, sou um departamento de cultura (org. Calil e Penteado), 240*n*, 253*n*
Mello e Souza, Gilda de, 43
Melo Franco (pai da condessa de Rio Claro), 450
Melo Franco, Afonso Arinos de, 32, 115*n*, 169, 182*n*, 210, 295, 300, 346, 360, 364
Melo Franco, Afrânio de, 85*n*, 244, 346*n*
Melo Franco, Armínio de, 85*n*
Melo Franco, Sylvia Amélia de (Amelinha), 85*n*
Melo Franco, Virgílio de, 361*n*
"Memória" (Joaquim José da Silva, 1790), 109*n*
Memórias de Mboy (Joaquim Gil Pinheiro), 448
Mendes, Murilo, 115
Mendes, Murilo, 481
Menina boba, A (Oneyda Alvarenga), 195*n*
Menino de engenho (Lins do Rego), 117*n*
Menino Jesus de Praga, 343, *350*, 351
Mercearia Carioca (São Paulo, SP), 451
Mesquita, Gonçalo Couraça de, 462
Mesquita, Júlio de, 121*n*
Mesquita Filho, Júlio de, 95*n*, 253
Meyer, Augusto, 24, 33, 178-9, *180*, 181, 183-4, 186, 189, 192, 251, *252*, 253, 255, 257, 268
Miceli, Sérgio, 114*n*
Michelangelo, 193*n*, 483
Miguelinho (Miguel Arcanjo Benício da Silva Dutra), 476

Milano, Dante, 115
Milliet, Sérgio, 43, 56, 95*n*, 96*n*, 111, 138, 150, 151, 159*n*, 165*n*, 166, 317, 319-20
Minas Gerais, 25, 47, 52, 73*n*, 109, 138, 144, 145*n*, 148, 173*n*, 187, 200, 301, 327, 459
Mindlin, José, 375
Minha formação (Joaquim Nabuco), 200*n*
Ministério da Educação e Saúde, 41, 84, 97, 100*n*, 114*n*, 125, *143*, 150, *162-3*, 165-6, 261, 274, 378, 422
Miranda, Maria Rocha, 475*n*
Miranda, Nicanor, 96*n*
Missão Artística (1817), 235*n*
Modernismo, 23, 42-5, 47, 52, 55, 73*n*, 115*n*, 157*n*, 386*n*
"Modernismo" (Mário de Andrade), 45*n*, 52*n*
Modinhas imperiais (Mário de Andrade), 81
Mogi das Cruzes (SP), 108, 287, 294, 299, 333
Montaigne, Michel de, 126
Montefort, Rafael, 445
Montenegro, Olívio, 114
Montparnasse, Kiki de, 90*n*
Monumentos históricos e arqueológicos (Rodrigo M. F. de Andrade), 38
Moraes, Marcos Antonio de, 85*n*
Moraes, Rubens Borba de, 43, 46-7, 56, 95*n*, 96*n*, 122, 151, 334-5, 337, 387
Moraes, Vinicius de, 115, 187
Morais Leme, Joaquim José Pinto de, 450-1
Morais Neto, Prudente de, 24, 32, 85, 89, 115, 121*n*, 126, 166, 255, 280, 288*n*, 348
Morais, José de Godoi, 453
Morais, Prudente de (ex-presidente do Brasil), 288*n*
Moreyra, Álvaro, 165
Morumbi, casa-grande do (São Paulo, SP), 450
mosteiro de S. Bento (Santos, SP), 461
Mourão, Bartolomeu Fernandes, 461
Mourão, d. Luís Antônio de Souza Botelho, 445
"Movimento Modernista, O", 43-4, 314, 318-9
Mucambos do Nordeste (Gilberto Freyre), 216, *216*
Mulderman, Canísio, frei, 288*n*

mulheres funcionárias do Sphan, 266n, 275n
Muller, Daniel Pedro, marechal, 458
Munhoz, Fernão, 446
Musée de L'Homme (Paris), 50, 122n
Museu Arqueológico e Etnográfico (projeto), 92, 105, 415, 418, 425, 427-8
Museu da Cúria Metropolitana (São Paulo), 354, 356, 374
Museu da Independência (Ouro Preto, MG), 375
Museu de Ciência e Indústria de Chicago, 412
Museu do Ipiranga (São Paulo), 208, 374
Museu do Ouro (Sabará, MG), 344, 375
Museu Goeldi (Belém do Pará), 235n, 374
Museu Histórico Nacional (Rio de Janeiro), 130, 374, 418, 440
Museu Imperial (Petrópolis, RJ), 280, 374
Museu Mariano Procópio (Juiz de Fora, MG), 375
Museu Nacional (Rio de Janeiro), 50, 92n, 95n, 100n, 107, 110, 130n, 335, 374, 425, 427-30, 440
Museu Nacional de Belas Artes (Rio de Janeiro), 374, 440
Museu Regional de Olinda, 374
Museu Técnico de Munique, 412
Museus Vaticanos, 193n

N

N. S. das Mercês, imagem de (na capela de São Luiz do Paraitinga, SP), 455
N. S. das Neves, devoção de escravizados a, 459
Nabuco, Joaquim, 200n
Nardy Filho, Francisco, 362, 477-82
nariz de figuras femininas nas pinturas do padre Jesuíno, 389n
Nascentes, Antenor, 115, 150
"Nau Catarineta" (poema anônimo), 108
Nava, Pedro, 24, 169, 187n, 205, 214, 302, 335, 361, 364
Nazaré Paulista (SP), 454-5

nazismo, 82n, 360n
Nery, Ismael, 90n
Niemeyer, Oscar, 197n
Nigra, d. Clemente da Silva, 181n
Niterói (RJ), 74, 149
Nordeste (Gilberto Freyre), 79n
"Nortista, O" (Rodrigo M. F. de Andrade), 31, 126, 133
Nossa Senhora do Carmo, devoção a, 333, 350, 481
Notas históricas de Itu (Oliveira Cesar), 289n
"Noturno de Belo Horizonte" (Mário de Andrade), 386
Novas cartas jesuíticas (Serafim Leite), 299
numismática, 410, 423

O

Obra imatura (Mário de Andrade), 382n
"Ode no cinquentenário do poeta brasileiro" (Carlos Drummond de Andrade), 89n
Olinda (PE), 181n, 374, 423
Oliveira, Carlos Estevão de, 200, 235, 238
Oliveira, d. Helvécio Gomes, 248
Oliveira, Numa de, 164
Oliveira Cesar, Joaquim Leme de, 289-90
Oração Fúnebre (monsenhor Severino Nogueira), 181n
Ordem Primeira do Carmo, 287-8
Ordem Terceira do Carmo, 36, 316, 321, 340-1, 344, 359-60, 371, 444, 461, 478; *ver também* carmelitas
Osir, Paulo Cláudio Rossi, 317n
"Oswaldo, Oswáld, Ôswald" (Antonio Candido), 74n
Ouro Preto (MG), 52, 79, 109, 130n, 137n, 174, 181, 182n, 245n, 247, 344, 375, 408, 423, 456
Outras Terras (revista), 73n

P

Padre Jesuíno do Monte Carmelo (Mário de Andrade), 35, 38, 42, 56, 58, 268n, 283n,

285, 289n, 297n, 302-3, 306n, 310n, 311, 318, 325n, 328, 333-4, 341, 345, 356, 359, 383, 385, *391*
Padres do Patrocínio (grupo), 307, 348
Paes de Barros, Fernão, 59, 157n
Palácio do Governo (SP), 53
Panorama do Segundo Império (Nelson Werneck Sodré), 280n
Pará, 144, 235, 238, 243, 275, 277-8, 283
Paraguai, 346n, 459
Paraíba, 144, 422
Paraná, 24, 144, 148, 224, 247
Parnaíba *ver* Santana do Parnaíba (SP)
Partida da monção (tela de Almeida Júnior), 410
Partido Constitucionalista, 122n, 145n, 217n, 234n
Partido Republicano Paulista, 73n
Pathé Baby (Alcântara Machado), 74n
Pauliceia desvairada (Mário de Andrade), 264-5
Pearl Harbour, ataque a (1941), 300n
Pedro de S. Paulo, frei, 461
Pedro I, d., 235n, 280, 451
Pedro II, d., 451
Peixoto, Afrânio, 337-8
Pellegrino, Hélio, 385n
Penido, d. Basílio, 181n
Penteado, Flávio Rodrigo, 240n
Pereira, Antônio Batista, 122n
Pereira, d. Mateus de Abreu, 462
Pereira, Leopoldo, 479
Pereira, Lúcia Miguel, 115
Pernambuco, 79, 102, 144, 148-9, 224, 235, 238n, 247, 423
Peru, 346n
Petrópolis (RJ), 251, 364, 374
Pinheiro, Joaquim Gil, 448
Pinto, Estevão, 200
pintura religiosa na região de Itu (SP), 475-83
pinturas rupestres de Sant'Ana da Chapada (MT), 474-5
Piracicaba (SP), 351, 476
"plêiade feminina" (auxiliares de Rodrigo no Sphan), 266n, 275n

Poemas escolhidos (Jorge de Lima), 79n
Poesias (Mário de Andrade, 1941), 295, 308, 311, 315
Poesias completas (Mário de Andrade), 104n, 133n, 382n
Poesias escolhidas (Mário de Andrade), 32, 251, 255, 257, 308n
"Política cultural de Aloísio Magalhães, A" (Joaquim Falcão), 108n
Ponte Grande, casa de Couto Magalhães em (São Paulo, SP), 451
Pontes, Belchior de, padre, 448, 450
Pontual, Maria de Lourdes, 266n, 275n, 301
Portinari, Candido, 90, 115, 137, 317n, 423
Porto Feliz (SP), 289-90, 297, 299, 333, 343, 443, 463, 465, 476
Portugal, 208, 275n, 457-8
Possoz, Mily (Emília), 187
Prado, Fábio, 33, 43, 95n, 165-6, 170, 197n, 220, 253
Prado, João Franco do, 453
Prado, Paulo, 386, 423
Pratt, André, frei, 283, 288, 318, 321-2, 328
Prestes, Júlio, 76, 77
Proença, Cavalcanti, 44
pronúncias regionais do português brasileiro, 144
Publicações do Sphan (periódico), 28-9, 36, 42, 157n, 161n, 216n, 390; *ver também* Sphan (Serviço do Patrimônio Histórico e Artístico Nacional)

Q

Quinta da Boa Vista (Rio de Janeiro), 110, 374, 425
Quintana, Mário, 179n

R

Rádio MEC, 100n
Rafael (pintor italiano), 193n
Ramalho, João, 452
Ramos, Artur, 374

Rebelo, Marques, 32, 126
Recife (PE), 181*n*, 235, 238*n*, 337, 340, 344, 407
Recortes (Antonio Candido), 74*n*
registro de obras artísticas, 261, 263
relatórios de Mário de Andrade para o Sphan, *201*, 443-83
Remate de Males (Mário de Andrade), 30, 83-4, *83*, 257, 306*n*
Renascença, pintores da, 193*n*, 411, 480-1, 483
Renault, Abgar, 145*n*
Repertório enciclopédico do Direito brasileiro, 227*n*
Resende, Otto Lara, 385*n*
residência do sr. Geribello (Itu, SP), 466
residência Guizard (Ubatuba, SP), 456-7
residencias antigas em Porto Feliz (SP), 465
Retrato da marquesa Lomellini com os filhos em oração (tela de Van Dyck), 194*n*
Retrato de d. Pedro I (Acervo do Museu Imperial), 280*n*
Retrato de um desconhecido (tela de Van Dyck), 194*n*
Revista Acadêmica, 97
Revista Brasileira de Música, 97
Revista do Arquivo Municipal (São Paulo), 141, 143, 147, 271, 286, 299, 446, 474
Revista do Brasil, 52, 73, 77, 105, 448, 463
Revista do Instituto Histórico e Geográfico, 109*n*, 289*n*, 452, 453
Revista do Sphan, 28, 37, 59, 152, 157, 158*n*, 159*n*, 161*n*, 171, 182, 193, 200*n*, 216*n*, 275, 288*n*, 290, 447; *ver também* Sphan (Serviço do Patrimônio Histórico e Artístico Nacional)
Revolução Constitucionalista (São Paulo, 1932), 24-5, 73*n*, 76*n*, 121*n*, 214*n*, 234*n*
Revolução de 1930, 24, 76*n*
Rio Branco e Gastão da Cunha (Rodrigo M. F. de Andrade), 38
Rio Claro, condessa de, 450
Rio Grande do Norte, 144, 422
Rio Grande do Sul, 25, 137*n*, 144, 148*n*, 149, 179*n*, 247
Rio, Pires do, 446

"Rito do irmão pequeno" (Mário de Andrade), 89*n*, 104*n*, 112*n*, *113*, 115*n*, 119*n*, 133*n*, 136*n*
Rodrigo e seus tempos. Coletânea de textos sobre artes e letras (org. Terezinha Marinho), 73*n*, 109*n*, 148*n*, 266*n*
Rodrigues, Arnaldo, padre, 193*n*
Rodrigues, d. Suzana, 450
Rodrigues, José Wasth, 102, 104
"Rondó do Atribulado do Tribobó" (Manuel Bandeira), 74*n*
Roquette-Pinto, Edgar, 50, 100, 178, 261*n*
Rossi, Paulo, 317-8
Roteiro lírico de Ouro Preto (Afonso Arinos de Melo Franco), 169*n*
Royal Bank of Canada, 154, 156, 177, 185-6, 191, 193-4, 224
rua Lopes Chaves (casa de Mário de Andrade, São Paulo, SP), 209, 377
rua Marconi (escritório do Sphan), 230*n*, 269, 270
Rubens, Peter Paul, 483
Rudge, João, 450
Rudolfer, Bruno, 96*n*
ruínas da igreja de N. S. das Neves (Santos, SP), 459-60
ruínas do Barnabé (Santos, SP), 460
ruínas do convento de S. João (Guarujá, SP), 460
ruínas do engenho de S. Jorge dos Erasmos (Santos, SP), 460
ruínas do engenho dos Chaves (Guarujá, SP), 460
ruínas em Santo Amaro (São Paulo, SP), 449-50
ruínas jesuíticas do Coatinga (região de Santos, SP), 460

S

Sabará (MG), 79, 245, 344, 375
Sabino, Fernando, 383, 385*n*
Saia, Luís, 37, 51, 54-5, 138, *139*, 152, 157*n*, 158*n*, 159, 171, 174-6, *177*, 205, 207-8, 211, 214, 217, 238, 241*n*, 262-3, 270, 281, 285,

288, 290, 294, 297, 302, 306-7, 309, 311-3, 317, 320-1, 341, 350, 362, 364, 366, 369, 376, 380-1, 383-4, 388, 390, 469
Saint-Hilaire, Auguste de, 479-83
Salão Nacional de Belas Artes (Rio de Janeiro, 1931), 90n
Sales Oliveira, Armando de, 25, 95n, 122, 165n, 196n, 197n
Sales, Celeste de Morais Andrade, 145
Salles, Campos, 217n
Salvador (BA), 423
sambaquis, 122n, 407
Sampaio, Manuel Jacinto de, padre, 453
Sant'Ana, imagem de (na matriz de Atibaia, SP), 454
Sant'Anna, Nuto, 59, 96n, 151-2, 157n, 158n, 161n, 171, 174-6, 469
Santa Casa da Misericórdia (Santos, SP), 462
Santa Casa de Misericórdia (Porto Feliz, SP), 465
Santa Catarina, 224, 247
Santana do Parnaíba (SP), 54, 189n, 190, 443, 457
Santiago, Salvador Pires, padre, 452
Santiago, Silviano, 35n, 84n, 104n, 114n
Santo Amaro, ilha de (SP), 458
Santo André da Borda do Campo, vila de (SP), 122, 452
Santos (SP), 251n, 287-8, 328, 357, 384, 452, 458-62, 476, 481
Santos Dumont, Alberto, 479
Santos, Idalício dos, 455
Santos, Manoel dos (livreiro), 275
Santos, Manuel dos, frei, 461
Santos, marquesa de, 450-1
Santos, Rita de Cássia Melo, 100n
Santuário do Sr. Bom Jesus dos Perdões (SP), 198, 454-5
São João del-Rei (MG), 52, 53, 79, 210, 423
São Jorge, imagem de (escultura de Eliseu em Itu, SP), 339, 354, 355
São Jorge, imagens de (atribuídas a Aleijadinho), 340, 344
São José del-Rei (MG) *ver* Tiradentes (antiga São José del-Rei, MG)
São Luiz do Paraitinga (SP), 455-6
São Martinho e os mendigos (tela de Van Dyck), 194n
São Miguel (São Paulo, SP), 54, 190, 443, 446, 452
São Miguel das Missões (RS), 137n, 148n, 179n, 180
São Paulo nos tempos coloniais (Saint-Hilaire), 479
São Roque (SP), 41, 59, 157n, 159-60, 163-4, 170-1, 174, 176, 176-7, 190, 205, 378, 379-80, 443, 447-8, 469
São Sebastião (SP), 224-5, 322, 465-7
São Vicente (SP), 462
Sardinha, Afonso, 450
Scheter, Erasmo, 460
Segunda Guerra Mundial, 23, 194n, 259n, 300n, 360n
Semana de Arte Moderna (1922), 73n, 112n, 319n
Senado, 147, 160, 164n, 182, 189, 210
Serviço do Patrimônio Histórico e Artístico Nacional *ver* Sphan
Severo, Ricardo, 102, 105, 444, 448, 463
Sexta Região do Sphan (São Paulo e Paraná), 24, 28-9, 32, 34, 37, 41-2, 59, 104, 138, 140, 146, 156, 167, 169, 184, 219-20, 223, 230, 232, 234, 262-3, 268, 272, 277, 285, 297, 299, 302, 321-2, 324, 443, 469, 471, 483; *ver também* Sphan (Serviço do Patrimônio Histórico e Artístico Nacional)
Silva, Bráulio, 321
Silva, Joaquim José da, 109n
Silva, José Epifânio da, 473
Silva, José Patrício da, 340-2
Silva, Leopoldo, 422
"sítio da Ressaca" (casa velha do Jabaquara, São Paulo, SP), 451
sítio de Santo Antônio (São Roque, SP), 41, 59-60, 378, 379-80, 382, 447
Sítio do Colégio (São Roque, SP), 448
Sobrados e mocambos (Gilberto Freyre), 79n
Sociedade de Etnografia e Folclore, 50-1, 475n
Sociedade dos Amigos da Bertioga, 198, 221, 472, 474

Sociedade dos Amigos da Cidade (São Paulo), 104
Sociedade Felippe d'Oliveira, 168
Sodré, Nelson Werneck, 280*n*
Sorocaba (MG), 196, 443, 463, 466
Sousa da Silveira, Álvaro Ferdinando, 98, 115
Sousa, d. Ana de (rainha Ginga de Angola), 338*n*
Souza Queiroz, barão de, 451
Souza, d. Francisco de, 461
Souza, d. Luís Antônio de, 458-9
Souza, Luís Antônio de (brigadeiro), 451
Souza, Martim Afonso de, 459-61, 467
Souza, Octavio Tarquínio de, 294
Span (Serviço do Patrimônio Artístico Nacional), 43, 107, 108*n*, 405-6, 409, 412-8, 422-4
Sphan (Serviço do Patrimônio Histórico e Artístico Nacional), 24, 26-30, 32-5, 37-8, 41-2, 45-7, 51, 54-6, 58-60, 77*n*, 92*n*, 95*n*, 99*n*, 102*n*, 104, 107, 114, 115*n*, 119-20, 122-3, 125, 128, 130, 137-43, 146-7, 148*n*, 150-1, 154-5, 157, 164*n*, 166-8, 179*n*, 181*n*, 182*n*, 184, 187, 192-3, 195, 197*n*, 200*n*, 204, 210, 212, 216, 219, 222-4, 227*n*, 228*n*, 230, 232, 234, 235*n*, 236, 238, 240, 241*n*, 242, 245*n*, 259, 262, 268, 270, 274-5, 277-80, 282, 284-5, 290, 294, 296-7, 300, 302, 306*n*, 309, 318-22, 324, 327-8, 330, 334, 339-41, 344, 353, 358-9, 362, 365-6, 368, 370, 376-8, 381, 383, 385, 427, 430, 434-8, 440-1, 443, 445, 448, 451, 453, 469, 471, 475; *ver também* Iphan (Instituto do Patrimônio Histórico e Artístico Nacional); Sexta Região do Sphan (São Paulo e Paraná)
Staden, Hans, 458
Staël, Madame de, 74*n*
Stálin,Ióssif, 127
Stille, Emil, 173*n*
Stille, Paul, 173

T

Tagarro, José, 187
taipa, construções em, 148, 207, 446, 449-50, 453-4, 465, 468

talha, altares de, 181, 444-5, 448-9, 452-5, 463-4, 469
tapanhumas, indígenas, 43
Tatuapé, casa velha do (São Paulo, SP), 450
Taubaté (SP), 457, 468
Taunay, Afonso D'Escragnolle, 164, 411, 423, 446
Taunay, Nicolas-Antoine, 411
Táxi e crônicas no Diário Nacional (org. Telê Porto Ancona Lopez), 73*n*
Teixeira, Anísio, 261*n*
Teixeira, João Gomes, 200
Teixeira, João, padre, 277
Teles, F. E. Fonseca, 95*n*
Teles, Rolim, 77
Telles Júnior, 235
Tércio, Jason, 217*n*
Terra Goitacá, A (Alberto Lamego), 275-7, 276, 281-2
Terra Roxa (revista), 73*n*
Tesouro Nacional, 162
Thunderbolt (avião americano), 383*n*
Tiradentes (antiga São José del-Rei, MG), 210, 408
Tiradentes (Joaquim José da Silva Xavier), 408
tombamentos, legislação sobre, 227*n*, 434-6, 438-9; *ver também* decreto-lei nº 25, de 30 de novembro de 1937 (Lei brasileira de preservação do patrimônio histórico e cultural)
tombamento de bens móveis, 181, 193*n*
Tomé, frei, 318, 321, 328, 461
Torres, Heloísa Alberto, 92, 98, 99-100, 102, 104, 107-10, 130*n*, 178, 250, 335, 423, 427, 430
Traços biográficos relativos ao finado Antônio Francisco Lisboa (José Ferreira Bretas), 109*n*
Traviata (ópera de Verdi), 255
Tribuna Popular (jornal), 114*n*
Tribunal de Contas, 120, 158*n*, 160, 169, 191
Tribunal Internacional da ONU, 267*n*
Trindade, cônego, 181*n*
"Túmulo, Túmulo, Túmulo" (Mário de Andrade), 85*n*
tupi, idioma, 198
Turista aprendiz, O (Mário de Andrade), 58

U

Ubatuba (SP), 54, 171, 443, 455-7
Unesco (Organização das Nações Unidas para a Educação, a Ciência e a Cultura), 60
Universidade de Ohio (EUA), 374-5
Universidade de São Paulo (USP), 51, 96n, 121n, 122n, 124, 164n, 275, 283, 330n, 475
Universidade do Distrito Federal (Rio de Janeiro), 34, 55, 261n
Urupês (Monteiro Lobato), 102n
Usina (Lins do Rego), 117n
"*Usina* e a invasão dos nortistas" (Rodrigo M. F. de Andrade), 117n

V

Vale do Paraíba, 152, 190, 468
Valentim, Mestre, 422
Van Dyck, Antoon, 29, 193, 194n, 195
"Vanguarda e nacionalismo" (Gilda de Mello e Souza), 43n
Vargas, Getúlio, 23-6, 76, 100n, 122n, 128, *128-9*, 179, 182, 196, 215n, 234n, 346, 360n, 383, 441
Vasconcelos, Salomão de, 51
Vaticano, 193n
Velórios (Rodrigo M. F. de Andrade), 30-1, 38, 121n, 124n, *125*, 126-7, 130-1
Venâncio, frei, 181n
Veniste, João, 460
Vera (irmã de Rodrigo M. F. de Andrade), 85n
viagens etnográficas de Mário de Andrade (anos 1920), 47
Vicente de Paula, são (imagem das ruínas em São Paulo, SP), 449
Vida e morte do bandeirante (Alcântara Machado), 102n
Vida e morte do Bandeirante (Alcântara Machado), 280
Vidal, Adhemar, 238
Vidal, Rafael, 451
Vila Bela (atual Ilhabela, SP), 225, 465-6
Vila Leopoldina, casa velha da (São Paulo, SP), 450
Vila Maria, casa colonial em (São Paulo, SP), 451
Vila Rica (MG), 51
Villaça, Antônio Carlos, 182n
Villa-Lobos, Heitor, 81n
Visconti, Eliseu, 422
Volpi, Alfredo, 317n
Voturuna, serra do (SP), 54, 189, *190*, 443, 449

W

Washington Luís, 59, 463

X

Xavier, João Paulo, 339

Z

Zé Bento (secretário de Mário de Andrade) *ver* Ferraz, José Bento Faria

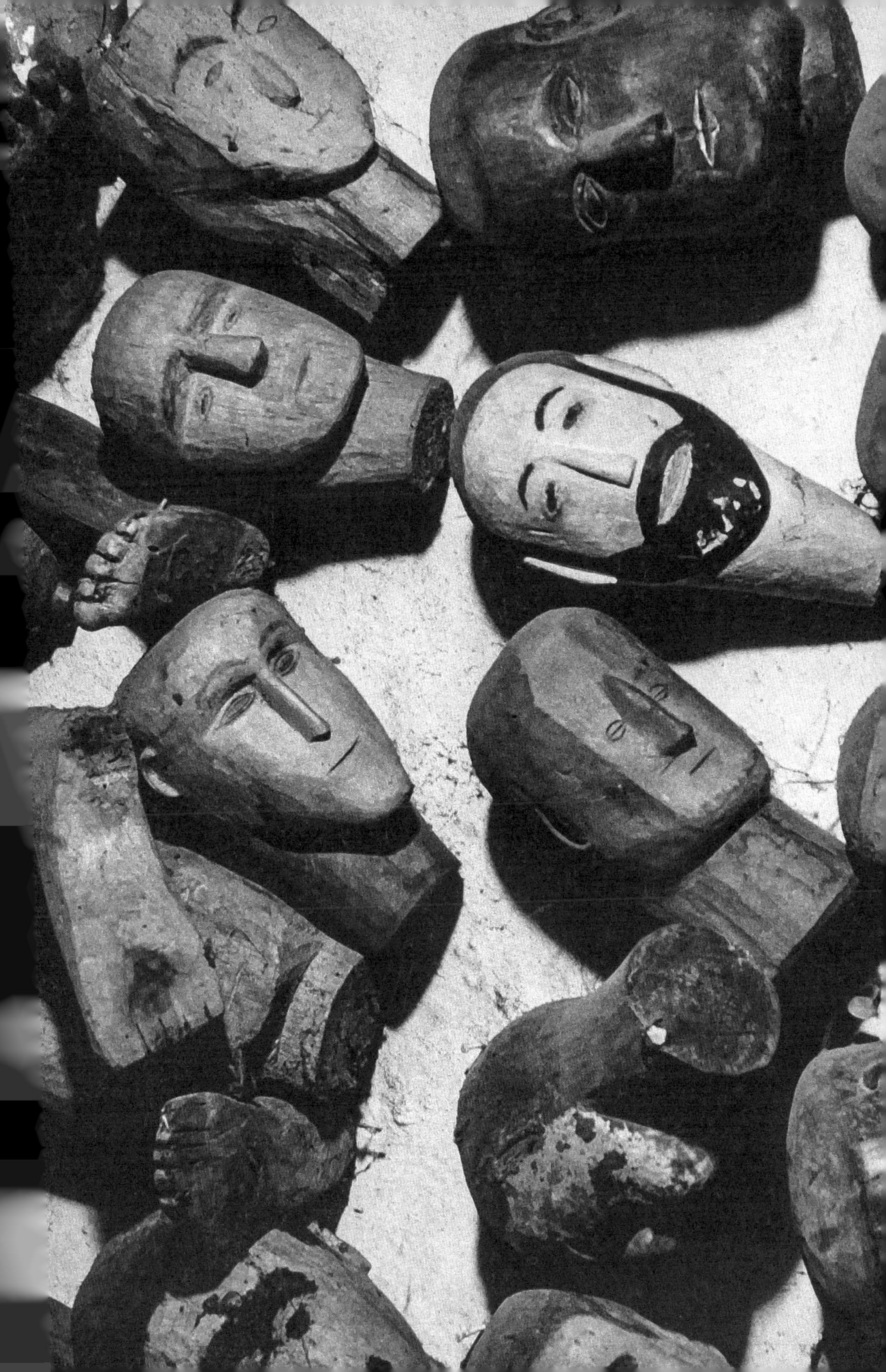

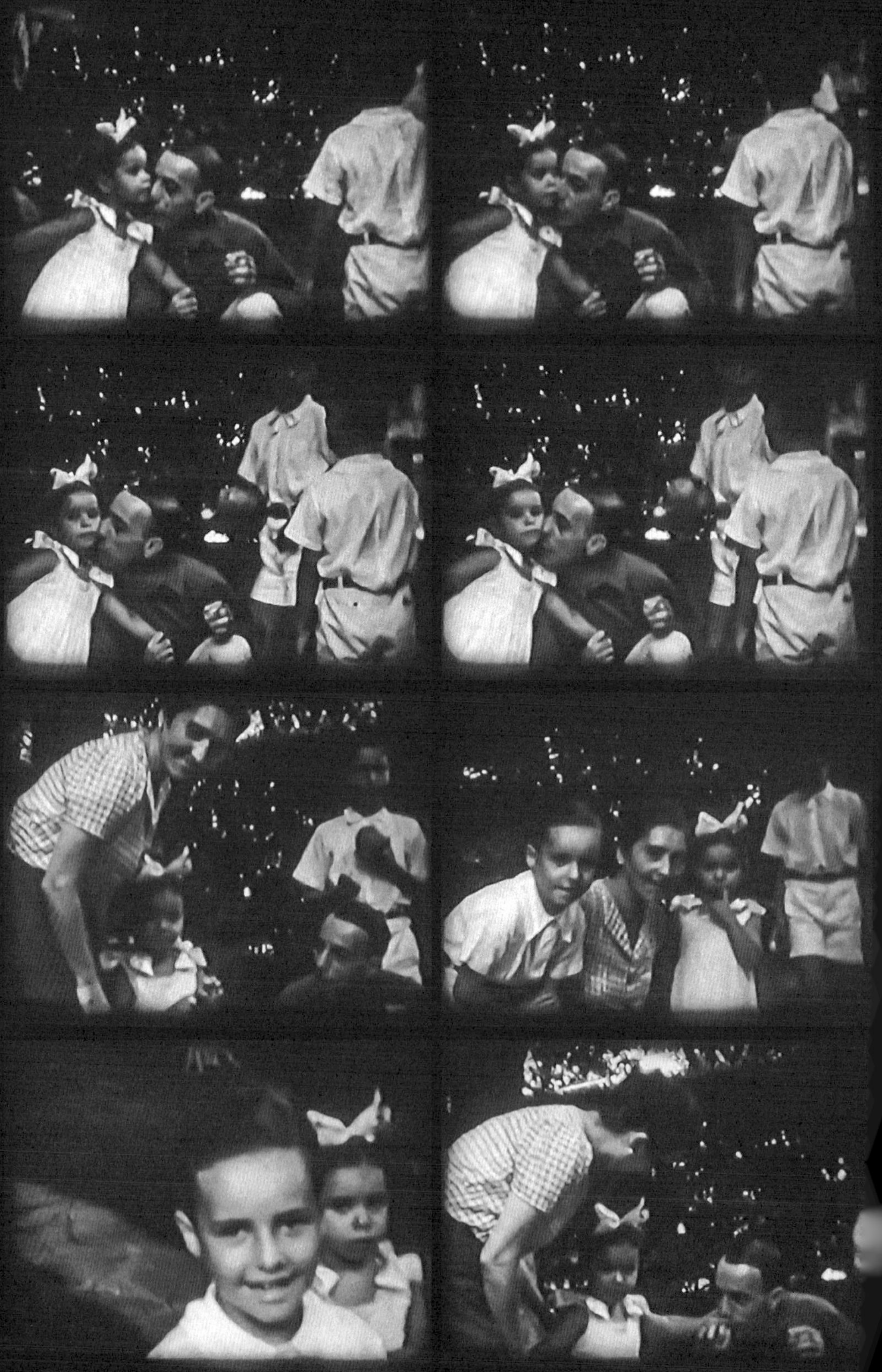

Clara de Andrade Alvim é crítica literária e professora de letras. Lecionou na Universidade Federal do Rio de Janeiro, na Pontifícia Universidade Católica do Rio de Janeiro, onde obteve o título de livre-docência com tese sobre Guimarães Rosa, e na Universidade de Brasília, onde se aposentou. Foi coordenadora de projetos no Centro Nacional de Referência Cultural da Fundação Nacional Pró-Memória/ Iphan/ MinC.

Publicou diversos estudos sobre literatura, como "Representações da pobreza e da riqueza em Guimarães Rosa" (in: *Os pobres na literatura brasileira*, org. Roberto Schwarz. São Paulo: Brasiliense, 1983); "As questões: Mulher, biografia e literatura nos escritos em prosa de Ana Cristina César" (*Remate de Males*, Campinas, Unicamp, v. 20, n. 1, 2000). Além disso, é autora dos posfácios da primeira edição do livro de poesias *Beijo na boca*, de Cacaso, e da coletânea de contos *O lado humano*, de Otto Lara Resende.

Lélia Coelho Frota foi poeta, antropóloga e historiadora da arte. Especialmente dedicada aos estudos da arte popular brasileira, presidiu o Iphan e dirigiu o Instituto Nacional do Folclore e o Arquivo Geral da Cidade do Rio de Janeiro.

Autora de vários livros, publicou, entre eles, *Mitopoética de nove artistas brasileiros* (1978), *Ataíde* (1982), *Mestre Vitalino* (1986), *Burle Marx: Paisagismo no Brasil* (1994) e *Pequeno dicionário da arte do povo brasileiro* (2005). Sua obra poética recebeu os mais importantes prêmios nacionais e foi publicada na íntegra no volume *Poesia reunida: 1956-2006* (2012).

Maria de Andrade é editora literária, escritora e pesquisadora, doutora em literatura, cultura e contemporaneidade pela Pontifícia Universidade Católica do Rio de Janeiro. Dirigiu documentários e publicou diversos artigos e matérias em revistas sobre cinema e poesia. Assina os textos das exposições *Envelopes: Testemunhas postais da história* e *Portinari Raros*. É sócia da produtora Filmes do Serro e editora executiva da Zazie Edições.

Página ao lado:
Cenas de Rodrigo com sua esposa, Graciema, e os três filhos, filmados por Lucio Costa, c. 1937. Clara de Andrade é a filha menor sendo beijada. Os meninos são, ao fundo, Rodrigo Luís de Andrade (com bola na mão) e Joaquim Pedro de Andrade (abaixo sorrindo).

© cartas de Rodrigo M. F. de Andrade, Clara de Andrade Alvim
© introdução "Mário de Andrade: Uma vocação de escritor público", Lélia Coelho Frota

Todos os direitos desta edição reservados à Todavia.

Grafia atualizada segundo o Acordo Ortográfico da Língua Portuguesa de 1990, que entrou em vigor no Brasil em 2009.

publicação original
Mário de Andrade: cartas de trabalho: Correspondência com Rodrigo Melo Franco de Andrade, 1936-1945. Org. de Lélia Coelho Frota. Brasília: Secretaria do Patrimônio Histórico e Artístico Nacional; Fundação Pró-Memória, 1981.

capa e composição
Anderson Junqueira
produção de imagens
Oscar Liberal
Marcela Tamm
tratamento de imagens
Carlos Mesquita
organização, edição e pesquisa iconográfica
Maria de Andrade
assistente de pesquisa e transcrição
Marco Antonio Teixeira Junior
preparação
Leandro Salgueirinho
Ieda Lebensztayn
índice remissivo
Luciano Marchiori
revisão
Huendel Vianna
Ana Maria Barbosa

Dados Internacionais de Catalogação na Publicação (CIP)

Andrade, Mário de (1893-1945)
Mário de Andrade Rodrigo M. F. de Andrade : Correspondência anotada / Mário de Andrade, Rodrigo M. F. de Andrade ; notas de Clara de Andrade Alvim, Lélia Coelho Frota ; organização Maria de Andrade. — 1. ed. — São Paulo : Todavia, 2023.

ISBN 978-65-5692-419-9

1. Literatura brasileira. 2. Cartas. 3. Correspondência anotada.
I. Andrade, Rodrigo M. F. de (1898-1969). II. Alvim, Clara de Andrade. III. Frota, Lélia Coelho. IV. Andrade, Maria de. V. Título.

CDD B869.3

Índice para catálogo sistemático:
1. Literatura brasileira : Cartas B869.6

Bruna Heller — Bibliotecária — CRB 10/2348

todavia
Rua Luís Anhaia, 44
05433.020 São Paulo SP
T. 55 11. 3094 0500
www.todavialivros.com.br

fonte
Register*
papel
Pólen natural 80 g/m²
impressão
Geográfica